Menschenrechte und Soziale Arbeit im Schatten des Nationalsozialismus

Annette Eberle · Uwe Kaminsky ·
Luise Behringer · Ursula Unterkofler
(Hrsg.)

Menschenrechte und Soziale Arbeit im Schatten des Nationalsozialismus

Der lange Weg der Reformen

Springer VS

Hrsg.
Annette Eberle
Fakultät Soziale Arbeit, Campus Benediktbeuern, Katholische Stiftungshochschule München
Benediktbeuern, Deutschland

Uwe Kaminsky
Evangelisch-Theologische Fakultät, Ruhr University Bochum
Bochum, Deutschland

Luise Behringer
Fakultät Soziale Arbeit, Campus Benediktbeuern, Katholische Stiftungshochschule München
Benediktbeuern, Deutschland

Ursula Unterkofler
Fakultät Soziale Arbeit, Campus Benediktbeuern, Katholische Stiftungshochschule München
Benediktbeuern, Deutschland

ISBN 978-3-658-19516-8 ISBN 978-3-658-19517-5 (eBook)
https://doi.org/10.1007/978-3-658-19517-5

Die Deutsche Nationalbibliothek verzeichnet diese Publikation in der Deutschen Nationalbibliografie; detaillierte bibliografische Daten sind im Internet über http://dnb.d-nb.de abrufbar.

Springer VS

Springer VS ist ein Imprint der eingetragenen Gesellschaft Springer Fachmedien Wiesbaden GmbH und ist ein Teil von Springer Nature
Die Anschrift der Gesellschaft ist: Abraham-Lincoln-Str. 46, 65189 Wiesbaden, Germany

Inhaltsverzeichnis

Einleitung

> Soziale Hilfe korrespondiert mit Abhängigkeit, die umso größer ist, je mehr der Empfänger auf Hilfe angewiesen oder an ihr interessiert ist. Somit besteht ein Konflikt zwischen Freiheit und Hilfe. Um Freiheit auch in der Situation der Teilhabe am Allgemeinen zu gewährleisten, bedarf es besonderer Anstrengung. [...] Der einzelne muss aus dem Status des Objekts der Hilfe zum Träger des Rechts auf Hilfe, zum Subjekt, erhoben werden.[1]

Dieser Satz von Hans F. Zacher stammt aus seiner Schrift „Sozialpolitik und Menschenrechte in der Bundesrepublik Deutschland" aus dem Jahr 1965. Der Rechtsprofessor an der Universität Saarbrücken, wenige Jahre später dann Direktor des Max-Planck-Institutes für ausländisches und internationales Sozialrecht, publizierte den Band als deutschen Landesbericht für die 14. Internationale Konferenz für Sozialpolitik, die der International Council on Social Welfare in Helsinki vom 18. bis 24. August 1968 ausrichtete.

Das Zachers Aussage zugrunde liegende Motiv des „Subjekts als Träger des Rechts" kann als Leitmotiv für den vorliegenden Band angesehen werden. Als universeller Grundsatz formuliert er Ausgangspunkt und Reflexionsrahmen für die unterschiedlichen Perspektiven der einzelnen Beiträge zur Relevanz und Ausgestaltung des Verhältnisses von Menschenrechten und Sozialer Arbeit. Mit der Devise „vom Objekt zum Subjekt" reflektierte Zacher den historischen Charakter der Menschenrechte und zwar zu einem Zeitpunkt, an dem dieser Prämissen-Wechsel innerhalb des Völkerrechts erst eingeläutet worden war, begleitet von den politischen Bewegungen in den 1960er Jahren, die u. a. Sozialreformen in ihren Ländern einforderten. Die Tagung im August 1968 in Helsinki markierte für

[1]Hans F. Zacher *Sozialpolitik und Menschenrechte,* (München: Günther Olzog 1968), 16.

diese Reformbewegung innerhalb der Profession der Sozialen Arbeit eine wichtige Zwischenstation. Über ihre internationalen Fachorganisationen, dem Internationalen Dachverband der Sozialen Arbeit (International Federation of Social Work/IFSW) und dem Internationalen Zusammenschluss der Ausbildungsstätten für Soziale Arbeit (International Association of Schools of Social Work/IASS) diskutierten über 2100 Personen aus 53 Ländern das Thesenpapier, in das auch Zachers Bericht eingeflossen war.[2] Ein Vierteljahrhundert später gaben beide Weltorganisationen gemeinsam mit dem Menschenrechtszentrum der Vereinten Nationen die Schrift „Human Rights and Social Work"[3] heraus. Sie sollte als Handreichung für die Ausbildung von Sozialarbeiter*innen weltweit dienen und begründete das Konzept des politischen „dritten Mandats" für die Profession. Dass der Diskurs ab Mitte der 1990er Jahre auch im deutschsprachigen Raum entsprechend Widerhall fand, ist der Sozialwissenschaftlerin Silvia Staub-Bernasconi zu verdanken.[4] Nach ihrer Definition verpflichtet das „dritte Mandat" zu einer Berufsethik, die den Prinzipien der Menschenrechte und der sozialen Gerechtigkeit folgt.[5] Zu diesem Zeitpunkt lagen das Ende des Zweiten Weltkriegs und die Deklaration der Menschenrechte (1948) als Reaktion auf bis dahin unvorstellbare Menschenrechtsverletzungen bereits ein halbes Jahrhundert zurück. Die Menschenrechtskonvention schlug sich in der Bundesrepublik in besonderer Weise im Grundgesetz (1949) nieder und war damit auch Rechtsgrundlage für die Ausgestaltung des Sozialwesens, das die Wahrung der Persönlichkeitsrechte fortan zu gewährleisten hatte. Oder, wie es Hans F. Zacher formulierte: „Der Einzelne muss aus dem Status des Objekts der Hilfe zum Träger des Rechts auf Hilfe, zum Subjekt, erhoben werden."

Im Fokus dieses Bandes steht die Untersuchung dieses Prozesses als „langer Weg der Reformen" ausgehend von der unmittelbaren Nachkriegszeit, mit den 1960er Jahren als Bezugspunkt und einem offenen Ende. Es geht um die Frage,

---

[2]Vgl. Miss Avery Jack. 2008. Finland, 1968, *AOTEAROA NEW ZEALAND SOCIAL WORK,* I:17.

[3]UN, IFSW I IASSW Hrsg. 1994. *Human Rights and Social Work. A Manual for Schools of Social Work and the Social Work Profession, Professional Training,* Series No 1, New York and Geneva: United Nations.

[4]Staub-Bernasconi, Silvia. 1995. Das fachliche Selbstverständnis Sozialer Arbeit – Wege aus der Bescheidenheit Soziale Arbeit als „Human Rights" Profession, in: Wendt, Wolf Rainer. (Hrsg.): Soziale Arbeit im Wandel ihres Selbstverständnisses. Beruf und Identität, Freiburg i.Br.: Lambertus, S. 57–104.

[5]Ebd.

wie lange die Konzepte der NS-Zeit in der Sozialen Arbeit noch wirkungsmächtig waren, und ab wann und unter welchen Einflüssen ein Menschenrechtsbewusstsein in die Soziale Arbeit einkehrte. Die interdisziplinären Beiträge beziehen sich dabei auf einzelne Phasen oder wichtige Wendepunkte und behandeln diejenigen Bereiche, in denen die Betroffenen, aktuell und aus historischer Erfahrung, als besonders bedroht bzw. schützenswert gelten: Kinder- und Jugendhilfe, Hilfen für Menschen auf der Flucht und in der Migration, Hilfen für Menschen mit Behinderungen und psychischen Erkrankungen. Die für diese Gruppen auch von der Bundesrepublik Deutschland ratifizierten Menschenrechtskonventionen, die Genfer Flüchtlingskonvention (1951/54), die Kinderrechtskonvention (1990) und die Behindertenrechtskonvention (2008) markieren wichtige Eckpunkte und zentrale Ereignisse im Prozess der Subjektorientierung und der Konkretisierung der Grundrechte: Heimkampagnen in den 1960er Jahren, Psychiatrie-Enquete (1975), die „Selbstbestimmt-Leben-Bewegung" (1980er), die Einrichtung des Runden Tisches der Heimerziehung (2009), den Fonds Heimerziehung (2012) und die Stiftung Anerkennung und Hilfe für die Rehabilitation der ehemaligen Heimkinder in der Psychiatrie und der Behindertenhilfe (2017).

Die Beiträge entstanden im Rahmen der Tagungsreihe „Soziale Arbeit – (k) ein Ort für Menschenrechte" am Campus Benediktbeuern der Katholischen Stiftungshochschule München. In dieser wurden die Entwicklungen der 1950er und 1960er Jahre unter dem Motto „Im Schatten der NS-Zeit. Stand der Aufarbeitung – Formen der Vermittlung" (Mai 2015) und die Entwicklungszeit ab den 70er Jahren unter dem Titel „Von der Psychiatrieenquete zur Behindertenrechtskonvention" (Juni 2016) untersucht. Die interdisziplinäre Zusammensetzung aus Vertreter*innen des Rechts (in der Sozialen Arbeit), der Sozialgeschichte, der Psychologie und der Sozialen Arbeit entstand nicht systematisch. Es kamen diejenigen Autor*innen, die sich der Aufarbeitung der Gewalt- und Missbrauchserfahrung in der Fürsorge/Sozialen Arbeit in Deutschland widmen, oder zu Ansätzen und Rahmenbedingungen forschen, die zur Realisierung einer Menschenrechtsorientierung beitragen. Gleichzeitig beschäftigen sich alle mit dem Perspektivwechsel vom Objekt zum Subjekt als Träger des Rechts, nicht nur thematisch, sondern auch in ihrer methodischen Herangehensweise. Für sich und im Gesamten bilden die Beiträge einen Zwischenstand ab, aus dem sich Fragestellungen für einen interdisziplinären Dialog ergeben.

Die Beiträge im ersten Kapitel versuchen den „Langen Weg der Reformen" als Entwicklungslinien zu analysieren. Die Juristin Susanne Nothhafft untersucht den „Prozess der Humanisierung des Völkerrechts" seit dem Zweiten Weltkrieg. Sie arbeitet heraus, wie mittels Schaffung von Menschenrechtskonventionen und -Verträgen zunehmend Rechte und Pflichten von Individuen im

Völkerrecht anerkannt wurden. Diese Entwicklung setzt sie in Beziehung zum Menschenrechtsdiskurs in der Sozialen Arbeit. Ausgehend von dem Ansatz der bereits oben eingeführten Sozialarbeitswissenschaftlerin Silvia Staub-Bernasconi die eine „Global Agenda" als transnationales sozial-politisches Mandat der Profession postuliert, entwirft Nothhafft eine Handlungsperspektive für die Profession, die Menschenrechte nicht nur als Reflexionsrahmen des eigenen Handelns, sondern als Handlungswerkzeug versteht, um Klient*innen praxistaugliche Zugänge zu Rechten zu verschaffen. Der folgende Beitrag der Historikerin und Pädagogin Annette Eberle untersucht aus sozialhistorischer Perspektive die Entwicklung des Rechtsstatus des Menschen innerhalb der Hilfestrukturen vom individuellen Recht auf Hilfe, wie er bereits in der Weimarer Verfassung begründet war und dann auf der Basis der Erfahrungen mit dem Bruch der Grundrechte in der NS-Zeit, zu einem Recht auf „Hilfe für Bürger" in der Bundesrepublik Deutschland. Am Beispiel der Gruppen, die sich lange im toten Winkel der gesellschaftlichen Aufmerksamkeit befanden, wie die Heimkinder, Menschen in der Psychiatrie oder in der Behindertenhilfe arbeitet sie Traditionen, Faktoren und Rahmenbedingungen heraus, die sich in der historischen Rückschau als konstitutiv für eine Menschenrechtsorientierung bzw. deren Verletzung erwiesen haben. Dem schließt sich der Beitrag des Historikers Uwe Kaminsky an, der diese Traditionen und Entwicklungen insbesondere für die Situation der „Heimkinder in Ost und West" darlegt. Damit fasst er auch den Forschungsstand für einen der wenigen bislang historisch untersuchten Bereiche der Fürsorge und Sozialen Arbeit zusammen. Dabei unternimmt er einen Vergleich der Geschichte der Heimerziehung in der Bundesrepublik und der DDR, um insbesondere die Ähnlichkeiten vor dem Hintergrund einer gemeinsamen Vorgeschichte herauszuarbeiten. Zentral ist der Befund, dass in beiden deutschen Staaten Formen der Diskriminierung Jugendlicher praktiziert wurden, die zu extremen Demütigungen, wirtschaftlicher Ausbeutung im Heim oder in Fremdbetrieben, körperlichen Misshandlungen und sexuellem Missbrauch geführt haben. Am Ende steht ein Erklärungsversuch über mögliche Ursachen und Faktoren dieser vergleichbaren Folgen einer Erziehung in Heimen in unterschiedlichen gesellschaftlichen Systemen. Der Beitrag der Psychologinnen Christl Achberger und Luise Behringer wendet sich der Rolle der Psychiatrieenquete auf dem „Langen Weg der Reformen" zu und untersucht deren Implikationen für die Soziale Arbeit. Sie rekonstruieren dabei Mythos und Realität des Reformprojektes. Die Psychiatrieenquete sei zwar als der große Meilenstein und Wendepunkt in der westdeutschen Psychiatrie betrachtet worden, hatte aber keinen radikalen Bruch mit der Psychiatrie vorgesehen. Weder das medizinische Modell noch gesellschaftliche Bedingungen wurden infrage gestellt, noch wurden die Menschenrechte thematisiert. Bei der Umsetzung der Forderung nach gemeindenaher, bedarfsgerechter und umfassender Versorgung aller psychisch kranken und behinderten Menschen hielt auch die Soziale Arbeit Einzug in die Psychiatrie bzw. in die entstehende dezentrale sozialpsychiatrische Versorgung. Die fehlende gesellschaftliche Einbindung der Reformkonzepte hatten für die Betroffenen zur Folge, dass ihre Lebenswelt in der Sonderwelt Psychiatrie nur in eine Sonderwelt Sozialpsychiatrie verlagert wurde. Als Herausforderung insbesondere für die Soziale Arbeit gelte es nun, die Teilhaberechte der Betroffenen zu realisieren. Die Psychologin Viola Balz legt mit ihrem Beitrag zur „Psychiatriereform in der DDR“ Möglichkeiten des Vergleichs für den Zeitraum von 1960 bis zum Ende der DDR dar. Sie arbeitet heraus, wie sich die psychiatrische Versorgung in der DDR differenzierte, und, auf welchen Wegen und inwieweit die fachliche Perspektive sowie sozialpsychiatrische Reformversuche Eingang in die Gesundheitspolitik fanden. Dabei stützt sie sich auf Archivalien des Ministeriums für Gesundheitswesen der DDR sowie auf psychiatrische Fachpublikationen. Sie analysiert die Verflechtungen zwischen fachlichen und staatlichen Akteuren sowie die Steuerungsprozesse der psychiatrischen Versorgung. Dabei verweist sie auf erste Reformvorschläge, wie sie in den Rodewischer Thesen deutlich wurden, und beschreibt zum Ende der DDR hin die Entstehung eines gesundheitspolitischen Präventionsdiskurses, der für das Risiko einer psychiatrischen Erkrankung das individuelle Gesundheitsverhalten verantwortlich machte.

Im folgenden Abschnitt „Wendepunkte – Orte, Professionen, Akteure“ wird der „lange Weg der Reformen“ anhand von Binneneinsichten untersucht, die, zusammengenommen, die Wirkungsmacht von institutionellen Realitäten und Mentalitäten vor Augen führen. Die beiden Historiker Frank Sparing und Silke Fehlemann diskutieren anhand der Diagnose der „Psychopathie“ zeithistorische Fragen des Umgangs mit zu versorgenden Kindern und Jugendlichen in der frühen Bundesrepublik. Neben einem historischen Aufriss der Debatten über die Diagnose der „Psychopathie“, deren Kern mittlerweile in der Diagnose der Persönlichkeitsstörungen aufgegangen ist, stellen sie Einzelschicksale von Betroffenen vor. Die Einsichten gewannen sie auf der Basis einer Erhebung der Daten von 60 Kindern und Jugendlichen aus der Klinik für Kinder- und Jugendpsychiatrie Bonn für den Zeitraum zwischen 1945 und 1952. Die im Rheinland in den 1950er Jahren erfolgte Einrichtung von Sonderabteilungen und schließlich einer Klinik für Kinder- und Jugendpsychiatrie Anfang der 1960er-Jahre konnte jedoch das Problem des Umgangs mit als problematisch eingeschätzten Kindern und Jugendlichen nicht lösen. Erst die seit Ende der 1950er Jahre abnehmende Bereitschaft von Psychiatern „Psychopathie“ zu diagnostizieren, brachte eine deutliche Entspannung in den Anstalten, die nicht mehr als reine Verwahrstationen für renitente Minderjährige fungieren wollten.

Dem Umgang mit der Sexualität von Menschen mit Behinderungen widmet sich der Beitrag der Historikerin Ulrike Winkler. Sie zeichnet ausgehend von einer noch bis in die 1970er-Jahre herrschenden Ansicht, die Menschen mit Behinderungen als unmündige „Kinder“ oder gar triebhafte „Monster“ betrachtete, den dann einsetzenden Wandel nach. Am Beispiel der „Empfehlungen (Rahmenrichtlinien) für die Pflege, Therapie und Förderung geistig Behinderter in Heimen und Anstalten“ des „Verbandes evangelischer Einrichtungen für geistig und seelisch Behinderte“ zum Thema Sexualität aus dem Jahre 1974 und der Praxis in evangelischen Einrichtungen wird die angestrebte „Normalisierung“ im Umgang ebenso deutlich wie die praktische Hilflosigkeit der betreuenden und begleitenden Sozialarbeiter*innen. Gerade in konfessionellen Einrichtungen galt es tradierte Engführungen hinsichtlich der eigenen Sexualmoral aufzubrechen und einem Menschenrecht des Lebens von Sexualität Geltung zu verschaffen.

Stefan Rösler rekonstruiert den Prozess der Aufarbeitung des Unrechts an den Heimkindern anhand der Arbeit des Fonds Heimerziehung und der Stiftung Aufarbeitung und Anerkennung. Da er an diesem Prozess selbst in seiner Funktion als Leiter der Regionalen Anlauf- und Beratungsstelle als Akteur für ehemalige Heimkinder in Bayern wie auch der Stiftung Anerkennung und Hilfe tätig war, legt er keine wissenschaftliche Analyse sondern einen „Bericht aus der Praxis“ vor. Er fasst Hintergründe, die Genese und Formen der Aufarbeitung und Entschädigung zusammen und stellt diesen Befunden eigene Erfahrungen und Einschätzungen entgegen. Ein wichtiges Fazit: eine gesellschaftliche Auseinandersetzung mit (ehemaligen) Heimkindern und ihren Erfahrungen und Biografien erfolgte in der Regel kaum. Es sei aber auch zu beachten, dass die aus guten Gründen einhellig geforderte Aufarbeitung für viele Betroffene psychisch belastender sei als postuliert. Zudem böten die mit den Instrumenten des Fonds und der Stiftung verbundenen Aufarbeitungs- und Entschädigungsprozesse nur begrenzte Möglichkeiten der individuellen Mitgestaltung.

Ingolf Notzke, wissenschaftlicher Mitarbeiter an der Gedenkstätte „Geschlossener Jugendwerkhof Torgau“ stellt die Einrichtung als einmaligen Ort der Aufarbeitung, der Erinnerung und des Gedenkens an das Unrecht der Heimerziehung in der ehemaligen DDR vor. Nach einer Zusammenfassung zum Wissensstand über die repressiven Machtstrukturen innerhalb des Bildungs- und Erziehungsapparates der DDR in ihren Bezügen zum Heimerziehungssystem, diskutiert er die Rolle der Gedenkstätte für die DDR-Heimkinder als Ort der Begegnung und Erinnerung. Ein wichtiger Beitrag für die Durchsetzung ihres Rechtes der Anerkennung des ihnen widerfahrenen Unrechts war das Urteil des 5. Strafsenats des Kammergerichts Berlin vom 15. Dezember 2004, das den Aufenthalt im Geschlossenen Jugendwerkhof Torgau erstmals für grundsätzlich rechtsstaatswidrig erklärt hatte. Der Senat stellte dabei fest, dass die Art und Weise der Unterbringung in dieser offiziell einzigen geschlossenen Heimeinrichtung der

DDR-Jugendhilfe die Menschenrechte der betroffenen Jugendlichen schwerwiegend verletzt habe.

Im abschließenden Kapitel über die „Perspektiven für die Gegenwart" werden aktuelle Forschungsprojekte aus der Sozialen Arbeit und der Sozialpsychiatrie vorgestellt, die sich insbesondere auf die Umsetzung der Menschenrechtskonventionen berufen, vor allem die Kinderrechtskonvention, die Behindertenrechtskonvention wie auch die Genfer Flüchtlingskonvention. Matthias Laub, Sozialarbeitswissenschaftler, untersucht, welche Barrieren im Rahmen der Sozialplanung beseitigt werden müssten, um Teilhabe gemäß den Anforderungen der Behindertenrechtskonvention in regionalen Lebensbereichen umzusetzen. Die aktuell durchgeführte Studie des Autors offenbart dabei erhebliche Zugangsbarrieren für Menschen mit psychischen Behinderungen. Vor dem Hintergrund der normativen Anliegen der UN-Behindertenrechtskonvention sowie der Erkenntnisse aus der Partizipationsforschung führt er die Bedeutung einer sozialräumlichen Perspektive durch örtliche Teilhabeplanung auch für Menschen mit psychischen Behinderungen ein. Die Sozialarbeitswissenschaftlerin Kathrin Aghamiri untersucht anschließend im Rahmen ihrer Studie, wie sich Teilhaberechte in der Kinder- und Jugendhilfe verbindlich verankern lassen. Angesichts der strukturellen Anfälligkeit von stationären Einrichtungen für Machtmissbrauch müsse Partizipation als Kernelement einer menschenrechtsorientierten Sozialpädagogik realisiert werden. Dabei sei es jedoch nicht ausreichend, diese als pädagogisches Ziel zu konzeptualisieren, sondern sie müsse im Sinne der UN-Kinderrechtskonvention als Recht realisiert werden. Am Beispiel der „Verfassunggebenden Versammlung" wird vorgestellt, wie Kinderrechte im Alltag von Heimeinrichtungen strukturell verankert und alltagswirksam umgesetzt werden können. Das setzt zum einen voraus, dass Kinder und Jugendliche um ihre Berechtigung wissen und erfordert zum anderen eine demokratische Öffentlichkeit, in der sie ihre Rechte einfordern können. Der Beitrag von Annette Korntheuer, ebenfalls Sozialarbeitswissenschaftlerin, schließt mit der Forderung nach Bildungsteilhabe von jungen Flüchtlingen direkt an. Grundlage ihrer Untersuchung ist eine Befragung von jugendlichen Geflüchteten in Toronto und in München. Die Befunde der von ihr vorgestellten Befragung versteht sie als Perspektiven für Bildungskonzepte in der Sozialen Arbeit. Sie arbeitet heraus, dass Bildungsmotivation und hohe Bildungsaspirationen wichtige Ressourcen für junge Geflüchtete darstellen. Wenn man die Menschenrechtsorientierung allerdings ernst nähme, ergebe sich aber die Frage, inwiefern diskriminierende und exkludierende Strukturen toleriert werden sollen, welche junge Geflüchtete dazu zwingen, diese Ressourcen zu entwickeln. Ihre innere Stärke sollte nicht als Vorwand für den Erhalt von marginalisierenden Strukturen genutzt werden. Das

Menschenrecht auf Bildung müsse jungen Geflüchteten unabhängig von ihrem rechtlichen Status zugänglich gemacht werden.

Abschließend stellt Christel Achberger mit EX-IN einen wirksamen Ansatz der Menschenrechtsorientierung in der Psychiatrie vor. Ziel der EX-IN Kurse (Experienced Involvement) sei es, Psychiatrie-Erfahrene zu befähigen, ihre Erfahrungen als Genesungsbegleiter*innen und Dozent*innen in die professionelle psychiatrische Arbeit einzubringen. Auf diese Weise werden sie beteiligt und ihr Erfahrungswissen findet Eingang in die Psychiatrie. In den EX-IN Kursen setzen sich die Teilnehmer*innen mit ihren eigenen Psychiatrie- und Krankheitserfahrungen auseinander und ordnen sie gesundheitsfördernden Konzepten zu. Das führt zum einen zu einer Veränderung des Verständnisses von sich selbst, zu einem besseren Selbstwertgefühl und mehr Selbstbewusstsein. Und zum anderen verändert sich dadurch die Psychiatrie, sie wird menschlicher und das gegenseitige Verstehen wächst. Behandlung und psychosoziale Betreuung orientieren sich an den Bedürfnissen der Patient*innen, die Genesungsbegleiter*innen sichern die Patienten*innenperspektive. Aus der Einbeziehung von Genesungsbegleiter*innen ergeben sich auch Antworten auf die Herausforderungen der UN-Behindertenrechtskonvention und des Bundesteilhabegesetzes.

In Form eines Nachwortes kommen Akteure der deutschen Selbstbestimmt Leben Bewegung zu Wort. Johannes Messerschmied und Oswald Utz sprechen über ihre Perspektiven zur Geschichte und Aktualität der Behindertenbewegung. Oswald Utz ist Behindertenbeauftragter und Stadtrat in München, Johannes Messerschmid Vorstandsmitglied im dortigen Behindertenbeirat.

In den in drei Kapiteln gegliederten Beiträgen spiegeln sich die historische Annäherung an die Geschichte der Sozialen Arbeit vor dem Hintergrund des Diskurses um die Menschenrechte, die Wendepunkte verschiedener Emanzipationsprozesse in unterschiedlichen Praxisfeldern und gegenwärtige Perspektiven Sozialer Arbeit vor dem Hintergrund historischer Veränderungen und von Lernprozessen.

Teil I

Der lange Weg der Reformen im Schatten des Nationalsozialismus – Menschenrechtsorientierung seit 1945 (94 S.)

Vom Völkerrecht zu einem Recht der BürgerInnen

Menschenrechte und deren Implikationen für die Soziale Arbeit

Susanne Nothhafft

> Zwei Dinge erfüllen das Gemüt mit immer neuer und zunehmender Bewunderung und Ehrfurcht, je öfter und anhaltender sich das Nachdenken damit beschäftigt: Der bestirnte Himmel über mir, und das moralische Gesetz in mir. Beide darf ich nicht als in Dunkelheiten verhüllt, oder im überschwenglichen, außer meinem Gesichtskreise, suchen und bloß vermuten; ich sehe sie vor mir und verknüpfe sie unmittelbar mit dem Bewußtsein meiner Existenz.[1]

Seit Mitte der neunziger Jahre wird die Bedeutung der Menschenrechte für Theorie und Praxis der Sozialen Arbeit mit wachsender Intensität diskutiert. Auf internationaler Ebene hat die Funktionsbestimmung von Sozialer Arbeit als einer „Menschenrechtsprofession" weite Verbreitung gefunden, wie die novellierte Internationale Fassung der Definition der Sozialen Arbeit zeigt, die in der Generalversammlung des IFSW im Juli 2014 in Melbourne beschlossen wurde.[2]

[1] (Kant 1995, S. 38).

[2] Vgl. https://avenirsocial.ch/cm_data/Erlaeuterungen_zur_Uebersetzung.pdf. Zugegriffen: 01.08.2018.

S. Nothhafft (✉)
Katholische Stiftungshochschule, München, Deutschland
E-Mail: susanne.nothhafft@ksh-m.de

A. Eberle et al. (Hrsg.), *Menschenrechte und Soziale Arbeit im Schatten des Nationalsozialismus*, https://doi.org/10.1007/978-3-658-19517-5_1

> Social work is a practice-based profession and an academic discipline that promotes social change and development, social cohesion, and the empowerment and liberation of people. Principles of social justice, human rights, collective responsibility and respect for diversities are central to social work. Underpinned by theories of social work, social sciences, humanities and indigenous knowledge, social work engages people and structures to address life challenges and enhance wellbeing.

In der Bundesrepublik wird dieser Selbstverortung Sozialer Arbeit bisweilen noch mit Skepsis begegnet und die Konstruktion des dritten Mandates als eines professions-, wissens- und menschenrechtsbasierten politischen Mandates z. B. durch Staub-Bernasconi[3] und andere[4] immer wieder auch infrage gestellt.[5]

In der Tat hat Silvia Staub-Bernasconi die Bezugnahme auf Menschenrechte bis zu Jane Addams ins Jahr 1902 zurückverfolgt[6] und nachgewiesen, dass die Idee der Sozialen Arbeit als Menschenrechtsprofession historisch von vielen WegbereiterInnen mit- und weiterentwickelt wurde und wird, z. B. von Janusz Korczak, Eglantine Jebb und vielen mehr. Die Vereinten Nationen konzipierten im Rahmen der UN-Menschenrechtskonferenz von 1993 in Zusammenarbeit mit SozialarbeiterInnen das Manual „Social Work and Human Rights". Im Jahr 2001 machte das Ministerkomitee des Europarates eine Empfehlung zur Ausbildung und Praxis von SozialarbeiterInnen[7], die explizit auf die Integration von Wissen zu Menschenrechten in die Hochschul-Curricula empfiehlt. Die OSCE legt 2010 ein Trainingsmanual zu „Human Rights for Social Workers in Theory and Practice" vor.[8]

Staub-Bernasconi geht in einem Vortrag aus dem Jahr 2012 noch weiter und entwirft eine „Global Agenda on Social Work and Social Development"[9], die über die Soziale Arbeit hinausweist und eine Partnerschaft der Profession ‚Soziale Arbeit' mit den Vereinten Nationen entwirft. Staub-Bernasconi versteht diese ‚Global Agenda' als transnationales sozial-politisches Dokument, das eine Plattform für Multi-Level Allianzen und Projekte bilden soll, die regionale, nationale und weltweite Konflikte bekämpfen und soziale Gerechtigkeit über nationalstaatliche Grenzen hinaus

[3] Vgl. (Staub-Bernasconi 2007, S. 20–54).

[4] Vgl. (Brown 2007, S. 11–14).

[5] Vgl. (Müller-Herrmann und Becker-Lenz 2013, S. 125–141).

[6] Vgl. (Staub-Bernasconi 2007, S. 20–54).

[7] Vgl. Minister-Komitee des Europarates Rec.2001/1; http://www.egmr.org/minkom/gesamt.html.

[8] Vgl. (OSCE 2010).

[9] (Staub-Bernasconi 2012, S. 4–5).

vorantreiben. Diese ‚Global Agenda' versteht sie als Teil des Professionen-Mandats der (internationalen) Sozialen Arbeit.

Geht es also darum, auf der Grundlage von Menschenrechten eine transnational verbindliche Ethik für die Profession Sozialer Arbeit zu generieren, die es erlaubt, zwischen ggf. konkurrierenden Mandaten durch die staatliche Auftraggeberin und durch die KlientInnen fachlich angemessen zu navigieren und die es ermöglicht, staatliche Zumutungen fachlich begründet abzulehnen? Soll ganz grundsätzlich – ohne konkreten Bezug auf einen Einzelfall – Kritik der Sozialen Arbeit als Profession an staatlichem Handeln und staatlicher Rechtssetzung möglich und erforderlich sein? Sollen Menschenrechte als Analyse- und Reflexionsparameter dienen, wenn es darum geht im Einzelfall Dilemmata und Interessenkollisionen aufzulösen oder Handlungsoptionen für SozialarbeiterInnen zu erweitern?[10]

Alle diese Fragen sind für das Handeln Sozialer Arbeit zielführend und relevant, aber sie verorten Menschenrechte monodimensional im „gestirnte(n) Himmel über mir und (im) moralische(n) Gesetz in mir"[11] – also allein in der Theorie und Ethik Sozialer Arbeit.

Angesichts der globalen und gesellschaftlichen Entwicklungen (Agenda 2010 und aktivierender Sozialstaat, Neoliberalismus und neoklassische Ökonomie, Flucht und Migration, Inklusion vs. Exklusion etc.) muss sich Soziale Arbeit – gerade auch als Menschenrechtsprofession – aber zudem die Frage stellen, wie KlientInnen ermächtigt werden können, die ihnen zustehenden (Menschen) Rechte einzufordern und geltend zu machen. Es muss also auch darum gehen, Menschenrechte nicht nur als Reflexionsrahmen des eigenen Handelns zu verwenden, sondern sie als Werkzeuge zu verstehen, um KlientInnen praxistaugliche Zugänge zu ihrem Recht und ihren Rechten zu verschaffen.

Können also Menschen (und nicht nur Staatsangehörige), die im Hoheitsgebiet eines Nationalstaates leben, sich direkt auf Menschenrechte berufen, um z. B. Forderungen gegen eine Kommune, ein Bundesland oder den Nationalstaat geltend zu machen? Und welche Rolle kann die Soziale Arbeit dabei übernehmen?

Nivedita Prasad hatte bereits 2011 mit ihrem Buch „Mit Recht gegen Gewalt"[12] mit Nachdruck auf die Beschwerdemöglichkeiten im Rahmen des internationalen Rechts auf der Grundlage von UN- Menschenrechtskonventionen hingewiesen und strategische Überlegungen dazu aufgezeigt. Da das Völkerrecht

---

[10]Vgl. (Eckstein, N. et al. 2016, S. 15–30).

[11](Kant 1995, S. 38).

[12](Prasad 2011).

aber keine „Sanktionsmöglichkeiten" gegenüber Mitgliedsstaaten kennt und die Beschwerde-, Untersuchungs- oder Berichtsverfahren, die einzelne, unmittelbar von einer Menschenrechtsverletzung Betroffene (durch Individualbeschwerdeverfahren) oder auch NGOs (durch Untersuchungsverfahren) bei den jeweiligen UN Gremien einleiten können, eher über politischen Druck und „blaming und shaming" im Kreis der internationalen Staatengemeinschaft wirken oder oft schon formal an der fehlenden Ausschöpfung des innerstaatlichen Rechtswegs scheitern, soll hier ein anderer Weg des Arbeitens mit Menschenrechten im Konfliktfall aufgezeigt werden: Wenn Menschenrechte mehr sind als moralisch-ethische (quasi intrinsische) Verpflichtungen für professionelles Handeln, sondern echte subjektive Rechtsansprüche des einzelnen Menschen gegenüber dem jeweiligen Nationalstaat, dann ließe sich damit im Rahmen der nationalstaatlichen Verwaltung und des nationalen Rechts zugunsten von KlientInnen arbeiten. Diese könnten dann in den landestypischen Verwaltungs- und Gerichtsverfahren mit Menschenrechten argumentieren und ggf. eigene menschenrechtliche Ansprüche auf dem innerstaatlichen Rechtsweg, der in der Regel direkt erreichbar ist, durchsetzen. Dies setzt aber voraus, dass Menschenrechte solche subjektiven Rechte als Anspruchsgrundlage gewähren.

Der Mensch im Völkerrecht

Völkerrechtliche Normen werden in Form von völkerrechtlichen Verträgen (Konventionen, Übereinkommen), Völkergewohnheitsrecht und allgemeinen Rechtsgrundsätzen erzeugt.[13] Das Völkerrecht regelt zunächst die hoheitlichen, nicht-privatrechtlichen Beziehungen zwischen Völkerrechtssubjekten. Diese Völkerrechtssubjekte waren bislang in der Regel Staaten, internationale Organisationen (UN, WTO, WHO) und andere Völkerrechtssubjekte (z. B. IKRK). Ein großer Teil der völkerrechtlichen Literatur beschäftig sich deshalb mit Staaten als ‚geborenen' Völkerrechtssubjekten. Im 19. Jahrhundert wurden Völkerrecht und nationales Recht streng unterschieden und im Hinblick auf das Individuum galt die ‚Objekttheorie': Der einzelne Mensch konnte keine völkerrechtlichen Rechte und Pflichten haben. Er war kein Völkerrechtssubjekt, sondern profitierte lediglich von Rechtsreflexen aus den Rechten und Pflichten des Staates.[14] Nach dem

[13]Vgl. Art. 38 Abs. 1 a–c im Status des Internationalen Gerichtshofs listet diese klassischen Rechtsquellen des Völkerrechts auf.

[14](Peters 2016, S. 276 ff.).

Zweiten Weltkrieg wurden durch die Schaffung von Menschenrechts-Verträgen zunehmend Rechte und Pflichten von Individuen im Völkerrecht anerkannt.

Im Verlauf der vergangenen Jahre hat sich die Stellung des Individuums im Völkerrecht immer weiter verdichtet. Diese Qualifizierung von Individualrechten hat zu einem Paradigmenwechsel geführt, der auch als „Humanisierung des Völkerrechts" bezeichnet wird.[15] Der/die Einzelne ist ein originäres und nicht mehr nur abgeleitetes Subjekt im Völkerrecht und damit TrägerIn subjektiver internationaler Rechte. VölkerrechtlerInnen konstatieren, dass sich der Systemfokus vom Souverän zum Individuum verschoben hat.[16] Aus Völkerrecht wird Weltrecht.[17] Ein neues Jus Gentium der Menschheit materialisiert sich.[18] Dass dies den Prinzipien des Völkerrechts nicht widerspricht, zeigt das sich bereits ab dem 16. Jahrhundert entwickelnde ‚jus naturae et gentium', in dem die universale Geltung von völkerrechtlichen Normen auch als Konstituierung der Rechte Einzelner verstanden wurde.[19] Erst Ende des 19. Jahrhunderts – mit der Verbreitung der Idee des Nationalstaates – verschob sich der Fokus auf den Staat als Souverän. Der Einzelne war nurmehr Objekt des Völkerrechts.[20] Insbesondere nach den Erfahrungen aus zwei Weltkriegen aber wurden zunehmend Rechte des Einzelnen anerkannt und damit eine Resubjektivierung des Völkerrechts eingeleitet.[21] Wesentliche Meilensteine waren dabei zum einen die Nürnberger Prozesse, welche die strafrechtliche Verantwortung von Individuen postulierten: „Verbrechen gegen das Völkerrecht werden von Menschen und nicht von abstrakten Wesen begangen, und nur durch die Bestrafung jener Einzelpersonen, die solche Verbrechen begehen, kann den Bestimmungen des Völkerrechts Geltung verschafft werden."[22] Zum anderen verfestigen die Urteile des Internationalen Gerichtshofs – wie zum Beispiel ein Urteil aus dem Jahr 2001 zum Fall der

[15] Vgl. (Meron 2006).

[16] Vgl. (Tomuschat 2014, S. 112 ff).

[17] Vgl. (Emmerich-Fritsche 2007).

[18] Vgl. (Cancado Trindade 2010).

[19] Vgl. (Kremer und Reuters 2007, S. 326 f.).

[20] Vgl. (Zorn 2010, S. 26 ff.).

[21] Vgl. (Peters 2016, S. 276).

[22] Der Prozess gegen die Hauptkriegsverbrecher vor dem Internationalen Militärgerichtshof. Nürnberg, 14. November 1945–1. Oktober 1946. Amtlicher Text Verhandlungsniederschriften. Nürnberg 1947. Fotomechanischer Nachdruck, Frechen 2001, Bd. 1, S. 189 ff.

Brüder LaGrand – den Bestand völkerrechtlicher Individualansprüche.[23] Der IGH spricht hier z. B. vom Recht auf konsularischen Beistand nach Art. 36 Abs. 1 b WÜK als „individual right“.[24] Nach Einschätzung des Gerichtshofes entspricht es nicht mehr dem gegenwärtigen Verständnis zur Stellung des Individuums im Völkerrecht, wenn nur von einer Pflicht zur Begründung individueller Rechte in der nationalen Rechtsordnung auszugehen ist. Sofern der Wortlaut eines völkerrechtlichen Vertrages deutlich vom Individuum als Rechtsträger spricht, werden unmittelbare individuelle Rechte direkt im Völkerrecht begründet.[25] Der IGH bestätigt diese Einschätzung 2004 im Verfahren Avena and other Mexican Nationals (Mexico vs. United States of America).[26] Auch Anne Peters belegt in ihrer Studie „Jenseits der Menschenrechte. Die Rechtsstellung des Individuums im Völkerrecht“[27] rechtsdogmatisch die Existenz des Individuums als Subjekt des Völkerrechts und kennzeichnet diese subjektiven Rechte als ein Rechtsparadigma der Moderne.[28]

Menschenrechte als subjektive Rechte des/der Einzelnen

Wie aber gelingt die konkrete Identifizierung dieser subjektiven Rechte auf der Grundlage von Menschenrechten und welche Wege ermöglichen deren Durchsetzung?

Im Jahr 2002 veröffentlichte Alexander Lorz zum 4. Deutschen Kinderrechtstag der National Coalition ein Rechtsgutachten, das der Diskussion um die Bindungswirkung der UN Kinderrechte Konvention (KRK) eine neue Dimension verlieh.[29] Damals beschränkte Lorz die unmittelbare Anwendbarkeit der Konvention im nationalen Rechtsraum aber auf das in Art. 3 Abs. 1 KRK normierte Kindeswohl.

[23]http://opil.ouplaw.com/view/10.1093/law:epil/9780199231690/law-9780199231690-e155; http://www.icj-cij.org/en/case/104. Zugegriffen: 02.07.2018.

[24]http://opil.ouplaw.com/view/10.1093/law:epil/9780199231690/law-9780199231690-e155; http://www.icj-cij.org/en/case/104; S. 466, para 77.

[25]Ebd.

[26]Vgl. http://www.icj-cij.org/files/case-related/128/128-20040331-JUD-01-00-EN.pdf; S. 27 f., para. 40.

[27](Peters 2014, insb. S. 153 ff.).

[28]Vgl. (Peters 2013, S. 8).

[29]Vgl. (Lorz 2003).

Art. 3 Abs. 1 KRK gebietet, dass bei allen staatlichen Maßnahmen, die Kinder betreffen, das Wohl des Kindes als vorrangiger Gesichtspunkt zu berücksichtigen ist. Lorz sprach Art. 3 Abs. 1 KRK wegen seines ‚self executing' Charakters[30] die Qualität innerstaatlich unmittelbar anwendbaren Rechts zu. Der Wortlaut des Art. 3 KRK und seine systematische Stellung erhebe die RechtsanwenderInnen ausdrücklich zu AdressatInnen des Kindeswohlvorrangs. Daher müssten deutsche Behörden und Gerichte das in Art. 3 I KRK formulierte Kindeswohlprinzip bei ihrer Entscheidungsfindung unmittelbar heranziehen. Kinder hätten daher die Möglichkeit die völkerrechtlich vorgegebene vorrangige Berücksichtigung ihres Wohls in allen sie betreffenden rechtsförmigen Verfahren in Deutschland bei dem jeweils zuständigen Gericht einzuklagen.

Dieser Ansatz geht noch davon aus, dass nicht alle in völkerrechtlichen Konventionen als ‚Rechte' formulierten Normierungen unmittelbar subjektive Rechte an den/die Einzelne verleihen, sondern nur solche, die sich quasi rechtstechnisch als „self-executing" darstellen.

In den letzten fünfzehn Jahren hat sich aber der Blick auf die AdressatInnenschaft von völkerrechtlichen Normen geweitet: die Völkerrechtssubjektivität ist nicht mehr nur Staaten vorbehalten. Portland beschreibt in seinem Buch „Legal Personality", dass nur eine Kombination aus einer formalrechtlichen und einer individualistischen Position im Hinblick auf die Subjektstellung im Völkerrecht noch systemkonform haltbar ist.[31] Die Gewährleistung der Menschenrechte als subjektive (Schutz)Rechte für Individuen durch völkerrechtliche Verpflichtungen der Staaten ist zu einem zentralen Aspekt des modernen Völkerrechts geworden. Unstrittig ist mittlerweile, dass dort, wo völkerrechtliche Verfahren zur Durchsetzung von Rechten zur Verfügung stehen, von individuellen Schutzrechten und daher von subjektiven Rechten auszugehen ist, auf die sich BürgerInnen – z. B. gegenüber dem Nationalstaat – direkt berufen können.[32]

Es geht hier aber nicht um eine Bindung der Existenz subjektiver Rechte an das Existieren von völkerrechtlichen Rechtsdurchsetzungsverfahren. Wenn der Bestand subjektiver Rechte von der Möglichkeit einer Rechtsdurchsetzung abhängig gemacht würde, dann bliebe unberücksichtigt, dass Klagbarkeit oder Verfahrensfähigkeit nicht Voraussetzung, sondern allenfalls eine Folge subjektiver

[30]Self executing: völkervertragliche Normen sind unmittelbar anwendbar für den/die Einzelne; es bedarf keines weiteren Umsetzungsaktes durch den jeweiligen Nationalstaat.

[31](Portmann 2013, S. 268 ff.).

[32]Vgl. (Verdross und Simma 2010, S. 256).

Rechte sein kann.[33] Klage- oder Beschwerdemechanismen können nicht als konstitutiver Bestandteil von Individualrechten im Völkerrecht angesehen werden, sondern als konsekutiver. Die verfahrensrechtliche Durchsetzungsmöglichkeit stellt daher eine hinreichende, nicht aber eine notwendige Voraussetzung des völkerrechtlichen Individualrechts dar. Nicht verfahrensrechtlich, sondern materiell werden dort, wo Normen sich in ihrer Schutzrichtung an den/die Einzelne wenden und deren Interessen in einem konkreten und spezifischen Umfang adressieren, individuelle Rechte begründet.

Die Frage, ob eine völkerrechtliche Bestimmung unmittelbar anwendbar ist und damit subjektive Rechte erzeugt, auf die sich ein Individuum gegenüber dem Nationalstaat berufen kann, ist durch Auslegung der jeweiligen materiellen Bestimmung zu klären. Es kommt darauf an, ob die betreffende Norm ohne weiteren konkretisierenden Rechtsakt nach Inhalt, Zweck und Fassung hinreichend bestimmt ist, um von innerstaatlichen Behörden angewendet werden zu können.

Um PraktikerInnen durch die anforderungsreiche ‚ordinary meaning rule'[34] und/oder teleologische Auslegung[35] von völkerrechtlichen Normen nach Art 31–33 WVK zu navigieren, ist – an dieser Stelle und mit dieser Intention – die Orientierung an der Existenz von verfahrensrechtlich verankerten Beschwerdemechanismen legitim und pragmatisch sinnvoll: Dort wo Individualbeschwerdeverfahren durch Fakultativ-Protokolle Teil einer menschenrechtlichen Konvention geworden sind, ist rechtsdogmatisch – quasi qua Indizwirkung – in jedem Fall von einer hinreichenden Bestimmtheit der dort verbürgten Rechte auszugehen. Diese verleihen demnach subjektive Rechtspositionen und lassen sich daher als subjektive Rechte im deutschen Recht nutzbar machen.

Individualbeschwerden gegen Deutschland aufgrund menschenrechtlicher Verpflichtungen sind gegenwärtig bei folgenden Konventionen möglich: der Frauenrechte-Konvention (CEDAW), dem Zivilpakt (Intern. Pakt über bürgerliche und politische Rechte), dem Sozialpakt (Intern. Pakt über wirtschaftliche, soziale, kulturelle Rechte), der Rechte von Menschen mit Behinderung (ICRPD), der Anti-Rassismus Konvention (ICERD), der Anti-Folter-Konvention (CAT) wie auch dem Übereinkommen über die Rechte des Kindes (CRC).

[33]Vgl. (Doehring 2004, S. 111 f.).

[34]Vattel'sche Maxime: Ein klarer Wortlaut bedarf keiner Auslegung.

[35]Zielorientiertes Auslegen: Verträgen soll die größtmögliche Wirksamkeit verschafft werden. Ziel und Zweck sind dem Vertrag selbst zu entnehmen.

Die Möglichkeit der Einzelfallbeschwerde im Rahmen dieser Konventionen zeigt, dass hier in jedem Fall jeweils einzelne konkrete Schutzrechte als subjektive Rechte niedergelegt sind.

Das heißt z. B. im Fall der UN Kinderrechte Konvention (KRK), dass nach Rücknahme der ausländerrechtlichen Vorbehalte durch die Bundesrepublik im Jahr 2010 und das Inkrafttreten des 3. Fakultativprotokolls zur Kinderrechtskonvention zum Individualbeschwerdeverfahren im April 2014, nun davon auszugehen ist, dass nicht nur Art. 3 KRK, sondern alle folgenden Artikel, die ‚Rechte' im Konventionstext formulieren, denjenigen subjektive Rechte verleihen, die sich als ‚Kinder' in Deutschland aufhalten, weil die Bundesrepublik die KRK – nun ohne Vorbehalte – gezeichnet und ratifiziert hat.

Die Stellung von Menschenrechten in der deutschen Rechtsordnung

Wie verhält es sich aber mit der normativen Stellung solcher als subjektive Rechte identifizierter Menschenrechte im Rahmen der deutschen Rechtsordnung?

Menschenrechtsgarantien, die zum allgemeinen Völkerrecht gehören, verleihen dem Individuum eine unmittelbare Rechtsinhaberschaft ohne besondere Umsetzungsakte.[36] Dies wird durch den Grundsatz in Art. 25 GG niedergelegt. Maßgebliche Grundlage der innerstaatlichen Geltung völkerrechtlicher Menschenrechtsgarantien, die durch völkerrechtliche Vertragswerke begründet werden, sind die Zustimmungsgesetze im Sinn der Ratifizierung des jeweiligen völkerrechtlichen Vertrags gem. Art. 59. Abs. 2 S. 1 GG. Diese Grundgesetznorm beinhaltet einen Rechtsanwendungsbefehl, der den Vertragsinhalt zum Teil der deutschen Rechtsordnung macht – und zwar im Rang eines formellen Bundesgesetzes.[37] Dieser entzieht sich dann einer weiteren, ggf. relativierenden Gestaltungsfreiheit durch den nationalen Gesetzgeber oder die RechtsanwenderIn. Das Bundesverfassungsgericht weist in seinem Beschluss vom 15.12.2015 eindrücklich darauf hin, dass

[36](Doehring 2004, S. 109 f., 416 f.).

[37]BVerfG, 2. Senat Beschluss v. 15.12.2015, 2 BvL 1/12; https://www.bundesverfassungsgericht.de/SharedDocs/Entscheidungen/DE/2015/12/ls20151215_2bvl000112.html.

> [...] das Grundgesetz nicht nur zwischen Völkervertragsrecht und allgemeinen Regeln des Völkerrechts unterscheidet, sondern auch zwischen zwingenden, der Disposition des Verfassungsgebers entzogenen Regelungen, insbesondere den unverletzlichen und unveräußerlichen Menschenrechten (Art. 1 Abs. 2 GG), und sonstigem Völkerrecht (vgl. BVerfGE 111, 307 <329>; 112, 1 <27 f.>; 128, 326 <369>).[38]

Zur Bindungswirkung von menschenrechtlichen Konventionen in der deutschen Rechtsordnung ist also grundsätzlich festzustellen: Völkerrechtliche Verträge, die sich gemäß Art. 59 Abs. 2 S. 1 GG auf Gegenstände der Bundesgesetzgebung beziehen, benötigen die Zustimmung bzw. Mitwirkung der zuständigen deutschen Gesetzgebungsorgane in der Form eines Bundesgesetzes. Dieses Zustimmungsgesetz erfüllt dann den Vorgang der Ratifizierung als eine der wesentlichen Voraussetzungen des Inkrafttretens eines völkerrechtlichen Vertrages. Die Verabschiedung eines solchen ratifizierenden Vertragsgesetzes verleiht dem Inhalt des völkerrechtlichen Vertrages dann Geltung im deutschen Rechtsraum, indem es einen innerstaatlichen Rechtsanwendungsbefehl in Gang setzt. Darüber hinaus legt dieses Vertragsgesetz auch den Rangplatz innerhalb der deutschen Rechtsordnung fest: Verträge, deren innerstaatliche Geltung durch ein Zustimmungsgesetz nach Art. 59 Abs. 2 S. 1 GG bewirkt wird, haben den Rang einfacher Bundesgesetze. Die deutschen Rechtsanwendungsorgane, Gerichte, aber auch die Exekutive, sind demzufolge an die Bestimmungen eines völkerrechtlichen Vertrages gebunden (Art. 20 Abs. 3 GG).

Dies legt nahe, z. B. dort, wo Rechte von Kindern und Jugendlichen betroffen sind, nicht nur auf der Grundlage des SGB VIII zu argumentieren, sondern ebenso selbstverständlich die UN Kinderrechte Konvention oder – wenn Mädchen spezifisch betroffen sind – die Istanbul-Konvention des Europarates auf der Suche nach Anspruchsgrundlagen heranzuziehen.[39] Ein ratifizierter völkerrechtlicher Vertrag als einfaches Bundesrecht konstituiert also Individualrechte als subjektive Rechte innerhalb der deutschen Rechtsordnung.

Darüber hinaus verlangt das Grundgesetz das innerstaatliche Recht nach Möglichkeit so auszulegen und anzuwenden, dass es nicht zu einem Verstoß gegen Völkerrecht kommt. Dieses Gebot der vertragskonformen Auslegung innerstaatlichen Rechts ergibt sich aus dem Grundsatz der Völkerrechtsfreundlichkeit des Grundgesetzes, der sich einer Gesamtschau der Verfassungsbestimmungen

[38]BVerfG, 2. Senat Beschluss v. 15.12.2015, 2 BvL 1/12; Rn. 76 https://www.bundesverfassungsgericht.de/SharedDocs/Entscheidungen/DE/2015/12/ls20151215_2bvl000112.html.
[39]https://www.coe.int/en/web/conventions/full-list/-/conventions/rms/090000168 06b076a.

mit völkerrechtlichen Bezügen (Art. 24–26 GG, Art. 59 GG) entnehmen lässt. Sofern es darum geht, völkerrechtlich verankerten Menschenrechtsbestimmungen Wirksamkeit zu verleihen, ergibt sich das Gebot der vertragskonformen Auslegung innerstaatlichen Rechts zudem aus Art. 1 Abs. 2 GG: Jede innerstaatliche Norm ist so auszulegen, dass kein völkerrechtswidriges Ergebnis erzeugt wird! Vertraglich gefasste Menschenrechte und Prinzipien des allgemeinen Völkerrechts prägen demnach die Auslegung des einfachen Rechts, die Auslegung von Rechtsbegriffen, die Konkretisierung von Generalklauseln auf der Ebene der Gesetzesinterpretation oder auf der Ebene der Ermessensausübung, die Auslegung der Grundrechte wie auch rechtsstaatlicher Grundsätze des Grundgesetzes.

Der Grundsatz der völkerrechtlichen Verantwortlichkeit

Nach dem Grundsatz der völkerrechtlichen Verantwortlichkeit sind Staaten für alle ihnen zurechenbaren Handlungen und Unterlassungen, die gegen eine subjektive Rechte und Schutzpflichten begründende völkerrechtliche Norm verstoßen, verantwortlich. Diese völkerrechtliche Verantwortlichkeit erfasst das Handeln sämtlicher Behörden und Gerichte und nimmt auch keine Rücksicht auf die föderale Struktur eines Staates.

Dies wird im Anwendungsbereich der Europäischen Menschenrechtskonvention (EMRK) durch die vielfältige Rechtsprechung des Europäischen Gerichtshofs für Menschenrechte (EGMR) verdeutlicht: So wurden z. B. in den Verfahren ‚Z. and others v. the United Kingdom (application no. 29392/95)', ‚E. and others v. the United Kingdom (application no. 33218/96)', ‚Kontrová c. Slovaquie (requête no 7510/04) und E. S. and others v. Slovakia (application no. 8227/04)' festgestellt, dass der beklagte Staat jeweils u. a. seiner Schutzpflicht gegenüber den in seinem Hoheitsgebiet lebenden Menschen und ihrer Menschenrechte nicht nachgekommen war und somit eine Verletzung der im Einzelfall relevanten Menschenrechte aus der EMRK durch den Nationalstaat vorlag.

Sichtbar konturiert wurde diese Position des EGMR auch in einer Entscheidung, die der Europäische Gerichtshof für Menschenrechte am 23.02.2012 veröffentlicht hat. In dieser Entscheidung wird festgestellt, dass die Zurückweisung von Flüchtenden auf hoher See mehrere der in der Europäischen Menschenrechtskonvention garantierten Rechte verletzt.

Dem Fall (Rechtssache Hirsi Jamaa u. a. gegen Italien, Nr. 27765/09)[40] lag folgender Sachverhalt zugrunde: Die AntragstellerInnen, elf somalische und dreizehn eritreeische StaatsbürgerInnen, gehörten zu einer Gruppe von etwa 200 Menschen, die in drei Booten von Libyen nach Italien übersetzen wollten. Am 06.05.2009 wurden die Boote 35 Seemeilen südlich von Lampedusa vom italienischen Zoll und der Küstenwache aufgebracht. Die BootsinsassInnen wurden auf Kriegsschiffe gebracht, die sie zurück nach Tripolis brachten. Nach Angaben der AntragstellerInnen wurde ihnen das Fahrtziel verschwiegen, auch wurden ihre persönlichen Daten nicht aufgenommen. In Tripolis wurden die AntragstellerInnen entgegen ihrer Weigerung gezwungen, die Schiffe zu verlassen. Der italienische Außenminister berief sich bei einer Pressekonferenz am 07.05.2009 auf ein bilaterales Abkommen mit Libyen vom Februar des gleichen Jahres als Rechtsgrundlage für das Handeln der italienischen Behörden.

Der Gerichtshof stellte zunächst fest, die AntragstellerInnen könnten sich auf die EMRK berufen, obwohl ihre Boote in internationalen Gewässern außerhalb des italienischen Staatsterritoriums aufgebracht worden waren. Zwar sei die rechtliche Hoheit eines Staats grundsätzlich an dessen Staatsgebiet gebunden. Ausnahmen könnten aber im Einzelfall gelten, wenn der Staat die volle und exklusive Kontrolle über ein Gebiet außerhalb seines Territoriums ausübe, etwa über ein Schiff, das unter seiner Flagge fahre. In diesen Fällen sei der Staat durch Art. 1 EMRK gebunden, den Personen in diesem extraterritorialen Herrschaftsbereich die Geltung der für sie einschlägigen Menschenrechte der EMRK zu gewährleisten. Die Argumente Italiens, es habe sich um eine Rettungsaktion auf hoher See gehandelt, bei der allenfalls minimale Kontrolle über die Geretteten ausgeübt worden sei, wies der Gerichtshof zurück. Die Schiffe seien ausschließlich von italienischem Marinepersonal besetzt gewesen, sodass sowohl de jure als auch de facto eine vollständige Kontrolle der italienischen Behörden über die AntragstellerInnen bestanden habe.

Im Weiteren stellte der EGMR mehrere Verstöße gegen die EMRK fest: Verstoß gegen Art. 3 EMRK, da die AntragstellerInnen dem Risiko unmenschlicher und entwürdigender Behandlung in Libyen ausgesetzt wurden; Verstoß gegen Art. 3 EMRK, da die AntragstellerInnen dem Risiko einer willkürlichen Abschiebung aus Libyen in ihre Herkunftsländer ausgesetzt wurden; Verstoß gegen Art. 4 des IV. Zusatzprotokolls, da es sich bei der Aktion um eine verbotene

[40]EGMR. 2012. Urteil vom 23.02.2012, Hirsi und andere gegen Italien, Antragsnummer 27765/09, https://dejure.org/dienste/vernetzung/rechtsprechung?Gericht=EGMR&Datum=23.02.2012&Aktenzeichen=27765/09.

Kollektivausweisung handelte; Verstoß gegen Art. 13 i. V. m. Art. 3 EMRK und Art. 4 des IV. Zusatzprotokolls, da den AntragstellerInnen durch das Vorgehen der italienischen Behörden ein effektiver Rechtsschutz unmöglich gemacht wurde.

Der Gerichtshof sprach jeder der AntragstellerInnen einen Schadensersatz in Höhe von 15.000 EUR zu, ferner einen Gesamtbetrag von 1575,74 EUR für die Kosten des Verfahrens.

Das Urteil des Gerichtshofs bedeutet eine erhebliche Stärkung des Schutzes von Flüchtenden an den Außengrenzen der Europäischen Union durch den Rekurs auf Menschenrechte und menschenrechtliche Prinzipien im Völkerrecht. In seiner Urteilsbegründung geht der EGMR u. a. ausführlich darauf ein, dass Libyen im fraglichen Zeitraum (noch unter Gaddafi) seinen Verpflichtungen zum Schutz von Flüchtenden in keiner Weise nachgekommen sei. Schutzsuchende wurden willkürlich inhaftiert, gefoltert und seien unmenschlichen Unterbringungsbedingungen, mangelnder Hygiene und unzureichender medizinischer Versorgung ausgesetzt gewesen. Dies habe den italienischen Stellen aus zahlreichen Berichten bekannt sein müssen. Angesichts der systematischen Menschenrechtsverletzungen in Libyen sei es Aufgabe der italienischen Regierung gewesen, sich ein Bild von der Lage zu machen, in welche die Flüchtenden zurückgebracht werden sollten. Den Einwand der italienischen Regierung, die Betroffenen hätten keinen förmlichen Asylantrag gestellt, ließ der EGMR nicht gelten.

Die Entscheidung des EGMR unterstreicht ein weiteres Mal, dass die Staaten der Europäischen Union sich ihrer Verpflichtung, effektiven Flüchtlingsschutz zu gewähren, nicht dadurch entziehen dürfen, dass sie Schutzsuchenden den Zugang zum eigenen Territorium verweigern. Nicht nur, dass hier – weiterhin aktuell durch die „Migrationspartnerschaften" mit afrikanischen Staaten – die EU Außenpolitik deutlich in ihre menschenrechtlichen Schranken gewiesen wird. Der EGMR hat – wie schon in vorangegangenen Entscheidungen – klargestellt, dass die Vertragsstaaten ihre Verpflichtungen aus der EMRK nicht umgehen können, indem sie untereinander oder mit anderen Staaten Vereinbarungen treffen, die dazu führen, dass – z. B. wie im vorliegenden Fall – der Grundsatz der Nichtzurückweisung nicht oder nicht ausreichend beachtet wird. Damit wird eindeutig das Verständnis von Menschenrechten als Schutzpflichten der Konventions-Beitrittsstaaten und als subjektiven Rechten einzelner gegenüber Nationalstaaten bekräftigt. Eine Gesamtschau der Rechtsprechung des EGMR bestätigt das Paradigma, dass Menschenrechte den Staat zum aktiven Schutz seiner BürgerInnen und der Menschen in seinem Hoheitsgebiet verpflichten. Ein Verstoß gegen Menschenrechte oder gegen menschenrechtliche Schutzpflichten erzeugt eine (völkerrechtliche) Verantwortlichkeit des Staates und somit ein Recht auf Wiedergutmachung als subjektiven Anspruch aus den im Einzelfall verletzten Menschenrechten.

Auch ein Menschenrechtsverstoß durch nicht-staatliche Stellen kann geahndet werden, wenn der Staat seiner durch eine völkerrechtliche Konvention begründeten Schutzpflicht gegenüber dem/der Einzelnen nicht durch spezifische Präventions- und Interventionsmechanismen und ein Kontroll- und Berichtswesen nachgekommen ist.

Dies zeigt eindrücklich das Urteil des EGMR v. 28.01.2014 in der Beschwerdesache O'Keeffe gg. Irland, Bsw. 35810/09[41]. Im Kern geht es hier um die sich aus Art. 3 und Art. 13 EMRK ergebende staatliche Verantwortlichkeit für das Erleiden sexualisierter Gewalt durch eine Volksschülerin an einer katholischen National School in Irland im Jahr 1973. Die Lektüre dieses Urteils in Auszügen ist wegen seiner grundsätzlichen Überlegungen zum Umfang staatlicher Haftung bei einer Verletzung von menschenrechtlichen Schutzpflichten lohnenswert:

> [...] Insgesamt besteht angesichts der grundlegenden Natur der durch Art. 3 EMRK garantierten Rechte und der besonderen Verwundbarkeit von Kindern eine immanente Verpflichtung der Regierung, deren Schutz vor Misshandlung sicherzustellen, indem sie notwendige spezielle Maßnahmen trifft und Schutzvorrichtungen vorsieht – insbesondere im Kontext des Grundschulwesens. Diese Verpflichtung galt auch zum Zeitpunkt der für den Fall bedeutsamen Ereignisse, also 1973. Die Reihe von internationalen Instrumenten, die vor dieser Zeit angenommen worden waren, unterstrichen die Notwendigkeit für Staaten, spezielle Maßnahmen für den Schutz von Kindern zu setzen. Der GH verweist insbesondere auf den Internationalen Pakt über bürgerliche und politische Rechte und den Internationalen Pakt über wirtschaftliche, soziale und kulturelle Rechte, die beide 1966 zur Unterzeichnung aufgelegt wurden und die Irland 1973 auch unterzeichnete, wenngleich es beide erst 1989 ratifizierte. [...] Im Ergebnis stellt sich daher die Frage, ob der gesetzliche Rahmen des Staates und insbesondere seine Aufdeckungs- und Berichtsmechanismen einen wirksamen Schutz von eine National School besuchenden Kindern vor der Gefahr sexuellen Missbrauchs boten, soweit von dieser Gefahr gesagt werden konnte, dass die Behörden davon 1973 Kenntnis hatten oder haben hätten müssen. [...] Die Gegebenheiten des vorliegenden Falls illustrieren nach Ansicht des GH die Folgen dieses Mangels an Schutz und zeigen, dass ein wirksamer rechtlicher Schutzrahmen vor 1973 die Gefahr oder den Schaden für die Bf. vermeiden oder zumindest minimieren hätte können.

Nach dem Grundsatz der völkerrechtlichen Verantwortlichkeit sind Staaten daher für alles ihnen zurechenbare Handeln und Unterlassen, das gegen eine völkerrechtliche Norm verstößt, verantwortlich. Bislang nimmt das die deutsche Rechtspraxis weder auf der Ebene des Verwaltungshandelns noch auf der Ebene der Rechtsprechung zur Kenntnis.

---

[41]https://dejure.org/dienste/vernetzung/rechtsprechung?Gericht=EGMR&Datum=28.01.2014&Aktenzeichen=35810/09.

Menschenrechte als Handwerkszeug der Sozialen Arbeit

Wenn sich Soziale Arbeit nicht als Menschenrechts-Profession versteht, läuft sie Gefahr, sich zu entpolitisieren. Ohne politisches Mandat könnten SozialarbeiterInnen in den bestehenden Rahmenstrukturen zu reinen SozialverwalterInnen werden, wenn die Veränderung von Strukturen als Ziel sozialarbeiterischen Handelns nicht mit einem expliziten Mandat der Profession unterlegt ist. Der hier zugrunde gelegte Fokus nimmt aber Menschenrechte nicht als Reflexions- oder Analyse-Rahmen in den Fokus oder als Grundlage für das dritte, politische Mandat der Sozialen Arbeit. Beides ist für die Soziale Arbeit als Profession durchaus wohl begründet und sinnvoll. Hier sollen Menschenrechte aber, ganz pragmatisch im Sinn der ‚advocacy' verstanden, als Handwerkszeug für die Ermächtigung von KlientInnen mithilfe der Durchsetzung von Rechtsansprüchen dienen. Nicht immer lassen sich die von KlientInnen gewünschten Ziele allein mit Hilfe von Normen des deutschen Rechts erreichen. Wir erlauben uns als Gesellschaft z. B. einen deutlichen Unterschied in der Existenzsicherung von Menschen mit gesichertem Aufenthaltsstatus und solchen mit noch ungeklärtem oder prekärem Status zu setzen. StaatsbürgerInnen, anerkannte AsylbewerberInnen oder Menschen mit subsidiärem Schutzstatus erhalten finanzielle Transferleistungen aus dem System der Sozialgesetzbücher. AsylbewerberInnen oder nur Geduldete müssen sich mit den deutlich schlechteren Leistungen des Asylbewerberleistungsgesetzes begnügen. Die Zugänge zu Gesundheitsversorgung, Bildung, Arbeit unterscheiden sich für beide Statusgruppen stark. Das deutsche Recht – trotz des Nicht-Diskriminierungsgebotes in Art. 3 Abs. 3 S. 1 GG und Art. 2 Abs. 1 UN Zivilpakt, Art. 2 Abs. 2 UN Sozialpakt oder Art. 2 UN KRK – zementiert diese Unterscheidung im Einzelfall. Diese Situation verstößt gegen eine Vielzahl von Menschenrechten, die sich je nach Konstellation im Einzelfall aus dem UN Zivilpakt, UN Sozialpakt, der EMRK oder der UN KRK entnehmen lassen. Wie signifikant z. B. der Umgang mit begleiteten und unbegleiteten minderjährigen Geflüchteten im deutschen Asyl- und Ausländerrecht gegen menschenrechtliche Garantien verstößt, zeigt eindringlich die Handreichung von Hubert Heinhold, in der er alle relevanten Artikel der UN Kinderrechte Konvention für die Situation geflüchteter Kinder in Deutschland dekliniert.[42]

Menschen – unabhängig von ihren Status im Hoheitsgebiet eines Nationalstaates – sind im Verständnis eines modernen Völkerrechts TrägerInnen von

[42](Heinhold 2012).

Menschenrechten aus Völkergewohnheitsrecht und den durch den Nationalstaat gezeichneten und ratifizierten menschenrechtlichen Verträgen. Diese völkerrechtlichen Verträge wurden durch Zustimmungsgesetze ins nationale Recht überführt und haben den Rang einfacher Bundesgesetze. In jedem Fall dort, wo Menschenrechts-Konventionen mit Individualbeschwerdeverfahren ausgestattet sind, ergibt sich qua Auslegung, dass die dort niedergelegten Menschenrechte ohne weiteren konkretisierenden Rechtsakt nach Inhalt, Zweck und Fassung so hinreichend bestimmt sind, dass sie von innerstaatlichen Behörden direkt angewendet werden können und müssen. Sie verleihen allen vom jeweiligen Sachverhalt betroffenen Menschen – unabhängig von ihrem Rechtsstatus – Individualrechte als subjektive Rechte, die in rechtsförmigen Verfahren des jeweiligen Nationalstaates vorgetragen werden können. Eine beispielhafte Konstellation sei hier genannt: Seit dem 1. Januar 2008 besteht in Deutschland ein Rechtsanspruch auf das ‚Persönliche Budget'. Diese Entwicklung ist maßgeblich geprägt durch das neue Rehabilitationsrecht (Sozialgesetzbuch I – XII mit Schwerpunkt SGB IX). Das Persönliche Budget ist eine Leistungsform für Teilhabeleistungen der Rehabilitationsträger des Neunten Buches Sozialgesetzbuches (§ 29 SGB IX). Träger sind zum Beispiel die Arbeitsagentur (SGB III), die gesetzliche Krankenversicherung (SGB V), die gesetzliche Rentenversicherung (SGB VI) und die Sozialhilfeträger (SGB XII). Auch die Pflegekassen (SGB XI) und die Integrationsämter können Leistungen in der Form eines Persönlichen Budgets erbringen.

Inhaltliche Vorgaben und Regelungen über das Verwaltungsverfahren sind in § 29 SGB IX und in der Budgetverordnung (BudgetV) festgelegt. Die Höhe des ‚Persönlichen Budgets' orientiert sich am individuellen Bedarf und soll die Höhe der bisherigen Sachleistungen nicht überschreiten. Durch die Leistungsform des ‚Persönlichen Budgets' soll das Wunsch- und Wahlrecht des behinderten Menschen gestärkt werden. Grundlage des ‚Persönlichen Budgets' ist eine Zielvereinbarung zwischen dem leistungsberechtigten Menschen (Budgetnehmer) und dem oder den Leistungsträger(n) (Krankenkasse, Pflegekasse, Sozialamt, Rentenversicherung, Integrationsamt) ggf. in Form einer trägerübergreifenden Komplexleistung.

Das ‚Persönliche Budget' kann behinderten Menschen ein selbstbestimmteres Leben ermöglichen. Die Durchsetzung des ‚Persönlichen Budgets' in der gewünschten Form und Größenordnung gestaltet sich aber auch 10 Jahre nach dessen Einführung häufig als schwierig und langwierig. Bisweilen lehnen Leistungsträger einen Budgetantrag mit der Begründung ab, dass die Kosten zu hoch wären. Gemäß § 29 Abs. 2 SGB IX soll „die Höhe des ‚Persönlichen Budgets' die Kosten aller bisher individuell festgestellten, ohne das Persönliche Budget zu erbringenden Leistungen nicht überschreiten."

Das Persönliche Budget soll aber in jedem Fall den individuell festgestellten Bedarf eines Menschen mit Behinderung sowie die Beratung und Unterstützung decken. Es gibt Situationen, in denen das Budget teurer ist als die bisherige Sachleistung, zum Beispiel wenn jemand aus dem Heim in eine eigene Wohnung wechselt. Diese beiden Leistungen sind jedoch nicht vergleichbar. Niemandem darf zugemutet werden, allein aus Kostengründen in einem Heim zu wohnen.

Der Widerspruch bzw. die sich ggf. anschließende Klage gegen den Bescheid, der den Antrag auf ein persönliches Budget ablehnt, lassen sich mit Menschenrechten auf der UN Behindertenrechte-Konvention (UN BRK) gut begründen. Diese Konvention ist seit März 2009 in der Bundesrepublik Deutschland geltendes Recht. Mit der UN BRK werden Behinderung und Menschen mit Behinderung nicht mehr unter einem medizinischen oder sozialrechtlichen, sondern unter einem menschenrechtlichen Blickwinkel betrachtet. Dementsprechend gelten Menschen mit Behinderungen nicht länger als „defizitär", sondern als Mitglieder einer diversen Gesellschaft und als TrägerInnen unveräußerlicher Menschenrechte. Behinderung entsteht erst durch den Nicht-Abbau von Teilhabe-Barrieren (Art. 1 UN BRK). Konstituierende Begriffe der Konvention sind Würde, Teilhabe, Selbstbestimmung, Inklusion und Chancengleichheit. Art. 19 UN BRK (Unabhängige Lebensführung und Einbeziehung in die Gemeinschaft) legt fest, dass Menschen mit Behinderungen ihren Wohnort und ihre Wohnform frei wählen können. Gemeindenahe Unterstützungsdienste einschließlich persönlicher Assistenz sind bereitzustellen. Das bedeutet, dass die Hilfe oder Assistenz der selbst gewählten Wohnform folgen muss und nicht umgekehrt. Die UN BRK schränkt also das Ermessen der entscheidenden Behörden im Sinne der Selbstbestimmung von Menschen mit besonderen Bedarfen ein. Das kann und sollte so in der Formulierung von Widersprüchen oder Klageanträgen aufgenommen werden.

SozialarbeiterInnen können aber nicht nur KlientInnen im Hinblick auf die Wahrnehmung ihrer Menschenrechte, sondern auch JuristInnen und VerwalterInnen dabei unterstützen, Menschenrechte in ihren Entscheidungen anzuwenden. Der Paradigmenwechsel im Völkerrecht hin zu Menschenrechten als Garantien subjektiver individueller Rechte hat sich noch nicht vollzogen. In aller Konsequenz im System angekommen, würde er die Rechtsanwendung dramatisch und zugunsten aller Menschen in einer diversen Gesellschaft verändern.

Soziale Arbeit ohne Menschenrechts-back-up läuft Gefahr, sich zu entpolitisieren und entsolidarisieren und als Folge davon, KlientInnen zu entmächtigen. Und dennoch geht es im vorgelegten Ansatz weniger um das dritte, politische Mandat der Sozialen Arbeit, sondern um ‚advocacy' als Kernelement sozialarbeiterischen Handelns: „Advocacy promotes equality, social justice and social inclusion. It can empower people to speak up for themselves. Advocacy can help people become more aware of their own rights, to exercise those rights and be involved in and influence decisions that are being made about their future.“[43]

Menschenrechte sind ein Handwerkszeug für die unmittelbar betroffenen Menschen, um in rechtsförmigen Verfahren ihre Interessen und Ziele – soweit als Menschenrecht geschützt – besser durchsetzen zu können. Hier setzt Soziale Arbeit an: Sie informiert KlientInnen über die Existenz und die Verwendung dieser „Werkzeuge“ und unterstützt und begleitet sie im Prozess des Gebrauchens. Saul Alinski zitiert Blaise Pascal mit der Beobachtung: „Justice without power is impotent; power without justice is tyranny“.[44] In diesem Sinn sind Menschenrechte ein Instrument der Ermächtigung zum Recht und ein Korrektiv für das Handeln der ‚Mächtigen‘.

Literatur

Amtlicher Text Verhandlungsniederschriften: Der Prozess gegen die Hauptkriegsverbrecher vor dem Internationalen Militärgerichtshof. Nürnberg 14. November 1945–1. Oktober 1946, Nürnberg 1947. Fotomechanischer Nachdruck, Frechen 2001, Bd. 1, S. 189 ff.; http://www.zeno.org/Geschichte/M/Der+N%C3%BCrnberger+Proze%C3%9F/Materialien+und+Dokumente. Zugegriffen: 02.11.2017.

Alinski, Saul. 1971. *Rules for Radicals: A Pragmatic Primer for Realistic Radicals.* New York: Vintage Books.

Brown, Kevin.2007. Kritische Soziale Arbeit. In *SIT Soziale Arbeit in Tirol* 87: 11–14; http://www.sozialarbeit.at/files/sit_87_2012_kritische_sozialarbeit.pdf. Zugegriffen: 1.7.2018.

Cancado Trindade, A. 2010. *International Law For Humankind: Towards a New Jus Gentium.* Leiden: Brill Academic Publishers.

Doehring, K. 2004.*Völkerrecht.* Heidelberg: C.F. Müller.

Eckstein, N et al. 2016. Soziale Arbeit als Menschenrechtsprofession in der Praxis. soziales_kapital. *Wissenschaftliches journal österreichischer fachhochschul-studiengänge soziale arbeit,* Nr. 16 (2016) / Rubrik “Thema” / Standort St. Pölten: S. 15–30. http://www.soziales-kapital.at/index.php/sozialeskapital/article/viewFile/479/842.pdf. Zugegriffen: 02.11.2017.

Emmerich-Fritsche, Angelika. 2007. *Vom Völkerecht zum Weltrecht.* Berlin: Dunker und Humblot.

Heinhold, Hubert.2012. *Alle Kinder haben Rechte.* Freiburg: Lambertus.

Kant, Immanuel. 1995. *Kritik der Praktischen Vernunft,* Stuttgart: UTB.

Kremer, Marcus und Hans-Richard Reuters, Hrsg. 2007. *Macht und Moral: politisches Denken im 17. und 18. Jahrhundert.* Stuttgart: Kohlhammer.

43(Lee 2007, S. 13–28).

44(Alinski 1971, S. 52).

Lee, Courtland C. 2007. Introduction: Counselors as Agents of Social Justice. In *Counselors for Social Justice*, (Eds.) Lee, C.C. et al. Alexandria: Amer Counseling Association 2007.

Lorz, Alexander. 2003. *„Der Vorrang des Kindeswohls nach Art. 3 der UN-Kinderrechtskonvention in der deutschen Rechtsordnung"*, Bd. VII. Berlin: National Coalition.

Meron, Theodor.2006. *The Humanization of International Law*. Leiden: Brill Academic Publishers.

Müller-Herrmann, Silke, und Roland Becker-Lenz. 2013. Die Soziale Arbeit als „Menschenrechteprofession" – Ein (zu) hoher Anspruch. In *Menschenrechte und Demokratie*, Hrsg. E. Mührel et al., 125–141. Wiesbaden: Springer.

OSCE, Hrsg. 2010. *Human Rights for Social Workers in Theory and Practice*. http://www.osce.org/bih/110217?download=true. Zugegriffen: 02.11.2017.

Peters, Anne. 2013. *Antrittsrede als Direktorin des MPI für ausländisches öffentliches Recht und Völkerrecht Heidelberg, 27.11.2013*. http://www.mpil.de/files/pdf3/Peters_Der_Mensch_im_Mittelpunkt_des_Voelkerrechts._Vortrag_zur_Amtseinfuehrung_als_neue_Direktorin_am_Max_Planck_Institut_fuer_Voelkerrecht_27.11.20131.pdf, S. 8. Zugegriffen: 02.11.2017.

Peters, Anne. 2014. *Jenseits der Menschenrechte*, Tübingen: Mohr Siebeck.

Peters, Anne. 2016. *Völkerrecht Allgemeiner Teil*. Zürich: Schulthess.

Portmann, Roland. 2013. *Legal Personality in International Law*. Cambridge: Cambridge University Press.

Prasad, Nivedita. 2011. *Mit Recht gegen Gewalt*. Opladen: Budrich 2011.

Staub-Bernasconi, Silvia.2007. Soziale Arbeit: Dienstleistung oder Menschenrechtsprofession? In *Ethik Sozialer Arbeit: Ein Handbuch*, Hrsg. A. Lob-Hüdepohl et al., 20–54. Paderborn: Schöningh UTB.

Staub-Bernasconi, Silvia. 2012. *Partnering with the United Nations. Human Rights and Social Work*, AVENIR SOCIAL 2012; http://www.avenirsocial.ch/de/cm_data/GLOBAL_AGENDA_-_Staub_-_UN_GENF_26.3.2012.pdf. Zugegriffen: 02.11.2017.

Tomuschat, Christian. 2014. *Human Rights. Between Idealism and Realism*. Oxford: Oxford University Press.

Verdross, Alfred und Bruno Simma. 2010. *Universelles Völkerrecht*. Berlin Dunker und Humblot.

Zorn, Albert. 2010. *Grundzüge des Völkerrechts*, Leipzig 1903, Nachdruck Charleston: Nabu Press.

Recht auf Hilfe versus Hilfe für Rechtssubjekte

Soziale Arbeit und Menschenrechte in historischer Perspektive

Annette Eberle

Im Jahr 1992 publizierte das „Center for Human Rights“ der Vereinten Nationen gemeinsam mit der „International Federation of Social Workers“ (IFSW) und der Internationalen Vereinigung der Ausbildungsstätten für Sozialarbeit (International Association of Schools of Social Work, IASS) eine Handreichung mit dem Titel „Human Rights and Social Work“[1]. Im Zentrum steht das Bekenntnis zur Menschenrechtsorientierung der Profession auf der Basis der Menschenrechtskonvention, die im Jahr 1948 als Reaktion auf die Realität der Verbrechen während des Zweiten Weltkriegs, die aufgrund ihrer Dimension als „Verbrechen gegen die Menschlichkeit“ deklariert wurden, formuliert worden war. Zugleich erreichte in den 1990er Jahren die Untersuchung der Verstrickungen von Wohlfahrt und Fürsorge in die NS-Verbrechen in Deutschland eine größere Fachöffentlichkeit.[2] Und zur selben Zeit, im Zuge der Vereinigung beider deutscher Staaten, erhielt auch die Debatte um den Missbrauch der Heimkinder, im Windschatten der Auseinandersetzung um das Unrecht in der SED Diktatur, größere gesellschaftliche Aufmerksamkeit.[3] Bislang

[1]Vgl. (United Nations et al. 1994); die deutsche Übersetzung des Manuals erschien im Jahr 2002 (United Nations et al. 2002).

[2]Vgl. (Sachße und Tennstedt 1992b).

[3]Vgl. die Beiträge von Uwe Kaminski und Ingolf Notzke in diesem Band.

A. Eberle (✉)
Katholische Stiftungshochschule, München, Deutschland
E-Mail: annette.eberle@ksh-m.de

A. Eberle et al. (Hrsg.), *Menschenrechte und Soziale Arbeit im Schatten des Nationalsozialismus,* https://doi.org/10.1007/978-3-658-19517-5_2

gab und gibt es keine systematische Verbindung zwischen dem rein auf die Profession bezogenen Diskurs der Menschenrechtsorientierung und der historischen Aufarbeitung der Menschenrechtsverletzungen, verantwortet in der Sozialen Arbeit. Der Artikel nimmt diesen Umstand zum Ausgangspunkt, um aus zeithistorischer Perspektive den Status der Menschenrechte in der Fürsorge bzw. Sozialen Arbeit in der Bundesrepublik Deutschland zu untersuchen. Im Fokus stehen Faktoren und Traditionslinien, die sich als hemmend oder fördernd erwiesen haben, in Konzepten und Praxis die Grundrechte der Menschen, die Fürsorge in Anspruch nahmen, zu gewährleisten. Der gewählte Zeitraum von Ende des Zweiten Weltkriegs bis in die 1970er Jahre bezieht sich auf die Phase von der Etablierung der Demokratie hin zu einer Demokratisierung des Sozialwesens, mit der auch die Durchsetzung der im Grundgesetz verankerten Menschenrechte erreicht werden sollte.

Professionsbezogene Menschenrechtsdiskurs in den 1990er Jahren

Die Handreichung „Human Rights and Social Work" der Internationalen Zusammenschlüsse der Profession der Sozialen Arbeit war getragen von der Einsicht, dass es angesichts der zunehmenden Globalisierung der sozialen Problemlagen universell geltender ethischer wie gesellschaftspolitischer Positionen bedarf, die dem Schutz und der Gewährung der Menschenrechte dienten. Dies gelte insbesondere für die Menschenrechtsfragen, die für die Soziale Arbeit eine Herausforderung darstellten, wie Armut, Diskriminierung des Geschlechts, Religion, Rassismus, Umwelt und Entwicklung.[4] Zu den weltweit besonders schützenswerte Gruppen zählten Kinder, Frauen, ältere Personen, behinderte Menschen, Gefangene, einschließlich in ihrer Bewegungs- und Handlungsmöglichkeit eingeschränkte Personen und Flüchtlinge. Insgesamt ergebe sich aus der internationalen Verrechtlichung der Menschenrechtskonvention für die Profession auch die Verrechtlichung eines ethischen Mandats, das über den nationalen gesellschaftspolitischen Rahmenbedingungen stehe und einen Weg aus der „Fremdbestimmung externer Auftraggeber" weise.[5] Für die Praxis der Umsetzung wird ein „analytisches Gerüst" entwickelt, anwendbar auf alle generellen Menschenrechtsfragen und gedacht als konkrete Handreichung, um die jeweils spezifischen Probleme zu identifizieren und zu bearbeiten.[6]

[4]Vgl. (United Nations 2002).

[5]Vgl. (Ebd., S. 2).

[6](Ebd. v. a. S. 43–65).

Die Handreichung erschien zeitgleich mit der Implementierung der Menschenrechtskonvention im internationalen Recht. Somit schlossen sich die Internationalen Vereinigungen der Sozialen Arbeit dem Optimismus an, der mit dem Wegfall des „Eisernen Vorhangs" und dem vermeintlichen Ende der Systemkonkurrenz zwischen West und Ost aufgekeimt war, dass der weltweiten Durchsetzung demokratisch orientierter rechtsstaatlicher Prinzipien nun nichts mehr im Wege zu stehen schien. Zwar hatten sich bereits am 1. August 1976 35 Regierungen der West- und Ostblockstaaten mit ihrer Unterschrift von Helsinki zur Einhaltung der Menschen- und Bürgerrechte verpflichtet, doch erwies sich diese nicht als Schutz für die oppositionellen Kräfte und Dissidentenbewegungen in der Sowjetunion wie auch der Ostmitteleuropäischen Staaten. Sie erfuhren weiterhin große Einschränkungen und Unterdrückung.[7] Eine weitere Entwicklungslinie, die zu den gemeinsamen Richtlinien führte, war die der „Humanisierung des Völkerrechts". Der einzelne Menschen und nicht mehr allein der Staat wurde als originärer Träger des Völkerrechts begriffen.[8] So kam es bereits im Jahr 1965 zu einer vom International Council on Social Welfare ausgerichteten Konferenz zum Thema „Menschenrechte und Soziale Wohlfahrt", auf dessen Diskussionsergebnisse die Handreichung aufbaute.[9]

Silvia Staub-Bernasconi führte mit der Übersetzung der Handreichung den Diskurs über die Menschenrechtsorientierung in der Sozialen Arbeit als „drittes Mandat" im deutschsprachigen Bereich ein und war fortan auch führend in der theoretischen Auseinandersetzung.[10]

Bei ihrem Modell, das inzwischen hinsichtlich seiner historischen Bedeutung für die Theoriebildung rezipiert wird, fällt auf, dass die Begründung für Verpflichtung und Ausgestaltung des Menschenrechtsbezuges vor allem von der erreichten internationalen (institutionellen) Durchsetzung der Konvention, also affirmativ hergeleitet wird. Die Genese der Menschenrechtskonvention wird als letztlich unaufhaltsame da universelle Entwicklung angesehen und die dabei auftretenden Dilemmata und Verstöße als quasi evolutionäre Begleiterscheinungen. Die Historizität der Menschenrechtskonvention und damit die spezifische Wechselwirkung zwischen Menschenrechtsverletzungen und den darauffolgenden politischen Initiativen für deren Schutz, wird eingeebnet. Der Verweis auf den

[7]Vgl. (Brandt 2009, S. 40–41).

[8]Vgl. dazu den Beitrag von Susanne Nothhafft in diesem Band.

[9]Hans F. Zacher erhielt von der nationalen Vereinigung des International Council on Social Welfare den Auftrag, zur Vorbereitung der Tagung eine Schrift zur Situation in der Bundesrepublik auszuarbeiten, vgl. (Zacher 1968).

[10](Engelke, 1998, S. 374).

Zweiten Weltkrieg und die von NS Deutschland verursachten Verbrechen bleibt allgemein, sowohl hinsichtlich des Charakters der Menschheitsverbrechen als auch deren spezifischer historischer Bedeutung und Folgen:

> Ironischerweise war es ein weiterer weltweiter Konflikt – der Zweite Weltkrieg -, der den nächsten wichtigen Entwicklungsschritt im Hinblick auf die Menschenrechte initiierte. Der Zweite Weltkrieg veranlasste Staaten rund um die Welt, einen neuen Rahmen für die internationale Zusammenarbeit zu schaffen. Man erkannte die Notwendigkeit, internationale Verhaltensnormen in Rechtsform zu bringen.[11]

Die Rolle der Profession der Sozialen Arbeit findet sich im evolutionären Begründungszusammenhang: Da es zu ihrem zentralen Aufgabenbereich zähle, zur Befriedigung der Bedürfnisse der Menschen beizutragen, und sich der Anspruch dieser Bedürfnisse als positives Recht durchgesetzt habe, gelangte die Sozialarbeit dazu, „die Menschenrechte als zweites organisierendes Prinzip ihres beruflichen Wirkens zu betrachten".[12] In einer Hinsicht argumentiert Staub-Bernasconi historisch, indem sie sich auf die Traditionslinien der Sozialen Bewegungen, auch in Deutschland, beruft. Es sei eine „Tatsache, daß *professionelle* Soziale Arbeit aus *sozialen Bewegungen* mit selbstdefinierten Bedürfnissen, Zielen und Forderungen, Anrechten und Aufträgen, nämlich der Frauen-, Friedens- und sozialreformerischen Settlementbewegung, und nicht etwa aus staatlichen, juristischen Vorgaben oder verwaltungstechnischen Dekreten und Mandaten hervorgegangen ist."[13] Hier könnte man einwenden, dass diese Traditionslinie insbesondere in Deutschland erst ab den 70er Jahren eine entsprechende Durchschlagkraft entwickeln konnte. Bis dahin scheiterten jegliche Reformansprüche, angelegt im Bestreben der bürgerlichen Sozialreform seit dem Kaiserreich gegenüber wirkungsmächtigeren repressiven, obrigkeitsstaatlichen Traditionen. So bleibt die Frage offen: In welcher Weise wäre denn ein konstitutives Mandat der Menschenrechtsorientierung bezogen auf institutionalisierte Handlungsfelder der Sozialen Arbeit historisch begründbar? Und, analog zur Ambivalenz der Institutionalisierung der Menschenrechte in der Konvention von 1948 auf dem Hintergrund ihrer Verletzung, welche Bedeutung kommt dabei gerade den Handlungsfeldern zu, in denen sich die repressiven Traditionen der Einschränkung von Persönlichkeitsrechten, wie in Fürsorgeanstalten, Gefängnissen oder Arbeitshäuern, als besonders hartnäckig erwiesen? Lassen sich

[11]Abschnitt 38 (UN et al. 2002, S. 11).

[12]Abschnitt 19 (UN et al. 2002, S. 7).

[13](Staub-Bernasconi 1995, S. 58).

aus dem Umstand, an den Bernasconi an einer Stelle und zu Recht in ihrem programmatischen Aufsatz erinnerte: „Wie die Geschichte lehrt und wie uns auch historische Forschung über diese Jahre zeigt, macht die Verachtung, Entwertung und Ausgrenzung der Fremden, Andersdenkenden, Schwachen, Behinderten, sozial Auffälligen nicht vor den Toren des Sozialwesens halt“,[14] auch systematische Einsichten über dieses „nicht vor den Toren des Sozialwesens halt machen“ gewinnen? Im Folgenden werden diese Fragen beispielhaft untersucht. Die Entstehung des Bundessozialhilfegesetzes (BSHG) von 1961 wird als wichtige Zwischenstation hervorgehoben. Es steht für den erreichten sozialpolitischen Konsens in der historischen Bewertung der zu überwindenden antidemokratischen Prägungen der Fürsorge. Für die Entwicklung der Reformen gab es den rechtlichen Rahmen und, mit der Abschaffung des Begriffs der Fürsorge, auch den entsprechenden Perspektivwechsel vor.[15]

Ausgangslage – Folgen des Krieges und NS-Unrechts

Der KZ Überlebende R. Zajdner beantragte im Mai 1961, 16 Jahre nach seiner Befreiung, die ihm bewilligten Entschädigungsleistungen in Höhe von über 2000 DM freizugeben. Über fünf Jahre hatte er Verfolgung in Ghetto und Konzentrationslager erlitten. Danach war er als Displaced Person in Oberbayern gestrandet. R. Zajdner stammte ursprünglich aus Polen. Er und seine Familie zählten zu den tausenden Displaced Person, die weit entfernt von ihrer Heimat als Kriegsgefangene, Zwangsarbeiter oder in KZ-Haft verschleppt worden waren und nach Kriegsende in Bayern auf die Möglichkeit eines Neubeginns warteten.[16] Nach der Befreiung befanden sich in allen westlichen Besatzungszonen 6,5 Mio. DPs, darunter war die Gruppe der jüdischen Überlebenden mit etwa 50.000 bis 75.000 eine kleinere. Diese Zahl stieg allerdings im folgenden Jahr auf 150.000 bis 200.000 an, als auftretende Pogrome in den osteuropäischen Staaten dort unter den jüdischen Überlebenden eine erneute Fluchtwelle in die westlichen Besatzungszonen auslöste. Zajdner verbrachte einige Jahre im DP Lager Föhrenwald in Oberbayern. Die ihm aufgrund der Lagerhaft zustehenden und zugesprochenen Entschädigungsleistungen hatte der Landesfürsorgeverband

[14]Ebd.

[15]Vgl. (Reschke 1966).

[16]Vgl. (Königseder 2016, S. 40).

Oberbayern an den Bezirksfürsorgeverband als Ausgleich für Fürsorgeleistungen weitergeleitet, die Zajdner und seiner Familie zwischen November 1953 und November 1956 erhalten hatten. So bezog sich die Entschädigung auf das Unrecht der Haft, nicht aber auf seine Folgen. Zajdner war aufgrund gesundheitlicher Schäden 40 % erwerbsbehindert und musste seine Familie mit einer ihm gewährten kargen Gesundheitsschadensrente durchbringen. Der Antrag wurde abgelehnt.[17]

Wenn die Zuständigkeit für Hilfsleistungen für ausländische oder staatenlose NS Verfolgte nicht im April 1951 auf die deutschen Fürsorgebehörden übergegangen wäre, hätte Zajdner nicht um die Auszahlung seiner Entschädigung kämpfen müssen. Bis dahin war für die Fürsorgeleistungen gegenüber den der DPs die ersten internationalen Flüchtlingsorganisationen der UNO zuständig, die angesichts der Misere der befreiten Häftlinge aus den Lagern im Zweiten Weltkrieg gegründet worden waren: die Nothilfe- und Wiederaufbauverwaltung der Vereinten Nationen (UNRRA) und, nach deren Auflösung Ende 1946 die International Refugee Organisation (IRO). Die größten jüdischen DP-Lager mit 3000 bis 6000 Bewohnern entstanden in Bayern, darunter vier in Oberbayern und zwar in Bad Reichenhall, Feldafing, Landsberg am Lech wie in Föhrenwald bei Wolfratshausen. Alle bis auf Föhrenwald wurden nach Gründung der Bundesrepublik aufgelöst, da die große Mehrheit der DPs eine neue Heimat gefunden hatte. R. Zajdner wurde aufgrund seiner gesundheitlichen Probleme die Auswanderung verwehrt. So musste er in Oberbayern bleiben. Verarmt und sozial isoliert, zählte er mit anderen Überlebenden der Shoa zu einer der ersten Gruppen der Fürsorge in der Bundesrepublik, der man sich damals nur widerwillig annahm und die auch bis heute im historischen Gedächtnis der Profession nicht vorkommt. Mit dem „Gesetz über die Rechtsstellung heimatloser Ausländer" vom 25. April 1951 war die Verantwortung für deren Existenzsicherung auf die deutschen Wohlfahrtsbehörden übergegangen. Das Gesetz regelte die Gleichstellung der früheren DPs mit deutschen Staatsbürgern in Hinblick auf Grundrechte und Gleichbehandlung im Rahmen der öffentlichen Fürsorge und der Sozialversicherung.[18] Damit verloren die Überlebenden ihre Sonderstellung als Verfolgte des NS-Regimes und alle notwendigen Privilegien, die ihren besonderen Bedürfnissen entsprochen hätten. Die Ursache ihrer Hilfsbedürftigkeit und vor allem

---

[17]Niederschrift über die Sitzung des Fürsorgeausschusses des Bezirkstages Oberbayern am 10.05.1961, BAObb, 475, Protokolle des Bezirksausschusses Oberbayern. Vgl. (Eberle 2017, S. 413, Fußnote 15).

[18]Vgl. (Sachße und Tennstedt, 2002), S. 65–69.

die Verantwortung der deutschen Gesellschaft daran wurden unkenntlich. Dabei sah die bundesdeutsche Fürsorgegesetzgebung sehr wohl eine Sonderstellung für Kriegsopfer vor. Diese galt aber nur für die deutschen Flüchtlinge und Vertriebenen, und auch unter dieser Gruppe nicht für KZ Überlebende.[19] Im Vergleich mit anderen Ablehnungen des Fürsorgeausschusses fällt auf, dass Begründungen vielmehr die oft ausweglose Situation der Betroffenen, fremd im Land der Täter gestrandet zu sein, gegen sie verwendeten, oder dass sie gar als „unwürdig" für die Unterstützung diskreditiert wurden. So wurde einem KZ Überlebenden zur Last gelegt, dass er zwei Jahre vorher angegeben habe, er würde auswandern, er aber immer noch da sei.[20] In einem der letzten Beschlüsse im Juni 1962 wurden der Antragstellerin Rosa W. die Freigabe ihrer Rente verwehrt, da ihr Ehemann keinen Anspruch auf Entschädigungsrente vorweisen konnte. Gleichzeitig wurden stigmatisierende Kriterien bei der Beurteilung deutlich: „Er [der Ehemann] sei jedoch ordentlich, wirtschaftlich und halte sein Geld zusammen. Das eigenartige Verhalten der Antragstellerin selbst ist – nach den hier vorhandenen Aktenunterlagen zu schließen – wohl darauf zurückzuführen, daß sie mehrere Jahre im Konzentrationslager zubringen musste und wohl auch durch die Vergasung ihrer nächsten Angehörigen einen seelischen Schaden erlitten hatte."[21] Die KZ Überlebenden standen in den 1950er und Anfang der 1960er Jahre innerhalb der Fürsorgeempfänger am unteren Ende innerhalb der Hierarchie. In den eben beschriebenen Beispielen werden Gründe dafür offenbar, die sowohl von der Binnenlogik der Fürsorgegesetzgebung und den ihm angebundenen Hilfen, als auch von der gesellschaftlichen Haltung gegenüber den NS-Opfer herrührten. Das geltende Fürsorgegesetz war die Reichsfürsorgepflichtverordnung und die Ausführungsgesetze, die nach den Bestimmungen der Weimarer Republik bereits von der amerikanischen Militärregierung wieder in Kraft gesetzt worden waren. Diese konnten gegenüber den besonderen Notsituationen in der unmittelbaren Nachkriegszeit, verursacht durch Flüchtlingsbewegungen und Wohnungslosigkeit, nicht mehr greifen. Zudem waren deren Leistungen noch an das Gebot der Rückzahlungspflicht gebunden, das den Grundsatz des Rechtes auf Hilfe einschränkte und auf den repressiven Charakter der Armenfürsorge im Kaiserreich zurückging.[22] Bestimmend blieb letztlich auch die seit der Weimarer

[19]Ebenda.

[20]Niederschrift über die Sitzung des Fürsorgeausschusses des Bezirkstages Oberbayern am 05.12.1960, BAObb 474.

[21]Niederschrift über die Sitzung des Fürsorgeausschusses des Bezirkstags Oberbayern am 27. Juni 1962, BAObb 475.

[22]Vgl. (Willing und Bohldorf 2001; Willing 2005).

Republik eingeführte Binnendifferenzierung der Klientel nach unterschiedlich gewerteten Kategorien der Ursachen von Armut. Ganz oben standen die Gruppen der Kriegsopfer und Sozialrentnern mit Privilegien gegenüber den allgemein Befürsorgten. Unten standen die als „asozial" Geächteten mit den größten Einschränkungen an Rechten.[23] Sie standen seit jeher unter Verdacht, ihre Situation selbstverschuldet herbeizuführen und der Gesellschaft aufgrund ihres sozialen Verhaltens zu schaden. Anklänge dazu zeigen die Charakterisierungen wie sie in den oben zitierten Ablehnungen des Fürsorgeausschusses deutlich wurden.[24]

Dass die Ausschussmitglieder gänzlich den Kontext, der zur sozialen Hilfsbedürftigkeit führte, ausblendeten, war möglich, da den jüdischen Überlebenden im Fürsorgesystem der frühen Bundesrepublik ihr Status als Opfer des NS Regimes verweigert wurde. Man bedenke auch, dass die Anforderung an die NS Opfer, sie müssten für die ihnen erwiesene sozialen Leistungen selbst aufkommen und dazu noch auf einen Teil ihrer Entschädigungsansprüche verzichten, mit dem Gleichheitsgrundsatz gegenüber den anderen Fürsorgeempfängern begründet wurde. Dabei wurde der Gleichheitsgrundsatz außer Acht gelassen, was die im Fürsorgegesetz privilegierte Sondergruppe der Kriegsopfer betraf. Dies galt auch für die deutschen KZ Überlebenden. Vorher unterstanden die Displaced Person einem Fürsorgesystem der Vereinten Nationen, das eigens für sie entwickelt worden war und als alternatives Modell hätte gelten können, auch, wenn die Leistungen der UNRRA bzw. der IRA angesichts der großen Not und der sehr großen Anzahl der DP in Bayern oft mehr als unzulänglich waren.[25]

Parallelwelten – Jugendfürsorge zwischen Kriegsnot, Stigma und Reform

Zu einer weiteren Gruppe, die als Folge des NS Unrechts wie des Krieges eines besonderen sozialen Schutzes bedurften und zugleich aus Sicht der Fürsorge im Verdacht der „Asozialität" standen, zählten die Kinder und Jugendlichen.[26] Aufgrund der Fluchtbewegungen wie auch dem hohen Zerstörungsgrad der Städte lebten im Jahr 1949 noch etwa 27.000 Kinder und Jugendliche bis 21 Jahren in Massenlagern. In der gesamten Westzone waren etwa 80.000 Jugendlichen ohne Wohnsitz und Unterkommen.[27] Sie bildeten noch Jahre später

---

[23]Vgl. (Ebd.; Hockerts und Süß 2010, S. 16)

[24]Zur Bedeutung der Zuschreibung „Asozial" in der Fürsorgepraxis, vgl. (Sachße und Tennstedt 1992a, 1992b; Ayaß 1995).

[25]Vgl. (Marcuse 2013).

[26]Vgl. (Zahner 2006, S. 36–55).

[27]Vgl. (Eberle., S. 38–40).

eine große Gruppe in der stationären Kinder- und Jugendhilfe. Für die Fürsorgebehörden galt die Anstaltsunterbringung als ein probates Mittel gegen die sogenannte Ruinenkriminalität, ein Indikator für die katastrophale soziale Lage der Minderjährigen. Diese präventive Fixierung beruhte auch auf einer traditionellen Haltung geprägt von Misstrauen und Abwertung seitens der Fürsorge gegenüber ihren minderjährigen Zöglingen. Die Jungen standen unter dem stereotypen Verdacht der möglichen Landstreicherei und des Diebstahl, die Mädchen des latenten „Hangs" zur (geheimen) Prostitution.[28] Das, was den Kindern und Jugendlichen an psychischen, physischen und sozialer Not durch die Kriegszeit und ihren Folgen aufgebürdet worden war, geriet allzu leicht aus dem Blickfeld. Diese persönliche Stigmatisierung ging Hand in Hand mit dem Nimbus der Fürsorgeerziehung als Zwangserziehung, nachhaltig verstärkt durch die Repression in der NS-Zeit.[29]

Auch unter ihnen gab es Kinder und Jugendliche mit dem Status der Displaced Person. Bis zum Jahr 1952 wurden auch sie nicht von der deutschen Fürsorge, sondern von den Vereinten Nationen meist in eigens von der UNRRA (United Nations Relief and Rehabilitation) bzw. ab 1945 der IRO (International Refugee Organisation) errichteten Kinderzentren versorgt. In der US Zone befanden sich unmittelbar nach Kriegsende 2800 minderjährige DPs ohne Familienangehörige. Davon wurden etwa 1800, also zwei Drittel in diesen Erziehungszentren betreut. Sie sollten dort auf ihre Rückkehr in die einstige Heimat oder die Emigration vorbereitet werden. Eine große Gruppe unter ihnen waren Überlebende des Holocaust. Neben ihrer unmittelbaren Versorgung standen Hilfen, was ihre psychischen Bedürfnisse und Leiden angesichts der hinter ihnen liegenden schrecklichen Erfahrungen, im Vordergrund. Die therapeutischen und pädagogischen Herangehensweisen, die Sozialarbeiter und Psychologen dabei verfolgten, waren diejenigen, die ab 1933 in Deutschland aus ideologischen und gesundheitspolitischen Gründen eliminiert worden waren. Sie standen im Widerspruch zu dem rassisch orientierten Konzept des „Ausmerzens". Ihre Verfechter zählten selbst zu den Verfolgten und Emigranten.[30]

So wurden im Kinderzentrum des Klosters Indersdorf die traumatisierten Kinder und Jugendliche nach dem familienzentrierten und individuellen Konzept der Kinderpsychoanalytikerinnen Anna Freud und Dorothy Burlingham betreut

[28] Vgl. (Köster 1999, S. 157–159).

[29] Vgl. (Zahner 2006, S. 230–237).

[30] Vgl. (Feustel 2009, S. 14–35).

und behandelt. Greta Fischer, die dort als Sozialarbeiterin im Team der UNRA tätig war, hatte diese Herangehensweisen in London von beiden erlernt. Dorthin gelang ihr, selbst jüdischer Herkunft, von Polen über die Schweiz die Flucht. Sie musste die Eltern zurücklassen, die im KZ Treblinka ermordet wurden.[31] Auch vor dem Einzug der DP Kinder waren im Kloster Indersdorf bereits seit längerer Zeit Fürsorgezöglinge untergebracht. Ab 1939 war die Anstalt, bis dahin geführt von den Barmherzigen Schwestern, unter die Ägide des Landesverbandes für Wander- und Heimatdienstes gestellt worden, der die Fürsorgeerziehung auf die nationalsozialistische Gesundheitspolitik ausrichtete. Die Kinder wurden nach rasenhygienischen Kategorien beurteilt und waren einer Erziehung ausgeliefert, die den Leitbildern von Zwang und Unterordnung folgte. „Die Beurteilung Deiner Haltung und Deiner Leistung in Dienst und Freizeit erfolgt in dauernder Überwachung. […] Wer gegen unsere Erziehungs- und Ausbildungsarbeit steht, muß aus der Volksgemeinschaft ausgeschlossen werden."[32] lauteten die Regeln für die Kinder und Jugendlichen in beiden Fürsorgeabteilungen des Landesverbandes in Indersdorf und Herzogsägmühle. So geschah es Ernst Lossa, einem der Zöglinge, dass er als „unerziehbar" diagnostiziert, in die Heil- und Pflegeanstalt Kaufbeuern-Irsee überstellt und dort in der sogenannten Kinderfachabteilung ermordet wurde.[33] Der Heimleiter von Indersdorf, Friedrich Goller begründete den Ausschluss des Jungen aus der Fürsorgeerziehung am 9. März 1942 gegenüber dem Landesfürsorgeverband Schwaben: „Es handelt sich bei Ernst Lossa um ein selten stark abartiges und damit gemeinschaftsunfähiges Kind. Lossa ist für die Gruppengemeinschaft ein so großer Hemmschuh, dass ein Verbleib nicht mehr verantwortet werden kann."[34] Goller wusste um die Krankenmorde in den Anstalten. Nach 1945 wurde er Direktor von Herzogsägmühle, einer Fürsorgeeinrichtung für Jugendliche und Erwachsene der Inneren Mission. Die Erinnerungen des ehemaligen Heimkinds Walter Besch, der dort 20 Jahre später, in den 1960er Jahren der Bundesrepublik Fürsorgeerziehung erfuhr, verweisen auf die Kontinuitäten der Zwangserziehung, geprägt von Isolation, Verwahrung und Gewalt: „Aber geboren ist [die Angst] eigentlich im Stillen schon in der HSM [Herzogsägmühle]. Da wurde der Grundstein gelegt. […] Mit den Zwängen ja,

[31]Vgl. (Andlauer 2013, Hoelscher 2017).

[32]Merkblatt für Neuankömmlinge, vermutlich aus dem Jahr 1943, in: (Archiv Herzogsägmühle).

[33]Vgl. (Eberle 2016, S. 111–112).

[34]Friedrich Goller an den Landesfürsorgeverband Schwaben, 09.03.1942, Akte Ernst Lossa, Indersdorf, (Landeskirchliche Archiv Nürnberg, Herzogsägmühle, 3214).

was man uns aufzwingen wollte [...] Ja, die Gewalt. [...] Die vielen Prügel und [...]. Da war mein ganzes Tun und Handeln nur auf Flucht eingestellt. Ich hatte gar keinen anderen Gedanken gehabt."[35]

Bei dem Beispiel von Indersdorf wird deutlich, dass das Konzept „Kinderzentrum" der Vereinten Nationen für die eltern- und heimatlosen Kinder nach ihren leidvollen Kriegserfahrungen eine geschützte Oase und zugleich Brücke für ihre Zukunft sein konnte. Gleichzeitig führte dieser Schutzraum eine vom deutschen Fürsorgesystem abgeschottete und isolierte Existenz. Dabei wurde trotz aller Provisorien eine Betreuung nach modernsten therapeutischen Erkenntnissen versucht, um auf die individuellen Erfahrungen und Bedürfnissen der Kinder einzugehen. Dieses Verständnis von Hilfe stand im unvereinbaren Gegensatz zu den Praktiken der deutschen Fürsorgeheime. Denn es erkannte die Kinder als Rechtssubjekte an und bezog sich auf den unermesslichen Schaden, der den Kindern aufgrund des NS-Unrechtes zugefügt worden war. Bemerkenswert ist, dass beide unvereinbaren Welten – die der Vereinten Nationen und die der deutschen Fürsorge – sich auf ein und dieselben Orte und damit auch Erfahrungsräume bezogen.

Und Indersdorf war kein Einzelfall. Oft wurden Fürsorgeheime aufgrund ihrer NS-Belastung von der US Armee requiriert und der UNRRA übergeben, um dann mit Gründung der Bundesrepublik und formal „befreit" von der nationalsozialistischen Prägung wieder in die ursprünglichen institutionellen Kontexte überführt zu werden. So geschah es mit dem Schwarzacher Hof bei Aglasterhausen, der seit dem Jahr 1936 unter der Obhut der Diakonie als Heim für geistig und körperlich behinderte Menschen diente. 200 der Betreuten wurden Opfer des sogenannten „Euthanasie" Mordprogrammes in der Kriegszeit. Von 1945 bis 1948 wirkte dort das „International Children's Center Aglasterhausen" mit einem gut ausgebildeten Stab von mehr als 40 Mitarbeiterinnen und Mitarbeitern für über 600 Kinder und Jugendliche.[36] In Bad Aibling, auf dem Gelände des ehemaligen Fliegerhorsts der Deutschen Wehrmacht, entwickelte sich das Kinderdorf der IRO zwischen 1948 und 1952 zu einem Reformprojekt der Vereinten

[35]Walter Besch über seine Zeit als Fürsorgezögling in Herzogsägmühle und später in Glückstadt 1965 bis 1968, (Interview, 18.11.2015, Manuskript, Archiv Herzogsägmühle).

[36]Die Geschichte des Kinderzentrums Aglasterhausen wie auch von anderen sozialen Einrichtungen der UNRA ist in vielen Bereichen noch nicht wissenschaftlich erschlossen. Für Bayern, s. hier das für NS-Forschung und jüdische Geschichte des 20. Jahrhunderts e. V. – Nuremberg Institute for Holocaust Studies, s. (http://www.nurinst.org/nurinst-2018/, vorgefunden am 10.07.2018).

Nationen für die Rehabilitation für mehr als 2300 minderjährige Flüchtlinge und Waisen.[37] Das Aiblinger Konzept einer Lebensgemeinschaft mit familiären, internationalen und integrativen Elementen orientierte sich an dem Vorbild des internationalen Pestalozzi Kinderdorf in Trogen in der Schweiz, entwickelt vom Schweizer Philosophen Walter Robert Corti. Aus den Erinnerungen der (ehemaligen) Kinder wird deutlich, was solch ein Zufluchtsort für sie sein konnte: „Dort war ich zufrieden im Vergleich mit meinen vorherigen Erfahrungen der Angst, des Hungers, der Verlassenheit, des Antisemitismus. Die Freiwilligen gaben uns Liebe und Fürsorge. Wir hatten eine sehr gute Beziehung zueinander." Aber auch, dass er Leid und Verlust nicht vergessen machen konnte: „Die Atmosphäre war für mich von Einsamkeit geprägt. Einsamkeit bedeutete für mich, dass ich nicht da war, wo ich sein wollte und vor allem für mich blieb. Das Dorf war für mich ein Gefängnis, aus dem ich ausbrechen wollte."[38]

Die letzte Heimat des Kinderdorfes waren von Dezember 1951 bis März 1952 zwei Villen in Feldafing (am Starnberger See) nahe dem dortigen DP Lager. Dann endete die Zuständigkeit des IRO für die DP Kinder in der Bundesrepublik und die Häuser wurden dem Deutschen Paritätischen Wohlfahrtsverband übergeben, der dort bis in die 1970er Jahre das „Sonderschul-Kinderheim Haus Maffei" betrieb. Auch diese Kinder bedurften einen Ort des besonderen Schutzes, doch blieb ihnen eine Erziehung verwehrt, die darauf abzielte, dass sie ihre Zukunft eigenständig in einer Gemeinschaft und frei gestalten können. Das Vorbild der IRO war auch hier verschwunden, ohne weitere Spuren zu hinterlassen. Im Gegenteil, die Spuren der Erniedrigung und des Zwanges, die auch die Reformprojekte bei den Kindern nicht tilgen konnten, erwiesen sich als wirkungsmächtiger. Norbert Lombardia Walter (geb. 1952) lebte dort von 1959 bis 1966 als Fürsorgezögling. Erst 50 Jahre später, im Zuge der Aufarbeitung des Unrechts an den Heimkindern, sprach er über die Gewalt, die ihm dort angetan worden war.[39] Es traf vor allem Kinder, die wie er Waisen waren und so auf keinerlei Schutz von Erwachsenen „draußen" hoffen konnten.[40]

---

[37]Vgl. (Hölscher 2017).

[38](Ebd, S. 211–212).

[39]Zur beginnenden Aufarbeitung des Unrechts an den Heimkindern in den 1950er bis 1970er Jahre in Bayern, vgl. den Beitrag von Stefan Rösler in diesem Band.

[40]Interview mit Norbert Lombardia, Juli 2018, (Zeitzeugenarchiv der KSH München, Campus Benediktbeuern).

> Es fällt mir immer wieder sehr schwer, über den mir zugefügten Missbrauch zu reden oder zu berichten, aber ich werde es hier versuchen: Durch ungünstige Familienverhältnisse, die nicht von mir zu verantworten waren kam ich im Alter von ca. 8 Jahren ins Kinderheim nach Feldafing, [...] Ich kann mir heute nicht vorstellen, dass es in irgend einem Kinderheim noch widerwärtiger und brutaler zuging als in dieser Anstalt. Schon von der Heimleitung, über die Erzieher, herrschte eine Einigkeit zur Gewalt, Kälte und sexueller Gewalt, die wohl in ihren Ausmaßen unbeschreiblich ist. [...] Mein Aufenthalt in dieser Anstalt [...] hat mich für mein Leben psychisch und körperlich geschädigt![41]

Dank vieler systematischer Studien über die Realität in der Heimerziehung, mit denen die individuellen, lange beschwiegenen Erfahrungen auch gesellschaftliches Gehör erreichen konnten, wurde umfassend belegt, dass das Unrecht strukturell angelegt war.[42] Es wurzelte in repressiven Erziehungskonzepten, die bereits in den 1920er Jahren skandalisiert, doch mit dem NS-Regime weiter implementiert worden waren. Ein Reformprozess innerhalb der Kinder- und Jugendhilfe, der sich in Richtung eines grundlegend humanistischen Konzeptes von Sozialarbeit und Individualfürsorge bewegte, wurde erst ab den 1960er Jahren angestoßen und fand seinen Ausdruck im Kinder- und Jugendhilfegesetz (1990).[43] Eine erste Öffentlichkeit für das Unrecht an den Heimkindern erreichten die sich in den 1960er Jahren formierende „außerparlamentarischen Opposition" und die Studentenproteste. In Bayern rief angesichts der katastrophalen Missstände in den Heimen die „Aktion Südfront" zur Befreiung der Heimkinder auf und wollte sie in ihren Gemeinschaftskollektiven resozialisieren.[44]

Eine weitere Gruppe, die zunehmend in den Blick der Fürsorge geriet, bildeten diejenigen, die aufgrund ihrer chronischen gesundheitlichen Beeinträchtigungen als hilfsbedürftig eingestuft wurden: Menschen mit Behinderungen. Für sie waren in der Nachkriegszeit keinerlei adäquate Hilfen vorhanden, eine Folge ihrer systematischen Eliminierung aus dem öffentlichen Raum und ihrer Isolation in den Anstalten von Fürsorge und Psychiatrie. Dort fielen sie den systematischen Vernichtungsaktionen zum Opfer. Ein erster Schritt zur Wahrnehmung ihres Rechts auf soziale Unterstützung war das im Jahr 1957 verabschiedete Körperbehindertengesetz, auch, wenn es die anderen Formen von Behinderungen

[41]Norbert Lombardia Walter, Nürnberg, 01.02.2015, (private Sammlung).

[42]Vgl. (Abschlussbericht 2010, S. 18).

[43](Merchel 1999, S. 63).

[44]Vgl. „Kulturrevolution" in Erziehungsheimen. Studentische „Aktion Südfront" will Kampf um Resozialisierung aufnehmen – Militantes Flugblatt, (Archiv Herzogsägmühle).

ausblendete.[45] Ausgenommen waren diejenigen, die als „Kriegsbeschädigte" bereits Unterstützung erhielten und seit dem Ersten Weltkrieg als privilegierte Fürsorgegruppe anerkannt war.[46]

Das Körperbehindertengesetz führte eine medizinische Definition von „Körperbehinderung" ein und sollte bundesweit die Pflichtaufgaben der öffentlichen Fürsorge für diese Personengruppe vereinheitlichen und ausbauen. Es ging vor allem um die Finanzierung von technischen Hilfsmitteln und Körperersatzstücken mit dem Ziel der Integration in den Arbeitsmarkt. Erst mit der Überführung des Gesetzes im Jahr 1961 in das Bundessozialhilfegesetz (BSHG; § 39, Abs. 3) wurde das damit verbundene Recht in dem Sinn verstanden, eine „Teilnahme am Leben in der Gemeinschaft zu ermöglichen und zu erleichtern." Dreizehn weitere Jahre später wurde der Rechtsanspruch der Hilfen auf alle Formen von „Behinderung" ausgeweitet.[47] Die Umsetzung der rechtlichen Rahmenbedingungen in konkrete Unterstützungsleistungen lag allerdings in der Errichtung von „Parallelwelten". Teilhabe am „Leben in der Gemeinschaft" bedeutete soziale Segregation in sogenannten Komplexeinrichtungen; das betraf alle Lebensbereiche, von der stationären Unterbringung, der schulischen und beruflichen Ausbildung, wie auch das weitere Leben in kombinierten stationären Wohn- und Werkstätten.[48] Wie sehr die historische Aufarbeitung Realität dieser Hilfen am Anfang steht, zeigen die Beiträge in diesem Band.[49]

Der lange Weg der Reformen

Der Reformprozess, der dafür notwendig war, dass die in der Menschenrechtskonvention wie im Grundgesetz formulierten Rechte auf soziale Unterstützung und gesellschaftliche Teilhabe auch adäquat in Feldern von Fürsorge und Wohlfahrt,

[45]Vgl. (Föcking 2007, S. 313–315).

[46]Niederschrift über Fürsorgeausschusssitzung des Bezirkstages Oberbayern, 23.05.1958, (BAObb 473).

[47]Vgl. (Föcking 2007, S. 322).

[48]Niederschrift über die Sitzung des Sozialhilfeausschusses des Bezirks Oberbayern am 07.03.1963; Niederschrift über die Sitzung des Sozialhilfeausschusses des Bezirks Oberbayern am 29.10.1964; Niederschrift über die Sitzung des Sozialhilfeausschusses des Bezirks Oberbayern am 29.03.1965; Niederschrift über die Sitzung des Sozialhilfeausschusses des Bezirks Oberbayern am 01.12.1965.

[49]Vgl. Beiträge von Viola Balz, Frank Sparing u. Silke Fehleemann, Ulrike Winkler, Johannes Messerschmidt.

und zwar mittels institutioneller Rahmenbedingungen und entsprechender Hilfekonzepte, gewährleistet werden konnten, begann in der Bundesrepublik mit einem Paradigmenwechsel in den rechtlichen Voraussetzungen. Dies galt insbesondere für die oben skizzierten Bereiche, in denen repressive Traditionen der Armenfürsorge und rechtsfreie „Unrechtsräume" aus der NS-Zeit hartnäckig weiterwirken konnten. Ein Grund neben dem institutionellen Beharrungsvermögen dafür war, dass es an durchsetzungsfähigen Reformdiskursen, wie auch an entsprechenden Methoden und Konzepten innerhalb der Profession mangelte. Es war der Rechtswissenschaftler Hans F. Zacher, der Ende der 1960er Jahre diese Entwicklung auf den Punkt brachte:

> Soziale Hilfe korrespondiert mit Abhängigkeit, die umso größer ist, je mehr die Empfänger auf Hilfe angewiesen oder an ihr interessiert ist. Somit besteht ein Konflikt zwischen Freiheit und Hilfe. Um Freiheit auch in der Situation der Teilhabe am Allgemeinen zu gewährleisten, bedarf es besonderer Anstrengung. Leistungen müssen berechenbar und ihre Erwartung als Anspruch durchsetzbar sein. Der einzelne muss aus dem Status des Objekts der Hilfe zum Träger des Rechts auf Hilfe, zum Subjekt, erhoben werden. Diese Forderung wurde in der Bundesrepublik weniger unter dem Gesichtspunkt einzelner Freiheitsrechte als allgemein vom Rechtsstaatsprinzip erhoben.[50]

Eine Reform, die die im Grundgesetz festgelegten Rechte der Betroffenen und ihren Status als Rechtspersonen stärken sollte, gerade, wenn sie sich in sozial fragilen und abhängigen Positionen befanden, bedeutete, gegen die bislang stigmatisierende Beziehung zwischen Fürsorgeempfänger und Fürsorgeleister auf allen Ebenen vorzugehen. Fürsorge sollte vielmehr als soziale Dienstleistung in besonderen Bedarfssituationen wirken. Am Ende der ersten Etappe der Neuorientierung stand das Bundessozialhilfegesetz, das am 1. Juni 1962 in Kraft trat. Mit ihm verschwand auch der Begriff der „Fürsorge". Die Frage war, ob die normative Kraft, die das Gesetz darstellte und entwickeln konnte, auch die von repressiven Traditionslinien historisch geprägten Kräfte des institutionell Vorfindlichen wie auch der Mentalitäten der Verantwortlichen verändern bzw. neu ausrichten konnte.[51]

Kern der Veränderung durch das BSHG war die Einführung des Rechtsanspruches auf Sozialhilfe wie deren Verpflichtung auf die Gewährleistung der Hilfe, die jedem eine Lebensführung ermöglichen sollte, die der Würde des Menschen entspricht (§ 1, Abs. 2 BSHG). Umgesetzt wurde dies durch die Einführung

[50](Zacher 1968, S. 16).

[51]Vgl. (Zacher 2001, S. 348–349).

von Regelsätzen, die den Entscheidungsspielraum der Fürsorgebürokratien eine Grenze setzten. Eingeführt wurde ein über die Bedarfe der Existenzsicherung hinaus erweitertes Verständnis von Hilfsbedürftigkeit und davon ausgehend ein erweiterter Katalog für Hilfen in besonderen Lebenslagen. Persönliche Hilfen wurden fortan als eine eigene gesetzliche Hilfeform vorgesehen. Ein weiterer wichtiger Schritt in Richtung Entstigmatisierung der Fürsorge bedeutete der fast vollständige Wegfall der Rückerstattungspflicht. Gleichzeitig wurden aber wesentliche Bestandteile des repressiven Fürsorgegedankens fortgeschrieben. So sah auch das BSHG den Freiheitsentzug durch Zwangseinweisung in geschlossene Einrichtungen für die „Arbeitsaufnahme verweigernde" (§ 26) wie für „sittlich gefährdete" Fürsorgebedürftige (§ 73) vor.[52] Die Ermessensspielräume der Sozialhilfeverwaltungen wurden nur eingeschränkt, nicht abgeschafft, was im Zuge von ökonomischen Krisen und Arbeitslosigkeit ab den 1970er Jahren und der Diskussion um Leistungsbeschneidungen der Sozialhilfe die Einforderung des Rechtsanspruches seitens der Betroffenen wieder erschweren sollte.

Zudem scheiterte ein Reformgesetz für die Gruppe der Kinder- und Jugendlichen und sollte erst 30 Jahre später gelingen. Im Zuge des BSHG wurde lediglich eine Novelle des bestehenden Jugendwohlfahrtsgesetzes beschlossen, das in „Gesetz zur Jugendwohlfahrt" (JWG) umbenannt wurde. Der alte Fürsorgegedanke blieb, wie auch weiterhin der Schwerpunkt auf den stationären Formen der Hilfen unter dem Primat der Wohlfahrtsverbände lag, geregelt in §§ 63–65. Erstmals wurde die freiwillige Erziehungshilfe (FEH), die auf der Zustimmung der Eltern für die Einweisung beruhte und als Instrument bereits seit 1924 galt, bundesweit geregelt. Der stigmatisierende Charakter wurde mit dem Festhalten an dem Begriff der „Verwahrlosung" beibehalten.[53] Nach wie vor wurden Kinder und Jugendliche, die überwiegend aus dem Arbeitermilieu stammten, nach Normalitätsvorstellungen beurteilt, die einem überhöhten bürgerlichen Familienideal entsprachen und dabei die soziale Situation wie auch individuelle Lebensbedingungen vollkommen ausblendeten:

> Man kann von einer körperlichen Verwahrlosung dann sprechen, wenn das körperliche Befinden eines Minderjährigen in einem beachtenswerten Maße hinter dem normalen körperlichen Zustand zurückbleibt, eines den er nach seinem Alter und seiner Veranlagung bei sachgerechter Pflege erreicht haben müsste [...] Den häufigsten Anwendungsfall dürfte die sittliche Verwahrlosung bilden, jener Zustand, bei dem der Minderjährige erheblich hinter der normalen, nicht etwa durch Zeitverhältnisse in sittlicher und charakterlicher Hinsicht zurückgeblieben ist.[54]

[52](Rudloff 1998, S. 205).

[53]Vgl. (Kappeler 2018, S. 27–70).

[54]Potrykus, Gerhard, Kommentar zum Jugendwohlfahrtgesetz, 1972, Zitat (Ebd. S. 43).

Vier Jahre nach Verabschiedung des BSHG diskutierte der Deutsche Fürsorgetag im Jahr 1965 in Köln die Realität dessen Umsetzung, auch mit dem Schwerpunkt der weiteren Entwicklung der Kinder- und Jugendfürsorge. Die dort geführten Debatten geben Einblick in die Differenz zwischen dem normativ gesetzten Rahmen des Reformprojekts und den institutionellen Gegebenheiten. Zentrale Fragen der sozialpolitischen Professionsvertreter und Fachexperten drehten sich um die Bewertung der Gesamtlinie der Reform durch das BSHG und die noch erforderlichen Schritte zu deren Umsetzung. Das Fazit, das sich durch alle Diskussionen zog, lautete: der im BSGH eingeleitete Prämissenwandel von der Armenfürsorge zu einer „partnerschaftlich offenen Hilfe" habe sich auf der Ebenen der Verwaltung wie der konkreten Maßnahmen noch nicht realisiert.

In seinem Referat über bereits sichtbare Auswirkungen des BSHG auf die Soziale Arbeit diskutierte der Berliner Senatsdirektor Kurt Weblitz, dass mit dem nun einklagbaren Rechtsanspruch auf öffentliche Hilfe ein konzeptionelles Umdenken, was Ausrichtung und Gestaltung der Hilfen betraf, unumgänglich sei:

> Alle diese Maßnahmen bedeuten in ihrer praktischen Auswirkung eine Verlagerung des Schwergewichts von der früheren Anstaltshilfe, die durch einen vorwiegend autoritären Charakter gekennzeichnet war, zu den partnerschaftlich offenen Hilfen, die nicht allein von behördlichen Kräften geleistet werden können, sondern wesensgemäß den Aufbau und Ausbau freiwilliger Hilfsdienste aus der Bevölkerung erfordern.[55]

Der Wandlungsprozess der Fürsorge zur Sozialhilfe nach den Prinzipien der Rehabilitation und des Mitwirkens, des Rechtsanspruches und der Individualisierung sei noch nicht realisiert. Dies läge an dem Traditionalismus der Bürokratie, dem die Soziale Arbeit untergeordnet werde. Ulrich Brisch, Kölner Sozialdezernent und ab 1970 Diözesan-Caritas Direktor in Köln, beklagte die Ambivalenz einer öffentlichen Meinung, „die im gleichen Augenblick und mit dem Brustton der Überzeugung nach dem Zwang, nach dem Eingriff und dem Staate ruft, nach Eingriffsrechten, die sie uns andererseits auf die Berufung nach der Freiheit verweigert."[56] Eine weitere Ursache für das Scheitern der Ansprüche läge in fehlenden Ressourcen. Zum einen würden die geringen Regelsätze für die Hilfen, die Stigmatisierung von Armut fortschreiben. Dies übertrage sich wiederum auf das negative Bild der Sozialen Arbeit, nicht nur in der Öffentlichkeit.[57] Zum anderen

[55](Weblitz 1966, S. 59–60).

[56](Brisch 1966, S. 34).

[57](Trenk-Hinterberger 2007, S. 546).

machten die Analysen der Erfordernisse des mit dem BSHG eingeleiteten Umstrukturierungsprozesses deutlich, dass damit nicht nur ein erhöhter Bedarf an Sozialarbeit und Sozialpädagogik verbunden war, sondern eine Stärkung der Profession insgesamt an Qualifizierung und Einfluss.

Bezogen auf konkrete Hilfebereiche, die aufgrund der Dominanz der stationären Strukturen traditionell repressiv geprägt waren, wie die Jugendgerichtshilfe, die Jugendwohlfahrt und Behindertenhilfe, wiederholten sich die Befunde über den Reformstau der Verwaltung und seitens der Trägerinstitutionen. Nach Edwin Ostendorf, Oberstadtdirektor aus Herne, stellten „weniger" die individuellen Hilfen für junge Menschen als die institutionalisierten Hilfen „das Schwergewicht der heutigen Jugendhilfeeinrichtungen und auch ihre organisatorischen Probleme dar."[58] Da die bisherigen Einrichtungen davon lebten, „dass im allgemeinen fast durchweg viel zu wenig Einrichtungen der Jugendhilfe bestehen.", fehle der Reformdruck. Angesichts der „Leistungsrückstände" in der Schaffung von Jugendeinrichtungen und der „Einführung zeitgemäßer Methoden" wie auch des internationalen Standards erscheine es angebracht „darauf hinzustreben, dass wir für die deutschen Verhältnisse die Notwendigkeit weit angelegter Planungen endlich ins Auge fassen [...]."[59] Besonders notwendig sei der zügige Ausbau von Beratungsangeboten. Karl-Wilhelm Jens, Landesrat in Köln, plädierte für eine „Normalisierung" der Heimerziehung als notwendige Hilfe, freiwillig wie auch angeordnet, bei besonderen Erziehungsnotständigen. Die öffentliche Erziehung müsse gesetzlich verankert werden, „ohne Makel und ohne Diskriminierung für Kinder und Eltern" und sich „organisch" in das „Erziehungsgefüge" innerhalb der Kinder- und Jugendhilfe einordnen. Besonders in den Blick nahm er behinderte Kinder und Jugendliche. Dies erfordere allerdings eine „Gesamtreform" der Heimerziehung. Für ein zukünftiges Reformgesetz sei es notwendig mit den „festgefahrenen Begriffen der alten Fürsorgeerziehung mit ihrem Anklang an Zwangserziehung auf(zu)hören [...] und die überkommenen vorkonstitutionellen Begriffe der Verwahrlosung fallen (zu) lassen."[60]

Hinsichtlich der Behindertenhilfe wurde das BSHG generell als Fortschritt beurteilt.[61] Der Gruppe der Menschen mit körperlichen und geistigen Behinderungen wurde mit den neuen „Hilfen für Menschen in besonderen Lebenslagen" Eingliederungshilfen gewährt. Auch das Jugendwohlfahrtsgesetz nannte diese Gruppe

[58](Ostendorf 1966, S. 121).

[59](Ebd.).

[60](Jens 1966, S. 141).

[61](Vgl. Schmuhl 2015, S. 137–150).

nun ausdrücklich. Damit sei es im Vergleich mit den Regelungen des Körperbehindertengesetzes (1957) gelungen, sowohl die Anspruchsgruppen wie auch die Reichweite der Unterstützung zu vergrößern. Allerdings wurde gleichzeitig beklagt, dass gleichwohl noch viele ausgeschlossen blieben, wie die Gruppe mit „seelischen Behinderungen". Auch die Förderungen von Maßnahmen der Rehabilitation seien nicht zufriedenstellend geregelt, da die dafür notwenigen Absprachen mit den Rententrägern nicht erfolgen konnten.[62]

Aufschlussreich für den dafür verantwortlichen und noch weit verbreiteten Zeitgeist der Stigmatisierung war der Vortrag von Landesobermedizinalrat Dr. Lothar Herbig aus Münster, der feststellte:

> Behindertsein ist eine Last. […] Diese Lastproblematik ist immer auf der Welt vorhanden gewesen und wird immer sein. Auf verschiedene Weise wollte man damit fertig werden. Von der Beseitigung der lästigen Behinderten über die Duldung ihrer Anwesenheit bis zur bewußten Annahme und selbstverständlichen Eingliederung in die Gemeinschaft gibt es alle Übergänge.[63]

Herbig plädierte für den Kompromiss, so wie er sich im Gesetz widerspiegele: So könne „keine Verpflichtung zum Selbsttragen der eigenen Behindertenlast" wie auch „keine gesetzliche Regelung des Mittragens der Last des Behinderten ideal sein."[64] Das war der einzige Beitrag, der, zumindest als versteckte Anspielung, das Verbrechen der nationalsozialistischen Krankenmorde thematisierte. Damit führte er zugleich vor, wie sich der Bewusstseinswandel in Richtung der Orientierung am Recht des Subjekts in den Hilfebereichen vollziehen konnte, ohne, dass der in der NS-Zeit vollzogene Bruch mit diesen Grundrechten unter aktiver Mithilfe der Profession, verurteilt oder gar geahndet werden musste. Das hätte auch bedeutet, sich mit der Biografie von leitenden Sozialpolitiker*innen und Fürsorgevertreter*innen, die sich auch am besagten Fürsorgetag 1965 zu Wort meldeten, auseinandersetzen zu müssen.

Eine der einflussreichsten unter ihnen war Käthe Petersen. Sie war von 1932 bis 1966 als Juristin in der Landessozialverwaltung in Hamburg tätig, zuletzt in der Funktion als Regierungsdirektorin und Leiterin des Sozialamts. In der NS-Zeit verfolgte sie mit großem Engagement die Durchführung von Sammelpflegschaften, um gegen die als „Pfleglinge" Entmündigten Zwangssterilisationen im Rahmen des Erbgesundheitsgesetzes effizient durchführen zu können und sie

[62](Vgl. Weblitz 1966, S. 58).

[63](Herbig 1966, S. 375–385).

[64](Ebd.).

meist auch gegen ihren Willen in Pflegeanstalten einweisen zu lassen.[65] Diese unter Sozialrechtlern äußerst umstrittene Praxis der Sammelpflegschaft betrieb sie in den 1950er Jahren weiter, wie auch die damit verbundenen Zwangseinweisung von Erwachsenen in Pflegeanstalten oder Arbeitshäuser.[66] Als Vorstandsmitglied des Deutschen Vereins und als Mitautorin am BSHG war sie zudem maßgeblich daran beteiligt, dass die alte Forderung eines Bewahrungsgesetztes wie bereits erwähnt in das BSHG im Rahmen der „Hilfen in besonderen Lebenslagen" aufgenommen wurde, obwohl es gegen das Grundgesetz verstieß. Dass diese Form der Zwangsunterbringung im Rahmen der Sozialhilfe dann letztlich durch das Urteil des Verfassungsgerichtes im Jahr 1967 aufgehoben wurde, bestätigt die oben zitierte Analyse von Zacher, dass die „Erhebung" des Einzelnen „aus dem Status des Objekts der Hilfe zum Träger des Rechts auf Hilfe, zum Subjekt" in der Bundesrepublik inzwischen als Rechtsstaatsprinzip einklagbar war, dessen Grund- und Freiheitsrechte aber in der gesellschaftlichen Realität der Hilfen weiterhin beschnitten oder gar verletzt wurden.[67]

Deutlich wird dies auch mit Blick auf den beginnenden Reformdiskurs in der Jugendfürsorge und der Jugendgerichtshilfe. Denn auch hier wirkten die Denkfiguren angeborener Delinquenz, die in der NS-Zeit zur Legitimation des Wegsperrens Jugendlicher in Konzentrationslager, Gefängnisse wie in die Psychiatrie dienten, weiter.[68] Nicht nur, dass diese Haltungen ein Umdenken hinsichtlich der Praxis der Menschenrechte verletzenden Maßnahmen in den Anstalten lange verhinderten. Sie befeuerten Vorschläge zur Zwangsbewahrung von Jugendlichen, die als „unverbesserlich" und damit als nicht brauchbar für die Jugendhilfe angesehen wurden. So basierte ein Referentenentwurf, innerhalb des Justizministeriums in der Kommission der Strafrechtsreform, für die sogenannte „vorbeugende Bewahrung" auf den in der NS Kriminalbiologie vertretenen Konzepten der Körperbaulehre von Ernst Kretschmer (1888–1964) und der Psychopathentypologie von Kurt Schneider. Typisch für das Fortschreiben der Denkmuster aus der NS-Zeit war auch, dass die Autoren in der Argumentation ihre Vorschläge zur weiteren Einschränkung der Grundrechte diese in die Begründungszusammenhänge des Reformdiskurses einbetteten und damit wesentliche Ziele, wie die der Resozialisierung umdeuteten. Dies belegt das folgende Zitat aus dem Entwurf für die Einführung einer „Jugendbewahrung":

[65](Vgl. Rothmaler 1987, S. 75–90).

[66](Vgl. Föcking 2007, S. 358).

[67](Vgl. Willing, 2003, S. 278–285).

[68](Vgl. Baumann, Imanuell 2002).

> Es muß daher eines der vordringlichsten Anliegen der Kriminalpolitik und der Strafrechtsreform sein, den Frühkriminellen, der in Gefahr ist, zum späteren Hangtäter zu werden, möglichst frühzeitig zu erfassen und ihm mit Maßnahmen zu begegnen, die eine Resozialisierung mit besonderen Mitteln versuchen und, wenn sie nicht zu erreichen ist, die Allgemeinheit vor ihm zu schützen.[69]

Doch auch der Gegenwind dazu wurde bis in die 1960er Jahre immer stärker, sowohl aus den Reihen der Strafrechtsreformer als auch seitens des Diskurses in der Sozialpädagogik. Führend für die Mobilisierung einer Gegenposition war die Rechtswissenschaftlerin Anne-Eva Brauneck, eine der ersten weiblichen Ordinarien innerhalb der juristischen Fakultäten. In ihrer Habilitationsschrift „Die Entwicklung jugendlicher Straftäter" (1961) setzte sie sich kritisch mit der kriminalbiologischen Tradition der Typenlehre und ihrem Einfluss auf die Praxis des Jugendstrafvollzuges auseinander:

> Und wir würden es wohl nicht glauben, wenn wir es nicht wüßten, daß man vom modernen Erziehungsvollzug spricht, wenn ein Erzieher – und zwar noch nicht einmal ein für diese Aufgabe speziell ausgebildeter, sondern ein Lehrer – wenn also ein Erzieher auf 70 oder 100 oder auch 200 dieser allerschwierigsten jungen Menschen kommt, die wir nun für die Sozialordnung zurückgewinnen wollen. Wenn wir das im Grunde gar nicht wirklich wollen, sondern doch nur strafen wollen, sollten wir es besser sagen. Bisher ist es nicht gesagt worden.[70]

Sie war Mitglied des „Arbeitskreises deutscher und schweizerischer Strafrechtslehrer", der einen Alternativ-Entwurf zu dem zitierten Entwurf zur großen Strafrechtsreform (1962) im Jahr 1964 vorlegte.[71] In dem bis Ende der 1960er und 1970er Jahre andauernden Theoriediskurs, in dem der Paradigmenwechsel vorbereitet wurde, waren die Einflüsse von Soziologie und Psychologie ausschlaggebend dafür, dass konkrete Modelle entwickelt wurden, zusammengefasst in den Vorschlägen zur „Sozialtherapeutischen Anstalt statt vorbeugender Verwahrung". Auch in dieser Auseinandersetzung wurde eine umfassende kritische Aufarbeitung der Menschenrechtsverletzungen im NS-Jugendstrafvollzugs und damit verbunden, eine Auseinandersetzung mit den Kontinuitäten in Denkmustern und Praktiken vermieden. Ausnahmen bildeten Debatten innerhalb der Kriminalbiologischen Gesellschaft wie auch punktuell um die Rolle der Jugendkonzentrationslager.[72]

---

[69]Zitat (Ebd., S. 363, Fußnote 50).

[70]Zitat (Ebd., S. 371, Fußnote 75).

[71]Vgl. Gesamtausgabe Gustav Randbruch. Bd. 9 Strafrechtsreform, 1992., S. 3 Heidelberg: Müller.

[72]Vgl. (Baumann 2002, S. 366).

Wie sich die Situation Anfang der 1960er Jahre innerhalb der Jugendfürsorge darstellte, beschrieb der Sozialwissenschaftler Manfred Kappeler. Als engagierter Sozialarbeiter erlebte er die Aufbruchstimmung in dieser Zeit als ambivalent, gebremst und überlagert von autoritärem Beharrungsvermögen und verkrusteten Strukturen:

> Die Novelle zum Reichsjugendwohlfahrtsgesetz trat als JWG an die Stelle des Gesetzes von 1924, das Bundessozialhilfegesetz (BSHG) mit seinem § 1: ‚Jeder Mensch hat ein Recht auf ein menschenwürdiges Leben [...]' trat an die Stelle der ebenfalls aus den Zwanzigern stammenden Reichsfürsorgepflichtvereinbarung. [...] Für uns PraktikerInnen war der Ansatzpunkt der Kritik der täglich erfahrene Widerspruch zwischen propagiertem Anspruch, zum Beispiel in den Leitnormen der neuen Gesetze, und einer weithin repressiven und kontrollierenden Praxis.[73]

Die Praxis der Verletzung der Grundrechte seitens von Fürsorge und Wohlfahrt, die in den Rechtsdiskursen nicht offen zur Sprache kam, und die Diskussionen auf dem Fürsorgetag boten hierfür viel Anschauungsmaterial, wurde vor allem seitens der Heimkampagnen in Folge der Außerparlamentarischen Opposition und der Studentenbewegung öffentlich skandalisiert. Doch auch diese benutzten die Bezüge zur NS-Zeit mehr als Polemik, als dass ihnen die Aufarbeitung des NS-Unrechts ein politisches Anliegen war. Aufschlussreich dazu ist eine der ersten wissenschaftlichen Schriften über das Unrecht in der Fürsorgeerziehung, die von einem Autorenkollektiv, unter ihnen auch Manfred Kappeler, im Jahr 1971 publiziert wurde. Der Titel „Gefesselte Jugend. Fürsorgeerziehung im Kapitalismus" bezog sich programmatisch auf die im Jahr 1929 im Zuge der Heimkampagnen in der Weimarer Republik erschienene Schrift „Gefesselte Jugend in der Zwangsfürsorgeerziehung".[74] Das Autorenkollektiv stellte die Analyse des Unrechts in der Jugendfürsorge ausschließlich in den Kontext der Kapitalismuskritik. Und im umfangreichen historischen Teil, der bis in die Epoche des Mittelalters und die Frühe Neuzeit zurückreichte, wurde die Zeit des Nationalsozialismus bzw. Faschismus vollkommen ausgespart. Dass damit die in der NS-Zeit verfolgten Sozialarbeiter*innen- unter ihnen viele mit jüdischer Herkunft – nicht nur beschwiegen, sondern damit auch eliminiert wurden, wie auch ihre sozialtherapeutischen und emanzipatorischen Ansätze als historische Traditionslinien in Deutschland, verweist auf andere Ursachen, als auf den Fokus der ökonomischen Faschismuskritik. Vielmehr stellt sich die Frage der Täterkontinuitäten nicht nur bei den damaligen etablierten Professionsvertreter*innen, sondern auch in den Reformkonzepten der 1968er Bewegung bzw. deren Protagonisten.

---

[73](Kappeler 2008).

[74]Vgl. (Autorenkollektiv 1971, S. 3).

Einen sehr interessanten Einblick in die Realität der Fürsorgeeinrichtungen nach den Heim-Kampanien Ende der 1960er Jahre gibt eine unveröffentlichte Diplomarbeit an der Ludwig-Maximilian-Universität München zum Thema „Emanzipatorische Erziehung im Fürsorgeheim am Beispiel einer Heimzeitung.“ von Günter Mühlen.[75] Die Arbeit beruht auf dem von ihm initiierten Projekt einer Heimzeitung in der bayerischen Jugendfürsorgeanstalt Glonn, ergänzt um eine Erhebung über die Praxis der Heimzeitungen insgesamt in der Bundesrepublik. Mühlen analysiert dabei vor allem die Konflikte und Widerstände, die sich daran entzündete, dass der Alltag der Verletzung der Rechte der Jugendlichen veröffentlicht wurde bzw. dass die Jugendlichen Formen der gemeinsamen Meinungsbildung entwickelten. Thematisiert wurden der Verwahr- und Strafcharakter des Fürsorgekonzeptes, der eklatante Mangel an Betreuung und Förderung, die schlechten Ausbildungsmöglichkeiten und vor allem die Meinungsfreiheit. In der abschließenden Bewertung setzt er sich mit der Praxis der Zensur auseinander und bewertet diese als einen Bruch mit dem Grundgesetz, wie auch den Bestimmungen des Jugendwohlfahrtsgesetzes. Dabei bezieht er sich auf die Dissertation von Franz Krämer „Die Grundrechte des Minderjährigen in Fürsorgeanstalten“ (1965) und den Kommentar von Martin Löffler zum Presserecht (1972):

> Da es keine Literatur hinsichtlich des Zensurproblems bei Heimzeitungen gibt [...] sind wir darauf angewiesen, die Hinweise zum Zensurverbot im Strafvollzug und in der Schule auf ihre Anwendbarkeit im Erziehungsheim zu überprüfen. Wenn Löffler schreibt, daß die einzige Ausnahme vom Zensurverbot lediglich im Strafvollzug gelte, so kann man daraus schließen, daß für das Erziehungsheim das Zensurverbot gilt. Der Gesichtspunkt, den Löffler für die Schule aufstellt, daß die Verfassung mit dem Zensurverbot bewußt ein Risiko der Freiheit eingegangen ist [...], kann auch aufs Fürsorgeheim übertragen werden.[76]

Die Wahrung der Persönlichkeitsrechte der Jugendlichen sieht er nicht nur als wesentliche Voraussetzung für die Entwicklung von reformpädagogischen Maßnahmen zur „Selbstentfaltung“ der Jugendlichen. Die pädagogischen Konzepte sollten das Recht der Jugendlichen auf Teilhabe, und hier auch ihr Recht, Verantwortung für deren Umsetzung in den von ihnen erlebten sozialen wie gesellschaftlichen Bezügen übernehmen zu können, als Gegenstand der Maßnahmen miteinzubeziehen.

Zum Abschluss soll noch kurz Erwähnung finden, wie sich der Weg des Bundessozialhilfegesetzes im konkreten Alltag der regionalen Selbstverwaltung

---

[75](Mühlen 1974).

[76](Ebenda, S. 110).

niederschlug, mit einem erneuten Blick in die Arbeit des Fürsorgeausschusses des Bezirkes Oberbayern.[77] Ab dem Jahr 1963 hieß das Gremium entsprechend der neuen Rechtslage Sozialhilfeausschuss, das sich vor allem mit ökonomischen und rechtlichen Fragen beschäftigte. Mit der Einführung des BSHG wurde für den Bezirk Oberbayern ein Mehraufwand zwischen 20–40 % der bisherigen Leistungen kalkuliert wie auch eine Erhöhung des ungedeckten Bedarfes aufgrund einer angenommenen Minderung anteiliger Leistungen durch die Bezirke Als zusätzliche Leistungen wurden nun Ausbildungshilfen zum Besuch einer Hochschule, Hilfen für Behinderte, Blinde und Gefährdete berechnet.[78]

Verhandelt wurden der Lastenausgleiches zwischen Landes- und Bezirksfürsorgeverbänden und die Umsetzung der notwendigen Folgeveränderungen im Fürsorgerecht, insbesondere was die Anstaltsfürsorge betraf. Relativ schnell erfolgten auf der Basis der neuen Möglichkeiten des BSHG Anträge seitens der Fürsorgeeinrichtungen und einzelnen Hilfsbedürftigen. So wurden ab 1. Januar 1962 die Pflegesätze in den Pflegeheimen und Nervenkrankenhäusern Haar und Gabersee heraufgesetzt und gleichzeitig die Erhöhung des Taschengeldes für Insassen dieser Anstalten beschlossen. Dies erfordere die Steigerung der Lebenshaltungskosten wie auch die angehobenen Sozialleistungen.[79] Im Bereich der stationären Obdachlosenfürsorge, deren Verwahrcharakter bis über die 1970er Jahre vorhielt, kündigte sich eine Anhebung des Versorgungsstandards an. Eine Diskussion über damit verbundene qualitative Änderungen der Leistungen zur Stärkung des Rechtsstatus der Befürsorgten bzw. Klienten und der Verbesserung ihrer Teilhabemöglichkeit findet sich in keinem der Protokolle.[80]

Fazit

Ausgehend von der Frage nach der Relevanz einer historischen Begründung der Menschenrechtsorientierung in der Sozialen Arbeit wurde ein Versuch unternommen, einzelne Entwicklungslinien in der Bundesrepublik von Kriegsende bis

[77]Niederschriften über die Sitzungen des Fürsorgeausschusses bzw. Sozialausschusses des Bezirks Oberbayern, 960/61; 1962–1966, vgl. (BAObb, 473–475).

[78]Niederschrift über die Sitzung des Fürsorgeausschusses des Bezirkstages Oberbayern am 26.10.1961, BAObb 474.

[79]Vgl. Einladung zur Sitzung des Fürsorgeausschusses am 17.10.1958, Niederschrift der Sitzung des Fürsorgeausschusses am 16.11.59, BAObb 473; Niederschrift über die Sitzung des Fürsorgeausschusses am 05.12.1960, 26.10.1961 und 19.12.1961, BAObb 474.

[80]Vgl. Niederschrift über die Sitzung des Fürsorgeausschusses des Bezirkstags Oberbayern am 27. Juni 1962, BAObb 475.

in die 1970er Jahre zu beleuchten, die sich vor allem auf die Bereiche bezogen, in denen die Persönlichkeitsrechte traditionell missachtet wurden, wie in den Anstalten der Jugendfürsorge.

Welches Potenzial eine historische Analyse für den Menschenrechtsorientierten Ansatz bergen kann, wurde in der Darstellung der Situation der DP Kinder unmittelbar nach Kriegsende deutlich. Sie überlebten die Maßnahmen der Vernichtung. Doch ihre Chancen auf ein selbstbestimmtes Leben in Freiheit waren unmittelbar davon abhängig, welche Art von Unterstützung sie danach erfuhren, und ob diese sich gezielt mit den erlittenen psychischen und physischen Verletzung und der damit verbundenen Folgen auseinandersetzten. Dies bedeutete auch, dass ihr Leid als Unrecht und sie als Subjekte dieser Rechte anerkannt wurden. Das nicht nur räumliche Nebeneinander von pädagogischen und sozialpsychologischen Reformprojekten der Vereinten Nationen und den Spuren der Verbrechen in der Gestalt der verursachenden Akteure, Ideologien wie Strukturen, machte deutlich, welche Hindernisse zur Beseitigung dieses Zustandes der „Parallelwelten" zu überwinden waren. Der skizzierte gesellschaftspolitische Diskurs in der Bundesrepublik seitens der Profession der Sozialen Arbeit zeigte auf, dass dieser „lange Weg der Reformen" bis in die 1970er Jahre noch nicht gelungen war. Vollkommen außer Acht gelassen wurde, dass auch Charakter und Qualität der Fürsorgehilfen und Maßnahmen dahin gehend kritisch hinterfragt werden mussten, ob die Betroffenen als Subjekte des Rechts und damit auch der Grundrechte behandelt und bestärkt wurden bzw. dass der Verstoß dagegen auch rechtlich geahndet werden musste. Diese Auseinandersetzung sollte erst ab den 1990er Jahren mit dem Aufkommen der Debatten um den Missbrauch der Heimkinder und den Hilfsbedürftigen in den stationären Einrichtungen der Behindertenhilfe öffentlich werden. Die Reformen zur Umsetzung des Persönlichkeitsschutzes wie auch der Rechte auf gesellschaftliche Teilhabe, erhielten eine wichtige Grundlage durch die Ratifizierung der UN Kinderrechtekonvention (1990) und der UN Behindertenkonvention (2008) in der Bundesrepublik. Die sozialpolitische Diskussion um einen weitergehenden Paradigmenwechsel in der Sozialhilfe mit dem Ziel einer weitergehenden Realisierung der Schutz- wie der Teilhaberechte, berührt im Kern auch die Frage, ob die immer noch existenten Bestandteile des Fürsorgegedankens erhalten bleiben oder ihre Berechtigung verlieren sollten.

Literatur

2010. Abschlussbericht des Runden Tisches „Heimerziehung in den 50er und 60er Jahren", Berlin.

Andlauer, Anna. 2013. „The Rage to Live". Überlebende Kinder im Kloster Indersdorf und Greta Fischers sozialpädagogische Erfahrungen. In *Transit US-Zone. Überlebende des Holocaust im Bayern der Nachkriegszeit*, Hrsg. Steinbacher Sybille, 119–137, Göttingen: Wallstein.

Autorenkollektiv (Hrsg.). 1971. *Gefesselte Jugend. Fürsorgeerziehung im Kapitalismus*, Frankfurt a. M.: Suhrkamp.

Ayaß, Wolfgang. 1995. *Asoziale im Nationalsozialismus*, Stuttgart: Klett-Cotta.

Baumann, Imanuell. 2002. Interpretation und Sanktionierung von Jugendkriminalität. In *Wandlungsprozesse in Westdeutschland. Belastung, Integration, Liberalisierung 1945–1980*, Hrsg. Ulrich Herbert, 348–378, Göttingen: Wallstein.

Brandt, Willy. 2009. *Gemeinsame Sicherheiten. Internationale Beziehungen und deutsche Frage 1982–1992*, Bd. 10, bearbeitet von Uwe Mai, Bernd Rother und Wolfgang Schmidt, Bonn: Dietz.

Brisch, Ulrich.1966. Die Soziale Wirklichkeit und das Sozial- und Jugendhilferecht. In *Vier Jahre Bundessozialhilfegesetz und Jugendwohlfahrtsgesetz. Wege in die Zukunft,* Hrsg. Hans Reschke, 28–54, Frankfurt a. M.: Eigenverlag des Deutschen Vereins für Öffentliche und Private Fürsorge.

Feustel, Adriane, Hrsg. 2009. *Die Vertreibung des Sozialen*, München: Ed. Text+Kritik.

Eberle, Annette. 2017. Fürsorge zwischen Reform und Repression. In *Soziale Verantwortung. Kultur. Bürgernähe*, Hrsg. Josef Mederer, S. 391–415, München: Alliter.

Eberle, Annette. 2016. „In Herzogsägmühle, da wurde der Grundstein gelegt". Das Stigma der Zwangserziehung im Schatten der NS-Zeit. In *„Gemeinschaftsfremde". Zwangserziehung im Nationalsozialismus, in der Bundesrepublik und der DDR*, Hrsg. Wolfgang Benz und Barbara Distel, 105–132, Berlin: Metropol.

Engelke, Ernst 1998. Theorien der Sozialen Arbeit. Eine Einführung, Freiburg i. Br.: Lambertus.

Föcking, Friederike. 2007. *Fürsorge im Wirtschaftsboom. Die Entstehung des Bundessozialhilfegesetzes von 1961*, München: Oldenbourg.

Herbig, Lothar. 1966. Die Körperbehindertenhilfe. In *Vier Jahre Bundessozialhilfegesetz und Jugendwohlfahrtsgesetz. Wege in die Zukunft,* Hrsg. Hans Reschke, 375–385, Frankfurt a. M.: Eigenverlag des Deutschen Vereins für Öffentliche und Private Fürsorge.

Hockerts, Hans G., und Winfried Süß, Hrsg. 2010. *Soziale Ungleichheit im Sozialstaat. Die Bundesrepublik Deutschland und Großbritannien im Vergleich*, München: Oldenburg.

Höschler, Christian. 2017. *The IRO Children's Village Bad Aibling, 1948–1951*, Diessertation. LMU München.

Jens, Wilhelm.1966. Fortentwicklung des Jugendwohlfahrtrechts. In *Vier Jahre Bundessozialhilfegesetz und Jugendwohlfahrtsgesetz. Wege in die Zukunft,* Hrsg. Hans Reschke, 126–150, Frankfurt a. M.: Eigenverlag des Deutschen Vereins für Öffentliche und Private Fürsorge.

Kappeler, Manfred. 2008. *„Achtundsechzig" – und die Folgen für Pädagogik und Soziale Arbeit.* Vortrag an der Bergischen Universität Wuppertal am 7.7.2008, www.gewalt-im-jhh.de/Schafer_-_Kappeler_und.../kappeler_vortrag_Folge_68er.pdf, vorgef. 10.7.2018.

Kappeler, Manfred. 2018, „Bitte nicht nach Hause schicken!" „Bitte nicht ins Heim schicken!" Aber wohin sonst. Erinnerung an die Kritik des bürgerlichen Familienbegriffs in der Kinder- und Jugendhilfe. In *Zwischen Institution und Familie: Grundlagen und Empirie familienanaloger Formen der Hilfen zur Erziehung*, Hrsg. Werner Thole und Maximilian Schäfer, 27–70. Wiesbaden: Springer VS.

Königseder, Angelika. 2016. Razzia im DP-Lager Föhrenwald. Zur Situation jüdischer Displaced Persons. In *„Juden unerwünscht". Anfeindungen und Ausschreitungen nach dem Holocaust*, Hrsg. Wolfgang Benz und Brigitte Mihok, 37–56, Berlin: Metropol.

Köster, Markus. 1999. Die Fürsorgeerziehung. In *Zwischen Disziplinierung und Integration. Das Landesjugendamt als Träger öffentlicher Jugendhilfe in Westfalen und Lippe (1924–1999)*, Hrsg. Markus Köster und Thomas Küster, 155–170, Paderborn: Schöningh.

Marcuse, Harold. 2013. Aus Dachau befreit. Jüdische Überlebende des Lagers in der Sheerit Haplejta. In *Transit US-Zone. Überlebende des Holocaust im Bayern der Nachkriegszeit*, Hrsg. Steinbacher Sybille, 81–102, Göttingen: Wallstein.

Merchel, Joachim. 1999. Ausbau, Qualifizierung und Reformdebatten in der Jugendhilfe: die siebziger und achtziger Jahre. In *Zwischen Disziplinierung und Integration. Das Landesjugendamt als Träger öffentlicher Jugendhilfe in Westfalen und Lippe (1924–1999)*, Hrsg. Markus Köster und Thomas Küster, S. 57–69, Paderborn: Schöningh.

Mühlen, Günter. 1974. *Emanzipatorische Erziehung im Fürsorgeheim am Beispiel einer Heimzeitung. Die Entwicklung einer Heimzeitung und eine vergleichende Analyse mit den übrigen Heimzeitungen in der BRD*. Diplomarbeit am Psychologischen Institut der Ludwig-Maximilian-Universität München.

Ostendorf, Edwin. 1966. Jugendhilfe und zureichende Sozialapparaturen. In *Vier Jahre Bundessozialhilfegesetz und Jugendwohlfahrtsgesetz. Wege in die Zukunft* Hrsg. Hans Reschke.113–125, Frankfurt a. M.: Eigenverlag des Deutschen Vereins für Öffentliche und Private Fürsorge.

Reschke, Hans, Hrsg. 1966, *Vier Jahre Bundessozialhilfegesetz und Jugendwohlfahrtsgesetz. Wege in die Zukunft,* Frankfurt a. M.: Eigenverlag des Deutschen Vereins für Öffentliche und Private Fürsorge.

Rothmaler, Christine. 1987. Die Sozialpolitikerin Käthe Petersen zwischen Auslese und Ausmerze. In *Opfer und Täterinnen. Frauenbiographien des Nationalsozialismus*, Hrsg. Angelika Ebbinghaus, 75–90, Nördlingen: Greno.

Rudloff, Wilfried.1998. Öffentliche Fürsorge. In *Drei Wege deutscher Sozialstaatlichkeit. NS-Diktatur, Bundesrepublik und DDR im Vergleich*, Hrsg. Hans G. Hockerts, 191–229, München: Oldenbourg.

Sachße, Christoph, Florian Tennstedt. 1992a. Fürsorge und Wohlfahrtspflege 1871–1929. Buchreihe *Geschichte der Armenfürsorge in Deutschland, Bd. 2,* Stuttgart: Kohlhammer.

Sachße, Christoph, Florian Tennstedt. 1992b. Der Wohlfahrtsstaat im Nationalsozialismus. Buchreihe *Geschichte der Armenfürsorge in Deutschland, Bd. 3,* Stuttgart: Kohlhammer.

Sachße, Christoph, Florian Tennstedt. 2002. Fürsorge und Wohlfahrtspflege in der Nachkriegszeit. Buchreihe *Geschichte der Armenfürsorge in Deutschland*, Bd. 4., 1945–1953, Stuttgart: Kohlhammer.

Schmuhl, Hans-Walter. 2015. Aus „Kindern" werden „Klienten". Der veränderte Blick der Diakonie auf Menschen mit (geistiger) Behinderung seit den 1960er Jahren. In *Neue Soziale Bewegungen als Herausforderungen sozialkirchlichen Handelns*, Hrsg. Wilhelm

Damberg, Traugott Jähnichen, Andreas Holzem, Jochen-Christoph Kaiser, Frank-Michael Kuhlemann und Wilfried Loth, S. 137–150. Stuttgart: Kohlhammer, S. 137–150.

Staub-Bernasconi, Silvia. 1995. Das fachliche Selbstverständnis Sozialer Arbeit – Wege aus der Bescheidenheit Soziale Arbeit als „Human Rights" Profession. In *Soziale Arbeit im Wandel ihres Selbstverständnisses. Beruf und Identität*, Hrsg. Wolf Rainer Wendt, Freiburg i. Br.: Lambertus, S. 57–104.

Trenk-Hinterberger, Peter 2007. Sozialhilfe. In 1957–1966 Bundesrepublik Deutschland. Sozialpolitik im Zeichen des erreichten Wohlstandes. Buchreihe *Geschichte der Sozialpolitik in Deutschland seit 1945*, Bd. 4, Hrsg. Bundesministerium für Arbeit und Soziales/Bundesarchiv, 503–548, Baden-Baden: Nomos.

UN, IFSW I IASSW Hrsg. 1994. *Hunan Rights and Social Work. A Manual for Schools of Social Work and the Social Work Profession, Professional Training*, Series No 1, New York and Geneva: United Nations.

UN, IFSW, IASSW Hrsg. 2002. *Menschenrechte und Soziale Arbeit. Ein Handbuch für Ausbildungsstätten der Sozialen Arbeit und für den Sozialarbeitsberuf.* Weingarten: Fachhochschule.

Weblitz, Kurt.1966. Welche Änderungen in der Sozialen Arbeit hat das BSHG bewirkt? In *Vier Jahre Bundessozialhilfegesetz und Jugendwohlfahrtsgesetz. Wege in die Zukunft*, Hrsg. Hans Reschke, S. 55–72, Frankfurt a. M.: Eigenverlag des Deutschen Vereins für Öffentliche und Private Fürsorge.

Willing, Matthias. 2003. *Das Bewahrungsgesetz (1918–1967)*, Tübingen: Mohr.

Willing, Matthias. 2005. Fürsorge. In Bundesrepublik Deutschland 1949–57. Buchreihe *Geschichte der Sozialpolitik in Deutschland seit 1945*, Bd. 3, Hrsg. Bundesministerium für Arbeit und Sozialordnung, Bundesarchiv, S. 559–596, Baden-Baden: Nomos.

Willing, Matthias, Marcel Bohldorf. 2001. Fürsorge, Sozialhilfe, Sozialfürsorge. In 1945–1949 Die Zeit der Besatzungszonen. Sozialpolitik zwischen Kriegsende und der Gründung zweier deutscher Staaten. Buchreihe *Geschichte der Sozialpolitik in Deutschland seit 1945*, Bd. 2/1, Hrsg. Bundesministerium für Arbeit und Sozialordnung, Bundesarchiv, 587–642, Baden-Baden: Nomos.

Zacher, Hans F. 1968. *Sozialpolitik und Menschenrechte in der Bundesrepublik Deutschland.* München/Wien: Günther Olzog Verlag.

Zacher, Hans F. 2001. Grundlagen der Sozialpolitik in der Bundesrepublik Deutschland. In Grundlagen der Sozialpolitik. Buchreihe *Geschichte der Sozialpolitik in Deutschland seit 1945*, Bd. 1, Hrsg. Bundesministerium für Arbeit und Sozialordnung, Bundesarchiv, 333–684, Baden-Baden: Nomos.

Zahner, Daniela. 2006. *Jugendfürsorge in Bayern im ersten Nachkriegsjahrzehnt 1945–1955/56*, München: Utz.

Zur historischen Entwicklung der Heimerziehung in der BRD und der DDR (1945–1975)

Uwe Kaminsky

Nachfolgend soll über die Geschichte der Heimerziehung in beiden deutschen Staaten in einem Vergleich gehandelt werden. Dabei sollen insbesondere die Ähnlichkeiten vor dem Hintergrund einer gemeinsamen Vorgeschichte betont werden. Es sind in beiden deutschen Staaten Formen der Diskriminierung Jugendlicher feststellbar, die zu extremen Demütigungen, wirtschaftlicher Ausbeutung im Heim wie in Fremdbetrieben, körperlichen Misshandlungen und sexuellem Missbrauch geführt haben. In den bisherigen Forschungen ist ein ganzes Ursachenbündel für die Verhältnisse benannt worden. Für Westdeutschland ist eine „verspätete Modernisierung" der Jugendhilfe und eine überwiegend autoritär-christliche Kultur von „Gehorsam, Ordnung, Religion", deren Disziplinideale und Gesellschaftsvorstellungen in das lange 19. Jahrhundert verweisen und die bis zum Kulturbruch 1968 fortwirkten, als bestimmend angesehen worden.[1] Für Ostdeutschland herrscht eine stark politische Betrachtung vor, die Heimerziehung als Auswuchs einer staatssozialistischen Erziehungsdiktatur wahrnimmt, die ebenso zu extremen Disziplinierungen, Misshandlungen und Demütigungen der betroffenen Jugendlichen

[1](Henkelmann et al. 2011; Frings und Kaminsky 2012; Johns und Schrapper 2010; Damberg et al. 2010; Frölich 2011; Kraul et al. 2012).

Der Beitrag stellt die leicht veränderte Fassung meines Beitrags: Heimerziehung als deutsche Disziplin – West und Ost im pädagogischen Gleichschritt. In: (Dreier-Horning und Laudien 2016) dar.

U. Kaminsky (✉)
Ruhr-Universität Bochum, Bochum, Deutschland
E-Mail: dr.uk@web.de

A. Eberle et al. (Hrsg.), *Menschenrechte und Soziale Arbeit im Schatten des Nationalsozialismus*, https://doi.org/10.1007/978-3-658-19517-5_3

geführt habe.[2] Diese gleichen Folgen einer Erziehung in Heimen in unterschiedlichen gesellschaftlichen Systemen bedürfen einer Erklärung.

Die Vorgeschichte

Die Heimerziehung als Form einer „Ersatzerziehung" in der BRD und in der DDR beruhte auf gemeinsamen Traditionen seit der Kaiserzeit. Die Betreuung von Waisen wie auch vernachlässigter Kinder und Jugendlicher wurde in Deutschland in der zweiten Hälfte des 19. Jahrhunderts im Zuge der gesellschaftlichen Umwälzungen zu einem zentralen Anliegen. Die Lösung, die in der Fremdplatzierung von Kindern außerhalb ihrer Herkunftsfamilie gesehen und von Kommunen, Kirchengemeinden und Stiftungen schon länger praktiziert wurde, bestand in der Suche nach Pflegefamilien und der Gründung von Waisenhäusern und Heimen als Familienersatz.

Das preußische Fürsorgeerziehungsgesetz von 1900 wurde in der Weimarer Republik durch das Reichsjugendwohlfahrtsgesetz (RJWG) von 1922/1924 fortgeschrieben, ohne grundlegend verändert zu werden. Die sich im RJWG spiegelnden Alternativen eines Leistungsrechts oder eines Eingriffsrechts, also eines Rechts auf Erziehung bzw. einer Erziehung durch Recht, repräsentierte die Ambivalenz des Verrechtlichungsprozesses seit dem Ende des 19. Jahrhunderts.[3]

Der Widerspruch des Familienrechts des BGB zum Recht der Fürsorgeerziehung stellt die historische Wurzel des eigentümlichen Nebeneinanders der Interventionen öffentlicher Erziehung dar. Dies wurde bereits zeitgenössisch vom katholischen Priester und Juristen Karl Neundörfer in einer Abhandlung als „widerstreitende Mächte" im RJWG bezeichnet.[4] Neundörfer meinte damit Sozialismus und Katholizismus, wobei die Vorstellungen von SPD, vor allem aber USPD und KPD, auf eine zunehmende Vergesellschaftung von Erziehung in Form der Kommunalisierung von Leistungen und Einrichtungen der Jugendfürsorge zielten und andererseits die Zentrumspartei den Vorrang der Familienerziehung und ersatzweise der freien, insbesondere der konfessionellen Verbandsarbeit betonten. Diese Positionen wurden im Gesetz zu dem Kompromiss gebracht, der Erziehung als öffentliche

[2](Dreier-Horning und Laudien 2016; Dreier und Laudien 2012; Laudien und Sachse 2012; dies. 2011, 177–215; Sachse 2013; ders. 2011; ders. 2010; Arp et al. 2012, 18–72; Zimmermann 2004).

[3]Vgl. (Sachße 1996, S. 557–571).

[4](Neundörfer 1922/1923, S. 509–529).

Aufgabe anerkannte, doch den Primat familiärer Erziehung unangetastet ließ. Somit blieb öffentliche Erziehung als „Ersatzerziehung“ negativ auf die „eigentliche“ familiäre bezogen.

Der Nationalsozialismus wirkte mit seiner stark nach Erziehungsschwierigkeit und Erbbiologie differenzierenden Betrachtung verstärkend auf eine ohnehin bereits bestehende autoritäre Strafpädagogik und Erziehungsvorstellungen, die auch körperliche Züchtigungen immer als Teil des erzieherischen Eingriffspotenzials betrachteten. Die offensichtliche Ausgrenzung Jugendlicher unter rassistischen und erbbiologischen Kriterien wurde nach dem Ende des Nationalsozialismus zurückgenommen, doch die Stigmatisierung der Betroffenen und der an ihrem Beispiel gemeinten Gruppen wirkte noch länger nach. Die hier zugrunde liegenden sozialen Ordnungsvorstellungen waren älter als der Nationalsozialismus.

„Jugendnot“ nach 1945

In beiden Teilen Deutschlands waren die Nachkriegsnöte durch die Zerstörungen des Krieges wie auch durch die Flucht und Vertreibung vieler Millionen Menschen existenziell. In den Familien hatte die dauerhafte Abwesenheit der Männer die Verantwortung für die Versorgung und Kindererziehung gänzlich auf die Frauen verschoben. Sie sorgten in den „Mütterfamilien“ durch Erwerbsarbeit, Hamsterfahrten in das Umland und Schwarzmarkthandel für das materielle Überleben.[5] Durch Flucht und Vertreibung auseinander gerissene, unvollständige und neue Familien wie auch nach langjähriger Kriegsgefangenschaft spät heimkehrende Männer bedeuteten eine psychische Belastung, unter der viele Kinder litten. Die Wohnungsnot wie auch das „Herumtreiben“ von Kindern und Jugendlichen war ein allgemeines Zeitphänomen.[6] Die Betonung der Familie als Überlebensgemeinschaft im Krieg und in der Nachkriegszeit führte nachfolgend zu einer unhinterfragten Konjunktur dieser Form des Zusammenlebens, auf die alle anderen Varianten als Ersatzerziehung negativ bezogen blieben.

Im Westen wie im Osten war die „Jugendnot“ besonders hoch, was sich in großen Zahlen der in Heimerziehung genommenen Kinder und Jugendlichen abbildete. Vielfach funktionierten die klassischen Jugendbehörden wie auch die

---

[5]Vgl. (Niehuss 1998, 316–334, S. 316–317; Münch et al. 2001, S. 646–696).

[6](Frings und Kaminsky 2012, S. 171–219; Kraul et al. 2012, S. 15 ff.; Kaminsky und Henkelmann 2011, S. 89–104).

Heime mit nur kurzen Unterbrechungen über das Kriegsende hinweg fort, wenn auch oft unvollkommen.[7] Doch wurden zunächst die alten Strukturen eines jugendfürsorgerischen Zugriffs von den alliierten Besatzungsmächten wie auch den deutschen Verwaltungen für die Bewältigung der Probleme einer vagabundierenden Jugend benutzt. In Bayern fanden z. B. regelrechte Jugendrazzien statt, die sich insbesondere gegen elternlose Jugendliche und junge Erwachsene aus dem Osten Deutschlands richteten und eine Säuberung der Straßen und eine Bewahrung der gesellschaftlich als problematisch eingeschätzten Klientel zum Ziel hatte. Auch in der Britischen Zone wurden vagabundierende Jugendliche vornehmlich als Sicherheitsproblem wahrgenommen und schnell in Heime der Jugendfürsorge gebracht.[8] Hier kam noch hinzu, dass die britische Besatzungsmacht im Gegensatz zur deutschen Fürsorgetradition auch die Verhängung einer Heimeinweisung als Strafe kannte und in ihrem Einflussbereich praktizierte, worauf u. a. Beispiele aus dem Rheinland und Niedersachsen hinweisen.[9] Auch in Ostdeutschland wie z. B. in Mecklenburg war die Jugendnot insbesondere elternloser Kinder groß und die Sowjetische Militäradministration reagierte bereits im Juli 1945 mit der Einrichtung von Jugendausschüssen. In diesen waren anfänglich alle politischen Parteien, aber auch die Kirchen vertreten. Die KPD betrachtete die Jugendausschüsse als Instrumente einer antifaschistischen Umgestaltung. Die Jugendämter begannen gemäß dem auch im Osten weiter geltenden RJWG wieder ihre Arbeit aufzunehmen. Allerdings richtete die Sowjetische Militäradministration (SMAD) auch Zentralverwaltungen ein, die sich insbesondere in den ersten Jahren mit den Länderverwaltungen um Kompetenzen stritten. Im Jahre 1947 wurden die Jugendämter der Zentralverwaltung für Volksbildung unterstellt, eine wegweisende Entscheidung, die in Form der Unterstellung der Jugendhilfe unter das Ministerium für Volksbildung bis zum Ende der DDR Bestand haben sollte und einen Zentralismus im Feld der Jugendhilfe bedeutete, der insbesondere im Gegensatz zu Westdeutschland bemerkenswert ist.[10]

[7](Zimmermann 2004, S. 239–242).

[8]Siehe hierzu (Zahner 2006, S. 110–136; Frings und Kaminsky 2012, S: 205–208).

[9]Vgl. (Foitzik 2002; Henkelmann und Kaminsky 2011, S. 73–80; Swiderek 2011, S. 281 f.; Frings und Kaminsky 2012, S. 183–186). Allerdings verstanden sich die britischen Juvenile Courts, auf die diese Praxis zurückging, auch als Instrumente zur Erziehung und verbanden Aufgaben des deutschen Vormundschaftsrechts und Jugendstrafrechts.

[10](Sachse 2010, S. 16–19).

Rechtskontinuität und Bruch

Die Rechtsgrundlage, auf der die Jugendfürsorge geschah, war anfänglich in beiden deutschen Staaten gleich, doch entwickelte sich diese seit den 1950er Jahren zunehmend auseinander. Nach Kriegsende und dem Untergang des „Dritten Reiches" bemühte sich die öffentliche Erziehung im Westen, an die Auslegungen des BGB in der Weimarer Republik und das RJWG in seiner ursprünglichen Fassung von 1922 anzuknüpfen. Grundlegend war die Entscheidung der westlichen Besatzungsmächte, das Gesetz ohne das 1939 eingeführte „Führerprinzip" wieder in Kraft treten zu lassen. Diese Verordnung wurde noch 1945 bekannt gegeben, um dem Nachkriegschaos mit seinen unzähligen herumziehenden Jugendlichen Herr zu werden.[11] Das weitergeltende RJWG wurde im Westen 1953 leicht reformiert und 1961 als Jugendwohlfahrtsgesetz erneuert. Es behielt im Kern die auch präventive Eingriffskompetenz in Form des Begriffs der drohenden „Verwahrlosung" bei.

Ähnlich blieb die jugendrechtliche Situation in der SBZ und frühen DDR zunächst noch unverändert. Die Anordnung von Heimerziehung erfolgte dort seit 1952 nicht mehr durch einen richterlichen Beschluss, sondern durch eine Verwaltungsbehörde bzw. ein Gremium aus ehrenamtlichen Bürgerinnen und Bürgern auf der Ebene der jeweiligen Bezirke. Mit der Jugendhilfeverordnung von 1965/1966 wurde dann die neue gesetzliche Grundlage der Jugendhilfe (gültig bis zum Ende der DDR) geschaffen, welche an der Spitze der Verwaltungsstruktur das Ministerium für Volksbildung vorsah, dem auf Bezirksebene die Referate für Jugendhilfe/Heimerziehung und die Jugendhilfeausschüsse unterstellt waren.[12] Diese zentralistische Struktur korrespondierte mit einer kollektivistischen Rechtsauffassung, die die Individuen eher als Teil einer politischen Gemeinschaft denn als Individuen mit Freiheits- und Entscheidungsrechten wahrnahm. Der mangelnden Deckungsgleichheit von individuellen Interessen und Bedürfnissen mit denen des sozialistischen Staates wurde mit Erziehung bzw. „Umerziehung" begegnet. Dies bedeutete für die DDR auch auf formaler Ebene die Vereinigung der beschließenden und kontrollierenden Instanz für die Heimeinweisung, gegen die es kaum rechtliche Mittel gab.[13] Im Westen gab es diese zumindest formell, allerdings waren sie in der Rechtswirklichkeit aufgrund der sozialen Deklassierung

[11]Abgedruckt bei (Tillmann 1950, S. 18 ff.).

[12]Siehe hierzu detailliert (Wapler 2012, S. 5 26–38; Sachse 2010, S. 15–19, 43–50; Dreier und Laudien 2012, 45 ff.).

[13]Vgl. (Laudien 2013, 134–142 u. Kittel/Wapler 2013, 144–151).

der Klientel und ihrer Eltern stark eingeschränkt. Hier war es eher das Kostenargument, das die Aufenthaltszeit in Heimen begrenzte und die Jugendämter nach der weiteren Dauer der Heimerziehung fragen ließ. Daneben führten periodisch auftretende skandalisierungsfähige Überschreitungen der rechtlich im weiten Rahmen zugebilligten Strafkompetenzen in den Heimen zu einer Kontrolle der Einrichtungen. Beschwerden der Kinder, Jugendlichen oder ihrer Eltern allein wurden vielfach stereotyp mit dem Hinweis auf deren Erziehungsschwierigkeit oder soziale Vorgeschichte abgewehrt.

Die strafrechtlichen Regelungen gegenüber Jugendlichen ab 14 Jahren blieben in West wie Ost ebenfalls anfangs gleich und beruhten auf dem Jugendgerichtsgesetz des Jahres 1923, das außer durch Verhängung von Arrest oder Jugendgefängnis von unbestimmter Dauer bei einer drohenden oder festgestellten Verwahrlosung Fürsorgeerziehung anordnen oder auch an das Vormundschaftsgericht weiter verweisen konnte. Nach dem Jugendgerichtsgesetz der DDR aus dem Jahre 1952 konnte es eine Überweisung von Jugendlichen an die Organe der Jugendhilfe wie auch direkte Einweisungen in Heime oder Jugendwerkhöfe geben, wobei die Staatsanwaltschaft dann auf eine Strafverfolgung verzichtete. Die Einweisungskompetenz verloren die Jugendgerichte erst 1968 mit der Reform des Strafrechts in der DDR.[14]

Im Westen war mit der Freiwilligen Erziehungshilfe in verschiedenen Bundesländern eine Form der öffentlichen Erziehung möglich, die eine zustimmende Beteiligung der Eltern vorsah. In manchen Regionen (wie z. B. dem Rheinland) mussten die Eltern dabei auf ihr Rückholrecht verzichten. Ohnehin drohte bei Beendigung der Freiwilligen Erziehungshilfe durch die Eltern vor dem anvisierten Zeitraum die Einleitung eines Verfahrens auf Sorgerechtsentzug oder Fürsorgeerziehung.[15] Die Freiwillige Erziehungshilfe wurde 1961 im Jugendwohlfahrtsgesetz bundeseinheitlich institutionalisiert. In der DDR bestand vor allem in den 1950er Jahren die Möglichkeit, durch „freiwillige Erziehungsverträge", die die Eltern mit den Jugendbehörden schlossen, die Kinder in Heimerziehung zu geben. Die Gründe reichten von Überforderung der Eltern bis zu erpressten Zustimmungen im Falle von Inhaftierungen der Eltern bei z. B. Republikflucht.[16] Ab Mitte der 1960er Jahre verschwand diese Form aus den Gesetzestexten und ließ wohl auch stark nach. Hier besteht weiterer Forschungsbedarf.

[14](Wapler, 2012, S. 56–60; Zimmermann 2004, S. 159 f.).

[15](Wapler 2010, S. 21–29).

[16]Vgl. (Wapler 2012, S. 63–65, Dreier und Laudien 2012, S. 46 f.).

In beiden deutschen Staaten lässt sich eine Fortsetzung der Bewahrungsdebatte der Zwischenkriegszeit feststellen. War im Westen durch die grundgesetzlich garantierten Freiheitsrechte eine Bewahrung insbesondere der über 18-Jährigen nur mit deren Einverständnis möglich, so gab es doch verschiedene Initiativen, die auch von Landesjugendämtern wie z. B. im Rheinland unterstützt wurden, eine neue Regelung dieses Feldes zu schaffen.[17] Verschiedene Entwürfe bzw. Gesetzesinitiativen von Zentrum, CDU und Bundesinnenministerium versandeten in den 1950er Jahren. Erst die Idee, Bewahrungsregelungen in das geplante Bundessozialhilfegesetz einzubauen, hatte vorübergehend Erfolg. Das 1961 erlassene BSHG sah in seinem § 73 im Rahmen der „Hilfe für Gefährdete" die Möglichkeit einer Zwangsunterbringung in einer „geeigneten Anstalt, in einem geeigneten Heim oder in einer geeigneten gleichartigen Einrichtung" vor, „wenn 1. der Gefährdete besonders willensschwach oder in seinem Triebleben besonders hemmungslos ist, 2. der Gefährdete verwahrlost oder der Gefahr der Verwahrlosung ausgesetzt ist und 3. die Hilfe nur in einer Anstalt, in einem Heim oder einer gleichartigen Einrichtung wirksam gewährt werden kann". Allerdings kassierte das Bundesverfassungsgericht bereits 1967 diese Regelungen wieder und erklärte, das Grundrecht der persönlichen Freiheit sei hierdurch unverhältnismäßig eingeschränkt.[18]

In der DDR intensivierte sich die Verfolgung sogenannter „Asozialer" im Rahmen der Diskussion über die Gefährdetenverordnung und die Verordnung über Aufenthaltsbeschränkung vom 24. August 1961, die im Selbstverständnis der Bekämpfung des „Rowdytums" dienen sollte und im direkten Zusammenhang mit dem Mauerbau stand. Letztlich wurden die Tatbestände in den § 249 des StGB der DDR von 1968 aufgenommen. Er sah vor, dass, wer sich „aus Arbeitsscheu einer geregelten Arbeit entzieht", mit „Haft, Arbeitserziehung oder Freiheitsstrafe bis zu zwei Jahren" bestraft werden konnte.[19] Hierin manifestierte sich seit der zweiten Hälfte der 1960er Jahre eine wachsende Repression gegen eine abweichende Jugend, deren „positive Entwicklung im Sinne des sozialistischen Erziehungszieles" zu sichern sei.[20] Auch die Einrichtung des Geschlossenen Jugendwerkhofes Torgau als pädagogische Endstation im Mai 1964 ist in dieser

[17]Siehe hier z. B. die Hinweise bei (Henkelmann 2008, S. 48).

[18]S. (Willing 2008, S. 253–285).

[19](Zimmermann 2004, S. 168–186; Willing 2008, S. 250–268).

[20]Zitat aus dem „Gesetz über das einheitliche sozialistische Bildungszentrum" v. 25.02.1965, zitiert nach (Sachse 2010, S. 28). Siehe zum illegalen Arbeits- und Erziehungslager Rüdersdorf Buchwald (Sachse 2013).

Linie zu werten.[21] Die Instrumente zur Bekämpfung abweichenden Verhaltens der Jugend dienten nachfolgend zur Niederhaltung westlich orientierter oder so eingeschätzter Subkulturen.

Kennzeichnend für die DDR war eine starke politische Ideologisierung der bisherigen und im Westen weiter geltenden unbestimmten Rechtsbegriffe wie der „Verwahrlosung“ und „Kindeswohlgefährdung“. Insbesondere die veränderten rechtlichen Grundlagen der Jugendhilfeverordnung und des Familiengesetzbuches 1965 fixierten dies durch Formulierungen wie „Anzeichen sozialer Fehlentwicklung“ und „Verhütung und Beseitigung der Vernachlässigung und Aufsichtslosigkeit“ im Rahmen des § 50 des Familiengesetzbuches und des § 23 der Jugendhilfeverordnung von 1965/1966. Das Erziehungsrecht der Eltern im Sinne einer traditionellen Familienideologie trat hinter das Recht des Staates auf eine korrigierende Erziehung zu einer „sozialistischen Persönlichkeit“ zurück. Im Westen war es eine „vor- oder überrechtliche christlich fundierte Sittenlehre“, die den Maßstab für tadelnswertes Verhalten bildete, und im Osten eine von Parteigremien als gesellschaftsgefährdend festgelegte Form von Verhalten.[22]

Insofern verschärfte sich im Osten der rechtshistorische Bruch mit der vorherigen Tradition durch Ablösung des Reichsjugendwohlfahrtsgesetzes, wohingegen dieses im Westen in der modifizierten Form des Jugendwohlfahrtsgesetzes 1961 aufrechterhalten wurde. Die langfristig bedeutsamere Veränderung lag 1961 im Westen in der Schaffung des Bundessozialhilfegesetzes, das aus vorherigen Almosenempfängern anspruchsberechtigte Hilfesuchende machte. Dies schuf nicht nur eine bessere Finanzierungsgrundlage für Träger der Einrichtungen sondern auch einen veränderten Blick auf die Klientel, der formal ein Wahlrecht des Leistungserbringers zustand. Dies war mit einer rechtlich abgesicherten Emanzipation der Betroffenen verbunden. Die Stärkung ihrer Rechte blieb zunächst abstrakt und hatte nicht unbedingt unmittelbare Folgen für sie – so wurde ausdrücklich das Prinzip der Subsidiarität festgeschrieben, was die konfessionellen Träger stärkte – doch ermöglichte dies langfristig einen Perspektivenwechsel.

Trotz der angeführten Unterschiede in den Rechtsgrundlagen und der politischen Prägung der Heimsysteme beider deutscher Staaten blieben die Gründe für die Anordnung der Heimerziehung in vieler Hinsicht in den 1950er und 1960er Jahren

[21]Zum Jugendwerkhof Torgau existiert eine wachsende Literatur: (Jörns 1995; Haase und Oleschinski 1993; Gatzemann 2008; Zimmermann 2004, S. 373–409).

[22]Siehe zum Überblick (Wapler 2012, S. 38–74, bes. 65 ff.; Dreier und Laudien 2012, S. 49–58).

gleich. So fand sich die Abweichung von der Normalbiografie eines fleißigen Schülers, Lehrlings oder Arbeiters oder vom Leitbild einer ehelichen Familie und der Norm sexueller Treue in beiden Deutschlands als zu missbilligender Grund für das Vorliegen von „Verwahrlosung“, „Erziehungsgefährdung“ oder auch „Gesellschaftsgefährdung“.[23] Die politische Prägung des DDR-Heimsystems, die in der staatlichen Trägerschaft, dem politischen Zentralismus, der sozialistischen Rechtsordnung, der bildungspolitischen Bedeutung und der gesellschaftlichen Perspektive der Heimerziehung gesehen werden kann[24], hatte demzufolge keine allzu großen Unterschiede für die davon Betroffenen in der heimerzieherischen Praxis im Ergebnis.

Ein wesentlicher, häufig übersehener Unterschied zwischen den jugendlichen Zielgruppen in West und Ost liegt im unterschiedlichen Volljährigkeitsalter, das in der DDR bereits seit 1950 bei 18 Jahren lag. Die im DDR-Gesetz gegebene Begründung dafür lag im „hervorragenden Anteil der Jugend am Aufbau der antifaschistisch-demokratischen Ordnung“ und sollte damit eine Art Belohnung für die Loyalität und Leistung vieler junger Männer und Frauen sein, die „in verantwortlichen Funktionen ihre Reife bewiesen“ hätten.[25] Dies entsprach einem Muster der Lockung der Jugend zur Mitarbeit im aufzubauenden sozialistischen Staat, das mit Jugendförderung und verstärkter Jugendarbeit (zentralisierte Freizeitangebote, Massenveranstaltungen) einen ideologischen Zugriff auf die kommende Generation sicherstellen sollte. Die Kehrseite war allerdings der Zwang gegenüber jenen Jugendlichen und Erwachsenen, die sich nicht eingliedern und mitmachen wollten.[26]

In der DDR entfiel mit dem früheren Volljährigkeitsalter eine in Westdeutschland zunehmend als problematisch eingeschätzte Zielgruppe, deren Fremdplatzierung insbesondere in Heimerziehung immer größere Probleme bereitete. Mit der Geltung des Jugendwohlfahrtsgesetzes 1961 wurde die bislang fakultative Fürsorge für diese Altersgruppe obligatorisch gemacht.[27] Zugleich gab es keine Entlassungen wegen mangelnder pädagogischer Erfolgsaussicht mehr. Die 18- bis 21-jährigen jungen Männer und Frauen empfanden in einer im Westen

[23](Wapler 2012, 69 f.).

[24](Dreier und Laudien 2012, S. 66–73).

[25]Gesetz über die Herabsetzung des Volljährigkeitsalters 17.05.1950, GBl. DDR, 437.

[26]In Einzelfällen konnten auch Jugendliche bis zum Alter von 20 Jahren in Jugendwerkhöfen festgehalten werden. Siehe Anordnung über die Spezialheime der Jugendhilfe v. 22.04.1965, in: GBl. DDR 1965, 368. In der Praxis scheint dies aber nicht passiert zu sein siehe (Zimmermann 2004, S. 380).

[27]Siehe zur Rechtsgeschichte und ihren praktischen Auswirkungen am Beispiel des Landesjugendamtes Rheinland (Henkelmann und Kaminsky 2011, S. 43–49).

seit den 1960er Jahren zunehmend eine Liberalisierung und Demokratisierung im Munde führenden Gesellschaft das Missverhältnis zwischen Anspruch und Realität in einer rigiden Heimerziehung extrem stark. Entsprechend reagierten sie mit Protest und Gewalt. Einige der traditionellen konfessionellen Träger fühlten sich mit dieser Altersgruppe überfordert, zogen sich vor dem Hintergrund eigenen Personalmangels aus diesem Feld zurück und verstärkten damit einen Mangel an Unterbringungsmöglichkeiten, was den Problemdruck weiter erhöhte.

Die damit gegebene Ungleichzeitigkeit der Volljährigkeit in beiden deutschen Staaten machte sogar Fluchten Jugendlicher aus Westdeutschland in die DDR möglich. Manche der Jugendlichen wollten sich dadurch der rigiden Fürsorgeerziehungspraxis im Westen entziehen. Umgekehrt wartete in einem überlieferten Fall 1960 eine junge Frau aus der DDR ihren 18. Geburtstag ab, um gegen den Willen ihrer Eltern zu ihrem Freund in den Westen zu gehen, wo sie dann formal als volljährig galt. Dass die in der Boulevardpresse als „Zonenbraut“ bezeichnete junge Frau dann im Westen trotzdem als Minderjährige behandelt und in ein Heim in Hannover eingewiesen wurde, aus dem sie erst nach Wochen mit rechtsanwaltlicher Hilfe wieder freikam, verursachte einen Skandal.[28] Überhaupt hatten minderjährige unbegleitete Übersiedler oder Flüchtige aus der DDR es schwer, im Westen einer anstaltlichen Betreuung zu entgehen. Sie kamen vielfach in die gleichen Einrichtungen wie Fürsorgeerziehungszöglinge und waren mit einer rigiden Heimdisziplin und einer bevormundenden Fürsorge konfrontiert. In den Heimen wie z. B. dem Frauenheim Himmelsthür wurden die untergebrachten weiblichen „Sozial- und Härtefälle“ zur Arbeit in der Haus- und Landwirtschaft herangezogen. Ihre Verweigerung der FDJ-Mitgliedschaft und Flucht aus der SBZ/DDR interpretierte ein evangelischer Einrichtungsleiter als Ablehnung von Ordnung und Suche nach einem leichteren Leben, dem es zu begegnen gelte.[29]

Schwererziehbare Landschaften

In beiden deutschen Staaten fand eine Differenzierung der Erziehungsheime statt. Waren es im Westen vor allem traditionelle Gründe des Geschlechts, des Alters, der Religion und der Erziehungsschwierigkeit, die zu einer Differenzierung der

[28]S. zu beiden Fällen (Frings und Kaminsky 2012, S. 395 f. u. S. 518 f.).

[29]S. (Jenner 2010, S. 293–304).

Einrichtungen führten, so war es in der DDR im Wesentlichen die „Schwererziehbarkeit", die besonders seit der Einführung der Spezialheime die Heimformen bestimmte.

In Westdeutschland blieb die Heimerziehung bis in die 1970er Jahre stark konfessionell bestimmt. Von den insgesamt etwa 800.000 Kindern und Jugendlichen, die sich zwischen 1949 und 1975 in der Bundesrepublik in einer Form der Ersatzerziehung befanden,[30] waren im Jahr 1965 im Bundesdurchschnitt 77,5 % in Heimen freier Träger.[31] Nach einer Bestandsaufnahme über Heime der Jugendhilfe im Bereich der Freien Wohlfahrtspflege von 1964, die rund 70 % aller Einrichtungen erfasste, waren gut 89 % der Heime (51,5 % katholisch und 37,7 % evangelisch) und fast 92 % der verfügbaren Plätze (55 % kath. und 36,6 % ev.) einem konfessionellen Träger zuzuordnen.[32] Legt man auf Grundlage dieser Anhaltspunkte für Heime in konfessioneller Trägerschaft vorsichtig eine Quote von 70 % bis 80 % zugrunde, hätten etwa 500.000 bis 600.000 betroffene Minderjährige Kontakt zu einem katholischen oder evangelischem Heim gehabt.[33]

Die Heimerziehung in der DDR durchliefen von 1949 bis 1990 schätzungsweise 495.000 Kinder und Jugendliche bis 18 Jahren.[34] In der DDR verschwand die konfessionelle Dominanz der Vorkriegszeit in der Trägerschaft von Heimen in Deutschland zusehends, weil die Entkonfessionalisierung von Heimen ein politisches Ziel in der DDR darstellte. So wurden 1952 noch 152 Heime mit 5929 Plätzen gezählt, 1976 nur noch 44 Heime mit 3214 Plätzen und 1987 noch 48 Heime mit 1371 Plätzen.[35] Parallel zum Abbau der Zahl der Plätze in konfessionellen Einrichtungen der Jugendhilfe fand wohl eine Umwidmung der Anstalten für die Arbeit mit behinderten Menschen statt. Es hat allerdings bis zum Ende der DDR konfessionelle Heime gegeben, deren Geschichten nicht bekannt sind. Eine detaillierte Forschung steht hier noch aus.[36]

---

[30](Frings und Kaminsky 2012, S. 34 f.).

[31]Auswertung der Angaben des AFET-Mitglieder-Rundbriefs vom März 1967 für das Jahr 1965.

[32]Heime der Jugendhilfe im Bereich der Freien Wohlfahrtspflege, hrsg. v. d. Bundesarbeitsgemeinschaft der Freien Wohlfahrtspflege, Freiburg i. Br. 1965, 5 f. u. 17–23.

[33]Vgl. Tabellen in (Frings 2010, S. 431–444).

[34](Abschlussbericht 2010, S. 23).

[35]Zahlen nach (Dreier und Laudien 2012, S. 127).

[36]Siehe Hinweise bei (Laudien und Sachse 2012, S. 210–216).

Das Heimsystem der DDR baute sich anhand der Aufteilung nach Normal- und Spezialheimen auf. Darin findet sich eine Debatte über die Grenzen der Erziehung konserviert, die seit den 1920er Jahren in der Jugendfürsorge eine zunehmende Bedeutung erhielt. Die Unterscheidung in „normalerziehbare" und „schwererziehbare" bzw. „unerziehbare" Kinder und Jugendliche hatte bereits im Umfeld der Heimskandale am Ende der Weimarer Republik einen ersten Höhepunkt erlebt.[37] Auch im Westen fand die Unterscheidung nach Erziehungsschwierigkeit innerhalb einer sich nach Religion, Alter und Geschlecht differenzierenden Heimlandschaft zunehmend statt. Das Jugendwohlfahrtsgesetz 1961 forderte eine solche explizit. Hierbei war allerdings eine innere Differenzierung der zum Teil großen Heime entscheidender als eine Gliederung nach Heimtypen. Dabei existierten Aufnahme- und Beobachtungsgruppen, heilpädagogische Gruppen, informell nach Erziehungsschwierigkeit differenzierte Gruppen für „schwerverwahrloste", „sexuell geschädigte" oder anderweitig charakterisierte Kinder und Jugendliche.

Die Zuteilung erfolgte auf der regionalen Ebene der im Wesentlichen den Aufenthalt bezahlenden Landesjugendämter, die allerdings in bestimmten Fällen auch grenzüberschreitende Verlegungen von Kindern und Jugendlichen zur „Milieuveränderung" in regelrechte „Endstationen" für männliche schwererziehbare Jugendliche wie Freistatt im Kreis Diepholz vornahmen. Im Wesentlichen blieben die von einem autoritären, streng disziplinierenden Anstaltsregime bestimmten Einrichtungen für meist männliche Problemfälle aber regionale Endstationen wie Brauweiler im Rheinland, Glückstadt in Schleswig-Holstein, Moringen bzw. Göttingen in Niedersachsen oder Voccawind bzw. Lichtenau in Bayern.[38] Die Hierarchisierung von Heimen erfolgte informell und dezentral und war vom Zusammenspiel der Handelnden bei Jugendämtern und Heimträgern abhängig.

Im Gegensatz zur regional gesteuerten bundesdeutschen Jugendhilfe wurde das Heimwesen der DDR zentral geregelt. Seit der Heimverordnung vom Juli 1952 bestanden neben klassischen Säuglingsheimen bis zum Alter von drei Jahren und sogenannten Durchgangsheimen, die zur kurzfristigen Unterbringung aufgegriffener Jugendlicher gedacht waren, sechs Heimtypen: Normalkinderheime für Kinder von 3 bis 14 Jahren, Jugendwohnheime für Jugendliche von 14 bis 18 Jahren, Spezialkinderheime für schwererziehbare Kinder im Alter von drei

[37]Vgl. (Dudek 1999, S. 137–177; Gräser 1995, S. 102–106).

[38](Benad et al. 2009; Pierlings 2011, S. 207–223; Johns und Schrapper 2010; Kraul et al. 2012; Frings und Kaminsky 2012, S. 216–219).

bis 14 Jahren, Jugendwerkhöfe für schwererziehbare Jugendliche zwischen 14 und 18 Jahren sowie besondere Formen der Spezialkinderheime für sogenannte „bildungsfähig schwachsinnige“ Kinder von 3 bis 14 Jahren und „Heime für bildungsfähige Schwachsinnige“ zwischen 14 und 18 Jahren.[39] Die Zuweisungskriterien blieben dabei nicht trennscharf. Die Heime waren nicht streng nach Geschlecht in Mädchen- und Jungenheime getrennt, allerdings in den jeweiligen Erziehungsgruppen ab einem bestimmten Alter.

Die Veränderung durch die Jugendhilfeverordnung 1965 regte, insbesondere im Bereich der „Normalheime“, eine stärkere Differenzierung nach Alter (3–6, 6–16, 16–18 Jahre) und in den Jugendwerkhöfen nach kurzfristigem Aufenthalt (bis neun Monate) und längerfristigem Aufenthalt mit Ausbildungsmöglichkeit an. In den Jugendwerkhöfen setzte sich dies in der Praxis allerdings nicht durch.[40] Ähnlich wie die Etablierung des Jugendwerkhofes Torgau 1964 als Endstation für schwererziehbare Jugendliche mit gefängnisartiger Behandlung eine zunehmende Repression in der Spitze der Differenzierung darstellte, zeichnete sich seit Mitte der 1960er Jahre auch eine Umwidmung der Durchgangsheime zu Orten des Arrestes und der willkürlichen Festsetzung bei Disziplinverstößen wie Straftaten Jugendlicher ab. Erst 1985 wurde versucht, diese Arrestpraxis auf Kinder im Alter von über zehn Jahren zu begrenzen.

Statistisch blieb die Zahl der Heimplätze mit rund 30.000 zwischen 1952 und 1989 in der DDR nahezu konstant, wobei rund zwei Drittel der Kinder und Jugendlichen in Normalheimen und ein Drittel in Spezialheimen untergebracht waren, davon gut 3000 in Jugendwerkhöfen. Nur die Zahl der in Spezialheimen untergebrachten Kinder sank zugunsten der Normalheime um rund 2000.[41] Dies war im Westen anders, weil der Anteil der in Fürsorgeerziehung oder Freiwillige Erziehungshilfe genommenen Minderjährigen zwischen 1950 (4,2 pro 1000) und 1975 (1,5 pro 1000) absank und die Heime durch Auflockerungen, Reduktion der Gruppengrößen und die zunehmend bevorzugten offenen Formen der Erziehungshilfe seit den 1970er Jahren Einbußen erlebten. Bis 1970 allerdings lässt sich ein Gesamtbestand an Heimplätzen von knapp 130.000 konstatieren.[42]

---

[39]Vgl. (Wapler 2012, S. 32–38; Sachse 2010, S. 56–68; Laudien und Sachse 2012, S. 167–210; Hottenrott 2016).

[40](Wapler 2012, S. 35).

[41]Zahlen nach (Dreier und Laudien 2012, S. 77; Laudien und Sachse 2012, S. 278–282).

[42](Frings 2010, S. 28–46; Frings und Kaminsky 2012, S. 19–42).

Es zeichnete sich zudem seit den 1960er Jahren eine Psychiatrisierung und Psychologisierung der Jugendhilfe im Westen wie im Osten Deutschlands ab. Im Osten entstand mit dem „Kombinat der Sonderheime für Psychodiagnostik“, das 1964 in den Bereich des Ministeriums für Volksbildung eingegliedert wurde, ein System von fünf verschiedenen Heimen in und um Berlin, die Begutachtung und „päd.-psychologische Therapie“ an Kindern und Jugendlichen im Alter von sechs bis 18 Jahren durchführen sollten.[43] Damit fand ähnlich wie im Westen u. a. auch in den Kinder- und Jugendpsychiatrien seit der Mitte der 1960er Jahre eine zunehmende Psychiatrisierung verhaltensschwieriger Kinder und Jugendlicher statt. Im Westen war die „Verbreiterung der pädagogischen Angriffsfläche“, wie die Wirkung des Einsatzes von Psychopharmaka in den Heimen schließlich umschrieben wurde, auch eine Folge des Auseinanderklaffens von disziplinierendem Anspruch und ungeordneter Heimrealität. Probleme und Konflikte, die dem Personalmangel in den Heimen entstammten, einerseits und eine psychologische Regelungseuphorie andererseits öffneten die Tore für eine Psychopharmakotherapie in den Heimen, bei denen es auch zu Menschenversuchen ohne Einwilligung der Betroffenen kam.[44]

Im Osten gibt es mittlerweile breitere Forschung über das „Sonderkombinat“, in dem der disziplinierende Zugriff auf die Kinder und Jugendlichen keineswegs durch eine therapeutische Individualisierung aufgegeben wurde. Das interdisziplinäre Konstrukt von „Verhaltensstörung“ machte die Kombination von Pädagogik, Psychologie und Medizin zur Korrektur notwendig.[45] Auch für Normal- und Spezialkinderheime wie Jugendwerkhöfe ist die Sedierung von Kindern und Jugendlichen für die 1970er Jahre beispielhaft belegt, gerade auch vor dem Hintergrund einer als schwieriger lenkbar empfundenen Klientel.[46]

Das Feld der Behindertenheime, die die Schnittfläche zur Jugendhilfe ausmachten, ist in der Bundesrepublik bislang nur teilweise anhand von Einzelstudien beforscht worden. Für die DDR besteht hier noch sehr weitgehender Forschungsbedarf.[47]

[43]Vgl. (Dreier und Laudien 2012, S. 114–118; Methner 2016; Hottenrott 2012).

[44](Kaminsky 2016, S. 485–494).

[45]Andreas Methner schätzt, dass rund 50 % der hier behandelten Kinder und Jugendlichen Psychopharmaka verabreicht erhielten (Methner 2015; ders. 2016). Laura Hottenrott verweist darauf, dass im Jugendwerkhof Hennickendorf 1981 60 % der Jugendlichen Medikamente erhielten (Hottenrott 2016, S. 98; dies. 2012).

[46](Laudien und Sachse 2012, S. 248–251; Hottenrott 2016).

[47](Schmuhl und Winkler 2011; Frings 2012; Frings 2013; Winkler 2012; Hottenrott 2012) Aktuell widmet sich ein Forschungsprojekt im Rahmen der Stiftung „Anerkennung und Hilfe“ der Aufklärung der Verhältnisse für Minderjährige in West wie Ost.

Heimalltag

In den Heimen in West wie Ost herrschte ein streng normierter Tagesablauf. Der sehr starke Drill, der sich noch in den 1950er Jahren im Westen finden ließ, lockerte sich allerdings seit den 1960er Jahren. Im Osten scheint er insbesondere in den Spezialkinderheimen und besonders den Jugendwerkhöfen noch länger angedauert zu haben, um den Kindern und Jugendlichen den „letzten Schliff" zu geben.[48] Das strenge Reglement in den Einrichtungen hatte auch insofern Hintergründe in der Institution Heim bzw. Anstalt, als Großküchen und Werkstätten ihren Rhythmus in die Heimerziehung trugen. Darunter litten zum Teil nicht nur die Heimkinder, sondern ebenso die Mitarbeiter, die darauf zu achten hatten, dass den Belangen des Heimkosmos genüge getan wurde. Vor allem der morgendliche und abendliche Appell und auch andere ritualisierte Ordnungskontrollen besaßen militärische Züge und hatten einen stark überwachenden Charakter. Großer Wert wurde auf Ordnung und Sauberkeit gelegt, die sich u. a. in der Verpflichtung der Kinder und Jugendlichen zur Mitarbeit im Heim durch sogenannte „Ämter" (im Westen) und die „Selbstbedienung" bzw. „gesellschaftlich nützliche Arbeit" (im Osten) zeigte.[49] Wirkliche Freiräume für individuell gestaltete Zeiten wurden den Jugendlichen kaum zugestanden.[50]

Die Vermittlung eines „sittlichen Wertgefühls" sollte den Kindern und Jugendlichen in den konfessionellen Heimen aus „dem Glauben heraus" ein christliches „Fundament" mitgeben. Da das leitende Erziehungspersonal in den meisten katholischen Einrichtungen aus Ordensangehörigen bestand, verband sich diese Sicht hier außerdem mit dem in den Ordenssatzungen festgeschriebenen Auftrag, neben dem eigenen auch für das Seelenheil der ihnen anvertrauten Minderjährigen Sorge zu tragen.[51] In den konfessionellen Heimen gehörten regelmäßige Tisch-, Morgen- und Abendgebete, die Teilnahme am Sonntagsgottesdienst wie auch zumindest teilweise an den Werktagsgottesdiensten und die Beichte zum vorgegebenen religiösen Rahmen.

In den Heimen im Osten herrschte aufgrund der ideologischen Festlegung auf den Aufbau der sozialistischen Gesellschaft ein Zwang zur „Parteilichkeit", der

[48](Sachse 2010; ders. 2013, S. 68–77).

[49](Laudien und Sachse 2012, S. 226).

[50](Benad und Schmuhl; Stockhecke 2009, S. 153–216).

[51](Damberg et al. 2010; Frings und Kaminsky 2012, S. 473–482).

sich in der heimerzieherischen Praxis als Hinführung zur Jugendweihe (die Frage des Zwangs wird jedoch nicht eindeutig beantwortet[52]) und in Form des Jahres-, Monats- und Wochenplans als Disziplinanforderung spiegelte. Die „Heimgemeinschaft" sollte eine „sozialistische Lern-, Arbeits- und Lebensgemeinschaft"[53] sein und unterschied sich im Totalitätsanspruch auf die Einzelnen kaum von der „Lebens-, Arbeits- und Dienstgemeinschaft", wie sie in von religiösen Personalgenossenschaften im Westen geführten Heimen propagiert wurde. Hierbei gab es offenbar ein Gefälle der Strenge vom Jugendwerkhof bis zum Normalkinderheim, was jedoch nicht ausschloss, dass Kinder und Jugendliche entwürdigende, demütigende und gewalttätige Übergriffe (Strafstehen, Knien auf dem Boden, Prügel etc.) in jeder Heimform erleben konnten.[54]

Es gab in vielen staatlichen wie konfessionellen Heimen im Westen eine durch landesgesetzliche Regelungen bzw. Verordnungen legitimierte Strafpädagogik. Dabei herrschte diese Erziehungspraxis nach den Aussagen ehemaliger Heimkinder nicht nur in den Erziehungsheimen, sondern ebenso in Waisenhäusern bzw. Kinderheimen.[55] Im Gegensatz zu der bis in die 1970er Jahre im Westen als „ultima ratio" legitimierten körperlichen Züchtigung, war diese in der DDR verboten. Erlaubt waren Verweise, Tadel, die erzwungene Rechtfertigung vor der Gruppe und Arrest.[56]

Neben offiziellen, meist in Strafbüchern oder Straflisten zu vermerkenden Interventionen – dies sollte bereits seit 1910 die Gefahr von willkürlichen Strafen eindämmen – ist für den Westen eine nur schwer feststellbare Anzahl von Bestrafungen, Demütigungen und physisch wie psychisch verletzenden Strafen sowohl durch an religiöse Gemeinschaften gebundene als auch weltliche Erziehende zu konstatieren, welche unterhalb einer in Aktenüberlieferungen festgehaltenen Ebene lagen und Traumatisierungen bei den einzelnen Betroffenen hervorgerufen haben. Strafen fanden in so unterschiedlichen Formen statt wie Entzug von Vergünstigungen, Essensentzug, Isolierung/Arrest in sogenannten „Besinnungszimmern", körperliche Züchtigung und Misshandlungen – von

---

[52](Laudien und Sachse 2012, S. 218).

[53](Autorenkollektiv 1984, 52).

[54]Beispiele bei (Sachse 2010, S. 123–267).

[55]Auf die Wichtigkeit der Auswertung und Interpretation mündlicher Quellen weisen verschiedene Projekte ausdrücklich hin. Vgl. (Kuhlmann 2008; Kuhlmann 2010; Frings und Kaminsky 2012, S. 135–140).

[56](Laudien und Sachse 2012, S. 229–236).

Schlägen „auf die Erziehungsfläche“ und Ohrfeigen bis zu Prügel mit dem Rohrstock und den Fäusten. Weitere Sanktionen umfassten das Abschneiden aller Haare eines Zöglings, der nach einem Fluchtversuch in ein Heim zurückgebracht wurde, bei Bettnässern das morgendliche Herumlaufen mit der nassen Bettwäsche vor den anderen Kindern und Jugendlichen der Gruppe oder das zu tiefe Abschneiden der Fingernägel.[57]

Auch für Heime in der DDR, besonders in Spezialkinderheimen, ist von Betroffenen eine Strafpraxis von Demütigungen, Arrest und Schlägen überliefert, die unterhalb der offiziellen Ebene lag.[58] Gerade die kollektivistische Disziplinerziehung öffnete zudem vielfach die Möglichkeit zu Racheakten der Kinder und Jugendlichen untereinander. Im Westen wie im Osten sind vielfach Überforderungssituationen eines meist jungen Personals, das sich z. T. selbst bedroht fühlte, überliefert. Dies verstärkte die Zufluchtnahme zu Gewalt als letztem Mittel. Das verknüpfte sich mit dem erwähnten Ausbildungsmangel, dessen Folge es war, dass kaum andere Erziehungsmittel eingeübt oder gar bekannt waren, um mit schwierigen Jugendlichen umzugehen. Allerdings spricht manches dafür, dass die von den Angehörigen religiöser Gemeinschaften in die Erziehung eingebrachten spezifischen Wertvorstellungen, also etwa die im eigenen Leben einer Ordensschwester geforderte Demut, das Vollziehen demütigender Strafen beeinflusst haben. Auch ist nicht auszuschließen, dass die religiöse Überhöhung des Leidens in der jeweiligen Ordensspiritualität Einfluss auf die Bestrafung der zu Erziehenden hatte.[59] In der DDR war es hingegen eher die bewusste Offenhaltung von Strafregeln, die insbesondere körperlich schwer belastende Strafmethoden wie das Stehen auf dem Gang, Marschieren oder Strafsport, wie sie im Jugendwerkhof Torgau und anderswo praktiziert wurden, begünstigte.[60] In welchem Umfang sich die Einflüsse einer Militarisierung der DDR-Gesellschaft auch hier ausgewirkt haben, bedarf weiterer Studien.

Die sehr spezifische Form der DDR-Heimerziehung bildete sich in der Einweisung und Strafe als politische Sanktion ab. Kinder von DDR-Flüchtlingen, Oppositionellen und als politisch unzuverlässig aufgefallene Jugendliche wurden in Heime verbracht, weil sie sich gegen eine zur Norm erklärte Gesellschaftsvorstellung verhielten.

[57](Frings und Kaminsky 2012, S. 500–506).

[58]Vgl. (Laudien und Sachse 2012, S. 231–234).

[59](Heijst 2008, 213–264).

[60]Vgl. (Wapler 2012, S. 80–86; Laudien und Sachse 2012, S. 229–236; Zimmermann 2004, S. 332–354).

Entscheidend blieben letztlich für Heime in West wie Ost die vom Soziologen Erving Goffman als typisch herausgestellten Merkmale einer „totalen Institution“[61] – also ein auf das Heim begrenztes soziales Milieu, die Abhängigkeit der Zöglinge vom Personal, der eingeschränkte Kontakt zur Außenwelt (z. B. Briefzensur), der Mangel an psychischer und physischer Integrität sowie insbesondere die Anpassung an reibungslose Abläufe der Institution. Dies wurde im Westen durch die spezifische, religiös geprägte Argumentation der 1950er Jahre gestützt und bestenfalls in Ansätzen hinterfragt. Im Osten war die politisch-ideologische und kollektivistische Orientierung verstärkend für eine extreme Disziplinforderung.

Insbesondere die Marginalisierung der Heimkinder in West wie Ost, für deren Entwicklung man unzureichende finanzielle Mittel einsetzte, bewirkte eine Abwärtsspirale hinsichtlich der materiellen Bedingungen wie der psychologischen Folgen, denen sich die Betroffenen ausgesetzt sahen. Ihre Abwertung machte sie in verschiedenen Fällen zur leichten Beute für sexuellen Missbrauch, Demütigung und psychische wie physische Gewalt.

In die Praxis der Heimerziehung im Westen drangen seit den 1960er Jahren langsam Veränderungen ein, wie sich an den problematischen Themen der Strafen, der unzureichenden Schulausbildung der Heimkinder, der verengten Berufsausbildungen (besonders bei Mädchen), der mangelhaften Sozialversicherung im Heim und der bis Ende der 1960er Jahre stark reglementierten Freizeit zeigte. Der entscheidende Umbruch hin zu liberaleren Heimregimen und alternativen Formen der Unterbringung in Jugendwohngemeinschaften erfolgte zumindest auf der programmatischen Ebene nach den Heimkampagnen 1969, realisierte sich in der heimerzieherischen Praxis vielerorts allerdings wohl erst im Verlauf der 1980er Jahre.[62]

Letztlich fanden wesentliche strukturelle Veränderungen in der Bundesrepublik erst nach den Heimkampagnen statt, die 1969 von der APO ausgingen und gerade auch die Defizite der Heimerziehung in den religiös geprägten Häusern anprangerten. Die „Heimbefreiungen“ waren allerdings weniger Auslöser, als vielmehr Verstärker und Katalysatoren eines schon angelaufenen, freilich zunächst schleppend in Gang kommenden Reformprozesses.[63] Hier spielten der Generationenwandel, die begonnene Professionalisierung des Erziehungspersonals und eine kritische mediale Öffentlichkeit eine wichtige Rolle. Unter dem Eindruck

[61](Goffman 1995).

[62](Kappeler 2010, S. 79–88; ders. 2010a; Frings und Kaminsky 2012, S. 507–544).

[63](Köster 2010, S. 77; Behnken und Zinnecker 1998; Kaminsky 2010, S. 5–26).

der Heimkampagnen kam es 1970 auf evangelischer bzw. 1973 auf katholischer Seite zur Abfassung von Denkschriften der Fachverbände, die die Heime zu konkreten Modernisierungen anhielten.[64]

In der DDR gab es hingegen einen solchen programmatischen Umschwung nicht. Der Wechsel von Ulbricht zu Honecker in der Staatsspitze setzte keine Reformpolitik im Feld der Heimerziehung in Gang. Im Gegenteil kam es in der Jugendpolitik anlassbezogen wie zu den Weltfestspielen der Jugend und Studenten 1973 zu einer verstärkten Repression, als sich nicht nur die Ermittlungsverfahren nach dem § 249 StGB (DDR) im ersten Halbjahr 1973 verdreifachten, sondern im Juli auch 477 Personen in psychiatrische Einrichtungen, 639 in Jugendwerkhöfe und 1163 in Spezialkinderheime eingewiesen wurden.[65] Die desolate materielle Lage wie auch die Mängel an qualifiziertem Personal etc. blieben bis zum Ende der DDR bestehen.

Zusammenfassung

Heimerziehung kann als eine Form der Ersatzerziehung neben anderen begriffen werden, bei der der Eingriffscharakter für die Betroffenen am stärksten ist. Die Trennung von der Herkunftsfamilie und Verbringung in eine Form der Gruppenerziehung wurde von den Betroffenen als Strafe empfunden und war im 19. Jahrhundert auch noch so gemeint. Auch das Reichsjugendwohlfahrtsgesetz von 1922, das nach Kriegsende fort galt, konnte den Strafcharakter der Fürsorgeerziehung nicht abstreifen. Es ging um die Sozialdisziplinierung einer unterbürgerlichen Klientel, deren Erziehung zur „gesellschaftlichen Tüchtigkeit" angestrebt wurde.

Die unter politisch-ideologischen Vorgaben betrachtete Heimerziehung in der DDR kann als wenig überzeugendes Ergebnis einer radikalen Variante der alten Debatte über die Funktion der Ersatzerziehung in Deutschland betrachtet werden. Im Rahmen einer Vorstellung von den „widerstreitenden Mächten", Sozialismus und Katholizismus, die das Reichsjugendwohlfahrtsgesetz prägten, würde man die stark vergesellschaftenden wie vergemeinschaftenden Elemente der DDR-Heimerziehung politisch einer sozialistischen Ideenwelt zurechnen. In der realisierten Praxis zeigte sich dabei die Verletzung von Humanitätsidealen, die außer durch ein radikales politisches Freund-Feind-Denken auch durch eine anstaltliche

[64](Frings und Kaminsky 2012, S. 507–544).

[65](Sachse 2010, S. 29–31, S. 52–56).

Disziplin stattfand, die als „sozialistische“ Norm zelebriert wurde. Auf der Westseite lassen sich auf der Basis der anderen „widerstreitenden Macht“ im Rahmen einer nur negativ auf eine hochideologisierte Familienerziehung bezogenen anstaltlichen Praxis ähnliche Verletzungen humanitärer Grundsätze feststellen.[66]

Damit rückt eine Anstaltspraxis in den Mittelpunkt, die in beiden deutschen Staaten die Verhältnisse in den Heimen vergleichbar ausprägte. Die historisch grundgelegte zunehmende Differenzierung nach einer Hierarchie von „Schwererziehbarkeit“ betraf beide Staaten und führte in geschlossenen Einrichtungen im Westen wie auch in Spezialkinderheimen im Osten zu vergleichbaren Diskriminierungen, Demütigungen, persönlichkeitszerstörenden Praktiken und Strafregimen. Es handelte sich um eine nicht überwundene Mentalität der Erziehenden, die Kinder und Jugendliche in „totalen Institutionen“ als Objekte wahrnahm und zu massiven Rechtsverletzungen beitrug. Dies war im Westen lange durch eine traditionelle Familienideologie auf Grundlage einer christlichen Sittenlehre gefördert und im Osten durch eine politische Legitimation der Herrschaftserhaltung durch vermeintlich notwendige „Umerziehung“. Die Ausprägung z. T. unterschiedlicher Formen von Heimen auf diesen beiden Grundlagen sollte nicht darüber hinweg täuschen, dass die Effekte in den 1950er und 1960er Jahren ähnlich waren. In beiden deutschen Staaten blieb die materielle Ausstattung des Feldes Heimerziehung entsprechend der Marginalisierung der Betroffenen gering, die personelle Situation in quantitativer und qualitativer Hinsicht beklagenswert und bildungsmäßigen Förderungen und Anreize unzureichend. Dies gefährdete sogar die in beiden Systemen angestrebten Ziele der Erziehung oder „Umerziehung“ der Kinder und Jugendlichen.

Im Westen ergab sich allerdings ein Modernisierungsschub im Gefolge des Kulturwandels „1968“ und der Heimkampagnen, die zumindest programmatisch eine Veränderung einläuteten, obwohl deren Umsetzung ein langwieriger Prozess blieb. Dieser Wandel, der durch eine kritische Öffentlichkeit begünstigt und medial verstärkt wurde, hatte seinen Hintergrund im Generationenwandel, der auch die Professionalisierung des Personals und eine bessere materielle Ausstattung des Feldes Heimerziehung mit sich brachte. In der DDR sind dagegen nur marginale Änderungen nachweisbar. Dieser vergleichsweise große Wandel im Westen kann ganz allgemein als Ergebnis des Vorteils einer offeneren Gesellschaft bezeichnet werden, wie sie in der DDR gerade nicht bestand. Dennoch blieb die Erfahrung der Betroffenen in Heimen im Osten wie im Westen eine prekäre, wie sie in Form der physischen und psychischen Folgen durch die Schaffung des Fonds Heimerziehung anerkannt wird.

---

[66] Vgl. Sack/Ebbinghaus 2012, 308–311.

Literatur

2010. *Abschlussbericht des Runden Tisches „Heimerziehung in den 50er und 60er Jahren"*. Berlin: Eigenverlag Arbeitsgemeinschaft für Kinder- und Jugendhilfe.

Arp, Agnés/Butz, Kathleen/Kalies, Jan. (2012). Leben nach dem Kinderheim: Folgen der Heimerziehung in der DDR. Eine Annäherung, In *Thüringer Ministerium für Soziales, Familie und Gesundheit* (Hrsg.), Zur sozialen Lage ehemaliger DDR-Heimkinder in Thüringen. Forschungsbericht im Auftrag des TMSFG, Jena/Erfurt.

Autorenkollektiv. 1984/86. *Heimerziehung*, Berlin: Institut für Jugendhilfe Falkensee.

Behnken, Imbke und Jürgen Zinnecker. 1998. „Hi ha ho, die Bonzen komm'n ins Klo!" – Sozialpädagogische Studentenbewegung und Modernisierung Sozialer Arbeit in Deutsch-Land. *Westfälische Forschungen* 48, 257–282.

Benad, Matthias, Hans-Walter Schmuhl und Karin Stockhecke, Hrsg. 2009. *Endstation Freistatt. Fürsorgeerziehung in den v. Bodelschwinghschen Anstalten Bethel bis in die 1970er Jahre*, Gütersloh: Verlag für Regionalgeschichte.

Damberg,. Wilhelm, Bernhard Frings, Traugott Jähnichen, Uwe Kaminsky, Hrsg. 2010. *Mutter Kirche – Vater Staat? Geschichte, Praxis und Debatten der konfessionellen Heimerziehung seit 1945*. Münster: Aschendorff.

Dreier, Anke und Karsten Laudien. 2012. *Einführung. Heimerziehung der DDR*. Schwerin: Landesbeauftragte für die Unterlagen des Staatssicherheitsdienstes der ehemaligen Deutschen Demokratischen Republik und zur Aufarbeitung der Folgen der kommunistischen Diktatur.

Dreier-Horning, Anke und Karsten Laudien, Hrsg. 2016. *Jugendhilfe und Heimerziehung im Sozialismus. Beiträge zur Aufarbeitung der Sozialpädagogik in der DDR*, Berlin: Berliner Wissenschaftsverlag.

Dudek, Peter. 1999. *Grenzen der Erziehung im 20. Jahrhundert. Allmacht und Ohnmacht der Erziehung im pädagogischen Diskurs*. Bad Heilbrunn: Klinkhardt.

Foitzik, Doris. 2002. *Jugend ohne Schwung? Jugendkultur und Jugendpolitik in Hamburg 1945–1949*. Hamburg: Ergebnisse-Verlag.

Frings, Bernhard. 2010. Annäherung an eine differenzierte Heimerziehung – Statistik der Betroffenheit. In *Mutter Kirche – Vater Staat?* Hrsg. Damberg et al., S. 28–46.

Frings, Bernhard. 2012. *Heimerziehung im Essener Franz Sales Haus 1945–1970. Strukturen und Alltag in der „Schwachsinnigen-Fürsorge"*. Münster: Aschendorff.

Frings, Bernhard. 2013. *Behindertenhilfe und Heimerziehung. Das St. Vincenzstift Aulhausen und das Jugendheim Marienhausen (1945–1970)*. Münster: Aschendorff.

Frings, Bernhard und Uwe Kaminsky. 2012. *Gehorsam – Ordnung – Religion. Konfessionelle Heim erziehung in der Bundesrepublik 1945–1975*. Münster: Aschendorff.

Frölich, Matthias. 2011. *Quellen zur Geschichte der Heimerziehung in Westfalen*. Paderborn u. a.: Schöningh.

Gatzemann, Andreas. 2008. Die Erziehung zum „neuen" Menschen im Jugendwerkhof Torgau. Ein Beitrag zum kulturellen Gedächtnis. Berlin u. a.: Lit-Verlag.

Goffman, Erving. 1995. *Asyle. Über die soziale Situation psychiatrischer Patienten und anderer Insassen*. 10. Aufl. Frankfurt/M.: Suhrkamp.

Gräser, Marcus. 1995. *Der blockierte Wohlfahrtsstaat. Unterschichtsjugend und Jugendfürsorge in der Weimarer Republik* (Kritische Studien zur Geschichtswissenschaft, Bd. 107). Göttingen: Wallstein.

Haase, Norbert und Brigitte Oleschinski. 1993. *Das Torgau-Tabu. Wehrmachtstrafsystem-NKWD-Speziallager-DDR-Strafvollzug*. Leipzig: Forum-Verlag.

Heijst, Annelies van. 2008, *Models of Charitable Care. Catholic Nuns and Children in their Care in Amsterdam*, 1852–2002, Leiden u. a.

Henkelmann, Andreas. 2008. *Caritasgeschichte zwischen katholischem Milieu und Wohlfahrtsstaat. Das Seraphische Liebeswerk (1889–1971)*. Paderborn u. a.: Schöningh.

Henkelmann, Andreas/Kaminsky, Uwe (2011), Die Entstehung der Fürsorgeerziehung im Rheinland (1878–1945), in: Henkelmann u. a. (2011), S. 23–42.

Henkelmann, Andreas et al., Hrsg. 2011. *Verspätete Modernisierung: öffentliche Erziehung im Rheinland – Geschichte der Heimerziehung in Verantwortung des Landesjugendamtes (1945–1972)*. Essen: Klartext.

Henkelmann, Andreas und Uwe Kaminsky. 2011. *Die Geschichte der öffentlichen Erziehung im Rheinland (1945–1972)*, in: Henkelmann et al. 2011, S. 43–152.

Hottenrott, Laura. 2012. „Roter Stern – Wir folgen deiner Spur". Umerziehung im Kombinat der Sonderheime für Psychodiagnostik und pädagogisch-psychologische Therapie (1964–1987). Eine Bestandsaufnahme. Torgau: Gedenkstätte Geschlossener Jugendwerkhof Torgau.

Hottenrott, Laura. 2016. *„Der Kern der Gesundheit ist Anpassung." Medizinische Aspekte der DDR-Heimerziehung*, in: Dreier-Horning et al. 2016, S. 83–102.

Jenner, Harald. 2010. *Jugendliche SBZ-Flüchtlinge in westdeutschen Heimen. Ein Hinweis*, in: Damberg et al., S. 293–304.

Johns, Irene und Christian Schrapper, Hrsg. 2010. *Landesfürsorgeheim Glückstadt 1949–1974. Bewohner – Geschichte – Konzeption*. Neumünster: Wachholz-Verlag.

Jörns, Gerhard. 1995. *Der Jugendwerkhof im Jugendhilfesystem der DDR*. Göttingen: Cuvillier.

Kaminsky, Uwe. 2010. *„Schläge im Namen des Herrn" – öffentliche Debatte und historische Annäherung. Eine Einführung*, in: Damberg et al., S. 5–26.

Kaminsky, Uwe. 2016. *Heimerziehung als deutsche Disziplin – West und Ost im pädagogischen Gleichschritt*, in: Dreier-Horning et al., S. 103–125.

Kappeler, Manfred. 2010. *Die Heimreformen der siebziger Jahre*, in: Damberg et al., S. 79–88.

Kappeler, Manfred. 2010a. Zur zeitgeschichtlichen Einordnung der Heimerziehung. *Soziale Arbeit* 4–5: 132–141.

Kittel, Claudia/Wapler, Friederike. 2013. Rechtsfragen der Heim erziehung in der BRD und DDR. ein Vergleich, in: *Trauma & Gewalt* 7, S. 144–151.

Köster, Markus. 2010. *Die Heimkampagnen – die 68er und die Fürsorgeerziehung*, in: Damberg et al., S. 63–77.

Kraul, Margret/Schumann, Dirk/Eulzer, Rebecca/Kirchberg, Anne. Hrsg. 2012. *Zwischen Verwahrung und Förderung. Heimerziehung in Niedersachsen 1949–1975*. Opladen u. a.: Budrich Uni Press.

Kuhlmann, Carola. 2008. „So erzieht man keinen Menschen!", Lebens- und Berufserinnerungen aus der Heim erziehung der 50er und 60er Jahre, Wiesbaden.

Kuhlmann, Carola. 2010. *Erfahrungsrekonstruktionen Erzogener und Erziehender in der Heimerziehung der 50er und 60er Jahre*, in: Damberg et al., S. 337–353.

Laudien, Karsten/Sachse, Christian. 2011. *Politische, rechtliche und pädagogische Rahmenbedingungen der Heimerziehung in Ost-Berlin 1945–1989*, in: Heimerziehung in Berlin West 1945–1975. Ost 1945–1989, Berlin, S. 177–215.

Laudien, Karsten und Christian Sachse. 2012. *Erziehungsvorstellungen in der Heimerziehung der DDR. In Aufarbeitung der Heimerziehung der DDR. Expertisen,* Hrsg. Beauftragter der Bundesregierung für die Neuen Bundesländer, 125–297. Berlin: Eigenverlag.

Laudien, Karsten. 2013. *Umerziehung und Menschenbild in der DDR-Heimpädagogik. Von der „Allmacht" der Pädagogik,* in: Träume & Gewalt 7, S. 134–142.

Methner, Andreas. 2015. *Diagnose verhaltensgestört. Das Kombinat der Sonderheime in der DDR.* Berlin: Metropol.

Methner, Andreas. 2016. *Das Kombinat der Sonderheime für Psychodiagnostik und pädagogisch-psychologische Therapie,* in: Dreier-Horning et al., S. 61–82.

Münch, Ursula et al. 2001. Familien-, Jugend- und Altenpolitik. In 1945–1949 Die Zeit der Besatzungszonen. Sozialpolitik zwischen Kriegsende und der Gründung zweier deutscher Staaten. Buchreihe *Geschichte der Sozialpolitik in Deutschland seit 1945,* Bd. 2/1, Hrsg. Bundesministerium für Arbeit und Sozialordnung, Bundesarchiv, 643–698, Baden-Baden: Nomos.

Neundörfer, Karl, 1922/1923. Widerstreitende Mächte in dem Reichsgesetz für Jugendwohlfahrt. *Hochland* 20: 509–529.

Niehuss, Merith. 1998. Kontinuität und Wandel der Familie in den 50er Jahren. In *Modernisierung im Wiederaufbau. Die westdeutsche Gesellschaft der 50er Jahre,* Hrsg. Axel Schildt und Arnold Sywottek, 316–334. Bonn: Dietz.

Pierlings, Judith. 2011. *Das Rheinische Landesjugendheim Dansweilerhof, Brauweiler,* in: Henkelmann u. a. (2011), S. 207–223.

Sachse, Christian. 2010. *Der letzte Schliff. Jugendhilfe im Dienst der Disziplinierung von Kindern und Jugendlichen (1945–1989).* Schwerin: Landesbeauftragte für Mecklenburg-Vorpommern für die Unterlagen des Staatssicherheitsdienstes der Ehemaligen DDR.

Sachse, Christian. 2011. *Der letzte Schliff. Jugendhilfe im Dienst der Disziplinierung von Kindern und Jugendlichen (1945–1989).* Berlin.

Sachse, Christian. 2013. *Ziel Umerziehung. Spezialheime der DDR-Jugendhilfe in Sachsen.* Leipzig: Leipziger Univ.-Verlag.

Sachße, Christoph. 1996. Recht auf Erziehung – Erziehung durch Recht. Entstehung, Entwicklung und Perspektiven des Jugendhilferechts, *Zeitschrift für Sozialreform* 42: 557–571.

Sack, Martin/Ruth Ebbinghaus. 2012. Was hilft ehemaligen Heimkindern der DDR bei der Bewältigung komplexen Traumatisierung?, in: Beauftragter der Bundesregierung für die Neuen Bundesländer (Hg.), *Aufarbeitung der Heimerziehung der DDR,* Berlin 2012, S. 303–397.

Schmuhl, Hans-Walter und Ulrike Winkler. 2011., *„Als wären wir zur Strafe hier". Gewalt gegen Menschen mit geistiger Behinderung – der Wittekindshof in den 1950er und 1960er Jahren.* Gütersloh: Verlag für Regionalgeschichte.

Swiderek, Thomas. 2011. *Heimschule oder Schule im Heim? Erziehung und Bildung in der Heimerziehung,* in: Henkelmann et al., S. 309–325.

Tillmann, Wilhelm. 1950. *Jugendwohlfahrtsrecht und Fürsorgerecht mit besonderer Berück-sichtigung des in der britischen Zone geltenden Rechtes.* Münster: Aschendorff.

Wapler, Friederike. 2012. Rechtsfragen der Heimerziehung in der DDR. In *Aufarbeitung der Heimerziehung in der DDR. Expertisen,* Hrsg. Beauftragter der Bundesregierung für die Neuen Bundesländer. Berlin: Eigenverlag.

Wapler, Friederike und Dieter von der Pfordten. 2010. *Expertise zu Rechtsfragen der Heimerziehung der 50er und 60er Jahre*. Gutachten im Auftrag des „Runden Tisch Heimerziehung". Göttingen: Georg-August-Universität.

Willing, Matthias. 2008. *Das Bewahrungsgesetz (1918–1967). Eine rechtshistorische Studie zur Geschichte der deutschen Fürsorge*. Tübingen: Mohr.

Winkler, Ulrike. (2012). „Es war eine enge Welt". Menschen mit Behinderungen, Heimkinder und Mitarbeitende in der Stiftung kreuznacher diakonie, 1945–1975, Bielefeld.

Zahner, Daniela. 2006. *Jugendfürsorge in Bayern im ersten Nachkriegsjahrzehnt 1945–1955/1956*. München: Utz.

Zimmermann, Verena. 2004. *Den neuen Menschen schaffen. Die Umerziehung von schwererziehbaren und straffälligen Jugendlichen in der DDR (1945–1990)*. Köln u. a.: Böhlau.

Die Psychiatrie-Enquete und ihre Auswirkungen auf die Soziale Arbeit

Luise Behringer und Christel Achberger

Die Psychiatrie-Enquete wird als der große Meilenstein und Wendepunkt der bundesdeutschen Psychiatrie angesehen, mit dem auch die Soziale Arbeit in die Psychiatrie Einzug hielt. Wenn man auf die umfangreichen Bilanzierungen der Psychiatriereform nach 25 Jahren und jetzt 40 Jahren blickt, in denen Erreichtes gefeiert, aber auch Nicht-Erreichtes und vertane Chancen beklagt werden, fällt auf, dass die Soziale Arbeit dabei relativ wenig auftaucht. Auch unsere Perspektive hier hat ihre Wurzeln nicht in der Sozialen Arbeit, sondern in gemeindepsychologischen Diskursen, in denen psychisches Leiden als Leiden an der Gesellschaft verstanden wurde, was im Grunde keinen psychiatrischen, sondern einen gesellschaftlichen Umbau erfordert hätte. Diese Diskurse waren beeinflusst von internationalen Entwicklungen und Reformen, wie der Bürgerrechts- und Frauenbewegung in den USA sowie psychiatrischen Reformen wie z. B. der Demokratischen Psychiatrie Italiens durch Franco Basaglia oder Giovanni Jervis, die unter der Prämisse „Freiheit heilt" psychiatrische Anstalten gänzlich aufgelöst haben. Unter dieser Perspektive war die Enquete ein gesellschaftspolitisches Projekt, nicht nur eine Reformbewegung (v. Kardorff 2015, S. 149–150).

Eine derartige Psychiatriekritik erreichte aber nur wenige Beschäftigte in der Psychiatrie, ebenso wie Patientinnen und Patienten. Für die in der Psychiatrie Tätigen ging es um eine Reform der Psychiatrie, eine Veränderung, Verbesserung und Reform psychiatrischer Strukturen, aber im Gegensatz zu universitären

L. Behringer (✉)
Katholische Stiftungshochschule München, München, Deutschland
E-Mail: luise.behringer@ksh-m.de

C. Achberger
Flintbeck, Deutschland
E-Mail: chrisachberger@magdahaus.de

A. Eberle et al. (Hrsg.), *Menschenrechte und Soziale Arbeit im Schatten des Nationalsozialismus,* https://doi.org/10.1007/978-3-658-19517-5_4

Diskursen nicht um eine Auflösung, Betroffene wurden gar nicht gefragt (v. Kardorff 2015, S. 151). Dementsprechend gab es in den Diskursen und Reformbemühungen zwei Stränge, die miteinander verknüpft waren, einen theoretischen, in dem psychische Erkrankung oder Abweichung in Abhängigkeit von kapitalistischen Verhältnissen diskutiert und die Auflösung der psychiatrischen Anstalten gefordert wurde, und einen praktischen, in dem die Forderungen der Psychiatrie-Enquete in Modellprojekten umgesetzt werden sollte.

Bevor wir auf die Forderungen der Psychiatrie-Enquete eingehen und welche Veränderungen sich dadurch insbesondere für die Soziale Arbeit ergaben, werden wir kurz einen Blick zurückwerfen auf die Wahrnehmung und den Umgang von Menschen mit psychischer Erkrankung. Abschließend betrachten wir aus der heutigen Perspektive, was erreicht wurde und welche Forderungen offen bleiben.

Ausgangspunkt – Blick zurück

Blickt man in die Geschichte der Psychiatrie zurück, so zeigt sich, dass der Umgang mit psychischer Erkrankung oder Abweichung immer auch Ausgrenzung beinhaltete. Wer nicht ins System passte, nicht die geforderte Leistung erbrachte oder erbringen konnte, wurde aus Innenstädten entfernt und in Tollhäusern, Narrentürmen oder später Heil- und Pflegeanstalten abseits der Zentren untergebracht. Die Motivlage konnte sich dabei unterscheiden: Entfernen und Unsichtbarmachen missliebiger Personen oder Ruhe und Natur als Mittel zur Heilung.

Das Wegsperren und die Verwahrung psychisch kranker Menschen war auch in den Nachkriegsjahren nach den ganzen Gräueln des nationalsozialistischen Vernichtungszuges und der systematischen Ermordung auch der psychisch kranken Menschen weiterhin gängige Praxis. Dagegen wandten sich weder in der Psychiatrie Tätige noch Angehörige. Die fehlende Auseinandersetzung mit der nationalsozialistischen Ausgrenzungs- und Vernichtungspolitik sowie die Ängste bei den Angehörigen saßen auch in den Nachkriegsjahren und zum Teil bis in die 80er Jahre so tief, dass sich daraus so etwas wie eine „unbewusste Kontaktsperre" zu psychiatrischen Institutionen entwickelte, die Fragen nach dem Verbleib von Angehörigen ebenso verhinderte wie Fragen nach den aktuellen Zuständen in den Heil- und Pflegeanstalten (Keupp 2015, S. 56). Erst 1965 meldeten sich junge Psychiater mit der Heidelberger Denkschrift zu Wort, in der die Zustände in der Psychiatrie als „nationaler Notstand" charakterisiert und erstmals Forderungen für eine soziale Psychiatrie aufgestellt wurden. Forderungen, die später allesamt in die Psychiatrie-Enquete eingingen (Häfner 2001, S. 85). Da diese Denkschrift wohl das Bild des aufblühenden Wirtschaftswunderlandes mit seinem „Traum immerwährender Prosperität" (Lutz 1989) störte, ist ein kurzer Aufschrei im Land schnell verstummt, nachdem gegen Anstaltsärzte und Universitätsdozenten, die die Missstände angeprangert haben, disziplinarisch vorgegangen bzw. Redeverbote erteilt wurden (Finzen 2015, S. 3).

Einen größeren Nachhall löste im Jahr 1969 Frank Fischer mit dem 2016 erneut herausgegebenen Buch „Irrenhäuser" aus, in dem er auf der Basis eigener Erfahrungen als Hilfspfleger in verschiedenen Kliniken auf das Anstaltssystem, das solche Unmenschlichkeit hervorbringt aufmerksam machen wollte (Fischer 2016). Eine Diskussion, die zunächst in Fachkreisen begann, gelangte nun verstärkt in die Öffentlichkeit und entwickelte schließlich auch politisch eine Dynamik, die in dem Auftrag zur Enquete durch den Bundestag 1970 mündete.

Wenn wir heute von Sozialpsychiatrie, Gemeindepsychiatrie oder kommunaler Psychiatrie sprechen, wird die Enquete (1975) als Startpunkt betrachtet, die Reform selbst hat ihre Wurzeln früher und war in ihren Forderungen zum Teil auch sehr viel radikaler. Die Enquete hat aber schließlich den Anstoß zu einer umfassenden Reform psychiatrischer Versorgung gegeben, die von vielen als Erfolgsgeschichte, von nicht wenigen aber auch als eine halbe Reform angesehen wird. Für die meisten in der Psychiatrie Tätigen stand eine Veränderung, Verbesserung, eine Reform im Vordergrund und nicht die Abschaffung der Psychiatrie, diese wurde v. a. in universitären Diskursen gefordert.

Für den Beginn der Reform war das Jahr 1970 entscheidend, in dem mehrere Ereignisse den Grundstein für die Enquete legten. Es fand eine Psychiatrietagung in Loccum statt, an deren Ende eine Resolution an den Deutschen Bundestag stand, in Heidelberg wurde das Sozialistische Patientenkollektiv gegründet, eine sich revolutionär verstehende Gruppe, die mit psychisch Kranken die Gesellschaft verändern wollte, es traf sich der erste Mannheimer Kreis, aus dem die DGSP hervorging, und die für die jungen Professionen in der Sozialpsychiatrie wichtige Diskussionsforen boten. Und in diesem Jahr erfolgte der Antrag des Abgeordneten Picard (CDU) zur Einrichtung der Enquetekommission, die im Jahr 1971 ihre Arbeit aufnahm (Häfner 2001, S. 90).

Die Psychiatrie-Enquete – strukturelle Empfehlungen und Forderungen

Die Enquetekommission umfasste 26 Mitglieder (24 Männer und zwei Frauen). Beteiligt waren Direktoren psychiatrischer Krankenhäuser und Mitarbeiter der Landesministerien sowie ein Vertreter des Berufsverbandes niedergelassener Nervenärzte. Die Leitung lag beim Psychiater Caspar Kulenkampff. Diese Kommission bildete 10 Arbeitsgruppen, in die unterschiedliche FachmitarbeiterInnen berufen wurden. Durch die eigentliche Arbeit in den Arbeitsgruppen und Subkommissionen konnten am Ende fast 200 Personen aus allen in der Psychiatrie tätigen Berufsgruppen ihre Impulse einbringen und ihre Erfahrungen flossen in ihre Kliniken zurück (Häfner 2001, S. 92–93). Die Zusammensetzung der Kommission mit Psychiatern, niedergelassenen Nervenätzen sowie Vertretern von Ministerien ließ nicht erwarten, dass es radikale Reformen geben könnte. In den ersten 3 Arbeitsgruppen arbeiteten SozialarbeiterInnen mit, z. B. Waltraud Matern, eine der ersten Sozialarbeiterinnen in der Psychiatrie, die erst vor kurzem ihre Erinnerungen an den Reformaufbruch in Westfalen vorgelegt hat (Matern 2016).

Auftragsgemäß legte die Kommission im Oktober 1973 einen Zwischenbericht vor, der schwerwiegende Mängel bei der Versorgung psychisch Kranker und Verletzung ihrer Menschenrechte offenbarte. In ihm wurde festgestellt, „daß eine sehr große Anzahl psychisch Kranker und Behinderter in den stationären Einrichtungen unter elenden, zum Teil als menschenunwürdig zu bezeichnenden Umständen leben müssen“ (Deutscher Bundestag, Drucksache 7/1124, S. 23).

Besondere Mängel wurden in der Versorgung von psychisch auffälligen, gestörten und behinderten Kindern und Jugendlichen festgestellt, sowie von Suchtkranken, chronisch psychisch kranken, alten und geistig behinderten Menschen. Auf der Grundlage der umfangreichen Bestandsaufnahme wurden Empfehlungen und Forderungen abgegeben, die wichtigste war die nach „Sofortmaßnahmen zur Befriedigung humaner Grundbedürfnisse“.

Während PatientInnen heute im Durchschnitt zwölf Tage auf Station bleiben, befand sich ein/e PatientIn in der Bundesrepublik des Jahres 1975 noch durchschnittlich 250 Tage in stationärer Behandlung. Fast ein Drittel lebte damals länger als zehn Jahre auf psychiatrischen Stationen, die Asmus Finzen als eine „Art Sicht-, Lärm- und Geruchsgemeinschaft“ bezeichnet (Finzen 2015, S. 3). Obwohl diese Verhältnisse bereits in der Heidelberger Denkschrift 1965 als „nationaler Notstand“ angeprangert wurden, dauerte es noch einmal 10 Jahre, bis diese Missstände auf breiter Basis politisch und öffentlich diskutiert wurden.

Die Enquete sah keinen radikalen Bruch mit der Psychiatrie vor, sie stellte nicht gesellschaftliche Bedingungen infrage und thematisierte keine Menschenrechte. Sie sägte nicht an dem Ast, auf dem ihre Kommissionsmitglieder saßen, sondern beschränkte sich auf Empfehlungen zu strukturellen Veränderungen.

Die vier wichtigsten Positionen aus der Psychiatrie-Enquete dazu sind:

1. Gemeindenahe Versorgung durch psychiatrische Abteilungen an Allgemeinkrankenhäusern, dezentrale teilstationäre Einrichtungen, wie Tageskliniken und Übergangswohnheime sowie ambulante Dienste wie Nachsorgeambulanzen und sozialpsychiatrische Dienste
2. bedarfsgerechte und umfassende Versorgung aller psychisch Kranken und Behinderten
3. Koordination aller Versorgungsdienste (in den unüberschaubaren Versorgungssektoren)

4. Gleichstellung von psychisch und somatisch Kranken (Deutscher Bundestag, 1975, 204; S. 408).

Wie bereits gesagt, in der Enquete wurde nicht die Psychiatrie an sich infrage gestellt, sondern v. a. ihre Versorgungsstrukturen. Heiner Keupp bezeichnet es als den größten Fehler, dass die Psychiatrie- Reformbewegung sich nicht für eine Befreiung eingesetzt hat, sondern fast ausschließlich für eine bessere Versorgung, (2015, S. 58).

> Herausgekommen ist der Plan für ein lückenloses Netz, das über alle psychosozialen Krisenherde und Problemlagen geworfen werden sollte. Psychisches Leid sollte von einem System fürsorglicher Belagerung eingefriedet werden. Die Enquete hat an keiner Stelle den Anspruch einer Strukturreform erhoben: Das Prinzip der ‚Deinstitutionalisierung' anstaltsförmiger Internierungssysteme und einer radikalen Rückverlagerung psychosozialer Hilfen in die Lebenswelt war nicht formuliert worden. Ebenso wenig gab es einen strukturellen Bruch in der Deutung psychischen Leids: Das ‚medizinische Modell' blieb das Leitmodell (Keupp 2015, S. 56–57 f.).

Gänzlich fehlen in diesen Empfehlungen zudem Hinweise zu Persönlichkeits- und Bürgerrechten der Betroffenen sowie der Einbeziehung bzw. Zusammenarbeit mit Angehörigen, Selbsthilfegruppen und -initiativen sowie Betroffenen als ExpertenInnen. Die Reform wurde von kritischen Professionellen entworfen und gestaltet, aber ohne die Beteiligung von Betroffenen. Laut Brückner basiert die Psychiatrie-Enquete auf der klassischen Grenzziehung zwischen ExpertenInnen und PatientenInnen, nach der nur PsychiaterInnen über Expertenwissen verfügen und über Psychiatrie urteilen können (Brückner 2015, S. 144).

Enquete und Soziale Arbeit

Auch wenn es in der Enquete nur marginale Aussagen zur Sozialen Arbeit gibt, so lassen sich doch Auswirkungen in mehrfacher Hinsicht feststellen:

1. Die soziale Dimension psychischen Leids wird betont
2. Die Bedeutung der spezifischen Kompetenz der Sozialen Arbeit wird hervorgehoben
3. Es kommt zu einer quantitativen Zunahme von SozialpädagogInnen im stationären und v. a. komplementären Kontext und Psychiatrie verändert sich durch die Soziale Arbeit qualitativ

zu 1. Schon im Vorwort des Berichts über die Lage der Psychiatrie in der Bundesrepublik Deutschland wird darauf hingewiesen, dass eine einzelne Disziplin nicht ausreicht, um die vielfältigen Bedingungen psychischer Krankheiten einigermaßen erfassen zu können und fast euphemistisch wird darauf hingewiesen, dass Systemgrenzen überwunden werden konnten.

> Es war deswegen notwendig, in den Arbeitsgruppen der Sachverständigen-Kommission fachliche Kompetenz aus den Bereichen Psychiatrie, Psychotherapie und Psychosomatik, Psychologie, Sozialwissenschaften, Sozialarbeit und den verschiedenen pädagogischen Disziplinen zusammenzuführen. (…) Die Zusammenarbeit war dabei keineswegs in allen Bereichen selbstverständlich und einfach. Immerhin war ja die bisherige Entwicklung der Versorgung psychisch Kranker in der Bundesrepublik und auch die wissenschaftliche Forschungstätigkeit für lange Zeiträume ohne eine solche Zusammenarbeit (…) vor sich gegangen. Eine für alle gewinnbringende Erfahrung der Sachverständigen-Kommission und ihrer Arbeitsgruppen liegt darin, dass historisch bedingte Hindernisse einer Zusammenarbeit überwunden werden konnten (Deutscher Bundestag 1975, S. 5).

Die Kritik am bestehenden biologisch-naturwissenschaftlichen Konzept psychischer Krankheiten führte allerdings nicht dazu, dass auch das medizinische Modell als Leitmodell überwunden wurde, es blieb und bleibt weiterhin führend in der kustodialen Versorgung. Psychische und soziale Dimensionen wurden aber so weit in das Krankheitsverständnis und das Behandlungskonzept einbezogen, dass sich auch die Psychiatrie für andere, nicht-medizinische Berufsgruppen öffnete und ihre Haltung von einer kustodialen zu einer an Behandlung und Rehabilitation orientierten änderte (Knoll 2000, S. 50–54).

zu 2. In der Enquete wurden zwar keine konkreten Aussagen zur Rolle der Sozialen Arbeit in der Psychiatrie getroffen, für die Zukunft wurde der Sozialarbeit aber eine wachsende Bedeutung zugeschrieben und ausdrücklich festgehalten, daß es „keinen Bereich der Versorgung psychisch Kranker gibt, für den nicht die Mitarbeit von Sozialarbeitern zweckmäßig ist und gefordert wird" (Deutscher Bundestag 1975, S. 336).

zu 3. In einer Untersuchung von Knoll in den psychiatrischen Kliniken des Landschaftsverbands Westfalen-Lippe zeigte sich ein Anstieg der SozialarbeiterInnen von neun im Jahr 1970 auf 191 im Jahr 1994. Im gleichen Zeitraum hat sich die Zahl der PatientenInnen mehr als halbiert – von 9676 auf 4443 (Knoll 2000, S. 55). Reformorientierte PsychiaterInnen hatten vor, nicht nur die Betten abzubauen, sondern auch die Behandlung umzustrukturieren und sozialpsychiatrische Arbeit aufzubauen. So beschreibt es z. B. Waltraud Matern, die als Sozialarbeiterin neu in einer Klinik begonnen hatte.

> Schon bei der Aufnahme sollte die zuständige Sozialarbeiterin Kontakt zu den Patientinnen und Patienten aufbauen und in der Zusammenarbeit mit ihnen, ihren Angehörigen und der Heimatbehörde eine Sozialanamnese und sozialpädagogische

> Diagnose erstellen, die in der ärztlichen Krankenakte schriftlich mit aufgenommen werden sollte. Neben die ärztliche Behandlung sollte […] nach und nach eine sozialpsychiatrische Behandlung treten (Matern 2016, S. 72).

Doch der Aufbau dieser Arbeit ließ sich nicht so einfach verwirklichen, da sich das langjährig tätige Pflegepersonal „mit unerwarteter Heftigkeit" gegen alle Reformbemühungen wehrte, mit der Begründung die PatientenInnen nicht beunruhigen und verunsichern zu wollen. (Eine Begründung, die auch heute noch gerne angeführt wird, z. B. gerade dann, wenn Änderungsvorschläge oder -wünsche von den Betroffenen selbst kommen.) Dennoch konnten sich SozialpädagogInnen langsam ihren Platz in der Soziotherapie erkämpfen und sozialtherapeutische Gruppenarbeit sowie schrittweise Rehabilitation einführen.

Die Tätigkeit von SozialarbeiterInnen und SozialpädagogInnen sollte sich nicht länger „in administrativen Hilfsfunktionen und sozialfürsorgerischen Maßnahmen" erschöpfen, bei denen „die Klienten oder Klientengruppen (als) passive Empfänger von Hilfsmaßnahmen" betrachtet werden, sondern sie sollten zu „aktive(n) Partner(n) bei der Auseinandersetzung mit den psychologischen und sozialen Gegebenheiten ihrer Situation werden" (Matern 2016, S. 294). Insgesamt betrachtet fand Soziale Arbeit jedoch kaum in den Kliniken, sondern v. a. außerhalb der Kliniken innerhalb der dezentralen sozialpsychiatrischen Einrichtungen in den Versorgungssektoren statt. Sie hatte zum Ziel Menschen wieder zu befähigen ihr Leben im Alltag selbstbestimmt führen zu können. In den im Modellverbund neu geschaffenen komplementären Einrichtungen dominierten nicht die medizinischen Berufsgruppen wie in den Kliniken, an die Stelle einer kustodialen Behandlung sollte eine therapeutische Begleitung zur Förderung der seelischen Gesundheit und Teilhabe in den Lebensbereichen treten (Kruckenberg 2015, S. 180).

Die in diesem Bereich Tägigen hatten häufig einen hohen politischen Anspruch, sie orientierten sich an der demokratischen Psychiatrie Italiens oder der Antipsychiatrie in Großbritannien und einem ausdrücklichen Gemeinde- und Empowermentansatz. Handlungsleitend war neben klinisch psychologischen Konzepten eine kritische Auseinandersetzung mit krank machenden Verhältnissen und Prozessen. So wurde ein Teil der kritischen Diskurse in die Praxis herübergerettet, jedoch ohne die neuen Versorgungsstrukturen infrage zu stellen.

Methodisch wurde viel ausprobiert, die Alltagspraxis musste erfunden werden. In ihrer Verunsicherung suchten die SozialpädagogInnen Anleihen in psychotherapeutischen Ansätzen und bewegten sich zwischen einem alltagspraktischen

Pragmatismus und einem therapeutischen Individualismus. Interdisziplinarität war mit der Enquete bereits angelegt.

> Wesentlich stärker als im Bereich der Allgemeinmedizin bestimmen soziale und psychologische Faktoren den Charakter vieler – gerade auch chronisch verlaufender – psychischer Krankheiten [..] Medizinische, psychologische Psychotherapeutische, soziale, heilpädagogische Hilfen müssen sich gegenseitig ergänzen. Sie bilden bei der Behandlung psychisch Kranker und Behinderter eine Einheit (Deutscher Bundestag 1975, S. 17).

Berufsgrenzen oder – profile wurden nicht geschärft, sondern waren eher verschwommen und gingen ineinander über. In Sozialpsychiatrischen Diensten waren häufig alle für alles zuständig, eine klare Abgrenzung zwischen Psychologie und Sozialpädagogik gab es nicht. In einem Klima der Basisdemokratie wurden teilweise Grenzen zwischen Disziplinen sowie zwischen Professionellen und Betroffenen aufgehoben. Das mündete mitunter darin, dass unterschiedliche Eingruppierungen nivelliert wurden und in Selbsthilfefirmen allen die gleichen Rechte und Pflichten zugestanden wurden, was sich auch in gleicher Bezahlung ausdrückte.

Fasst man die Entwicklungen zusammen, kann man sagen, dass die Soziale Arbeit zwar quantitativ einen ausgesprochen großen Einfluss auf die Psychiatrie hatte, SozialarbeiterInnen sich aber innerhalb der Psychiatrie überhaupt nicht durchsetzen konnten. Es ist ihnen nicht gelungen sich tatsächlich als Berufsgruppe auch mit einer Definitionsmacht zu etablieren. Engagierte SozialpsychiaterInnen haben sich im Grunde sehr viele sozialarbeiterische/sozialpädagogische Inhalte auf die Fahnen geschrieben, was den Stand der SozialpädagogInnen nicht unterstützt hat. Bleibt das komplementäre Versorgungssystem, in dem sich die Soziale Arbeit nicht nur quantitativ, sondern auch qualitativ behaupten und sich gegen die medizinische Definitionsmacht durchsetzen sollte.

Die Empfehlungen aus der Psychiatrie-Enquete für einen Umbau der Psychiatrie haben bis heute Gültigkeit. Das Prinzip der gemeindenahen, bedarfsgerechten und umfassenden Versorgung aller psychisch kranken und behinderten Menschen sowie die bedarfsgerechte Koordination aller Versorgungsgebiete hat zu deutlichen Veränderungen in der (sozial)psychiatrischen Landschaft geführt. Doch ob dieser Umbau ausreichend erfolgt ist, ob er auch zu einem Abbau von hierarchischen Abhängigkeiten und einer Zunahme der Teilhabe Psychiatriebetroffener geführt hat, soll abschließend unter Heranziehung neuer Erkenntnisse und Konzepte und neuer rechtlicher Rahmenbedingungen betrachtet werden.

Wo stehen wir heute?

Die eingeleiteten Psychiatriereformen führten zur Dezentralisierung der psychiatrischen Anstalten. Es entstanden psychiatrische Abteilungen an Allgemeinkrankenhäusern, psychiatrische Kliniken bildeten Außenstellen in umliegenden Städten, Tageskliniken und Institutsambulanzen wurden aufgebaut. Die Entfernungen zu den Wohnorten der PatientInnen wurden geringer, die Kliniken leichter erreichbar für PatientInnen, ihre Angehörigen und Freunde. Die Behandlungseinrichtungen wurden um Einrichtungen in den Bereichen Wohnen, Arbeit, Tagesstruktur und Freizeit ergänzt. So fanden psychisch erkrankte Menschen nach dem Krankenhausaufenthalt einen Ort in der Gemeinde, für die Soziale Arbeit erschloss sich ein weites Betätigungsfeld.

Psychiatrie-Erfahrene leben in Wohnheimen, arbeiten in Werkstätten und besuchen Tagesstätten und Begegnungsstätten. Häufig sind diese neuen Lebenswelten jedoch auf diese Einrichtungen begrenzt und werden damit zu Sonderwelten, Ghettos oder zur Psychiatriegemeinde. Ernst v. Kardorff (2017) zeigt die beiden Seiten dieser Versorgung auf: Die Einrichtungen gewähren

> durchaus Schutz und Hilfe, bieten einen Rückzugsraum und stellen Gelegenheiten zum Aufbau und zur Stabilisierung neuer sozialer Beziehungen bereit und ermöglichen das Erproben neuer Verhaltensmuster; zugleich stabilisieren sie die Abhängigkeit von Einrichtungen und Fachkräften, erzeugen neue Formen erlernter Hilflosigkeit und bieten einem resignativen Sichabfinden eine Legitimation […] (v. Kardorff 2017, S. 7).

Besonders dramatisch zeigt sich dies bei chronisch psychisch kranken Menschen. Obwohl das Prinzip der gemeindenahen Versorgung für alle gilt, sind für chronisch psychisch kranke Menschen neue gemeindeferne Heime entstanden. Vock et al. (2007) charakterisieren in ihrer Untersuchung die Situation von schwer psychisch kranken Menschen in Berlin als Endstation: „Mit der Diagnose chronisch psychisch krank ins Pflegeheim" haben Sie deren Lage beschrieben. Die Datenlage über die Situation dieser Menschen ist unzureichend und es ist zu befürchten, dass neue gemeindeferne Langzeitbereiche entstanden sind.

Selbst wenn die Behandlungs- und Betreuungsangebote in der Gemeinde angesiedelt sind, erschließt sich die Gemeinde als Sozialraum den Psychiatrie-Erfahrenen nicht ohne weiteres. Gemeindenähe bedeutet mehr als räumliche Nähe bzw. Entfernung, nämlich Inklusion im Sinne der UN-Behindertenrechtskonvention. Mit den bestehenden Versorgungskonzepten und Einrichtungen sind wir noch weit davon entfernt. Gemeindenahe bedarfsgerechte und umfassende Versorgung muss sich weiterentwickeln und aktuelle Konzepte und Konventionen berücksichtigen. Dazu zählt die UN-Behindertenrechtskonvention ebenso wie die S3 Leitlinie psychosozialer Therapien bei schweren psychischen Erkrankungen, das Bundesteilhabegesetz ebenso wie die neuen Ansätze zur Finanzierung der Krankenhausbehandlung, insbesondere die stationsäquivalente Behandlung. Und eine Sozialpsychiatrie ist so lange nicht inklusiv, solange sie das Wissen und die Erfahrungen der Betroffenen nicht einbezieht. Behandlung, psychosoziale Begleitung/Leistungen zur Teilhabe und Pflege müssen sich den Konzepten Recovery, Empowerment und Handlungsbefähigung öffnen und die psychiatrische Versorgung in der Gemeinde gemeinsam mit Betroffenen gestalten.

Bedarfsgerechte Versorgung und Koordination

Im § 17 (1) Nr.1. SGB I heißt es, die Leistungsträger haben darauf hinzuwirken, dass *„jeder Berechtigte die ihm zustehenden Sozialleistungen in zeitgemäßer Weise, umfassend und zügig erhält.*" Um zu beschreiben, was zeitgemäße Weise meint, kann die S3 Leitlinie Psychosoziale Therapien bei schweren psychischen Erkrankungen (Riedel-Heller et al. 2013) herangezogen werden, die zurzeit fortgeschrieben wird. Die Leitlinie benennt Empowerment und Recovery als Grundlagen psychosozialer Interventionen. Ausgehend von Empowerment wird folgende Empfehlung formuliert:

Menschen mit schweren psychischen Erkrankungen haben ein Recht darauf, in ihren besonderen Bedürfnissen und ihrem individuell unterschiedlichen Hilfebedarf wahrgenommen zu werden und sollten befähigt und in die Lage versetzt werden, ihre Interessen selbst durchzusetzen, sich zu organisieren sowie ihre Lebensverhältnisse individuell bestimmen zu können (Riedel-Heller et al., S. 26). Das Modell zur bedürfnisangepassten Behandlung (needadapted treatment), das in Skandinavien entwickelt wurde, benennt Leitprinzipien und Behandlungsprinzipien für die Umsetzung und könnte eine Annäherung an die Empfehlung leisten (Aderhold, Greve 2004). Voraussetzung für ein solches Vorgehen sind umfassende bedarfsgerechte Hilfen. Das Versorgungssystem in Deutschland erfüllt diese Merkmale nicht.

Obwohl die Leistungsträger nach dem Sozialgesetzbuch I darauf hinzuwirken haben, dass „die zur Ausführung von Sozialleistungen erforderlichen sozialen Dienste und Einrichtungen rechtzeitig und ausreichend zur Verfügung stehen" (§ 17SGB I (1) Nr. 2. SGB I) gibt es in Deutschland sehr große regionale Unterschiede und Lücken in der Versorgung. Während in großen Städten Soziotherapie angeboten wird, gibt es in den meisten ländlichen Regionen dieses Angebot nicht. Dasselbe gilt für Krisendienste. Auch ambulante psychiatrische Krankenpflege ist bislang nicht flächendeckend realisiert. Ambulante gemeindepsychiatrische

Versorgungsansätze, wie sie in der S3 Leitlinie psychosoziale Therapien bei schweren psychischen Erkrankungen (Riedel-Heller 2013, S. 35–82) beschrieben werden, sind nicht in die Regelversorgung integriert, werden aber immerhin bereits in einzelnen Modellvorhaben umgesetzt. Lediglich eine begrenzte Form des Hometreatments, die stationsäquivalente Behandlung wurde ab dem 01.01.2018 zu einem Regelangebot der ambulanten Behandlung. Viele Einzelinterventionen wie z. B. künstlerische Therapien sowie Sport- und Bewegungstherapien sind keine Leistungen der Krankenkassen, obwohl ihre Evidenz nachgewiesen ist. Diese Lücken in der Versorgung und die Unterschiede in den Versorgungsregionen machen deutlich, dass eine bedarfsgerechte und umfassende Versorgung allein deshalb noch nicht erreicht ist, weil die sozialen Dienste und Einrichtungen nicht ausreichend zur Verfügung stehen.

Das Versorgungssystem weist Mängel in Kooperation, Koordination und Vernetzung auf. Ernst v. Kardorff (2017) sieht hierin „eine Ursache für das Zirkulieren vieler Betroffener in endlosen Maßnahmenkarrieren und für die Perspektivlosigkeit in einer müden und selbstgenügsamen Gemeinschaft" Kooperation, Koordination und Vernetzung werden durch die unterschiedlichen Planungsverfahren und Finanzierungsstrukturen der Leistungen der Behandlung, der Teilhabe und der Pflege erschwert. Diesen Versorgungsbereichen liegen unterschiedliche, nicht aufeinander abgestimmte, rechtliche Rahmenbedingungen zugrunde. Diese Grenzen müssten durch ein gemeinsames Krankheitsverständnis, durch gemeinsame Grundsätze, wie Empowerment und Recovery überwunden werden. Statt einer notwendigen interinstitutionellen Kooperation geht es vielerorts um Definitionsmacht, Abgrenzung und Konkurrenz. Eric v. Santen und Mike Seckinger (2003) haben ausgehend von einer Untersuchung in der Kinder- und Jugendhilfe diese Situation wie folgt beschrieben:„Kooperation findet jedoch nicht im kontextfreien, enthierarchisierten Raum statt, sondern soll oftmals dort praktiziert werden, wo Abläufe sich verfestigt haben, Positionen besetzt und verteidigt werden und professionelle Herangehensweisen unterschiedlicher Institutionen eben nicht einfach auf einen gemeinsamen Nenner zu bringen sind" (v. Santen, Seckinger 2003, S. 26).

Die Bundesarbeitsgemeinschaft Gemeindepsychiatrische Verbünde e. V. (2012) versucht eine Antwort auf die unzureichende Kooperation und Koordination zu geben. Sie entwickeln in ihren Qualitätsstandards auch Aussagen zu Koordination und Kooperation. Der gemeindepsychiatrische Verbund soll in einer Region die Verpflichtung zur Organisation umfassender psychiatrischer Hilfen übernehmen und bei psychisch kranken Menschen mit komplexem Hilfebedarf die einzelfallbezogene Kooperation sichern. Diese Qualitätsstandards sind in den meisten Regionen unzureichend umgesetzt.

Alle Prinzipien der Psychiatrie-Enquete für eine gute psychiatrische Versorgung – gemeindenahe, bedarfsgerechte und umfassende Versorgung aller psychisch kranken und behinderten Menschen sowie die bedarfsgerechte Koordination aller Versorgungsgebiete – haben nach wie vor Gültigkeit, aber sind bisher nicht in ausreichendem Maße umgesetzt und müssen weiterhin verfolgt werden. Dabei steht die Soziale Arbeit heute durch die Unterzeichnung der UN-Behindertenrechtskonvention vor einer weiteren Herausforderung, auch Psychiatriebetroffenen volle Menschenrechte zu garantieren, d. h. Partizipation, Selbstbestimmung und Selbstvertretung ihrer Interessen und Behandlungsentscheidungen und nicht Fürsprache und fürsorgliche Belagerung bis zu Festhalten und Einsperren gegen ihren Willen (Hölling 2015, S. 71–74). Die Soziale Arbeit als zentrale Profession in der ambulanten gemeindenahen Versorgung befindet sich dabei stets auf einem schmalen Grat, zwischen Hilfe zur Selbsthilfe und fürsorglicher Belagerung. Nicht selten schlägt das Pendel hin zu Bevormundung aus, wenn Fachkräfte letztlich doch besser zu wissen glauben, was für ihre KlientInnen gut ist, wenn sie ihnen Enttäuschungen und Frustrationen ersparen möchten und deshalb Ideen und Initiativen Psychiatrieerfahrener eher skeptisch und bremsend gegenüberstehen. Oder wenn die Auseinandersetzung mit der Medikation v. a. darin besteht, an die Einnahme der Medikamente zu erinnern und die ärztliche Compliance zu fördern. Folgt man Giovanni Jervis, dass Probleme psychisch kranker Menschen letztlich immer soziale sind (Jervis 1978, S. 35), ergibt sich zwangsläufig, dass Soziale Arbeit deutlich die Position der Betroffenen vertreten muss, auch indem sie sie mit ihrem Wissen und ihren Erfahrungen in die Gestaltung und den Ausbau von Versorgungsstrukturen einbezieht.

Literatur

Aderhold, Volkmar, Nils Greve. 2004. «Was ist ‚Need-adapted Treatment'? Das bedürfnisangepasste Modell zur Behandlung von Menschen mit schizophrenen Psychosen.» In *Soziale Psychiatrie*, Heft 1, 1–8.

Brückner, Burkhart. 2015.«»Nichts über uns ohne uns!«Psychiatrie-Erfahrene im Prozess der deutschen Psychiatriereform, 1970-1990.»In *40 Jahre Psychiatrie-Enquete. Blick zurück nach vorn*, hrsg v. Jürgen Armbruster, Anja Dieterich, Daphne Hahn u. Katharina Ratzke, 138–147. Köln: Psychiatrie-Verlag.

Deutscher Bundestag. 1975. *Bericht über die Lage der Psychiatrie in der Bundesrepublik Deutschland.* Deutscher Bundestag, 7. Wahlperiode, Drucksache 7/4200. Zugriff 26.7.2017. http://dipbt.bundestag.de/doc/btd/07/042/0704200.pdf.

Bundesarbeitsgemeinschaft Gemeindepsychiatrischer Verbünde e. V. *Qualitätsstandards.* Zugriff 1.10.2017. http://www.bag-gpv.de/ueber-bag-gpv/

Finzen, Asmus. 2015. *Auf dem Wege zur Reform: Die Psychiatrie-Enquete wird 40.* http://www.finzen.de/pdf-dateien/psychiatriereform.pdf. Zugegriffen: 26.7.2017.

Fischer, Frank. 2016. *Irrenhäuser. Kranke klagen an.* Reprint der Ausgabe vom 1969. Köln: Psychiatrie-Verlag.

Häfner, Heinz. 2001.«Die Psychiatrie-Enquete – historische Aspekte und Perspektiven.»In *25 Jahre Psychiatrie-Enquete, Band 1,* hrsg. v. Aktion Psychisch Kranke, 72–102. Bonn: Psychiatrie-Verlag.

Hölling, Iris. 2015.«Die Reform greift zu kurz. Zur Notwendigkeit einer radikalen Infragestellung des psychiatrischen Handelns im Licht der UN-BRK. In *40 Jahre Psychiatrie-Enquete. Blick zurück nach vorn,* hrsg v. Jürgen Armbruster, Anja Dieterich, Daphne Hahn u. Katharina Ratzke, 65–75. Köln: Psychiatrie-Verlag.

Jervis, Giovanni. 1978. *Kritisches Handbuch der Psychiatrie.* Frankfurt: Syndikat/EVA

Kardorff, Ernst von. 2015.«Was ist aus dem gesellschaftspolitischen Projekt der Psychiatrie geworden?»In *40 Jahre Psychiatrie-Enquete. Blick zurück nach vorn,* hrsg v. Jürgen Armbruster, Anja Dieterich, Daphne Hahn u. Katharina Ratzke, 143–164. Köln: Psychiatrie-Verlag.

Kardorff, Ernst v. 2017.«40 Jahre gesellschaftspolitisches Projekt „Psychiatriereform" – Was ist daraus geworden?»In *Soziale Psychiatrie* 02, 7.

Keupp, Heiner. 2015.«Vom utopischen Überschuss zum desillusionierten Realismus.»In *40 Jahre Psychiatrie-Enquete. Blick zurück nach vorn,* hrsg v. Jürgen Armbruster, Anja Dieterich, Daphne Hahn u. Katharina Ratzke, 52–64. Köln: Psychiatrie-Verlag.

Knoll, Andreas. 2000. *Sozialarbeit in der Psychiatrie. Von der Fürsorge zur Sozialtherapie.* Opladen: Leske & Budrich.

Kruckenberg, Peter. 2015. «Steuerung der Organisation und Finanzierung des psychiatrischen hilfesystems – eine gesundheitspolitische Aufgabe.» In *40 Jahre Psychiatrie-Enquete. Blick zurück nach vorn,* hrsg v. Jürgen Armbruster, Anja Dieterich, Daphne Hahn u. Katharina Ratzke, 180–198. Köln: Psychiatrie-Verlag.

Lutz, Burkart. 1989. *Der kurze Traum immerwährender Prosperität. Eine Neuinterpretation der industriell-kapitalistischen Entwicklung im Europa des 20. Jahrhunderts.* Frankfurt/New York: Campus-Verlag.

Matern, Waltraud. 2016. *Sozialarbeit in der Psychiatrie. Erinenrungen an den Reformaufbruch in Westfalen (1960–1980).* Münster: Ardey-Verlag.

Riedel-Heller, Steffi G., Stefan Weinmann, Thomas Becker. 2013. *S. 3 Leitlinie Psychosoziale Therapien bei schweren psychischen Erkrankungen.* Berlin, Heidelberg: Springer Verlag

Santen, Eric v., Mike Seckinger. 2003. *Kooperation: Mythos und Realität einer Praxis.* Leverkusen, Leske und Budrich.

Vock, Rubina, Manfred Zaumseil, Ralf Bruno Zimmermann und Sebastian Manderla. 2007. *Mit der Diagnose „chronisch psychisch krank" ins Pflegeheim? Eine Untersuchung der Situation in Berlin.* Berlin: Mabuse-Verlag.

Psychiatriereform in der DDR?

Sozialpsychiatrie zwischen Innovationen, Mängelverwaltung und gesundheitspolitischen Präventionsprogrammen

Viola Balz

Psychiatriereform in der DDR? Dies scheint auf den ersten Blick für viele Menschen ein Widerspruch zu sein. Zu wirkmächtig sind die Bilder wie jene aus Ernst Klees Dokumentarfilm „Die Hölle von Ueckermünde". In diesem Film zeigt Klee die Zustände in einer psychiatrischen Abteilung für schwerbehinderte Menschen, in der Patient_innen ohne hinreichende Betreuung und unter menschenunwürdigen Bedingungen verwahrt werden. Klees 1990 entstandene Dokumentation fand eine breite Rezeption, wurde jedoch auch kritisch diskutiert.[1] Doch war die Psychiatrie in Ueckermünde charakteristisch für den Stand der psychiatrischen Versorgung in der DDR-Psychiatrie? Wie bereits Sonja Süß konstatiert, zeigt sich bei genauerer Betrachtung ein differenzierteres Bild und die Wirklichkeit der DDR war „eher grau mit verschiedenen Helligkeitsabstufungen, die stellenweise bis ins Weiße und an anderen Stellen bis ins Schwarze reichen"[2]. Im folgenden Beitrag möchte ich die verschiedenen Reformbemühungen der DDR-Psychiatrie

[1](Süß 1998, S. 72 f).

[2](Süß 1998, S. 73).

Dieser Beitrag ist eine überarbeitete und stark gekürzte Fassung eines Journalbeitrags. Zum Original vgl. (Balz et al. 2015).

V. Balz (✉)
Evangelische Hochschule Dresden, Dresden, Deutschland
E-Mail: viola.balz@ehs-dresden.de

A. Eberle et al. (Hrsg.), *Menschenrechte und Soziale Arbeit im Schatten des Nationalsozialismus,* https://doi.org/10.1007/978-3-658-19517-5_5

und ihre Verknüpfungen und Reibungen mit der staatlichen Gesundheitspolitik aufzeigen. Für den Zeitraum 1960 bis 1989 soll herausgearbeitet werden, wie sich die psychiatrische Versorgung in der DDR ausdifferenzierte. Auf welchen Wegen und inwieweit fanden die fachliche Perspektive sowie sozialpsychiatrische Reformversuche Eingang in die Gesundheitspolitik, inwieweit wurden die erarbeiteten Pläne umgesetzt und welche Faktoren brachten die Implementierung zum Erliegen?

Die Untersuchung stützt sich auf bis dato nicht ausgewertete Archivalien des Ministeriums für Gesundheitswesen sowie auf psychiatrische Fachpublikationen. Diese Quellen erlauben es, die Verflechtungen zwischen fachlichen und staatlichen Akteuren sowie die Steuerungsprozesse der psychiatrischen Versorgung genauer zu analysieren und die historischen Entwicklungen jenseits der Weißmalerei psychiatrischer Fachpublikationen und Skandalisierungen wie jenen aus der Hölle von Ueckermünde nach zu zeichnen. Dabei werde ich erste Reformvorschläge von Psychiater_innen deutlich machen, sie im Kontext politischer Entwicklungen verorten und schließlich die Entstehung eines gesundheitspolitischen Präventionsdiskurses, der für das Risiko einer psychiatrischen Erkrankung das individuelle Gesundheitsverhalten verantwortlich machte skizzieren.

Phasen der DDR Psychiatrie

Einen ersten Überblick über die Phasen der DDR-Psychiatrie gab der Psychiatriehistoriker Greg Eghigian. Er charakterisierte in knapper Form die wichtigsten Reformen von 1945 bis in die 1980er Jahre und ordnete sie in die allgemeine politische Entwicklung der DDR ein. Die erste Phase bis 1950 sah er durch die Unterstellung der Psychiatrien unter die sowjetische Besatzungsmacht und die damit einhergehenden Plünderungen gekennzeichnet. Die Patientensterblichkeit habe damals fast 20 % betragen. Die Zahl der Patienten in den Kliniken sei gegenüber 1936 auf 20 % abgesunken,[3] wobei allerdings der Massenmord im Rahmen der NS-Euthanasieaktion und das Hungersterben in den Psychiatrien in Rechnung zu stellen ist, das auch nach 1945 anhielt.[4] Darüber hinaus seien viele Patienten und Mitarbeiter vor der sowjetischen Besatzung geflohen[5]. In

[3]Vgl. (Eghigian 2002, S. 365).

[4]Vgl. zur Euthanasie (Hanrath 2002; Hohendorf und Rotzoll 2002; Schmuhl 2001); zum Hungersterben vgl. (Faulstich 1998).

[5]Vgl. (Eghigian 2002, S. 365).

der zweiten Phase, die von 1950 bis 1960 reichte, wurde Eghigian zufolge der Versuch gemacht, eine angemessene Versorgung wiederherzustellen. Seit den frühen 1950er Jahren waren die psychiatrischen Kliniken überfüllt durch die fortgesetzte Republikflucht fehlten zahlreiche Fachkräfte. Gleichzeitig wurde den ostdeutschen Ärzten durch die bereits 1949 gegründete erste psychiatrische Fachzeitschrift der DDR, „Psychiatrie, Neurologie und medizinische Psychologie", wichtige Entwicklungen der sowjetischen Psychiatrie zugänglich gemacht. Die sowjetische Psychiatrie stützte sich auf einen biologistischen Ansatz, dem zufolge psychische Krankheiten in erster Linie als Gehirnkrankheiten zu verstehen seien, weshalb pharmakologische und somatische Behandlungen favorisiert wurden. Zudem bemühten sich Funktionäre der SED zu Beginn der 1950er Jahre, die in der Sowjetunion gefeierte lernpsychologische Reflextheorie des Mediziners und Physiologen Iwan Petrowitsch Pawlows (1849–1936) mittels spezieller Forschungsprogramme in der DDR zu implementieren.[6] Allerdings erlangten diese Initiativen kaum Einfluss und nur wenige Jahre später kamen sie im Zuge der Entstalinisierung (die in der DDR mit einigen Jahren Verzögerung gegenüber der Sowjetunion erfolgte) zum Erliegen.[7] Andere psychiatrisch-psychologische Theorien wie beispielsweise die Psychoanalyse galten als unvereinbar mit materialistischen Positionen und wurden offiziell abgelehnt[8]. Mit dem Mauerbau begann nach Eghigian eine dritte Phase der DDR-Psychiatrie. Die für das Gesundheitswesen zuständigen SED-Funktionäre öffneten sich neuen wissenschaftlichen Ideen und Reformen und machten den in der DDR verbliebenen Psychiatern weitreichende Zugeständnisse. Einzelne Forscher erhielten sogar die Möglichkeit, sich im Ausland über die neuesten Entwicklungen der sozialen Psychiatrie zu informieren. Dadurch inspiriert, so legt Eghigian nahe, wurden auch in der DDR Forderungen nach Reformen virulent.

Diese Phase der Offenheit war jedoch bald wieder vorbei, wie sowohl Eghigian als auch Herbert Loos – Psychiater und Autor eines retrospektiven Berichts über die Entwicklung der Psychiatrie in der DDR – feststellen. Im Februar 1971 befasste sich eine von der Abteilung Gesundheitspolitik des Zentralkomitees der SED einberufene Konferenz mit der „ideologischen Situation" im Fachgebiet Psychiatrie und stellte „ernste Mängel" fest. Auf der Konferenz verkündete die SED einen Parteibeschluss, dem zufolge alle leitenden Posten in der

[6]Vgl. (Mette 1953, 1954).

[7]Vgl. (Ernst 1997).

[8]Vgl. (Mette 1957).

DDR-Psychiatrie mit SED-Genossen besetzt werden sollten.[9] Dieser Beschluss gab der Sorge der SED Ausdruck, dass sich insbesondere die ältere Ärzteschaft noch immer am westlichen Wissenschaftsdiskurs orientiere und für die ideologischen Einbindungsversuche der Partei relativ unzugänglich sei.[10] Tatsächlich blieb die DDR-Psychiatrie von 1971 bis zu ihrem Ende durch Widersprüche und Inkongruenzen gekennzeichnet.[11] So bezogen sich die Psychiater in der DDR trotz des seit dem Mauerbau stark eingeschränkten Zugangs zu internationaler Forschungsliteratur weiterhin vor allem auf westdeutsche und amerikanische Publikationen.[12] Sie versuchten, die westlichen Konzepte mit den Zielen des Sozialismus in Übereinstimmung zu bringen, woraus sich zum Teil eigene Herangehensweisen entwickelten. Allerdings gelang es aufgrund personeller und finanzieller Engpässe nicht, die neuen Ansätze in den Anstalten und in der gemeindenahen Versorgung bis 1989/90 in breiterem Umfang zu etablieren.[13]

Partizipative Psychiatriepolitik in den 1960er Jahren und die Rodewischer Thesen

1959 wurde beim Ministerium für Gesundheitswesen der Fachausschuss für Psychiatrie wiederbelebt. Dadurch wurden reformorientierte Psychiater, die sich von der starken Fokussierung auf die Psychopathologie der älteren Schule absetzten und sich stattdessen auf den Ausbau der ambulanten Versorgung konzentrierten, verstärkt in die Planung einbezogen.[14] In diesem Beratungsgremium engagierten sich vor allem Leiter der Bezirksfachkrankenhäuser für eine grundlegende Reform der psychiatrischen Versorgung, allen voran der Leiter der Heil- und Pflegeanstalt Mühlhausen in Thüringen, Ehrig Lange (1921–2009).[15] Bereits

[9](Ebd (S. 15)).

[10]Der allmähliche Anstieg der Parteimitgliedschaften in der Ärzteschaft ab den 1960er Jahren beruhigte das Misstrauen der Staatsführung nicht; vgl. (Weil 2008, S. 16 f.).

[11]Vgl. (Eghigian 2002).

[12]Vgl. (Herrn 2010, S. 131–133).

[13]Vgl. (Eghigian 2002, S. 366).

[14]Zur Vorgeschichte des Fachausschusses s. (Klöppel und Balz 2010).

[15]Weitere Mitglieder des Fachausschusses bis 1961 waren: aus der Hochschulpsychiatrie Parnitzke (Magdeburg), Keyserlingk (Jena) und Müller-Hegemann (Leipzig), aus den Fachkrankenhäusern Drechsler (Stadtroda), Eichler (Görden), Stoltenhof (Arnsdorf), Walther (Rodewisch), Berthold (Schwerin), Klein (Pflegeheim Wittstock Dosse).

Ende der 1950er Jahre war Lange im Auftrag des Ministeriums nach England gereist, um sich dort über die neuesten Entwicklungen im Bereich der Sozialpsychiatrie zu informieren.[16]

Inspiriert durch Langes Bericht über seine Erfahrungen in England, war der Fachausschuss maßgeblich an der Formulierung einer ersten sozialpsychiatrischen Agenda in der DDR beteiligt, die unter dem Namen „Rodewischer Thesen" bekannt wurde.[17] Die Thesen waren das Ergebnis einer internationalen, das heißt von Fachvertretern aus verschiedenen sozialistischen Ländern besuchten Konferenz zur psychiatrischen Rehabilitation, die 1963 in Rodewisch im Vogtland stattfand. Ihre Kernaussagen lauteten: Die Psychiatrie müsse sich vom Bild eines schicksalhaften Krankheitsverlaufs verabschieden und ihre Kräfte auf rehabilitative Therapien konzentrieren. Um dies zu erreichen, müssten „Komplextherapien" konsequent angewendet werden. Diese sollten gezielte Psychopharmakatherapien ebenso wie Arbeits- und Soziotherapien umfassen. Gleichzeitig seien die psychiatrischen Stationen offener zu gestalten und so zu profilieren, dass beispielsweise spezielle Krankheits- oder Altersgruppen gezielt behandelt werden könnten. Ferner wurde gefordert, die Dispensairebetreuung auszubauen und den Übergang zwischen vollstationären und ambulanten Einrichtungen zu erleichtern. Dafür sollte auch ein abgestuftes System von geschützten Arbeitsmöglichkeiten entwickelt werden. Schließlich gelte es, Zwangsmaßnahmen gegen psychisch Kranke auf ein Minimum zu beschränken.[18] Diese Forderungen orientierten sich im Wesentlichen an den Entwicklungen der psychiatrischen Versorgung im anglo-amerikanischen Raum und gingen von praktischen Beobachtungen aus.

Nach der Rodewischer Konferenz drängte der Fachausschuss für Psychiatrie unter der Leitung von Lange, der inzwischen den Dresdener Lehrstuhl für Psychiatrie übernommen hatte, auf eine schnelle Umsetzung des Reformprogramms. Als das Ministerium für Gesundheitswesen die erforderlichen Maßnahmen hinauszögerte,

---

[16]BArch, DQ 109/258. Bereits 1960 wurde ein Bericht über die Lage der Sozialpsychiatrie in England auch in der Zeitschrift Psychiatrie, Neurologie und medizinische Psychologie abgedruckt; vgl. (Bierer 1960).

[17]BArch, DQ 1/6195; Anonymus 1965. Zur Diskussion über die Rodwischer Thesen im Fachausschuss für Psychiatrie vgl. auch (Hanrath 2002, S. 427–447).

[18]Vgl. (Anonymus 1965).

kritisierte Lange in einem Schreiben an den stellvertretenden Gesundheitsminister Michael Gehring im Juli 1963:

> Der Fachausschuss für Psychiatrie beim Ministerium für Gesundheitswesen der DDR ist in seiner letzten Sitzung darin übereingekommen, dass diese in langjähriger Vorbereitung erarbeiteten Entwicklungsthesen dann nur eine Deklaration bleiben, wenn sie nicht von bevorzugter Stelle mit entsprechender Weisungsempfehlung an die psychiatrischen Facheinrichtungen und die Räte der Bezirke überreicht werden.[19]

Zumindest müsse das Ministerium die im Dezember 1963 in Schwerin tagenden Ärztlichen Direktoren psychiatrischer Fachkrankenhäuser auf die bindende Wirkung der Rodewischen Empfehlungen hinweisen. Schließlich versandte Gehring, nach weiterem Druck aus dem Fachausschuss, die Thesen kurz vor der Schweriner Konferenz und forderte die Teilnehmer auf, diese intensiv zu diskutieren.[20]

Dennoch zeichnete sich in den folgenden Jahren ab, dass die Parteiführung andere wissenschafts- und gesundheitspolitische Prioritäten setzte als die Reformer. Dabei handelte es sich um einen schleichenden Prozess, dessen Auswirkungen erst langsam deutlich wurden. Das Ministerium für Gesundheitswesen überführte den Fachausschuss in eine Problemkommission „Psychohygiene und geistige Gesundheit", die Empfehlungen für die künftige Entwicklung der Psychiatrie und die Forschungsplanung erarbeiten.[21] In seiner letzten Sitzung im Januar 1965 bestätigte der Fachausschuss für Psychiatrie die Konstitution der Problemkommission, deren Vorsitz Lange innehaben sollte. Der zuständige Gesundheitsminister Ludwig Mecklinger (1919–1994) erklärte dazu, die Problemkommission werde eine „einheitliche Konzeption in der diagnostischen, therapeutischen und medikamentösen Einstellung" entwickeln, die dem modernsten wissenschaftlichen Stand entspreche. Ausdrücklich benannte er als Problem, dass insbesondere beim Aufbau des ambulanten Sektors noch einiger Nachholbedarf bestehe, aber die finanziellen Spielräume dafür begrenzt seien. Dennoch sei das Ministerium bestrebt, der Psychiatrie echte Entwicklungsmöglichkeiten und Perspektiven zu eröffnen.[22] Er versicherte zudem, dass der für die Rehabilitation

---

[19]BArch, DQ 1/6195.

[20](Gehring 1963) in: BArch, DQ 1/6195.

[21](Anonymus 1963) in: BArch, DQ 1/3586. Zur Bildung von Problemkommissionen beim Rat für Planung und Koordinierung der medizinischen Wissenschaft vgl. Buchmüller 1963 in: BArch, DF 4/3284.

[22](Wagner 1965), in: BArch, DQ 1/23058.

so notwendige Aspekt der „psychiatrischen Fürsorge“ und somit sozialpsychiatrische Fragen in einer gesonderten Arbeitsgruppe berücksichtigt würden.

Die bisherigen Fachausschuss-Mitglieder fühlten sich durch das klare Bekenntnis zur Sozialpsychiatrie zunächst bestärkt. Ihre Hoffnung auf inhaltliche Kontinuität erfüllte sich indes nicht. Vielmehr nutzte das Ministerium für Gesundheitswesen die Umbildung des psychiatrischen Beratungsgremiums, um in dessen Ausrichtung einzugreifen. Den verantwortlichen Gesundheitspolitikern ging es darum, eine biologisch fundierte Psychiatrie bei gleichzeitiger Förderung der psychohygienischen Gesundheitserziehung zu etablieren. Damit schlossen sie nicht nur an die Entwicklung der sowjetischen Psychiatrie an, sondern folgten auch einem weltweiten Trend hin zu einer biochemischen und neurophysiologischen Grundlagenforschung, der durch die Einführung der modernen Psychopharmaka ausgelöst worden war.[23] Diese Neuorientierung behagte den Reformerpsychiatern nicht, weil sie fürchteten, die SED werde auf naturwissenschaftliche und individualisierende „Lösungen“ für die Probleme der psychiatrischen Versorgung setzen, statt Strukturreformen einzuleiten. Zu Recht, wie die weiteren Entwicklungen zeigten. Die neue Parteilinie propagierte der Rat für Planung und Koordinierung der Medizinischen Wissenschaften, dem die Problemkommission unterstand, 1967 auf einer nationalen Konferenz mit dem Titel „Sozialismus, wissenschaftlich-technische Revolution und Medizin“. In den zu diesem Symposium veröffentlichten Thesen hieß es, dass sich die Forschung vermehrt auf die Epidemiologie psychischer Störungen – mit dem Ziel der Objektivierung der klinischen Versorgung – und vor allem auf die „Prophylaxe“, das heißt die „Verhütung“ psychischer Störungen mittels Gesundheitserziehung bzw. „Psychohygiene“, konzentrieren müsse.[24] Ein Jahr zuvor hatte das Ministerium für Gesundheitswesen in der Einladung zur ersten Sitzung der Problemkommission am 15. Juni 1966 als Leitlinie festgelegt, dass deren Arbeit insbesondere in neurochemischer, neurologischer, psychohygienischer und prophylaktischer Hinsicht über die Tätigkeit des Fachausschusses hinauszugehen habe.[25]

[23]Dies zeigt sich auch an internationale Zusammenschlüsse wie z. B. dem Colloquium Internationale Psychopharmacologicum (CINP); vgl. (Balz 2010, S. 319–334).

[24]Vgl. Günter Gudowski. 1968. Rat für Planung und Koordinierung der Medizinischen Wissenschaft, S. 58, S. 60–64, S. 72, S. 75 u. S. 80–82.

[25](Lange 1966), in: BArch, DQ 1/23058.

Bestandsaufnahmen und Reformen in den 1970er Jahren

Die Hoffnung einen Aufbau des ambulanten Sektors der Reformer erfüllte sich indes nicht. Anfang der 1970er Jahre kamen jedoch die Möglichkeiten engagierter Psychiaterinnen wie Ehrig Lange nahezu vollständig zum Erliegen und die Steuerung des Gesundheitswesens im Bereich Psychiatrie wurde bis zum Ende der DDR von parteitreuen Kadern übernommen. 1971 hatte die Parteiführung ein Gutachten zur aktuellen Situation der Psychiatrie in Auftrag gegeben, das noch im selben Jahr vorgelegt wurde. Der von parteitreuen Psychiatern in Zusammenarbeit mit Mitarbeitern des Ministeriums für Gesundheitswesen abgefasste Bericht ging offensiv auf bestehende Probleme der psychiatrischen Versorgung ein. Diese Offenheit war vielleicht gerade deshalb möglich, weil der Bericht unter Federführung von Parteikadern erstellt worden war und lediglich der internen Diskussion dienen sollte. Die Autoren unterstrichen, dass die Behandlung und Rehabilitation psychisch Kranker keineswegs dem wissenschaftlichen Stand entspreche. Das Potenzial einer sozialistischen Gesellschaft müsse sich aber nicht zuletzt am Umgang mit ihren psychisch Kranken erweisen[26]. Sie kritisierten die Baufälligkeit der psychiatrischen Anstalten sowie deren Überbelegung um mindestens ein Drittel der vorhandenen Kapazität:

> Viele Fachkrankenhäuser für Psychiatrie und Neurologie bieten deshalb noch heute das Bild einer Massenunterkunft. Das Ziel, die stationäre psychiatrische Betreuung für eine gezielte Diagnostik, straffe Therapie und Einleitung der Rehabilitation zu nutzen, ist z. Zt. noch nicht ausreichend möglich.[27]

Der Mangel an teilstationären Einrichtungen, der viel zu langsame Ausbau ambulanter Angebote, die unzureichende Versorgung rein pflegerisch zu betreuender Kranker sowie der massive Fachkräftemangel in Praxen und Polikliniken würden die Reformbemühungen hemmen. Die Berichterstatter merkten zudem an, dass auf dieser Basis psychopharmakologische Langzeittherapien nicht gezielt eingesetzt werden könnten.[28] Auch in den Jahren nach diesem kritischen Bericht verbesserte sich die Lage der Psychiatrie nicht substanziell. Es existierten nach wie vor enorme Betreuungslücken, obwohl die Zahl der psychiatrischen Betten von

[26](Lübs et al.1971) in: BArch, DQ 1/24190, S. 4.

[27](Ebd, S. 7).

[28](Ebd, S. 2).

34.543 im Jahr 1963 auf 36.710 im Jahr 1972 stieg.[29] Ein weiterer im Auftrag des Ministeriums für Gesundheitswesen erstellter Bericht des Obermedizinalrats Münter und seines Kollegen Bodo Barleben, an dem die Psychiatrieprofessoren Peter Hagemann und Klaus Weise mitgearbeitet hatten, zog im Jahr 1979 eine ernüchternde Bilanz: Über die Hälfte der Patienten bleibe über zwei, ein Drittel mehr als zehn Jahre in stationärer Versorgung. Die meisten von ihnen würden in überfüllten Fachkrankenhäusern betreut, die „vorherrschend die Funktion der Asylierung chronischer Störsyndrome und geistig schwer behinderter Menschen ausüben"[30]. Die Bettenkapazitäten seien zudem regional ausgesprochen ungleich verteilt. Vier Fünftel aller Krankenhausbetten würden im Großraum Leipzig vorgehalten, obwohl im Bezirk nur acht Prozent der Gesamtbevölkerung lebten. Aus diesem Grund würden Patienten aus dem gesamten Gebiet der DDR in Leipzig aufgenommen, die dadurch teilweise ihr Recht auf Wohnraumversorgung im Heimatort verloren. Im übrigen Gebiet sei die Situation durch den Mangel an Ärzten und Pflegepersonal desolat: „Der Funktionsbetrieb psychiatrischer Krankenhäuser", so die Berichterstatter, „kann vielfach nur durch den Einsatz von Patienten gesichert werden."[31] Das hieß nichts anderes, als dass die Patienten für anfallende Arbeiten auf den Stationen eingesetzt wurden. Bei der ambulanten Betreuung sah es nicht besser aus: Der Anteil an komplementären Einrichtungen wie Tages- und Nachtkliniken und ambulanten Wohnformen sei nach wie vor äußerst gering. Dieser Berichtsteil mündete in der Feststellung: „Das den psychisch behinderten Bürgern gesetzlich zugesicherte Recht auf Rehabilitation und soziale Integration entbehrt z. Z. den äußeren Bedingungen zu seiner Verwirklichung."[32]

Sozialpsychiatrie in den 1970er Jahren

Angeregt durch zunehmende Reformbestrebungen in der Bundesrepublik und anderen westlichen Ländern, kam es zu Beginn der 1970er Jahre auch in der DDR zu neuen Reformbemühungen. In einschlägigen psychiatrischen Veröffentlichungen zeichnete sich dabei eine Neuausrichtung ab. Die Publikationen konzentrierten sich auf eine Verbesserung der Arbeit *in* den psychiatrischen

[29](Tischendorf 1974) in: BArch, DQ 1/6540.

[30](Münter 1979), in: BArch, DQ 1/24219, S. 10.

[31](Ebd, S. 11).

[32](Ebd., S. 12).

Anstalten, kaum eine machte jedoch die Dispensairebetreuung zum Thema. Diskutiert wurde über sozialpsychiatrische Aspekte der forensischen Begutachtung, den Aufbau von Patientenklubs, Angehörigenarbeit, Soziotherapie oder über die Einrichtung von Suizidberatungsstellen.[33] Parallel zum verstärkten Einsatz von Depotneuroleptika nahmen Mitte der 1970er Jahre auch die Veröffentlichungen über das Verhältnis von Sozialpsychiatrie und Psychopharmaka zu. Einige Autoren äußerten die Hoffnung, dass die sachgerechte Anwendung dieser langwirkenden Medikamente dazu beitragen könnte, die sozialpsychiatrische Agenda leichter umzusetzen.[34] Gleichzeitig wiesen sie auf das Problem der Ruhigstellung der Patienten durch übermäßigen Psychopharmakaeinsatz hin, dem durch aktivierende Soziotherapie entgegengewirkt werden müsse.

Um das Fehlen einer funktionierenden Dispensairebetreuung zu kompensieren, konzentrierten sich die wieder erwachten Reformbestrebungen vor allem auf das Innenleben der Anstalten. Dies war auch der Fluchtpunkt einer 1976 unter dem Titel „Brandenburger Thesen“ publizierten sozialpsychiatrischen Agenda, die im Titel, nicht jedoch in der inhaltlichen Ausrichtung, an die „Rodewischer Thesen“ anschloss. Eine erste, 1974 veröffentlichte Fassung der Agenda, die unter dem Titel „Neun Thesen zur Therapeutischen Gemeinschaft“ in „Psychiatrie, Neurologie und medizinische Psychologie“ erschien, forderte eine „echte“ Gemeinschaft von Klinikärzten, Pflegepersonal und Patienten: Die krankenhaustypische Hierarchie sei abzubauen und durch ein System der offenen Tür zu ersetzen.[35] Diese Forderungen griffen das international viel diskutierte Konzept der „Therapeutischen Gemeinschaft“ des britischen Psychiaters Maxwell Jones auf, das auf eine Mitbestimmung von Mitarbeitern und Patienten auf allen Ebenen und ein demokratisches Klima abhob.[36]

Dennoch fielen die „Neun Thesen“, die nicht mehr von den alten Reformern, sondern von jüngeren parteiverbundeneren Psychiatern formuliert worden waren, deutlich weniger radikal aus als die Rodewischer Thesen, die neben einer Verbesserung der Situation in den Anstalten umfangreiche Rehabilitationsmöglichkeiten außerhalb der Klinikmauern gefordert hatten.[37] Nichtsdestotrotz kritisierte die erste Fassung der

---

[33]Vgl. zur Forensik (Heinroth 1970); zur Angehörigenarbeit (Feldes und Bach 1970); zu Patientenclubs (Kühne 1970; Viehweg et al. 1973); zur Soziotherapie (Feldes et al.1972); zur Suizidbehandlung (Lange und Kulawik 1970; Seidel und Kulawik 1970; Decke 1975).

[34]Vgl. (Vietze et al. 1976).

[35](Schirmer et al. 1974).

[36]Vgl. (Jones 1976).

[37]Vgl. (Hanrath 2002, S. 442–447).

Reformagenda, wenn auch in milder Form, die Lebens- und Arbeitsbedingungen in der DDR. So wurde beispielsweise festgestellt, „dass auch soziale Störfaktoren zu erheblichen passageren oder bleibenden psychischen Veränderungen führen können".[38] Diese Aussage der „Neun Thesen" griff der Medizinhistoriker und -ethiker Achim Thom (1935–2010), der als parteitreuer Vordenker eines sozialistisch begründeten Reformprogramms der Psychiatrie fungierte, scharf an: Die Betonung soziogener Aspekte sei linksradikal und antipsychiatrisch.[39] Ziel einer sozialistischen Sozialpsychiatrie müsse stattdessen die gerechte psychiatrische Versorgung aller Gesellschaftsschichten auf der Grundlage eines medizinischen Modells psychischer Krankheit sein, das von biologischen Ursachen ausgehe.[40]

Auch die in der ersten Fassung der „Neun Thesen" angedeutete Autoritätskritik lehnte Thom ab. Zu den Verhältnissen in den Psychiatrien hatten die Autoren unter der ersten These („Der Mensch entwickelt und bewährt sich in der Gemeinschaft") folgendes geschrieben:

> Anstelle des Gemeinschaftsprinzips herrschte weitgehend eine hierarchisch gegliederte Struktur in allen Bereichen vor, wobei die gemeinsame Gestaltung des Lebens im Krankenhaus in den Hintergrund trat und sich durch das Prinzip der Anordnungen nicht entfalten konnte.[41]

Diese Situation verglichen die Verfasser mit den von Erving Goffman (1922–1982) geschilderten Zuständen in „totalen Institutionen". Sie forderten stattdessen eine Beteiligung von Patienten durch Patientenräte, Patientenparlamente und gemeinsam aufgestellte Stationsordnungen.[42] Diese Forderungen gingen Parteikadern wie Achim Thom zu weit: Autorität und Disziplin seien nicht grundsätzlich, sondern nur unter kapitalistischen gesellschaftlichen Bedingungen problematisch.[43] Thoms' Auffassung setzte sich durch: Die letzte Fassung der „Brandenburger Thesen" enthielt die kritisierten Passagen nicht mehr. Stattdessen hieß es nun, die „Therapeutische Gemeinschaft" sei kein abstraktes Prinzip, sondern abhängig von den Möglichkeiten der Gesellschaft, in der sie eingebettet sei.[44]

[38](Schirmer et al. 1974, S. 50).

[39]Vgl. (Thom 1976, S. 99).

[40]Vgl. (Ebd., S. 100).

[41](Schirmer et al. 1974, S. 50).

[42](Ebd., S. 52).

[43]Vgl. (Thom 1976, S. 583).

[44](Schirmer et al. 1974, S. 23).

Letztlich beschränkten sich die „Brandenburger Thesen" auf das Machbare. Sie forderten ausschließlich eine Verbesserung der stationären Versorgung und erwähnten die Dispensairebetreuung mit keinem Wort. Dagegen wurden die Darlegungen zum biologischen Charakter psychischer Störungen verstärkt.[45] Indem sich die Veränderungsvorschläge – in räumlicher und politischer Hinsicht – ausschließlich nach innen, das heißt auf die psychiatrischen Anstalten, richteten, markierten die Reformvorschläge der 1970er Jahre, eine Zäsur gegenüber der Agenda der 1960er Jahre.[46]

Endstation Pflegeheim

In den 1980er Jahren wandten sich einige Psychiater erneut sozialpsychiatrischen Themen zu. Zwar hatte laut einer vom Ministerium für Gesundheitswesen 1985 in Auftrag gegebenen Studie die Zahl der psychiatrischen Betten seit den 1970er Jahren jährlich um ein Prozent abgenommen und die Aufenthaltsdauer in den psychiatrischen Kliniken hatte sich um 25 % verkürzt. Diese Entwicklung blieb jedoch hinter der Entwicklung in der Bundesrepublik zurück, hier sank die Bettenzahl jährlich um anderthalb Prozent. Gleichzeitig nahm in der DDR die Zahl der Neuerkrankten jährlich um zwei Prozent zu, es entstand also ein erhöhter psychiatrischer Versorgungsbedarf.[47] Auch dieser Bericht blieb auf die psychiatrischen Anstalten fokussiert und widmete der Dispensairebetreuung und der häufigen Unterbringung von psychiatrischen Patienten in anderen Einrichtungen wie zum Beispiel Heimen keine Aufmerksamkeit.

Anfang der 1980er Jahre kamen auch auf ministerieller Ebene die Probleme einer unzureichenden sozialpsychiatrischen Versorgungsstruktur deutlicher zur Sprache als bis dahin üblich. Ein interner Bericht von 1981 präsentierte eindrückliche Bedarfszahlen für die psychiatrische Versorgung: 15 % der Bevölkerung, so erwarteten die Gesundheitspolitiker, müssten längerfristig psychiatrisch betreut werden. Mindestens zehn Prozent würden jährlich an Neurosen und funktionellen Störungen erkranken – also genau jenen Erkrankungen, die durch die zunehmenden Anforderungen der technisierten Gesellschaft begünstigt würden. Im Vergleich dazu ging man in der Bundesrepublik von neun Prozent neurotischer Störungen aus.[48] Im Zentrum neuer Betreuungskonzeptionen müsse deshalb

---

[45]Vgl. (Ebd., S. 25).

[46]Vgl. (Hanrath 2002, S. 442–447).

[47](Panzer 1985), in: BArch DQ 1/14245, S. 11 u. S. 15 f.

[48](Münter 1979), in: BArch, DQ 1–24219, S. 3.

insbesondere die Prophylaxe und Behandlung dieser Störungen stehen.[49] Auch ein Papier aus dem Ministerium zur Psychiatrieentwicklung aus dem gleichen Jahr mahnte:

> [V]erstärkte Aufmerksamkeit ist präventiven und Früherkennungsmaßnahmen psychischer Störungen zu widmen. Hierzu ist der Betreuungskomplex ‚psychiatrische Beratung, Krisenintervention, Notfallpsychiatrie' als Teilaufgabe territorialer Betreuungssysteme zu entwickeln [...].[50]

Zur Umsetzung dieser Maßnahmen müssten auch die Allgemeinmediziner stärker in die Neurosenbehandlung einbezogen werden. Der Fachkräftemangel sei dabei allerdings ein großes Hindernis. Deshalb seien durch „Kaderlenkung" mehrere hundert Ärzte für den Bereich Psychiatrie/Neurologie zu gewinnen.[51] Eine besondere Aufgabe ambulant tätiger Psychiater sollte nach Ansicht der Ministeriumsberater darin bestehen, die ständig steigende Zahl alkoholkranker DDR-Bürger zu betreuen. Auch klinische und epidemiologische Forschungen müssten sich verstärkt diesem Themenkomplex zuwenden. Das Papier unterstrich, dass alkoholabhängige Patienten eine Vielzahl neuer Betreuungsformen wie Patientenklubs und therapeutische Gruppenangebote benötigten.[52] Fachkrankenhäuser sollten daher Rehabilitationsangebote für Alkoholkranke mit abgestufter Betreuung in Form von Tages- und Nachtkliniken schaffen. Auch in den Kreisen seien komplementäre Einrichtungen aufzubauen, sodass der Behandlungsort nicht so weit vom eigentlichen Wohnort des Patienten entfernt läge.[53]

Letztlich unterstrichen die Bedarfsermittlungen der 1980er Jahre nur die bereits seit Langem bekannten Probleme. Wie zuvor wurden jedoch die Reformvorschläge auch in den 1980er Jahren kaum umgesetzt, nicht zuletzt aus finanziellen Nöten. Wie eine vom Ministerium für Gesundheitswesen in Auftrag gegebene Befragung der verantwortlichen Obermedizinalräte in den Bezirken zur Versorgungslage von 1987 verdeutlichte, entfaltete sich das sozialpsychiatrische Reformprogramm regional sehr unterschiedlich. So hielt der Bericht für Dresden

---

[49](Münter 1981), in: BArch, DQ 1/14245, S. 2.

[50]Entwicklungsbereiche Psychiatrie, o.D. [1981], in: BArch, DQ 1/14245, S. 4.

[51](Münter 1981), in: BArch, DQ 1/14245, S. 2.

[52]Zeitzeugeninterview mit Ursula Grüß vom 18.02.2011.

[53]Entwicklungsbereiche Psychiatrie, o.D. [1981], in: BArch, DQ 1/14245, S. 4.

fest, dass die Dispensairebetreuung überdurchschnittlich gut ausgebaut sei.[54] Wesentlich schwieriger war die Situation in Halle. Der zuständige Medizinalrat klagte, in einigen bevölkerungsreichen Industriekreisen sei es kaum möglich, überhaupt Fachärzte anzusiedeln. Von einer differenzierten prophylaktischen Betreuung oder gar einer systematischen Nachbetreuung könne keine Rede sein. Auch die Zahl psychiatrischer Betten in Fachkrankenhäusern sei so begrenzt, „dass jährlich über 1000 Patienten [...] vor allem in internistischen Abteilungen der Bezirks- und Kreiskrankenhäuser behandelt werden müssen".[55]

Kurz vor dem Mauerfall offenbarte sich der mangelhafte Ausbau einer sozialpsychiatrischen Versorgung insbesondere in den Feierabend- und Pflegeheimen. Das Ministerium für Gesundheitswesen veranlasste eine Untersuchung dieser Heime, die im Juli 1987 vorlag. Darin wurde insbesondere die Situation in Altenheimen in den Blick genommen. Das Ergebnis war, dass 40 % der Plätze in diesen Einrichtungen von psychisch Kranken genutzt wurden, von denen sich 20 % nicht im Rentenalter befanden. Die Altenheime seien aber dafür nicht ausgelegt. Zwar hatte eine Verordnung vom 1. März 1978 eine entsprechende Profilierung für Feierabendheime gefordert, doch sei diese Verordnung nicht umgesetzt worden. Nur dort, wo psychisch Kranke und Alte separat betreut wurden, so der Bericht, sei zumindest für letztere eine deutliche Entlastung eingetreten[56]. Durch das fehlende Angebot an Arbeits- und Beschäftigungstherapie in solchen Einrichtungen könnten bestehende Behandlungserfolge nicht weitergeführt werden. Mangelnde Fördermöglichkeiten hätten dazu geführt, dass wieder auf überwunden geglaubte Zwangsmittel wie vergitterte Fenster und geschlossene Stationen zurückgegriffen wurde. Diese Maßnahmen anzuwenden, erscheine unumgänglich, da sich die zuständigen Fachkrankenhäuser zunehmend weigerten, Patienten aus Pflegeheimen in akuten Krisensituationen aufzunehmen:

> Häufig werden psychisch geschädigte Heimbewohner, bei denen es zu akuten Reaktivierungen bzw. dramatischen und von den Mitarbeitern der Einrichtungen nicht beherrschbaren Verhaltensweisen kommt, nicht oder nur im Austausch gegen 1 bis 3 ‚ruhige' pflegebedürftige Patienten in Fachkrankenhäuser für Psychiatrie/ Neurologie aufgenommen.[57]

---

[54](Anonymus 1987) in: BArch, DQ 1/13259, S. 2.

[55](Heuschel 1987), in: BArch, DQ 1/13259.

[56](Felz 1987), in: BArch, DQ 1/6616, S. 1 f.

[57](Ebd., S. 3).

Der Umgang mit psychischen Krisen und Verhaltensauffälligkeiten werde durch die Tatsache erschwert, dass nur in einem Viertel der Heime überhaupt Fachärzte für Psychiatrie arbeiteten. Diese Situation habe schließlich, so heißt es zusammenfassend, zu einer breiten und undifferenzierten Anwendung von Psychopharmaka geführt, die hauptsächlich vom Allgemeinarzt verabreicht würden.[58]

Zwischen Reformanspruch und Mängelverwaltung

Was lässt sich aus den geschilderten Entwicklungen über eine Psychiatriereform in der DDR folgern? Festzustellen ist, dass die Sozialpsychiatrie in der DDR bis Ende der 1980er Jahre nur wenige Fortschritte verzeichnen konnte. Aus den untersuchten Quellen ergibt sich dabei ein differenziertes und zugleich widersprüchliches Bild: Während Wissenschaftler vermehrt sozialpsychiatrische Reformen forderten, drückten die im gleichen Zeitraum erstellten Gutachten und Expertisen des Ministeriums für Gesundheitswesen auf die Bremse, sodass die Reformbemühungen zum Erliegen kamen. Gründe dafür waren der Mangel an Ressourcen und Fachpersonal, aber auch – da die Zuweisung und Verteilung von Ressourcen der staatlichen Planung unterstand – die Entwicklung der SED-Gesundheitspolitik, die im Verlauf der 1960er Jahre andere Prioritäten setzte. Letzteres lässt sich an mehreren Punkten festmachen: Erstens versprach eine Schwerpunktverschiebung hin zur biologischen Grundlagenforschung international mehr Prestige als die Beschäftigung mit Problemen der (sozial-) psychiatrischen Versorgung. Zweitens setzte die Gesundheitspolitik der SED auf die „Prophylaxe" psychischer Störungen, was vor allem auf eine risikoindividualisierende „Gesundheitserziehung" hinauslief. Drittens wurden durch das Bestreben der Parteiführung, wichtige Posten im Gesundheitswesen mit SED-Kadern zu besetzen, nach und nach die einstigen Psychiatriereformer verdrängt.

Die mangelnde Umsetzung der Reformbemühungen verdeutlicht somit einen politischen Konflikt, der sich im Laufe des Untersuchungszeitraums zuspitzte. Mit den Rodewischer Thesen formulierten die Reformpsychiater in den 1960er Jahren eine offene und öffentliche Kritik an der psychiatrischen Versorgung. Mit der Ideologisierung der Psychiatrie in den 1970er Jahren setzte die Abteilung Gesundheitspolitik des Zentralkomitees der SED, dem die Psychiatrieplanung

[58] Vgl. (Ebd., S. 5).

unterstand, auf eine verstärkte Abgrenzung gegen Einflüsse aus dem kapitalistischen Ausland. Statt sich international zu orientieren, entwickelten die Gesundheitspolitiker eine eigene sozialistische Perspektive, wie sie beispielsweise in den Diskussionen um die Brandenburger Thesen zum Ausdruck kam. Als die politische Führung die Zügel wieder straffer in die Hand nahm, entfernten sich die Reformbemühungen nach und nach von dem Ziel, eine ambulante Versorgung aufzubauen. Flankiert wurde diese Entwicklung durch individualisierende Strategien, die im psychiatrischen Diskurs ab der zweiten Hälfte der 1970er Jahre immer deutlicher hervortraten. So lässt sich bezüglich der psychiatrischen Forschung eine Verlagerung hin zu einer statistischen Erfassung früher Formen psychischer Krankheiten konstatieren, die sich verstärkt auf die Prävention richtete. Nicht nur in westlichen Ländern, auch im Sozialismus sollte das Selbstführungspotenzial der Patienten durch Gesundheitserziehung aktiviert werden: Die Proklamation des „sozialistischen Patienten" band die Erhaltung seiner Gesundheit eng an seinen Lebensstil zurück – und schrieb ihm selbst die Verantwortung für die Minimierung der Gesundheitsrisiken zu. So lässt sich resümieren, dass diese Entwicklungen die unzureichende Umsetzung der geforderten Psychiatriereformen kompensieren sollten.

Ein sicherlich besonders radikales Scheitern dieser Reformpläne stellen solche Zustände dar, wie Ernst Klee sie in Ueckermünde filmisch dargestellt hat. Es wäre jedoch falsch anzunehmen, dass diese Bilder die Psychiatrie in der DDR repräsentieren. Vielmehr bilden sie eine Wirklichkeit am Ende langjähriger Reformbemühungen ab, die am Ende der DDR an fehlendem politischen Willen und den mangelnden finanziellen Ressourcen eines zusammenbrechenden Staates scheiterten.

Literatur

Balz, Viola und Ulrike Kloeppel. 2015. Wendung nach Innen. Sozialpsychiatrie, Gesundheitspolitik und Psychopharmaka in der Deutschen Demokratischen Republik, 1960–1989. *Vierteljahrshefte für Zeitgeschichte* 63, Heft 4:539–567.

Balz, Viola.2010. *Zwischen Wirkung und Erfahrung – eine Geschichte der Psychopharmaka. Neuroleptika in der Bundesrepublik Deutschland, 1950–1980*, Bielefeld: Transcript.

Bierer, Joshua. 1960. Psychiatrische Tagesklinik in Theorie und Praxis. *Psychiatrie, Neurologie und medizinische Psychologie* 12: 201–208.

Dieter Decke. 1975. Dispensaire-Betreuung suizidgefährdeter Menschen der zweiten Lebenshälfte. *Psychiatrie, Neurologie und Medizinische Psychologie* 27: 534–541.

Eghigian, Greg. 2002. Was there a communist psychiatry? Politics and East German psychiatric care, 1945–1989. *Harvard Review of Psychiatry* 10, H. 6: 364–368.

Kühne, Gerd-Eberhard. 1970. Erfahrungen mit dem Patienten-Klub im System eines flexiblen Rehabilitationsprogramms in der Psychiatrie. *Psychiatrie, Neurologie, Medizinische Psychologie* 22: 25–29.

Feldes, D. und O. Bach. 1970. Grundsätzliches zur Angehörigengruppentherapie im Vergleich zu den Hypothesen der soziologischen und psychologischen Forschungseinrichtungen der Schizophrenie und schizophrenen Psychosen. *Psychiatrie, Neurologie und medizinische Psychologie* 22: 321–328.

Feldes, D., S. Hahn und H. Müller. 1972. Wie steht das psychiatrische Pflegepersonal zur Soziotherapie? *Psychiatrie, Neurologie und medizinische Psychologie* 24: 669–675.

Faulstich, Hans. 1998. Hungersterben in der Psychiatrie 1914–1949. Mit einer Topographie der NS-Psychiatrie. Freiburg: Lambertus.

Gudowski, Günther. 1968. *Rat für Planung und Koordinierung der Medizinischen Wissenschaft, Symposium „Sozialismus, wissenschaftlich-technische Revolution und Medizin": Thesen und ausgewählte Beiträge.* Berlin: Volk und Gesundheit VEB.

Hanrath, Sabine. 2002. *Zwischen "Euthanasie" und Psychiatriereform. Anstaltspsychiatrie in Westfalen und Brandenburg: ein deutsch-deutscher Vergleich (1945–1964).* Paderborn u.a.: Schöningh.

Heinroth, H.. 1970. Sozialpsychiatrische Aspekte der forensischen Begutachtung von straffälligen Jugendlichen und Heranwachsenden. *Psychiatrie, Neurologie und Medizinische Psychologie* 22: 92–97.

Hohendorf, Gerit/ und Maik Rotzoll, Maike. 2002. Die Opfer der nationalsozialistischen „Euthanasie-Aktion T4" – Erste Ergebnisse eines Projektes zur Erschließung von Krankenakten getöteter Patienten im Bundesarchiv Berlin. *Nervenarzt* 73, H. 11:1065–1074.

Jones, Maxwell. 1976. *Prinzipien der therapeutischen Gemeinschaft: soziales Lernen und Sozialpsychiatrie,* hrsg. von Edgar Heim. Bern u.a.: Huber.

Lange, Ehrig und Helmut Kulawik. 1970. Die ambulante Behandlung des Suizidgefährdeten unter besonderer Berücksichtigung der Psychopharmakotherapie. *Das Deutsche Gesundheitswesen* 25:121–125.

Mette, Alexander. 1953. Resolution von der Pawlow-Tagung am 15. und 16. Januar 1953 in Leipzig. *Psychiatrie, Neurologie und medizinische Psychologie* 5:127–134

Mette, Alexander. 1954. Bericht über die Arbeitstagung der Staatlichen Pawlow-Kommission der Deutschen Demokratischen Republik vom 15.-17.1.1954 in Leipzig. *Psychiatrie, Neurologie und medizinische Psychologie* 6: 73–180.

Mette, Alexander. 1957. Freud und Pawlow. *Psychiatrie, Neurologie und medizinische Psychologie 9:* 217–225.

Ernst, Sabine.1997. *„Die beste Prophylaxe ist der Sozialismus". Ärzte und medizinische Hochschullehrer in der SBZ/DDR 1945–1961.* Münster u.a.: Waxmann.

Herrn, Rainer. 2010. Die Charité als Politobjekt: Politisches Handeln. In *Die Charité zwischen Ost und West (1945–1992). Zeitzeugen erinnern sich,* Hrsg. ders. und Laura Hottenrott. Berlin-Brandenburg: BeBra.

Klöppel, Ulrike und Viola Balz. 2010. Psychopharmaka im Sozialismus: Arzneimittelregulierung in der Deutschen Demokratischen Republik in den 1960er Jahren. *Berichte zur Wissenschaftsgeschichte* 33: 382–400.

Schmuhl, Hans-Walter. 2001. Von der Verhütung zur Vernichtung „lebensunwerten Lebens"- Zur Radikalisierung der Erb- und Rassenpolitik im Nationalsozialismus. *In Psychiatrische Forschung und NS-„Euthanasie". Beiträge zu einer Gedenkveranstaltung an der Psychiatrischen Universitätsklinik Heidelberg*, Hrsg. Christoph Mundt, Gerit Hohendorf und Maike Rotzoll, 179–191. Heidelberg: Das Wunderhorn.

Seidel, Karl und Helmut Kulawik. 1970. Über die Notwendigkeit des Aufbaus von psychiatrischen Beratungsstellen für Suizidgefährdete. *Das Deutsche Gesundheitswesen* 25: 125–129.

Schirmer, Siegfried et al. 1974. Neun Thesen zur Therapeutischen Gemeinschaft. *Psychiatrie, Neurologie und Medizinische Psychologie 26*: 50–54.

Süß, Sonja. 1998. Politisch missbraucht? *Psychiatrie und Staatssicherheit in der DDR*. 1. Aufl. (Analysen und Dokumente, Bd. 14) Berlin: Ch. Links Verlag.

Thom, Achim. 1976. Bedeutsame Differenzierungen der sozialpsychiatrischen Bewegung in der kapitalistischen Gesellschaft, Teil II: Aktivistische Ungeduld – Psychiatriereform als Revolution. *Psychiatrie, Neurologie und Medizinische Psychologie* 28: 99–105.

Viehweg, Wolfgang et al. 1973. Erfahrungen mit einem Patientenklub in der Alterspsychiatrie. *Psychiatrie, Neurologie und medizinische Psychologie* 25: 406–413.

Vietze, Gottfried et al. 1976. Tages-Nacht-Therapeutikum (TNT) – ein notwendiger Schritt zur besseren Betreuung psychisch Kranker. *Psychiatrie, Neurologie und Medizinische Psychologie* 28: 298–306.

Weil, Francesca. 2008. *Zielgruppe Ärzteschaft. Ärzte als inoffizielle Mitarbeiter des Ministeriums für Staatssicherheit der DDR*, Göttingen: V&R Unipress.

Bundesarchiv Berlin Lichterfelde (BArch)

DQ 1/Nr. 23058; 6195; 3586; 3284; 23058; 24190; 6540; 24219; 14245; 24219; 14245; 13259; 616

DQ 109/Nr. 258.

DF 4/Nr. 3284.

Teil II

Wendepunkte – Orte, Professionen, Akteure (79 S.)

Die Diagnose „Psychopathie" in der Kinder- und Jugendpsychiatrie im Rheinland nach dem Ende des Zweiten Weltkrieges

Frank Sparing und Silke Fehlemann

Der Begriff der „Psychopathie" war bereits seit Ende des neunzehnten Jahrhunderts in Psychiatrie und Pädagogik gebräuchlich, um störende Verhaltensauffälligkeiten als pathologisch zu etikettieren. Unmittelbar nach dem Ende des Ersten Weltkrieges erlebte die Diagnose Psychopathie einen ersten Aufschwung und führte zur Gründung einer Reihe von spezialisierten Versorgungseinrichtungen. Der Schwerpunkt der neueren Forschung zum Umgang mit als „psychopathisch" diagnostizierten Kindern und Jugendlichen wurde bislang ausschließlich auf diese, in der frühen Weimarer Republik neu gegründeten Institutionen gelegt[1], die auch als Wegbereiter der modernen Kinder- und Jugendpsychiatrie eingeschätzt werden.[2] Infolge dessen wurde bislang angenommen, in dieser Phase habe die Diagnose „Psychopathie" auch ihre „Blütezeit" erlebt.[3] Die Anwendung der Diagnose blieb jedoch keineswegs auf die Zeit der Weimarer Republik und des Nationalsozialismus beschränkt, sondern erwies sich auch in der frühen Bundesrepublik als Instrument zur Ausgrenzung psychisch auffälliger

[1]Vgl. z. B. (Kölch 2002; Kremer 2002; Rose et al. 2016).

[2](Ebd., S. 17).

[3](Kölch 2002, S. 27).

F. Sparing (✉)
Institut für Geschichte, Theorie und Ethik der Medizin, Düsseldorf, Deutschland
E-Mail: fsparing@gmx.net

S. Fehlemann
Technische Universität Dresden, Dresden, Deutschland
E-Mail: silke.fehlemann1@tu-dresden.de

A. Eberle et al. (Hrsg.), *Menschenrechte und Soziale Arbeit im Schatten des Nationalsozialismus,* https://doi.org/10.1007/978-3-658-19517-5_6

Kinder und Jugendlicher. Seit Ende des Zweiten Weltkrieges wurden zunächst in allen rheinischen Heil- und Pflegeanstalten als „psychopathisch“ erachtete minderjährige Patienten untergebracht – in der Regel infolge der chaotischen Nachkriegsverhältnisse entwurzelte Heranwachsende, mit denen die Erziehungsheime nicht fertig geworden waren und die daher in die Psychiatrie eingewiesen wurden. Die Überforderung der Pädagogik und ihrer Institutionen mit verhaltensauffälligen Heranwachsenden nach dem Ende des Zweiten Weltkrieges begünstigte den Rückgriff auf einen medikalisierten Umgang[4] mit erziehungsschwierigen Minderjährigen durch ihre Überantwortung an die Psychiatrie. Am Beispiel der Kinder- und Jugendpsychiatrie im Rheinland soll hier der Frage nachgegangen werden, wie nach 1945 eine Diagnostizierung von Minderjährigen als „psychopathisch“ zustande kam, wie sich ihre Unterbringung in psychiatrischen Anstalten auswirkte und aus welchen Gründen auch noch in den 1950er Jahren die Schaffung von Spezialeinrichtungen für erforderlich gehalten wurde.

Inzwischen ist die Diagnose „Psychopathie“ mehr oder weniger deutlich im zwar umstrittenen, aber erheblich differenzierteren Konzept der „Persönlichkeitsstörungen“ aufgegangen, mit dem auch ein vergleichsweise engerer Personenkreis bezeichnet wird.[5]

Die Diagnose Psychopathie

Der Begriff der „Psychopathie“ wurde bereits Ende des 19. Jahrhunderts durch den Psychiater und Direktor der württembergischen Staatsirrenanstalt Zwiefalten, Julius Koch, aufgebracht, der 1891–1893 eine dreiteilige Monografie zur Diagnose der „psychopathischen Minderwertigkeiten“ vorlegte. Darin grenzte er die von ihm beschriebene Gruppe folgendermaßen von der Normalbevölkerung ab:

> Unter dem Ausdruck psychopathische Minderwertigkeiten fasse ich alle, sei es angeborenen, sei es erworbenen, den Menschen in seinem Personenleben beeinflussenden psychischen Regelwidrigkeiten zusammen, welche auch in den schlimmsten Fällen doch keine Geisteskrankheiten darstellen, welche aber die damit beschwerten Personen auch im günstigsten Falle nicht als im Vollbesitz geistiger Normalität und Leistungsfähigkeit stehend erscheinen lassen.[6]

---

[4]Zum Konzept der Medikalisierung, vgl. (Illich 1975; Conrad 1992).

[5](Kremer 2002, S. 23; Kölch 2002, S. 27 f.).

[6](Julius Ludwig August Koch, Die psychopathischen Minderwertigkeiten (I. Abteilung), Ravensburg 1891, Zit. nach: Gabriele Kremer 2002, S. 24).

„Merkwürdiges Verhalten“ das sich in irgendeiner Weise von dem Verhalten „anderer Leute“ abhob und sie „in sich eigenartig, manche sehr auffällig macht“ weise „Psychopathie“ aus, also „Abweichler“, „Störer“, „Spinner“ aber auch „Heilige oder Genies“. Genauso unklar wie die zentralen Gemeinsamkeiten in der Ätiologie, blieben die Vermutungen ob diese Verhaltensweisen vererbt, pränatal entstanden oder postnatal erworben seien.[7] Koch unterschied zwischen erworbenen „psychopathischen Minderwertigkeiten“, welche teils psychische, teils somatische Ursachen hätten und solchen, die auf „angeborene Disposition“, „angeborene Belastung“ oder „angeborene Degeneration“ zurück zu führen seien.[8]

Das Aufkommen der Diagnose Psychopathie fiel in eine Zeitphase, in der Gesundheitsfürsorge und –politik über Krankheitskontrolle zur Aufrechterhaltung der gesellschaftlichen Strukturen in Deutschland beitrug und der Psychiatrie der endgültige Durchbruch zur anerkannten medizinischen Disziplin gelang.[9] Dabei fällt auf, dass die Diagnose „Psychopathie“ ebenfalls ein sehr deutsches Phänomen war, das in der internationalen Diskussion entweder erheblich zurückhaltender oder gar nicht angewendet wurde.[10]

Von Vertretern der jungen Disziplin der Pädagogik wurde der Begriff der „Psychopathie“ erstaunlich schnell aufgegriffen und weiter verbreitet, obwohl ihnen von Psychiatern hinsichtlich verhaltensauffälliger Kinder und Jugendlicher lediglich die Rolle ärztlichen Hilfspersonals zugestanden wurde. Die Psychiater beanspruchten hinsichtlich der „Psychopathen“ die Bereiche Forschung, Diagnostik und Prognostik für sich und waren lediglich in Ermangelung therapeutischer Konzepte bereit, der Pädagogik den Versuch einer erzieherischen Beeinflussung zu überlassen [11]

Trotz oder gerade wegen einer auf die Monografie Kochs folgenden Flut an psychiatrischen Publikationen zum Problem der „psychopathischen Minderwertigkeiten“ trugen die Veröffentlichungen kaum zur Präzisierung der Diagnose bei. Da alle renommierten deutschen Psychiater sich an der Diskussion beteiligten, wurden unzählige Definitions- und Klassifikationsversuche vorgeschlagen, die aber lediglich einen inflationären Gebrauch der Diagnose in der klinischen Praxis zur Folge hatten.[12]

---

[7](Ebd., S. 24 f.; Rose et al. 2016, S. 31 f.).

[8](Braig 1978, S. 1; Remschmidt 1978, S. 285 f.).

[9](Weindling 1989, S. 37; Dörner 1969; Blasius 1994).

[10](Kölch 2002, S. 22).

[11](Ebd., S. 19 f.; Göppel 2010, S. 16 f.).

[12](Kölch 2002, S. 25 ff.).

Bereits seit dem Aufkommen des Psychopathiebegriffs wurden Anlage und Erbfaktoren als ursächlich angenommen und mit systematischen Untersuchungen zu „familiärer Belastung“ auch gezielt weiter in diese Richtung geforscht. Der Widerspruch zwischen der überwiegend von Psychiatern angenommenen Erblichkeit der Psychopathie und der zugleich erhofften erzieherischen Beeinflussbarkeit wurde kurzerhand ignoriert.[13]

In der psychiatrischen Diskussion war außerdem umstritten inwieweit die Psychopathie den „Geisteskrankheiten“ zuzurechnen sei, da die Diagnose die damit belegten Personen dann auch aus der juristischen Verantwortung für ihr Tun entlassen hätte. Infolgedessen wurde Psychopathie von den meisten namhaften Psychiatern der Zeit als „psychische Störung“ oder „Abnormität“ nicht aber als Krankheit im engeren Sinne definiert.[14] Zentrales Kennzeichen blieb die Abweichung von einer nicht näher bezeichneten Norm, wobei die Abgrenzung zu anderen psychiatrischen Krankheitsbildern und insbesondere zur häufig ähnlich weit gefassten Diagnose „Schwachsinn“ problematisch blieb.[15]

Durch den Psychiater Kurt Schneider wurde wegen der unübersichtlichen Vielfalt verschiedener Theorien und Klassifikationen 1923 schließlich eine Monografie über „psychopathische Persönlichkeiten“ vorgelegt, deren Typologie bis weit nach dem Zweiten Weltkrieg die Diagnostik dominierte.[16] Schneider unternahm mit seiner Publikation den Versuch die theoretischen Ansätze der prominenten Vertreter seines Fachs zusammen zu fassen, zu vergleichen und kritisch zu diskutieren, um schließlich auf dieser Grundlage eine eigene Klassifikation zu entwickeln.[17] Dabei definierte er „Psychopathische Persönlichkeiten“ indes ebenfalls recht unspezifisch, als „abnorme Persönlichkeiten“, die an ihrer „Abnormität“ leiden oder unter deren „Abnormität“ die Gesellschaft leide.[18]

Bereits in den 1920er Jahren hatte sich die Tendenz verfestigt, mit der Diagnose „Psychopathie“ gesellschaftlich als störend betrachtete Menschen zu stigmatisieren, zu entrechten und auszugrenzen. Zunehmend wirkte sich das Konzept „Psychopathie“ vor allem für die Erklärung der Erfolglosigkeit staatlicher

[13](Braig 1978, S. 5,13; Kölch 2002, S. 38 f., 48 f.).

[14](Kölch 2002, S. 68 f.; Braig 1978, S. 44 f.).

[15](Kremer 2002, S. 27 f.; Göhler 1987, S. 29).

[16](Schneider 1928).

[17](Kölch 2002, S. 70 f., 75 f.; Braig 1978, S. 88; Huber 1979, S. 102–111).

[18](Remschmidt 1978, S. 289).

Ersatzerziehung aus. Während der Weimarer Republik hatte sich in der Fürsorgeerziehung zunehmend die These durchgesetzt, dass Verwahrlosung nicht nur milieubedingt auf unzulängliche Erziehung und Aufsicht zurückgeführt werden könne, sondern bei Wirkungslosigkeit pädagogischer Einflussnahme eine pathologische Anlage der Zöglinge ursächlich sei.[19]

In der Rheinprovinz wurde zur Betreuung von „Psychopathen" im Sommer 1927 eine Abteilung für die „schwer erziehbaren, abnormen, weiblichen Fürsorgezöglinge" an die Provinzial- Heil- und Pflegeanstalt (PHP) Düren angegliedert, wo durchschnittlich zwischen 60 und 75 Mädchen im zeitweise ungenutzten „Bewahrungshaus" untergebracht wurden. Seit 1930 wurden außerdem auch rund 30 Jungen, bei denen Erziehungsversuche in Heimen fehlgeschlagen waren, in einer „Sonderabteilung" der PHP Düren untergebracht.[20] Die nach Düren verlegten Jugendlichen galten als „schwerste Fälle" unter den rheinischen Fürsorgezöglingen, die sich der geforderten Anstaltsdisziplin in den Heimen nicht fügen wollten oder konnten. Ihre Verhaltensauffälligkeit wurde entsprechend dem Psychopathiekonzept als Symptom anlagebedingter psychischer Störung diagnostiziert.

Begründet wurde die Einrichtung der Sonderabteilungen aber auch mit dem Wegfall härterer Bestrafungsmöglichkeiten und der körperlichen Züchtigung in der Fürsorgeerziehung, wobei in einer Behandlung durch Psychiatriepfleger offenbar weitergehende Sanktionsmöglichkeiten gesehen wurden.[21] Erklärtermaßen wurden in Düren „hydrotherapeutische Maßnahmen" wie „feuchte Ganzpackungen" und Dauerbäder, die seit dem 19. Jahrhundert zur Beruhigung von erregten Patienten in Gebrauch waren sowie „Isolierzellen" zur Disziplinierung der Jugendlichen eingesetzt.

Die „Psychopathen"-Abteilungen in der Dürener Anstalt wurden aber schon kurz nach der nationalsozialistischen Machtübernahme geschlossen,[22] nachdem bereits im Sommer 1934 in der Rheinprovinz damit begonnen worden war, Fürsorgeerziehungszöglinge nach „Erbwert" und „Art des Erziehungsnotstandes" zu selektieren und die Heime entsprechend auszudifferenzieren. Die schwererziehbaren

---

[19](Peukert 1986, S. 54 f., S. 296; Blum-Geenen 1997, S. 105; Kremer 2002, S. 40 f.).

[20](Blum-Geenen 1997, S. 377 f.).

[21](Ebd., S. 379; Matties 2003, S. 172 ff.).

[22]Die „Psychopathen"-Abteilung für Jungen wurde am 1.2.1934 und die Abteilung für Mädchen zunächst verkleinert und schließlich am 1.4.1935 ebenfalls aufgelöst. Vgl. (Matties 2003, S. 173).

Jugendlichen wurden nun in gesonderten „Bewahrungsheimen" regelrecht interniert und zu schwerer körperlicher Arbeit herangezogen.[23]

Nach Ende des Zweiten Weltkrieges wurde der Begriff der „Psychopathie" zunächst beibehalten, wobei allerdings anknüpfend an die Praxis der Weimarer Republik wieder verstärkt auf psychiatrische Anstalten für die Bewahrung verhaltensauffälliger Zöglinge zurückgegriffen wurde. Ein 1948 von den beiden führenden Jugendpsychiatern der frühen Bundesrepublik, Werner Villinger und Hermann Stutte, publizierter Aufsatz über „zeitgemäße Aufgaben und Probleme der Jugendfürsorge" sollte bis in die 1960er Jahre hinein maßgeblichen Einfluss auf die Diskussion zum Umgang mit verwahrlosten Jugendlichen ausüben.[24]

Darin erklärten sie „die Sichtung, Siebung und Lenkung dieses Strandgutes von jugendlich Verwahrlosten und Dissozialen" zur ärztlich-psychiatrischen Aufgabe, da statistisch erwiesen sei, dass „ein großer Teil dieser jugendlichen, sozialen Störenfriede und Gesellschaftsfeinde" irgendwie krank oder abnorm sei, was überwiegend auf „anlagemäßige Charakterabartigkeiten und Psychopathien" beruhe.[25] Entsprechend forderten sie ein „nach biologischen Gesichtspunkten differenziertes Fürsorgeerziehungswesen" mit psychiatrisch geleiteten „Sondererziehungsanstalten", die mehr auf Verwahrung als auf Erziehung zielen sollten. Die häufig anzutreffende, gemeinsame Unterbringung mit erwachsenen Geisteskranken in Heil- und Pflegeanstalten hielten sie jedoch für unzweckmäßig.[26]

In der psychiatrischen Diskussion nach dem Zweiten Weltkrieg erfuhr die Diagnose „Psychopathie" jedoch bald eine stärkere Eingrenzung, da Fortschritte der neurologischen Diagnostik zur Ausgliederung von Patienten mit hirnorganischen Befunden aus dem Formenkreis der Psychopathie führten, wobei für diese Patienten der Begriff „Pseudopsychopathie" geprägt wurde. Einige wenige Autoren vertraten unter dem Einfluss der Psychoanalyse nun sogar die Auffassung, dass der Begriff der Psychopathie verzichtbar sei, da bei Verhaltensauffälligkeiten im Kindes- und Jugendalter fast immer eine Neurose zu diagnostizieren sei.[27]

Auf der wissenschaftlichen Tagung der „Deutschen Vereinigung für Jugendpsychiatrie" (DVJ) in Stuttgart betonte Werner Villinger 1951 dann, dass der Psychopathiebegriff „vielfach ein Notbehelf" sei, der jedoch nicht ohne weiteres durch den Begriff „Schwererziehbarkeit" ersetzt werden könne, da neuere Beobachtungen ergeben hätten, dass ein „vermutlich gar nicht geringer Teil, der

[23](Blum-Geenen und Kaminsky 1995, S. 36 ff.; Steinacker 2007, S. 639–649).

[24](Villinger und Stutte 1948, S. 249–254). Zur Rezeptionsgeschichte vgl. (Blandow 1986, S. 82).

[25](Villinger und Stutte 1948, S. 249 f.).

[26](Ebd., S. 251, 253).

[27](Braig 1978, S. 63 ff., 90 f.).

bisher als Psychopathie" aufgefassten Anomalien Folgezustände nach organischen Hirnschädigungen darstellten.[28] Durch Villinger wurden die differenzialdiagnostischen Bestrebungen zur Eingrenzung der Diagnose „Psychopathie" jedoch mit der Absicht aufgegriffen, eine verbleibende Kerngruppe zu identifizieren, indem einerseits „Pseudopsychopathie" und andererseits auf Erlebnis- und Milieuwirkung zurück gehende Neurosen und Verwahrlosung ausgeschlossen werden sollten.[29]

Praxis jugendpsychiatrischer Begutachtung nach 1945

In welchem Umfang und aufgrund welcher Kriterien nach Ende des Zweiten Weltkrieges Kinder und Jugendliche als „psychopathisch" begutachtet wurden, soll im Folgenden anhand der Diagnostik der „Rheinischen Landesklinik für Jugendpsychiatrie" in Bonn näher untersucht werden.

Die jugendpsychiatrische Klinik in Bonn bildete insofern einen Sonderfall der psychiatrischen Versorgungslandschaft, als dass sie bereits im August 1926 als erste eigenständige kinder- und jugendpsychiatrische Klinik in Deutschland gegründet worden war.[30] Ihre Zielsetzung bestand vor allem darin, Kinder und Jugendliche zu untersuchen und zu beobachten, um nach Diagnose und zeitlich begrenzter Behandlung, eine Prognose und einen Heilerziehungsplan aufzustellen.[31] Im Jahr 1953 verfügte die Klinik über 140 Betten für Patienten beiderlei Geschlechts vom Säuglingsalter bis 21 Jahre sowie insgesamt 50 Heimplätze in außerhalb gelegenen Heilerziehungsanstalten. Die jährliche Aufnahmeziffer betrug 610 Aufnahmen und weitere rund 300 ambulante Fälle. Viele Kinder und Jugendlichen wurden in der Bonner Landesklinik erstmals psychiatrisch begutachtet, bevor sie in Heil- und Pflegeanstalten oder verschiedene, meist konfessionelle Heime überwiesen wurden.[32]

[28](Castell et al. 2003, S. 101 f.).

[29](Villinger 1951, S. 93–102).

[30](Waibel 2000, S. 12) Der erste Direktor der Anstalt, der Psychiater Otto Löwenstein, musste als Jude auf Druck der Nationalsozialisten im März 1933 flüchten und emigrierte in die USA, wo er schließlich als Professor an der Universität New York tätig wurde. (Ebd., S. 44 ff.).

[31](Ebd. S. 94, 131; Linda Orth 1989, S. 12 f.).

[32]Daten zur „Rheinischen Landesklinik für Jugendpsychiatrie", 1953, in: Archiv des Landschaftsverbandes Rheinland (ALVR) 31360. Zu den Belegungsverträgen des Landschaftsverbandes Rheinland mit Heimen und Pflegeanstalten zur Unterbringung von Kindern und Jugendlichen mit psychiatrischen Diagnosen, vgl. (ALVR 31289).

In der Altregistratur der Rheinischen Kliniken Bonn liegen rund 13–15.000 Patientenakten, welche die Arbeit der Kinder- und Jugendpsychiater bis in die 1980er Jahre hinein dokumentieren. Die Landesklinik diente vor allem der kurzfristigen Beobachtung und Begutachtung, weniger einer längerfristigen Behandlung. Die Kinder blieben zwischen sechs Wochen und sechs Monaten, durchschnittlich wurden sie zwei bis drei Monate untersucht und beobachtet, bevor sie dann weiter verlegt oder nach Hause entlassen wurden.

Die Patientenakten enthalten sehr weitgehende sozial-, wissenschafts- und kulturhistorische Informationen: Sie umfassen umfangreiche fachärztliche Gutachten mit Beschreibung der Vorgeschichte und der Lebensverhältnisse der Kinder. Darüber hinaus enthalten die Akten Befunde zu intellektuellen Fähigkeiten der Patienten, wie etwa standardisierte Intelligenztests sowie Pflegeberichte, die das Verhalten der Kinder dokumentierten. Sehr aufschlussreich sind außerdem die zahlreichen Selbstzeugnisse der Kinder, wie Briefe, Lebensläufe Erlebnisaufsätze, und Zukunftswünsche. Um die Tätigkeit der Klinik zu untersuchen, haben wir eine Stichprobe erhoben, um einen repräsentativen Querschnitt der vorhandenen Patientenaktenüberlieferung vom Ende des Zweiten Weltkrieges bis in die 1980er Jahre zu erhalten.[33]

Im Folgenden wird ein Ausschnitt der Stichprobe mit 60 Kindern und Jugendlichen präsentiert, die sich im Zeitraum zwischen 1945 und 1952, also in der unmittelbaren Nachkriegszeit, in der Rheinischen Landesklinik in Bonn befanden. In dieser Stichprobe finden sich 23 Mädchen und 37 Jungen. Die Kinder waren durchschnittlich 12 Jahre alt. Das jüngste war 5 Jahre und das älteste 18 Jahre alt.[34] Darunter befanden sich 30 Kinder mit der Diagnose „Schwachsinn“, abgestuft in leichter bis erheblicher Form, davon zehn Kinder mit der Zusatzdiagnose einer „charakterlichen Abartigkeit/Auffälligkeit oder Psychopathie“. Die Diagnose „Schwachsinn“ wurde in den Patientenakten der Landesklinik für Jugendpsychiatrie Bonn vorwiegend in leichte, mittlere und erhebliche Grade differenziert. Dabei war es offenbar in einigen Fällen eine rein moralische Wertung, die zu einer solchen Diagnose führte, Mangelndes Schulwissen, Angebliche Faulheit, Frechheit und Unsauberkeit und vor allem das Bettnässen konnten sowohl die Diagnose „Psychopathie“, als auch die Diagnose „mäßiger Schwachsinn“ zur Folge haben, ohne dass aus heutiger Sicht eine Intelligenzminderung aus den durchgeführten IQ-Tests eindeutig hervor ging: Ein Beispiel hierfür ist

[33]Zum Verfahren, vgl. (Buchholz 2002, S. 100–223).

[34]Vgl. dazu ausführlich (Fehlemann und Sparing, 2017).

etwa der 16-jährige K.H.H. aus Düsseldorf. Dieser befand sich während des Krieges jahrelang in einem Kinderlandverschickungs-Lager, in dem kein regelmäßiger Schulbesuch möglich war. Dennoch wurde er in Bonn gestützt auf seine IQ-Tests, als erheblich schwachsinnig diagnostiziert und in das Kloster Ebernach an der Mosel eingewiesen. Sein geringer Schulbesuch wurde bei den Intelligenztests nicht berücksichtigt.[35] Bei zwei weiteren Kindern aus dem Sample wurde die Diagnose „Schwachsinn" sogar gestellt, obwohl die auf Intelligenztests gestützten Gutachten diese Einschätzung eigentlich ausschlossen.

Aus der angelsächsischen Psychiatrie war jedoch bereits im neunzehnten Jahrhundert die Diagnose „Moral Insanity" für Personen mit einer „krankhaften Verkehrung natürlicher Gefühle" verbunden mit einem „starken Mangel an sittlichem Urteilsvermögen" als „moralischer Schwachsinn" auch in Deutschland eingeführt worden.[36] Während des Nationalsozialismus war die Diagnose ab Mitte der 1930er Jahre wieder verstärkt zur Etikettierung von unangepassten und unproduktiven Menschen aufgegriffen worden, um diese mit einer Indikation des „Gesetz zur Verhütung erbkranken Nachwuchs" als „schwachsinnig" einer Zwangssterilisation unterwerfen zu können.[37]

Doch auch nach 1945 war eine Abgrenzung der Begriffe „Schwachsinn" und „Psychopathie" keineswegs so deutlich, wie es aus heutiger Sicht vermutet werden könnte.

In dem Sample fanden sich zudem 16 Kinder mit einer ausschließlichen „Charakterbeurteilung/Psychopathie", Rechnet man also die Doppeldiagnosen hinzu, gab es bei 60 Patienten insgesamt 26 Kinder mit einer Diagnose, die in den Akten als Psychopathie, „charakterliche Abartigkeit", psychomotorische Unruhe, „Charakterliche Verwilderung", „Verwahrlosung bei intellektueller Dürftigkeit" oder als „anlagemäßige somatische, somato-psychische Besonderheiten" ausgeführt wurde. Die Diagnose „Psychopathie" beziehungsweise „charakterliche Abartigkeit" kam in den Patientenakten der Bonner Klinik vor allem dann zum Tragen, wenn die Kinder oder Jugendlichen so aufgeweckt waren, dass weder ein Intelligenzdefekt anzunehmen, noch erhebliche schulischen Lücken zu bemerken waren, indes als besonders störend empfundene Verhaltensauffälligkeiten festgestellt wurden. Diese Patienten hatten mitunter bereits jahrelange Heimkarrieren

[35]Patientenakte K.-H. H. aus Düsseldorf, in: Patientenaktenarchiv der Rheinischen Kliniken Bonn.

[36](Schott und Tölle 2006, S. 364 ff.).

[37](Bock 1986, S. 320 ff.).

hinter sich und waren schließlich von den Heimleitungen infolge von „heftigem Widerstand, Aufsässigkeit und Widerspenstigkeit" wegen „Unerziehbarkeit" als „anstaltspflegebedürftige Geisteskranke" vorgestellt worden.[38] Ein typisches Beispiel für einen „Psychopathen" bildete etwa Manfred C. aus Bonn, der bereits als Kleinkind in ein Kinderheim nach Stolberg gekommen war und dort schon mit vier Jahren als unruhig, störend und trotzig galt. Nach seiner Verlegung in ein weiteres Heim wurde dem nun siebenjährigen Jungen angelastet, dass er Plätzchen „geklaut" habe. Während des Vorrückens der Alliierten und der sogenannten „Beschusszeit" mochte er sich nicht in Schutzräumen halten und sei zunehmend unruhiger geworden. Schließlich habe er sich dann immer „ungezogener" benommen und mit Weglaufen und Einnässen gedroht. Alle Gutachten stellten aber fest, dass Manfred ausreichend intelligent sei. Mit der Diagnose einer „erheblichen charakterlichen Abartigkeit mit Zügen von Überaktivität und Gemütsdürftigkeit" wurde M. C. aus Bonn in das Franz-Sales-Haus in Essen überwiesen, einem der größten Belegheime der Rhein- Ruhr- Region.[39]

Außerdem fanden sich in unserer Stichprobe aus der unmittelbaren Nachkriegszeit noch 14 Kinder mit neurologischen Erkrankungen oder Störungen, wie Hirnschäden, Mikrozephalie, Epilepsie oder Ticleiden. Im Vergleich dazu waren im Berichtsjahr 1928/29 von 467 Kindern in der Bonner Klinik, 285 Kinder als „schwachsinnig" diagnostiziert worden und nur 106 Kinder hatten ‚charakterbezogene' Diagnosen erhalten (85 „psychopathisch" und 21 „Pubertätsstörungen und Sexualpsychopathie").[40] Diese Zahlen deuten darauf hin, dass die Psychopathie-Diagnosen in der Bonner Landesklinik nach dem Zweiten Weltkrieg erheblich zugenommen hatten und legen den Verdacht nahe, dass die Diagnose vermehrt bei erheblich durch den Krieg geschädigten Kindern zum Tragen kam. Bei einer knappen Hälfte der Kinder (30 von 60 Patienten) aus der Stichprobe für den Zeitraum von 1945 bis 1952 wurden einschneidende Kriegserfahrungen in der Anamnese notiert: So hatten sechs Kinder ihren Vater verloren, bei fünf weiteren galt der Vater als kriegsvermisst, weitere fünf Kinder waren durch Fluchterfahrungen erheblich belastet, so hatte zum Beispiel ein Junge seine Mutter auf der Flucht verloren. Ein anderer Junge hatte seine Mutter und seine fünf Geschwister bei einem Bombenangriff verloren, er selbst war einige Tage verschüttet und anschließend

---

[38]Dr. Ludwig Hermann Schulte, Das Problem der jugendlichen debilen Psychopathen (Vortragsmanuskript), Anlage zur Direktorenkonferenz v. 29/30-7-1955, in: (ALVR 31318).

[39]Patientenakte M. C. aus Bonn, in: Patientenaktenarchiv der Rheinischen Kliniken Bonn.

[40](Waibel 2000, S. 137).

zwei Wochen bewusstlos. Bei einem Kind war der Vater zum Kriegsinvaliden geworden, Ein weiteres Kind war seit dem Krieg extrem untergewichtig und wurde immer wieder bei Lebensmitteldiebstählen aufgegriffen. Bei einem anderen Patienten waren beide Eltern laut Akte seit 1936 inhaftiert und über ihren weiteren Verbleib nichts bekannt. Die elfjährige Hildegard H., hatte hingegen mit ansehen müssen, wie ihre jüdische Mutter, auf der Flucht vor der Gestapo aus dem Fenster gesprungen war. Der Vater konnte als Invalide seine vier Kinder nicht versorgen, sodass die verwahrlosten Geschwister schließlich auf verschiedene Waisenhäuser verteilt wurden. Als Hildegard in Bonn aufgenommen wurde, vermerkte der Aufnahmebericht, sie würde alles essen, was sie finden könne.[41]

Die Diagnosen der insgesamt 30 Kinder und Jugendlichen mit in der Anamnese festgehaltenen erheblichen Belastungen durch Kriegs- oder Nachkriegszeit ergeben, dass bei insgesamt 15 von ihnen „Psychopathie" beziehungsweise „charakterliche Abartigkeit" festgestellt wurde (darunter acht Kinder, welche zusätzlich als „schwachsinnig" diagnostiziert wurden), weiteren acht Kindern ausschließlich „Schwachsinn" attestiert wurde, bei den verbleibenden sieben Kindern neurologische Krankheitsbilder und Symptome diagnostiziert wurden. In der Tendenz finden sich also bei den kriegsgeschädigten Kindern und Jugendlichen mehr Psychopathie-Diagnosen als im Gesamt-Sample der 60 Kinder.

Die fachärztlichen Gutachten zeigen sehr deutlich, dass die behandelnden Psychiater die Auswirkungen der Kriegsgewalt auf die Zivilgesellschaft vor allem auf die Kinder weder als mögliche Ursache für Verhaltensauffälligkeiten, noch als relevant für eine Behandlung berücksichtigten. Selbst wenn der Zusammenhang zwischen Kriegserfahrung und Beginn der Symptomatik für die Angehörigen offensichtlich war, flossen diese Informationen kaum in Therapieempfehlungen mit ein. So zeigten sich etwa bei zwei Jungen der Zusammenhang zwischen Luftangriffen und dem Auftreten ihrer Symptomatik recht deutlich, der eine Heinz F. aus Kamp-Lintfort entwickelte nach den Angriffen anfallartige Symptome, bei dem zweiten Heinz H. aus Bonn wurde von Angehörigen berichtet, dass seine extreme Nervosität 1944 während der Bombenangriffe eingesetzt habe. Diese Informationen wurden auch in die Anamnesen aufgenommen und die Diagnose blieb in beiden Fällen vergleichsweise unklar, wobei die Erlebnisse der Kinder für die Behandlungsempfehlungen jedoch keine erkennbare Rolle spielten. Deutlich wird hier aber bereits eine diagnostische Verunsicherung im Umgang mit

[41]Patientenakte H. H. aus Köln, in: Patientenaktenarchiv der Rheinischen Kliniken Bonn.

diesen Kindern, vermutlich weil der Zusammenhang zwischen Kriegserfahrung und Erkrankung in diesen Fällen derart offenkundig war.[42]

Bereits in der Zeit nach dem Ersten Weltkrieg war die Diagnose „Psychopathie" vermehrt bei Kindern und Jugendlichen gestellt worden und hatte die Einrichtung von gesonderten Versorgungseinrichtungen für diese Patientengruppe angestoßen. Gerade in diesem Zeitraum wurden neben Vererbungseinflüssen aber durchaus auch Umweltfaktoren, wie die Auswirkungen von Kriegsteilnahme, die unzureichende Versorgung in den letzten Kriegsjahren und dem politischen Umbruch nach der Niederlage für die Entstehung von Verhaltensauffälligkeiten diskutiert.[43]

Nach dem Ende des Zweiten Weltkrieges waren diese Überlegungen aber offenbar bereits völlig ausradiert. Zumindest in der Bonner Landesklinik reagierten die Psychiater auf die erkrankten Kinder mit einer distanzierten, medizinischen Diagnostik, die die Lebensgeschichten der Kinder in Teilen zwar dokumentierte, aber bis weit in die 1950er Jahre keinerlei kausalen Zusammenhang zwischen psychischer Störung und Kriegserfahrung herstellte. In der Nachkriegszeit knüpfte der Mainstream der deutschen Psychiatrie an traditionelle, von somatischen Ursachen psychiatrischer Erkrankungen ausgehende Konzepte an.[44] Gerade der seit dem neunzehnten Jahrhundert in Deutschland vorherrschende naturwissenschaftlich-somatische Ansatz in der Psychiatrie, hatte eine wesentliche Voraussetzung für ihre besondere Empfänglichkeit für nationalsozialistisches Gedankengut und Handeln gebildet. Diesem Ansatz war eine Wertung des Menschen nach der Qualität und Funktion seines Organismus immanent, sodass sich eine so verstandene Psychiatrie nicht dem einzelnen Patienten, seiner Subjektivität und den biografischen Sinnzusammenhängen seiner Symptome zuwandte, sondern lediglich seinen als Degeneration interpretierten abweichenden Verhaltensweisen.[45] Die Auffassung, dass psychische oder „geistige" Erkrankungen auf organische Funktionsstörungen zurückgeführt werden könnten, war außerdem mit der auch nach Kriegsende weiterhin recht verbreiteten Annahme verknüpft, diese seien anlagebedingten und erblichen

---

[42]Patientenakte Heinz F. aus Kamp-Lintfort, in: Patientenaktenarchiv der Rheinischen Kliniken Bonn; Patientenakte Heinz H. aus Bonn, in: ebd.

[43](Braig 1978, S. 49 ff.; Rose et al. 2016, S. 54 ff.); vgl. (Soecknick 1924, S. 172–186; Voigtländer 1918, S. 24–26).

[44]Vgl. zur Geschichte der Kinder- und Jugendpsychiatrie (Fangerau et al. 2017; Schmuhl 1993, S. 136).

[45]Vgl. (Degkwitz 1985, S. 212–225).

Ursprungs.[46] Auch in der Bonner Klinik wurde noch bis weit in die fünfziger Jahre hinein in den fachärztlichen Gutachten an prominenter Stelle die Frage erörtert, ob etwa ein diagnostizierter „Schwachsinn" auf exogene Ursachen zurück zu führen, oder aber eine „Sippenbelastung" vorhanden sei.

Der Blick auf die psychiatrische Fachdiskussion zeigt aber auch, dass die Verunsicherung unter den Ärzten schon in der unmittelbaren Nachkriegszeit zur Erörterung von seelischen Auswirkungen des Krieges führte. Dabei gingen kritische Ansätze aber zunächst im Wesentlichen vom Ausland aus. So diskutierten niederländische Psychiater etwa die Frage, wie Kriegsgewalt auf Kinder wirke, warum einige trotz traumatischer Gewalt- oder Todeserfahrungen scheinbar seelisch gesund blieben und andere wiederum schwere neurotische Störungen entwickelten.[47] Auf den Jahrestagungen der „Deutschen Vereinigung für Jugendpsychiatrie" und benachbarter Fachgesellschaften wurde erst 1954 über die Auswirkungen von Kriegsschäden auf die psychische Gesundheit von Kindern diskutiert. Auf der dritten Jahrestagung der „Deutschen Vereinigung für Jugendpsychiatrie", 1954, berichtete ein schwedischer Kinder- und Jugendpsychiater über eine erhebliche Zunahme von psychischen Störungen bei Kindern und Jugendlichen in Schweden, denn obwohl das Land selbst nicht an Kriegshandlungen beteiligt gewesen sei, habe die permanente Kriegsbedrohung sich deutlich auf die Psyche der Minderjährigen ausgewirkt.[48]

Von der Mehrheit der deutschen Psychiater wurde auf derartige Thesen hingegen zunächst mit recht heftiger Abwehr reagiert: Schädliche Auswirkungen des Kriegsgeschehens auf die kindliche und jugendliche Psyche wurden zurückgewiesen oder relativiert.[49]

So vertrat etwa Werner Villinger auf der gleichen Tagung 1954 in einem ausführlichen Referat über „kriegsgeschädigte Kinder und Jugendliche" den Standpunkt, dass die von den Nationalsozialisten propagierte „heroische Lebenshaltung" etwa Hysterien habe seltener auftreten lassen und er aus eigener Erfahrung berichten könne, dass Kinder in den Luftschutzbunkern mit dumpfer Resignation auf die Angriffe reagiert hätten. Der in den Nachkriegsjahren beobachtete Konzentrationsmangel bei Schülern sei vielmehr auf Reizüberflutungen der Moderne, wie etwa die Lektüre von Comic-Büchern zurückzuführen. Mit diesen

[46](Goltermann 1999, S. 89 ff.; Goltermann 2013, S. 284 f.).

[47](Th. Hart de Ruyter 1947, S. 205–220).

[48](Castell et al. 2003, S. 122 f.).

[49]Vgl. dazu ausführlich (Castell et al. 2003, S. 90–128).

Argumenten stellte Villinger nachhaltige Auswirkungen von Kriegserfahrungen auf die Psyche und die intellektuelle Leistungsfähigkeit der Kinder infrage. Auch der Psychiater Eckart Foerster und die Pädiater Karl-Heinz Bleckmann, Otto Bossert und Gerhard Göllnitz vertraten auf der Tagung 1954 noch den Standpunkt, dass der Krieg bei Kindern und Jugendlichen keine langfristigen psychischen Schäden verursacht habe.[50] In zeitgenössischen Fachpublikationen wurde ohnehin davon ausgegangen, dass Intelligenzdefizite traumatische Erfahrungen deutlicher hervortreten ließen.[51] In der Praxis führte dies offenbar dazu, dass verhaltensauffällige Kinder ohne weiteres als „schwachsinnig“ etikettiert wurden, weil offensichtlich verstörten Kindern im Umkehrschluss „Minderbegabung“ zugeschrieben wurde. So dominierte – trotz gewisser Verunsicherungen – in der deutschen wissenschaftlichen Diskussion bis weit in die 1950er Jahre hinein zunächst die Auffassung, dass psychische Erkrankungen nicht durch den Krieg verursacht worden seien, sondern dieser lediglich „anlagebedingte Minderwertigkeit“ zum Vorschein gebracht habe.[52]

Jugendliche Psychopathen in Heil- und Pflegeanstalten

Die bei Kriegsende chaotischen Verhältnisse hatten dazu geführt, das schätzungsweise rund 80.000 bis 100.000 Minderjährige ohne festen Wohnsitz umherzogen und auch in der Folgezeit standen viele Jugendliche noch vor großen Herausforderungen ihr tägliches Überleben zu sichern, was nicht immer ohne Gesetzesübertretungen möglich war. Durch die Behörden wurde mit der Verhängung verschiedenster Disziplinierungsmaßnahmen reagiert. Die Zahl der Fürsorgezöglinge stieg von 1945 bis 1952 von 9.200 auf über 12.300 an.[53] Zugleich waren aber die zur Aufnahme von Zöglingen verfügbaren Bettenkapazitäten in karitativen Heimen und Anstalten durch Zerstörung oder Umnutzung bereits seit dem Krieg deutlich zurück gegangen.[54] Den Problemen bei der Unterbringung der

[50]Ebd., S. 118–126).

[51](Goltermann 2009, S. 165–216; Castell et al. 2003, S. 126).

[52](Goltermann 1999, S. 89 ff.; Goltermann 2013, S. 284 f.).

[53](Henkelmann et al. 2011, S. 61 f.).

[54]Niederschrift über die Arbeitstagung der Direktoren der Rheinischen Landesheilanstalten am 30. und 31. Juli 1954 im Landeskrankenhaus Marienheide vom 13.09.1954, in: (ALVR 31318).

anwachsenden Zöglingspopulation wurde – anknüpfend an die Praxis gegen Ende der Weimarer Republik – durch vermehrte Überweisungen erziehungsschwieriger Jugendlicher in die Psychiatrie begegnet.

In den 1950er Jahren war die Rheinische Landesklinik für Jugendpsychiatrie in Bonn, die mit der Begutachtung und Verteilung verhaltensauffälliger Jugendlicher befasst war, kaum mehr imstande die wachsende Zahl problematischer Jugendlicher zu versorgen. Schwierigkeiten bereiteten insbesondere die Patienten mit „schwerer Psychopathie und hysterischen Wesenszügen“ die aber als „nicht geisteskrank im organischen Sinn“ galten.[55]

Durch die Rheinische Landesklinik für Jugendpsychiatrie mussten infolgedessen zwei Abteilungen der Heil- und Pflegeanstalt Bonn mit Kindern und Jugendlichen belegt werden, die erst nach Fertigstellung eines Erweiterungsbaues Ende 1952 an die Anstalt zurück gegeben wurden.[56]

Diese „Außenabteilung der Landesklinik für Jugendpsychiatrie“ wurde von der Bonner Anstalt indes für überflüssig erachtet, da die Auffassung vertreten wurde, die Kinder und Jugendlichen könnten anderswo kostengünstiger untergebracht werden.[57]

Im Frühjahr 1952 berichtete die Bonner Heil- und Pflegeanstalt über die auf den Stationen untergebrachten Minderjährigen:

> Zum Schluß darf auf eine besondere Belastung des Anstaltslebens hingewiesen werden, die durch den verstärkten Zugang vagabundierender und krimineller Jugendlichen und streunender jugendlicher Dirnen entstanden ist. Diese Halbwüchsigen bis Jungerwachsenen, meist debil oder von psychopathischer Charakteranlage, gehören nicht in Heilanstalten, die über die notwendigen Korrekturmittel nicht verfügen, sie drücken das Niveau, belasten die anderen Kranken und können den Umständen nach hier nicht die erforderliche Hilfe und Führung erfahren. Eine gesonderte Unterbringung dieser Typen in Heimen, die nicht Heilanstaltscharakter tragen dürfen, sollte angestrebt werden.[58]

Bei den nach Kriegsende in die rheinischen Heil- und Pflegeanstalten eingewiesenen „jugendlichen Psychopathen“ handelte es sich fast durchweg um Heranwachsende,

---

[55] Vermerk betr.: Inanspruchnahme der Rhein. Landesjugendklinik oder Heil- und Pflegeanstalten zur Beobachtung und evtl. vorübergehenden kurzfristigen Behandlung, in: (ALVR 40372).

[56] Verwaltungsbericht der LHA Bonn 1952/53, in: (ALVR 14807, Bl. 107).

[57] Jahresbericht 1950/51 der LHA Bonn, in: (ALVR 14855, Bl. 221 f.).

[58] Jahresbericht 1951/52 der LHA Bonn, in: (ALVR 14855, Bl. 345 f.).

die auf ihre „erzwungene Eingliederung in die enge Gemeinschaft" in Fürsorgeerziehungsheimen oder „Schwachsinnigenanstalten", mit „heftigem Widerstand, Aufsässigkeit und Widerspenstigkeit" reagierten und schließlich von den Heimleitungen wegen „Unerziehbarkeit" als „anstaltspflegebedürftige Geisteskranke" an die Anstalten abgegeben wurden.[59] Nachdem „jugendliche Psychopathen" zunächst in alle rheinischen Heil- und Pflegeanstalten eingewiesen wurden bildeten sich seit 1950 jedoch aus verschiedenen Gründen Schwerpunkte bei ihrer Unterbringung heraus. So war Anfang Mai 1950 die in der Anstalt Langenfeld-Galkhausen bestehende Abteilung für Kinder und Jugendliche größtenteils durch Überweisungen an karitative Pflegeanstalten sowie einige Verlegungen auf Erwachsenenabteilungen aufgelöst worden.[60]

Seit Anfang der 1950er Jahre wurden zudem verstärkt „jugendliche Psychopathen" mit Sammeltransporten aus überfüllten rheinischen Landesheilanstalten an die Anstalten Bedburg-Hau und Düren abgegeben, da hierfür in erster Linie „die schwierigsten und lästigsten Kranken" ausgesucht worden waren. Der Direktor der Landesheilanstalt Düren, Dr. Ludwig Hermann Schulte, erklärte im Sommer 1955:

> So hat sich dort der Bodensatz mehrerer rheinischer Anstalten gesammelt und zu einem Zustand geführt, der trotz der größten Einsatzwilligkeit des Personals zeitweise kaum mehr beherrschbar erscheint.[61]

In der Landesheilanstalt Düren befanden sich im Sommer 1955 insgesamt rund 40 überwiegend weibliche Jugendliche, die zumeist als „debile Psychopathen" diagnostiziert waren und wegen Verhaltensauffälligkeiten nur in bestimmten Abteilungen untergebracht werden konnten, wo sie infolgedessen fast ein Zehntel der Gesamtbelegung ausmachten.[62]

Seit Kriegsende waren auch in die Heil- und Pflegeanstalt Bedburg-Hau etwa 30 bis 40 Jugendliche beiderlei Geschlechts eingewiesen worden, denen neben „Schwachsinnzuständen" etwa „erhebliche Charakteranomalien" oder „psychopathische Konstitution" attestiert wurden. Die Jugendlichen wurden durchweg als

---

[59]Dr. Ludwig Hermann Schulte, Bericht über das Problem der jugendlichen debilen Psychopathen, Direktorenkonferenz v. 29/30-7-1955, in: (ALVR 31318).

[60]Jahresbericht 1950/51 der LHA Galkhausen, in: (ALVR 14855, Bl. 245).

[61]Dr. Ludwig Hermann Schulte, Bericht über das Problem der jugendlichen debilen Psychopathen, Direktorenkonferenz v. 29/30-7-1955, in: (ALVR 31318).

[62]Ebd.

besonders störend für den Anstaltsbetrieb wahrgenommen und wiederholt zum Gegenstand heftig vorgetragener Klagen durch die Direktion.[63] Dank „grösseren Zuwachs" von jugendlichen „Schwachsinnigen", erhöhte sich ihre Anzahl auf mehr als 60, weshalb auf der Männerseite eine eigene Abteilung für Jugendliche eingerichtet wurde.[64] Durch weitere Verlegungen stieg die Anzahl der Jugendlichen schließlich auf rund 80, wobei ihre Betreuung offenbar nach wie vor große Schwierigkeiten bereitete. Anfang 1953 hieß es über die jugendlichen Patienten und Patientinnen:

> Die Pflege und Wartung dieser Kranken ist nach wie vor eine schwere Belastung für die Anstalt. Die Zahl der benötigten Pfleger ist größer als bei der Pflege der Erwachsenen und der Verbrauch an Wirtschaftsgütern wesentlich höher.[65]

Auch in den Folgejahren hielten die Klagen über den bei den Jugendlichen erhöhten Pflegeaufwand an, obwohl die Abteilung durchaus Schwankungen in der Belegung aufwies.[66]

Die erheblichen Schwierigkeiten, die durch die Anstaltseinweisung von jugendlichen „Psychopathen" hervorgerufen wurden, veranlasste klinische Psychiater aber offenbar dazu, sowohl dem Krankheitswert von Psychopathie, wie auch dem therapeutischen Nutzen einer psychiatrischen Behandlung deutlich kritischer entgegen zu treten als die Kinder- und Jugendpsychiater der Bonner Landesklinik.

So stellte der Dürener Anstaltsdirektor Dr. Ludwig Hermann Schulte jedenfalls fest, dass seit Kriegsende ein „stark vermehrter Anfall jugendlicher debiler Psychopathen, überwiegend weiblichen Geschlechts" Probleme herbeigeführt hätten, die in dieser Form bis dahin nicht bekannt gewesen seien. Er beklagte insbesondere, dass die Einweisung der Jugendlichen in die Psychiatrie vor allem mit dem Ziel ihrer Disziplinierung stattfinde, sie dort aber die Patienten „verhetzen", die Arbeit „sabotieren", zu flüchten oder sonst in „irgendeiner Form die Ordnung

---

[63]Vgl. Verwaltungsbericht der PHP Bedburg-Hau f. d. Rechnungsjahr 1949/50, in: (ALVR 14855, Bl. 19 f.).

[64]Verwaltungsbericht der LHA Bedburg-Hau für das Rechnungsjahr 1951/52, in: (ALVR 23133).

[65]Verwaltungsbericht der LHA Bedburg-Hau für das Rechnungsjahr 1952/53, in: (ALVR 23133).

[66]Vgl. z. B. Verwaltungsbericht der LHA Bedburg-Hau f. d. Rechnungsjahr 1954/55 in: (ALVR 14807, Bl. 357).

zu unterminieren“ versuchten. Sie stifteten einen Geist der Aufsässigkeit, der die Heilatmosphäre vergifte, wodurch die allgemeine Unruhe zunehme und die Genesung der Psychosen sich verzögere.[67]

Dr. Schulte, führte das „Problem der jugendlichen Psychopathen“ auf das Fehlen „hinreichender Aufsicht und Führung“ zurück, die gepaart mit „konflikterzeugenden Spannungen und Unausgeglichenheiten“ im Charakter oder mit einer Beeinträchtigung der „Möglichkeit rationaler Anpassung durch Dummheit oder Debilität“ sich als Psychopathie ausprägten. Diese könne sowohl anlagebedingt, wie auch durch Lebensumstände selbst hervorgerufen sein. Bei den intelligenteren jugendlichen Psychopathen führe das Versagen in der sozialen Anpassung leicht zu bewusster antisozialer Einstellung, während „bei den Dummen und Debilen ein asoziales Nichtmitmachenwollen“ überwiege. Es bildeten sich infolgedessen „fixierte Fehleinstellungen“ wie „Primitiver Egoismus, Genußsucht, Scheu vor Anstrengung, Mangel an Pflichtgefühl und Verantwortlichkeit, Unfähigkeit zu echter Gemeinschaftsbildung, erhöhte Beeinflußbarkeit in der Richtung des negativen Wertgefälles, Einschrumpfung der Interessen auf Sexuelles“, kurz ein „Zustand der Haltlosigkeit, des steuerlosen Dahintreibens, durch die Zufälle des Daseins ohne Verantwortung und ohne Ziel,“ die „Verwahrlosung in irgendeiner Form, mit oder ohne Kriminalität“ zur Folge habe.[68]

Als anstaltspflegebedürftig schätzte Dr. Schulte diese Heranwachsenden nicht ein, dennoch waren die meisten Psychiater offenbar trotzdem bereit eine Anstaltseinweisung vorzunehmen:

> Der Anstaltsarzt sieht sich vor die Schwierigkeit gestellt, eine Diagnose zu finden, aus der sich die Anstaltspflegebedürftigkeit ergibt. Oft hilft er sich mit der „abnormen Erlebnisreaktion“, und in manchen Fällen trifft das zu. Solche Reaktionen pflegen rasch, meist in wenigen Tagen abzuklingen. Was bleibt, ist ein aufsässiger Jugendlicher, der es nicht gelernt hat, seine individuellen Bedürfnisse mit denen der Gesellschaft abzustimmen und der gegen jede Form der Beeinflussung in Opposition steht. Vorgenommen wird mit ihm gar nichts, denn da er nicht krank ist, kann er nicht Gegenstand ärztlicher Behandlung sein.[69]

Eine Rückverlegung der Jugendlichen in Heime gelinge jedoch praktisch nie, denn durch die Fürsorgeerziehung würden diese Jugendlichen abgeschrieben und

[67]Dr. Ludwig Hermann Schulte, Bericht über das Problem der jugendlichen debilen Psychopathen, Direktorenkonferenz v. 29/30-7-1955, in: (ALVR 31318).

[68]Ebd.

[69]Ebd.

keiner Bemühungen mehr für wichtig erachtet. Es werde sich damit begnügt, dass sie einstweilen für die Öffentlichkeit „unschädlich gemacht“ seien – ihre weitere Entwicklung interessiere nicht mehr. In Ermangelung anderer Unterbringungsmöglichkeiten müssten die meisten jugendlichen Psychopathen daher in den Anstalten verbleiben, wo sie keinerlei Korrektur erführen und für das Leben in Freiheit verdorben würden.[70]

Da die Jugendlichen aber nicht als krank zu betrachten seien, könnten sie auch nicht Gegenstand ärztlicher Behandlung sein. Eine durch die Erziehungsheime erhoffte „Fortsetzung der Pädagogik mit anderen Mitteln“ dürfe in den Anstalten nicht erfolgen, da „gezielte ärztliche Maßnahmen“ wie Beruhigungsspritzen oder feuchte Ganzpackungen unbedingt als Erziehungsmittel abzulehnen seien.[71] Durch die Anstaltsverwahrung werde den Jugendlichen nicht geholfen, sondern im Gegenteil sogar geschadet, da sie als Kranke gelten müssten und sich auch selber so betrachten würden. Infolgedessen könnten sie sich beliebig gehen lassen und würden „unvermeidbar zu Drückebergern erzogen“, die bei längerem Anstaltsaufenthalt schließlich untauglich für das Leben seien.[72]

Die Frage wo „jugendliche debile Psychopathen“ unterzubringen seien, die von den Fürsorgeerziehungsheimen als „nicht erziehungsfähig“ und von den Heilanstalten als „nicht anstaltspflegebedürftig“ betrachtet wurden, blieb vorerst offen.[73]

Tatsächlich war aber im Sommer 1953 eine Änderung der gesetzlichen Grundlagen eingetreten, die einen starken Zuwachs jugendlicher Psychiatriepatienten zur Folge haben sollte: Die in weiten Teilen noch auf das „Reichsjugendwohlfahrtsgesetzes“ von 1922 gestützte Novelle des Jugendwohlfahrtsgesetzes vom 29. August 1953 hatte die in § 63 geregelte Möglichkeit einer Entlassung von Zöglingen wegen „Unausführbarkeit der Fürsorgeerziehung aus Gründen, die in der Person liegen“ zugunsten einer Aufhebung der Fürsorgeerziehung, falls „erhebliche, fachärztlich nachgewiesene geistige oder seelische Regelwidrigkeiten eine andere Form der Hilfe erfordern“, ersetzt.[74] Anstelle der bis dahin häufig noch vorgenommenen Entlassungen von erziehungsschwierigen Fürsorgezöglingen sollte nun also ihre Überweisung in Einrichtungen mit therapeutischer Zielsetzung stehen.

---

[70]Ebd.

[71]Ebd.

[72]Ebd.

[73]Ebd.

[74](Henkelmann et al. 2011, S. 43 ff.).

Infolge dessen stieg auch der Bedarf an jugendpsychiatrischer Begutachtung und entsprechenden Unterbringungsmöglichkeiten für als psychisch erkrankt diagnostizierte Minderjährige.

Gründung von Sondereinrichtungen

Die 140 verfügbaren Betten der Bonner Klinik waren seit Anfang der 1950er Jahre jedoch ständig belegt und eine lange Warteliste mit Voranmeldungen führte zu teilweise erheblichen Verzögerungen bei der jugendpsychiatrischen Begutachtung.[75] Bei Aufnahmeersuchen wurde außerdem darauf hingewiesen, dass die Klinik in Ermangelung eines Wachsaales „fluchtverdächtige Minderjährige" nicht halten könne.[76] Besonders die Aufnahme von männlichen Jugendlichen bereitete offenbar große Schwierigkeiten:

> Bezüglich der Station, welche die männlichen Halbwüchsigen aufnimmt, darf erinnert werden, dass die Klinik keine sichernden baulichen Einrichtungen besitzt. Das Pflegepersonal wird deshalb unter Umständen schon durch die Anwesenheit von wenigen störenden oder aufsässigen Jugendlichen überfordert. Da die Klinik aus fachlichen Gründen Wert darauf legt, die jugendpsychiatrische Beobachtung und Behandlung im Wesentlichen mit *weiblichem* Personal durchzuführen, wirkt sich das Fehlen männlicher Betreuer zeitweilig dahin aus, dass die Station der Halbwüchsigen mit Rücksicht auf die Sicherheit des Personals nicht voll belegt werden kann. Die Grenze des dem Personal zumutbaren lässt sich bei der Art unserer Kranken nicht immer zahlenmäßig festlegen.[77]

Die Klinik beklagte sich vor allem darüber, dass sie ständig mehr oder weniger durch Patienten blockiert werde, die nicht zur Beobachtung und klinischen Klärung eingewiesen seien, sondern in Ermangelung einer anderen geeigneten Versorgung.[78] Schwierigkeiten entstanden offenbar vor allem dadurch, dass insbesondere die einweisenden Heime sich häufig weigerten, die Jugendlichen nach Abschluss einer

[75]Was geht in kranken Kinderseelen vor?", in: Bonner Generalanzeiger vom 03./04.08.1957.

[76]Vermerk vom 19.09.1958, in: (ALVR 40372).

[77]Schreiben der Rhein. Landesklinik für Jugendpsychiatrie an den Dir. des LVR vom 10.11.1958, betr.: Belegung der Klinik, in: (ALVR 31360).

[78]Schreiben der Rheinischen Landesklinik für Jugendpsychiatrie, Dr. Hans-Aloys Schmitz, an den Dir. des LVR, z.Hd. LR Dr. Müller vom 15.06.1960, betr.: Aufgaben der Rheinischen Landesklinik für Jugendpsychiatrie in: (ALVR 31360).

Behandlung wieder aufzunehmen, auch wenn sie nach ärztlichem Urteil keiner geschlossenen Anstaltsbehandlung mehr bedürften.[79]

Durch die langen Wartezeiten für Beobachtungsplätze in der Bonner Jugendpsychiatrie sah sich insbesondere das für die Durchführung der öffentlichen Ersatzerziehung zuständige rheinische Landesjugendamt in seiner Arbeit stark beeinträchtigt, da durch die jugendpsychiatrische Begutachtung nun Feststellungen darüber zu treffen waren, ob Minderjährige noch mit Mitteln der Fürsorgeerziehung zu fördern seien, beziehungsweise durch eine jugendpsychiatrische Behandlung die weitere Erziehbarkeit in der Fürsorgeerziehung ermöglicht werden könnte. Bei „erheblichen seelischen oder geistigen Regelwidrigkeiten" waren die Fürsorgeerziehung aufzuheben und die Minderjährigen in eine „Anstalt für bildungsfähige Schwachsinnige" oder eine Heil- und Pflegeanstalt einzuweisen. Im Wesentlichen handele es sich dabei um Personen „mit schwerer Psychopathie und hysterischen Wesenszügen", die „im Leben nicht zurechtkommen, aber nicht geisteskrank im organischen Sinn" seien Besondere Schwierigkeiten hätten sich hierbei für die Gruppe der schulentlassenen Mädchen ergeben, da die Aufnahmekapazitäten für diese Gruppe in der Bonner Klinik mit zwölf Plätzen sehr begrenzt seien. Daher wurden durch das Landesjugendamt und die angeschlossenen Erziehungsheime wegen Eilbedürftigkeit aufgrund „besonderer psychiatrischer Ausnahmezustände" wiederholt Zöglinge auch direkt in die für den Bezirk jeweils zuständige Heil- und Pflegeanstalt eingewiesen.[80]

Aufgrund der anhaltenden Schwierigkeiten der Rheinischen Landesklinik für Jugendpsychiatrie in Bonn zeitnah ausreichend Plätze für die Beobachtung und Begutachtung von Zöglingen der öffentlichen Ersatzerziehung bereit zu stellen, wurde Mitte Februar 1957 zwischen dem Landesjugendamt und der Gesundheitsabteilung des Landschaftsverbandes Rheinland vereinbart in der Landesheilanstalt Viersen-Süchteln eine weitere Einrichtung zur jugendpsychiatrischen Beobachtung zu schaffen.

Als besonders dringlich erschien die Einrichtung einer Station zur Beobachtung „schulentlassener, schwieriger Mädchen", da die in der Bonner Klinik vorhandenen Plätze für diese Gruppe nicht ausreichten. Vorgesehen wurde

[79]Vermerk von Abt. 8 an Abt. 4 vom 05.02.1963, betr. Unterbringung von FE-Zöglingen in geschlossenen Abteilungen der Rhein. Landeskrankenhäuser, in (ALVR 40372).

[80]Vermerk vom 14.01.1957, betr.: Inanspruchnahme der Rhein: Landesjugendklinik oder Heil- und Pflegeanstalten zur Beobachtung und evtl. vorübergehenden kurzfristigen Behandlung im Verhältnis zu den gesetzlichen Bestimmungen über das gerichtliche Verfahren bei Freiheitsentziehungen u. a., in: (ALVR 40372).

daher die Bereitstellung von 10 Plätzen für weibliche Zöglinge auf einer nicht in Anspruch genommenen Abteilung in der Landesheilanstalt Viersen-Süchteln, die unter der Leitung einer Kinderärztin stand.[81]

Zweck dieser „Sonderabteilung" war es festzustellen, ob bei den Jugendlichen ein „geistiger oder psychischer Schaden" für die Unerziehbarkeit ursächlich sei, ob Anstaltspflegebedürftigkeit gegeben sei oder ob aus ärztlicher Sicht Behandlungsempfehlungen gegeben werden könnten, um sie mit Erziehungsmaßnahmen weiter zu fördern. Die Belegung der zehn Plätze der Sonderstation sollte sofort anlaufen und nur durch das Landesjugendamt erfolgen.[82]

Bereits im März 1957 wurden die ersten Patientinnen auf der Beobachtungsstation aufgenommen, sodass die Station bereits nach kurzer Zeit vollständig belegt war. Die Patientinnen waren in einem gesonderten Schlafraum mit einem dazugehörigen Aufenthaltsraum untergebracht, wo sie unter der Aufsicht einer eigens für die Station eingesetzten Krankenschwester standen. Die beabsichtigte Trennung der „F.E.-Mädchen von den üblichen Anstaltskranken" ließ sich aber wegen der knappen Besetzung mit Pflegekräften kaum durchführen, zumal die Mädchen auch im Rahmen der Beschäftigungstherapie zusammen mit Anstaltspatienten eingesetzt wurden.[83]

Bereits kurze Zeit nach der Inbetriebnahme der Sonderstation in Viersen-Süchteln traten dort aber ähnliche Probleme mit den „psychopathischen" Patientinnen auf, wie sie bereits von anderen Anstalten bekannt waren: So wurde von der Landesheilanstalt Süchteln recht bald beklagt, dass die ärztliche Betreuung der „Beobachtungsabteilung", die Abfassung der Berichte, die erzieherische Einwirkung auf die Mädchen und die Regelung disziplinarer Schwierigkeiten einen so „beachtlichen Zeitaufwand" erfordere, sodass die dort tätige Ärztin weitgehend für die übrige ärztliche Tätigkeit in der Anstalt ausfalle, obwohl ihre Aufgabe sich nur auf einen verhältnismäßig kleinen Personenkreis erstrecke.[84] Über die

---

[81]Vermerk vom 20.02.1957 über die Besprechung von LR Jans mit LR Müller am 13.02.1957, betr.: Jugendpsychiatrische stationäre Beobachtungsmöglichkeiten für Minderjährige der öffentlichen Ersatzerziehung, in: (ALVR 40732).

[82]Reisebericht vom 05.03.1957 über den Besuch der Landesklinik Süchteln am 27.02.1957, in ebd.

[83]Bericht der Rhein. Landesheilanstalt Johannistal in Süchteln an den Dir. des LVR vom 06.06.1957, betr.: stationäre Beobachtung Minderjähriger, in: (ALVR 40372). Für die Dauer der Beobachtungszeit wurden die minderjährigen Mädchen in der Wäscherei, der Nähstube und der Gärtnerei beschäftigt.

[84]Ebd.

besonderen Schwierigkeiten, die die Beobachtung minderjähriger Mädchen mit sich bringe, berichtete die Anstalt Süchteln im Sommer 1957:

> Die verhältnismässig kurze Berichtszeit lässt jedoch schon klar erkennen, dass die Ansammlung von schwer erziehbaren und zum Teil auch besonders triebhaften Mädchen Schwierigkeiten mit sich bringt, die von den Schwierigkeiten, die psychopatische Mädchen der gleichen Altersklasse bereiten, praktisch nicht zu unterscheiden sind. Streitigkeiten unter den F.E.-Mädchen, die gelegentlich bis zu Tätlichkeiten sich steigern, sind vorgekommen und werden auch in Zukunft nicht zu vermeiden sein. Die Erfahrung mit psychopathischen, sicher anstaltspflegebedürftigen Mädchen hat uns gelehrt, dass dieser Personenkreis sich untereinander in negativem Sinne beeinflusst, die gleiche Erfahrung haben wir auch bei den jetzt hier untergebrachten F.E.-Mädchen machen müssen. So nimmt es nicht Wunder, dass es immer wieder zu Widersetzlichkeiten, oft auch zur Arbeitsverweigerung und ähnlichen disziplinaren Schwierigkeiten gekommen ist. Bislang liessen sich all diese Vorkommnisse durch die Abteilungsärztin, ohne die Anwendung größerer disziplinarischer Mittel, ausgleichen. Ob das immer so sein wird, steht dahin.[85]

Die beschriebenen Schwierigkeiten führten zu fortlaufenden Problemen auf der Beobachtungsstation, sodass es zu vermehrten Entweichungen kam und das vorhandene Pflegepersonal sich den „Disziplinlosigkeiten“ der eingewiesenen Mädchen nicht mehr gewachsen sah. Den „fast durchweg psychopathischen und intellektuell nur selten geschädigten Mädchen“ wurde attestiert hinsichtlich der Erfindung von Entweichungsmöglichkeiten einfallsreicher zu sein als die übrigen Anstaltspatienten.[86]

Ende Juli 1958 wurde das Landesjugendamt gebeten – trotz einer Belegung mit nur sieben Minderjährigen – von Neueinweisungen solange abzusehen bis die vorhandenen Mädchen entlassen seien. Diese hätten derart große Probleme bereitet, dass sich das Pflegepersonal „ständig neuen Disziplinlosigkeiten, Jugendstreichen und sinnlosen und böswilligen Handlungen“ ausgesetzt gesehen habe und eine „weitere Vermehrung des Bestandes dieser psychopathischen Mädchen die Schwierigkeiten noch steigern“ würden.[87]

Mitte September 1958 teilte der Direktor der Landesheilanstalt Johannistal-Süchteln schließlich dem Landesjugendamt telefonisch mit, dass weitere Aufnahmen auf die mit noch drei Mädchen belegte Sonderstation wegen Überbelegung

---

[85]Ebd.

[86]Schreiben der Rhein. LHA Johannistal an den Dir. des LVR vom 21.06.1957, betr.: Sonderstation für die stationäre Beobachtung Minderjähriger, in: ebd.

[87]Vermerke an die Abt. IV des LVR vom 29.07.1958, in: ebd.

der Anstalt und Ärztemangels auf absehbare Zeit nicht mehr möglich seien. Durch das Landesjugendamt wurde daraufhin versucht, die Einrichtung wegen der noch zahlreichen Anträge für eine jugendpsychiatrische Beobachtung, durch Herabsetzung der bereitgestellten Plätze zu erhalten.[88]

Schwierigkeiten waren aber auch dadurch entstanden, dass die vorgesehene Unterbringungsdauer von sechs bis acht Wochen teilweise erheblich überschritten wurde, was die Bereitschaft der Anstalt Süchteln die Sonderstation fortzuführen nicht gerade förderte. Durch das Landesjugendamt wurde dies jedoch auf Verzögerungen bei der Vorlage der fachärztlichen Gutachten zurückgeführt, ohne die eine Festlegung weiterer Maßnahmen nicht möglich sei.[89] Unter der Bedingung, dass die minderjährigen Mädchen nach Maximal sechs bis acht Wochen zurückgenommen würden, fand sich der Direktor der Süchtelner Anstalt schließlich bereit, weiterhin acht Plätze für die Beobachtung schulentlassener Mädchen bereit zu stellen.[90]

Wie lange die „Sonderstation" der Landesheilanstalt Viersen-Süchteln noch bestanden hat, ist aus den vorhandenen Quellen nicht eindeutig abzulesen. Im Frühjahr 1962 war die bereits länger geplante „Rheinische Landesklinik für Jugendpsychiatrie Süchteln" in Betrieb genommen worden, aber durch den ersten Direktor der Einrichtung, Dr. Gerhard Bosch, eine Übernahme von „schwer verhaltensgestörten, verwahrlosten und psychotischen Jugendlichen" ausdrücklich ausgeschlossen worden.[91]

Seit dem Ende der 1950er Jahre wurde die Diagnose „Psychopathie" von Psychiatern ohnehin immer kritischer beurteilt und Verhaltensauffälligkeiten wurden nicht mehr so sehr auf ungünstige Anlagen, sondern zunehmend auf Milieu- und Erziehungseinflüsse zurück geführt.[92] Entsprechend sank auch die Bereitschaft der Psychiater eine Anstaltsunterbringung, mit ihrem zu dieser Zeit noch ausgesprochenen Verwahrungscharakter, zu befürworten.[93]

[88]Vermerk vom 19.09.1958, betr.: Sonderstation für schulentlassene Mädchen in der Rhein. Landesheilanstalt Johannistal-Süchteln, in ALVR 40372; Schreiben von LR Dr. Jans an LR Dr. Müller vom 07.10.1958, betr.: Sonderstation für schulentlassene Mädchen in der Rheinischen Landesheilanstalt Johannistal-Süchteln, in: ebd.

[89]Vermerk vom 08.10.1958, betr.: Jugendpsychiatrische Gruppe in Süchteln, in: (ALVR 40372); Abteilungsverfügung Nr. 14/58 an die Rhein. Landesheilanstalt Johannistal-Süchteln vom 13.10.1958, betr.: Sonderstation für die stationäre Untersuchung Minderjähriger der öffentlichen Ersatzerziehung, in: ebd.

[90]Vermerk vom 08.10.1958, betr.: Jugendpsychiatrische Gruppe in Süchteln, in: ebd.

[91](Bosch 1966, S. 300).

[92](Braig 1978, S. 52 f.).

[93](Hadamik 1966, S. 290, 292).

Fazit

Auch nach dem Ende des Zweiten Weltkrieges reagierte die Kinder- und Jugendpsychiatrie im Rheinland auf die Zunahme verhaltensauffälliger Minderjähriger überwiegend mit normativen Zuschreibungen wie „Schwachsinn", „Psychopathie" oder „charakterliche Abartigkeit", wobei die „Psychopathie" auch im Vergleich zur Zwischenkriegszeit, als diese Diagnose einen ersten Aufschwung erfuhr, deutlich häufiger angewendet wurde. Eine klare Abgrenzung zur Diagnose „Schwachsinn" wurde anknüpfend an die Praxis im Nationalsozialismus, wo sie auch zur Etikettierung unangepasster und unproduktiver Menschen eingesetzt wurde, praktisch nicht vollzogen. Auffällig ist, dass Patienten mit anamnestisch dokumentierten, besonders einschneidenden Kriegserlebnissen, auch gehäuft als „psychopathisch" diagnostiziert wurden, wobei zeitgenössische Fachpublikationen überdies die Auffassung vertraten, dass Intelligenzdefizite traumatische Erfahrungen deutlicher hervortreten ließen. Auswirkungen von Kriegserlebnissen auf die kindliche Psyche wurden weitgehend zurück gewiesen und lediglich zugestanden, dass der Krieg „anlagebedingte Minderwertigkeit" zum Vorschein gebracht habe.

Im Gegensatz dazu war die Bedeutung von Umwelt- und Milieueinflüssen für die Entstehung von „Psychopathie" in der Zeit nach dem Ersten Weltkrieg noch wesentlich höher eingeschätzt worden, wobei die Beteiligung von Pädagogen an der Therapie von und der Diskussion um erziehungsschwierige Kinder und Jugendliche im Vergleich deutlich stärker gewesen war. Dagegen wurde der Prozess der Medikalisierung von Verhaltensauffälligkeiten Minderjähriger nach dem Ende des Zweiten Weltkrieges entscheidend von den überlasteten und überforderten Pädagogen in den Erziehungsheimen voran getrieben, die ihre problematischsten Zöglinge nun einer Psychiatrie überantworteten, die ihre wesentliche Prägung im gerade erst zerschlagenen Nationalsozialismus erfahren hatte.

Für die Unterbringung „jugendlicher Psychopathen" wurde anknüpfend an die Praxis zum Ende der Weimarer Republik, auf die Einweisung in Heil- und Pflegeanstalten zurück gegriffen. Die minderjährigen Patienten reagierten darauf aber mit der gleichen „Aufsässigkeit und Widerspenstigkeit", die bereits den Anlass zu ihrer jugendpsychiatrischen Begutachtung gegeben hatte. Durch die Anstaltsleitungen wurde die Unterbringung „jugendlicher Psychopathen" durchweg als besonders belastend erlebt, da diese nicht nur einen besonderen Betreuungsaufwand erforderten, sondern außerdem noch die therapeutischen Anstrengungen für die übrigen Anstaltspatienten konterkarierten. Wegen der auftretenden Schwierigkeiten sahen sich die klinischen Psychiater aber offenbar veranlasst den Krankheitswert von „Psychopathie" und die Sinnhaftigkeit psychiatrischer Behandlung dieser Patienten wesentlich kritischer einzuschätzen als ihre Kollegen in der „Rheinischen Landesklinik für Jugendpsychiatrie" in Bonn.

Im Sommer 1953 hatte die Novelle des Jugendwohlfahrtsgesetzes jedoch zu einem gestiegenen Bedarf an jugendpsychiatrischer Begutachtung und entsprechender Unterbringungsmöglichkeiten geführt, da für erziehungsschwierige Zöglinge nun eine Überweisung in Einrichtungen mit therapeutischer Zielsetzung vorgesehen wurde. Die großen Schwierigkeiten der Bonner Landesklinik gerade für diese Klientel ausreichend Plätze für eine jugendpsychiatrische Begutachtung bereit zu stellen, führte zur Schaffung einer weiteren Sondereinrichtung für „schwierige Mädchen" in der Landesheilanstalt Viersen-Süchteln, die aber ebenfalls recht bald aufgrund von „Widersetzlichkeiten" der minderjährigen Patienten an ihre Grenzen stieß. Wie lange diese „Sonderstation" in Süchteln noch existiert hat bleibt offen, wenn auch seit Ende der 1950er Jahre im Rheinland eine deutlich zurückgehende Bereitschaft der Psychiater zu erkennen ist, „Psychopathie" als psychiatrische Erkrankung aufzufassen und entsprechend eine Anstaltsunterbringung verhaltensauffälliger Jugendlicher noch für geboten zu halten.

Literatur

Blandow, Jürgen. 1986. „Sichten und Sieben." Zu den Anfängen der Jugendfürsorge im Nachkriegsdeutschland. In *Integration von Strafrechts- und Sozialwissenschaften* (=Festschrift für Lieselotte Pongratz), Hrsg. Heribert Ostendorf, 79–101. München: Luchterhand.

Blasius, Dirk. 1994. *Einfache Seelenstörung. Geschichte der deutschen Psychiatrie 1800–1945*. Frankfurt a. M.: Fischer Verlag.

Blum-Geenen, Sabine. 1997. *Fürsorgeerziehung in der Rheinprovinz 1871–1933*. Pulheim: Rheinland Verlag.

Blum-Geenen, Sabine und Uwe Kaminsky. 1995. Reinigung von der Last der Erbkranken – Fürsorgeerziehung und Zwangssterilisation. In *Folgen der Ausgrenzung. Studien zur Geschichte der NS-Psychiatrie in der Rheinprovinz*, Hrsg. Archivberatungsstelle Rheinland, Köln: Rheinland Verlag.

Bock, Gisela. 1986. *Zwangssterilisation im Nationalsozialismus. Studien zur Rassenpolitik und Frauenpolitik*. Opladen: Westdeutscher Verlag.

Bosch, Gerhard. 1966. Erfahrungen beim Aufbau und der Organisation einer jugendpsychiatrischen Landesklinik. *Der Nervenarzt 37*: 298–302.

Braig, Christel. 1978. *Die Entwicklung des Psychopathiebegriffs unter besonderer Berücksichtigung der Kinderpsychiatrie (Eine Literaturauswertung von 1920 bis 1960)*. Med. Diss. Tübingen.

Buchholz, Matthias. 2002. Stichprobenverfahren bei massenhaft gleichförmigen Einzelfallakten: eine Fallstudie am Beispiel von Sozialhilfeakten. *Historical Social Research* 27: 100–223.

Castell, Rolf, Jan Nedoschill, Madelaine Rupps und Dagmar Bussiek, 2003. *Geschichte der Kinder- und Jugendpsychiatrie in Deutschland in den Jahren 1937 bis 1961*. Göttingen: Vandenhoeck & Ruprecht.

Conrad, Peter. 1992. Medicalization and Social Control. *Annual Review of Sociology* 18: 209–232.

Degkwitz, Rudolf. 1985. Medizinisches Denken und Handeln im Nationalsozialismus. *Fortschritte der Neurologie und Psychiatrie* 53: 212–225.

Dörner, Klaus. 1969. *Bürger und Irre. Zur Sozialgeschichte und Wissenschaftssoziologie der Psychiatrie*. Frankfurt a. M.: Europäische Verlagsanstalt.

Fangerau, Heiner, Sascha Topp und Klaus Schepker. Hrsg. 2017. *Kinder und Jugendpsychiatrie im Nationalsozialismus und in der Nachkriegszeit. Zur Geschichte ihrer Konsolidierung*. Berlin: Springer.

Fehlemann, Silke, Frank Sparing. 2017. *Gestörte Kindheiten. Lebensverhältnisse von Kindern und Jugendlichen in psychiatrischen Einrichtungen des Landschaftsverbandes Rheinland (1945–1975)*. Berlin: Metropol.

Göhler, Annette. 1987. *Theoretische Definitionen und klinische Handhabung des Begriffs „Psychopathie" in der deutschen Psychiatrie der zwanziger und dreißiger Jahre unseres Jahrhunderts unter besonderer Berücksichtigung der Praxis in der Heil- und Pflegeanstalt Leipzig-Dösen in den Jahren 1929 bis 1939*. Med. Diss. Leipzig.

Göppel, Rolf. 2010. Von der sittlichen Verwilderung zu „Verhaltensstörungen" – Zur Begriffs- und Ideengeschichte der pädagogischen Reflexion über „schwierige Kinder". In *Pädagogik bei Verhaltensstörungen*, Hrsg. Bernd Ahrbeck, Marc Willmann, 11–20. Stuttgart: Kohlhammer.

Goltermann, Svenja. 1999. Verletzte Körper oder „Building National Bodies." Kriegsheimkehrer, „Krankheit" und Psychiatrie in der westdeutschen Nachkriegsgesellschaft, 1945–1955. *Werkstatt Geschichte* 24: 83–98.

Goltermann, Svenja. 2009. *Die Gesellschaft der Überlebenden. Deutsche Kriegsheimkehrer und ihre Gewalterfahrungen im Zweiten Weltkrieg*. München: Deutsche Verlagsanstalt.

Goltermann, Svenja. 2013. Gewalt und Trauma. Zur Verwandlung psychiatrischen Wissens in Ost- und Westdeutschland seit dem Zweiten Weltkrieg. In *Abweichung und Normalität. Psychiatrie in Deutschland vom Kaiserreich bis zur Deutschen Einheit*. Hrsg. Christine Wolters, Christof Beyer, Brigitte Lohff, 279–308. Bielefeld: Transcript Verlag.

Hadamik, Wilhelm. 1966. Behandlung von Psychopathen im Anstaltsmilieu. *Ärztliche Mitteilungen* 63: 290–293.

Hart de Ruyter, Th. 1947. Massenpsychologische und psychopathologische Erscheinungen beim Kinde und Jugendlichen während des Krieges und der Nachkriegszeit. *Zeitschrift für Kinderpsychiatrie* 13: 205–220.

Henkelmann, Andreas, Uwe Kaminsky, Judith Pierlings, Thomas Swiderek und Sarah Banach. 2011. *Verspätete Modernisierung. Öffentliche Erziehung im Rheinland – Geschichte der Heimerziehung in Verantwortung des Landesjugendamtes (1945–1972)*. Essen: Klartext.

Huber, Gerd. 1979. Die klinische Psychopathologie von Kurt Schneider. In *Psychopathologie als Grundlagenwissenschaft*, Hrsg. Werner Janzarik. 102–111. Stuttgart: Thieme.

Illich, Ivan. 1975. *Medical Nemesis: the Expropriation of Health*, London: Marion Boyars.

Koch, Julius Ludwig August. 1891. *Die psychopathischen Minderwertigkeiten (I. Abteilung)*, Ravensburg: O. Meier.

Kölch, Michael G. 2002. *Theorie und Praxis der Kinder- und Jugendpsychiatrie in Berlin 1920–1935. Die Diagnose „Psychopathie" im Spannungsfeld von Psychiatrie, Individualpsychologie und Politik*, Med. Diss. Berlin: http://edocs.fu-berlin.de/diss/receive/FUDISS_thesis_000000002422: Zugegriffen: 30.7.2018.

Kremer, Gabriele. 2002. *„Sittlich sie wieder zu heben ..." Das Psychopathinnenheim Hadamar zwischen Psychiatrie und Heilpädagogik"*. Marburg: Jonas Verlag.

Matties, Christiane. 2003. Vom Bewahrungshaus zum forensischen Dorf. In *125jahre Rheinische Kliniken Düren – gestern, heute, morgen. Von der Provinzialanstalt zur Fachklinik*, Hrsg. Erhard Knauer, Friedel Schulz und Heinz Lepper, 167–185. Köln: Rheinland Verlag.

Orth, Linda. 1989. *Die Transportkinder aus Bonn: „Kindereuthanasie"*. Köln: Rheinland Verlag.

Peukert, Detlev. 1986. *Grenzen der Sozialdisziplinierung. Aufstieg und Krise der deutschen Jugendfürsorge 1878–1932*. Köln: Bund-Verlag.

Remschmidt, Helmut. 1978. Die „Psychopathie" in der Kinder- und Jugendpsychiatrie. *Zeitschrift für Kinder- und Jugendpsychiatrie* 6: 280–301.

Rose, Wolfgang, Petra Fuchs, Thomas Beddies. 2016. Diagnose „Psychopathie". Die urbane Moderne und das schwierige Kind, Berlin 1918–1933. Wien/Köln/Weimar: Böhlau Verlag.

Schmuhl, Hans-Walter. 1993. Kontinuität oder Diskontinuität? Zum epochalen Charakter der Psychiatrie im Nationalsozialismus. In *Nach Hadamar. Zum Verhältnis von Psychiatrie und Gesellschaft im 20. Jahrhundert*, Hrsg. Franz Werner Kersting, Karl Teppe und Bernd Walter, 112–136. Paderborn u. a.: Schöningh.

Schneider, Kurt. 1928. *Die Psychopathischen Persönlichkeiten*. 2. wesentl. veränderte Aufl. Leipzig und Wien: Deuticke.

Schott, Heinz und Rainer Tölle. 2006. *Geschichte der Psychiatrie. Krankheitslehren, Irrwege, Behandlungsformen*. München: C. H. Beck.

Soecknick, A. 1924. Kriegseinfluß auf jugendliche Psychopathen. *Archiv für Psychiatrie* 70: 172–186.

Steinacker, Sven. 2007. *Der Staat als Erzieher. Jugendpolitik und Jugendfürsorge im Rheinland vom Kaiserreich bis zum Ende des Nazismus*. Stuttgart: Ibidem.

Villinger, Werner. 1951. Abnorme seelische Reaktionen im Kindesalter. Zum Problem: Psychopathie – Neuropathie – Neurose. *Monatsschrift für Kinderheilkunde* 99: 93–102.

Villinger, Werner und Hermann Stutte. 1948. Zeitgemäße Aufgaben und Probleme der Jugendfürsorge. *Der Nervenarzt* 19: 249–254.

Voigtländer, Else. 1918. Veränderungen der Verwahrlosung während des Krieges. *Die Jugendfürsorge 13*: 24–26.

Waibel, Annette. 2000. *Die Anfänge der Kinder- und Jugendpsychiatrie in Bonn. Otto Löwenstein und die Provinzial-Kinderanstalt 1926–1933*. Köln: Rheinland Verlag.

Weindling, Paul. 1989. Hygienepolitik als sozialintegrative Strategie im späten Deutschen Kaiserreich. In *Medizinische Deutungsmacht im sozialen Wandel des 19. und frühen 20. Jahrhunderts*, Hrsg. Alfons Labisch, Reinhard Spree, 37–55. Bonn: Psychiatrie-Verlag.

Vom „Besinnungsstübchen“ ins „Begegnungsstübchen“?

Der Wandel im Umgang mit der Sexualität von Menschen mit geistiger Behinderung

Ulrike Winkler

Bis weit in die 1960er und 1970er Jahre hinein wurde Menschen mit Behinderungen, insbesondere mit einer geistigen Behinderung, das Recht auf Sexualität, Partnerschaft und Kinderwunsch abgesprochen. Entweder wurden sie in paternalistischer Manier zu neutralen Wesen, zu „großen“ Kindern erklärt, oder aber ihre sexuellen Bedürfnisse wurden dramatisiert und auf eine vermeintlich ungezügelte Triebhaftigkeit, die ausschließlich auf Genitalsex beschränkt sei, reduziert. Grund hierfür war die seinerzeit in Wissenschaft und Gesellschaft weit verbreitete Überzeugung, dass Menschen mit einer Intelligenzminderung unfähig seien, ihre „Sexualität in die eigene Person zu integrieren, sie zu lenken oder gar zu kompensieren.“[1] Einmal „angeregt“, so die Befürchtung vieler, würden sich vor allem Männer mit einer geistigen Beeinträchtigung in „sexuelle ‚King-Kongs‘“[2] verwandeln und „unsere nichtbehinderten Kinder und Frauen bedrohen und gefährden“. Mit anderen Worten: Aufgrund ihrer kognitiven und eventuellen körperlichen Einschränkungen wurde diesen Menschen von vornherein eine nicht der „Norm“ entsprechende Sexualität unterstellt. Insofern konnte diese auch nur „anormal“ ausgelebt werden.

[1](Huber und Katz 1975, S. 13).

[2](Schröder, 1977, zitiert nach Walter 1992, S. 29–37, Zitat 33).

U. Winkler (✉)
Trier, Deutschland
E-Mail: winkler@schmuhl-winkler.de

A. Eberle et al. (Hrsg.), *Menschenrechte und Soziale Arbeit im Schatten des Nationalsozialismus,* https://doi.org/10.1007/978-3-658-19517-5_7

Insbesondere in den konfessionellen Einrichtungen mit ihren engen und rigiden Moralvorstellungen, denen sich – im Falle der Orden, Diakonissenmutterhäuser und Diakonenanstalten – auch die Schwestern und Brüder unterworfen hatten, wurde das Bild des „rein[en], keusch[en] und unverdorben[en]"[3] Menschen mit geistiger Behinderung als Idealvorstellung gepflegt. Entsprechend restriktiv und prüde nahm sich die Geschlechtserziehung aus. Allerdings unterschieden sich die pädagogischen Praktiken des „weltlichen Personals" häufig nur in Nuancen von jenen der Diakonissen und Diakone. Auch sie agierten nicht selten auf der Grundlage eng interpretierter Moralbegriffe.

Da es in den 1950er Jahren und auch in der Folgezeit an einem qualifizierten „[Lehr-]Buch über Schwachsinnigenpflege fehlte",[4] prägten zumeist die aus der eigenen Sozialisation erwachsenen Vorstellungen, Prinzipien und Haltungen zu Sexualität, Partnerschaft und Familie die Praxis vor Ort. Insofern war es gang und gäbe, erwachsene, aber auch jugendliche Bewohnerinnen und Bewohner strikt voneinander zu trennen und sie zudem von ihrer Umwelt abzuschotten. Auf diese Weise entstand eine regelrechte „Welt in der Welt".[5] Diese Verwahrsituation wurde jedoch zunehmend infrage gestellt.

Die Bemühungen um die „Normalisierung" des Lebens von Menschen mit geistiger Behinderung seit dem Ende der 1960er Jahre konzentrierten sich zunächst vor allem auf den Bereich der schulischen Bildung und der beruflichen Ausbildung. Die Einrichtung von „Förder-" oder „Sonderklassen", die rasch steigende Zahl von „Beschützenden Werkstätten", Vorläufern der späteren „Werkstätten für Behinderte", aber auch die Einrichtung von Ausbildungsstätten für Heilerziehungshelferinnen und -helfer sowie für Heilpädagoginnen und -pädagogen dokumentierten anschaulich diesen Trend. Fragen der Sexualität blieben von einer „Normalisierung" jedoch zunächst weitgehend ausgeklammert. So wurden die Frauen und Männer weiterhin *be*hindert: durch Vorurteile, durch ein sexualfeindliches Normensystem, einengende Strukturen und nicht zuletzt durch die geografischen und baulichen Gegebenheiten vieler noch aus dem 19. Jahrhundert stammender Anstalten. Insofern kann mit Joachim Walter von einer *„sekundären sozialen Behinderung"*[6] gesprochen werden, die – so Walter – „wesentlich stärker

---

[3](Jung und Krenzer 1976, S. 36, zitiert nach Walter 1980, S. 35).

[4]Niederschrift über die Jahreskonferenz des Verbandes Deutscher Ev. Heilerziehungs-, Heil- und Pflegeanstalten vom 9. bis 12.6.1952, 5, in (ADE, VEEMB 2).

[5]So der Leiter des Wittekindshofes und Vorsitzende des VeEgsB, Pastor Dr. Johannes Klevinghaus, s. (Brinkmann 1970, S. 87–93, Zitat 92).

[6](Walter, 2005, S. 31, Hervorhebung im Original). Danach auch das folgende Zitat.

das allgemeine Wohlbefinden bzw. Glück des einzelnen Menschen tangiert, als es die primäre Behinderung tut."

Dies hing nicht nur mit der oben skizzierten Abwehr und Leugnung der Sexualität von Menschen mit geistiger Behinderung zusammen, sondern auch mit einer weiteren vermeintlichen Gewissheit: Lange Zeit war der Fachdiskurs mehrheitlich davon überzeugt gewesen, dass ein Mensch mit einer geistigen Behinderung nicht „erwachsen" werden könne. Da man bis dahin stets den „normal begabten" Erwachsenen als Vergleichsfolie angelegt und damit Kriterien erzeugt hatte, die ein geistig behinderter Heimbewohner nicht oder nur eingeschränkt erfüllen konnte, war diese Meinung gleichsam zu „Fachwissen" geronnen. Dabei hatten die medizinische Diagnostik und die Sonderpädagogik, die vermeintlich wissenschaftlich-objektiv in der Lage waren, das Intelligenzalter eines Menschen zu bestimmen,[7] einen nicht unerheblichen Teil zu der Überzeugung beigetragen, dass bei geistig behinderten Menschen kein *eigenes Erwachsenenstadium* nachzuweisen sei.[8] Bereits der gutachterliche Hinweis in der Heimakte eines erwachsenen Bewohners, dass er hinsichtlich seiner intellektuellen, kognitiven, sozialen und motorischen Fähigkeiten dem Stand eines „drei- bis fünfjährigen Kindes" entspräche, nahm dem Betreffenden von vornherein jede Möglichkeit, als Erwachsener wahrgenommen, geachtet und – nicht zuletzt – als solcher angesprochen zu werden. Dass man erst in den 1970er Jahren verstärkt dazu überging, neue Bewohnerinnen und Bewohner nicht umstandslos zu duzen und mit dem Vornamen anzusprechen, sondern erst einmal die allgemein gängigen Umgangsformeln („Sie", „Frau", „Herr") anzuwenden, sollte diesen Bewusstseinswandel anschaulich markieren. Es ist aber auch darauf hinzuweisen, dass mit solchen bürgerlichen Umgangsformen die Bewohnerinnen und Bewohner ebenfalls zu einem „situationsangepassten Verhalten geführt werden"[9] sollten.

---

[7]Hier sei der Fall von Carl I., Bewohner von Bruckberg, einer Dependance der damaligen Diakonissenanstalt Neuendettelsau, angeführt. Die Intelligenztests, denen Herr I. während seiner Heimzeit mehrfach unterzogen wurde, fragten u. a. nach geografischen Gegebenheiten, die er nicht zuletzt aufgrund seiner rudimentären Schulbildung nicht beantworten konnte. Wäre er nach Komponisten der Klassischen Musik und deren Werken befragt worden, hätte er, der in einem musikalischen Elternhaus herangewachsen war, mit Bravour antworten können. So aber wurde ihm, der u. a. Schwierigkeiten hatte, fünf deutsche Flüsse zu nennen, „angeborener Schwachsinn" attestiert. Die auf Schriftquellen und einem leitfadengestützten Interview basierende Biografie Carl I.s (Pseudonym) ist ausführlich dokumentiert in: Winkler/Schmuhl, Behindertenhilfe Neuendettelsau. Vgl. (Schmuhl und Winkler, 2014, S. 326–330).

[8]Erstmals ausführlicher, s. (Bucha 1974, S. 193–199).

[9]Diakonisches Werk der Evangelischen Kirche in Westfalen, Protokoll über das Abschlussgespräch des Beratungs- und Besuchsdienstes in der Teilanstalt Bethel – Kinder- und Jugendlichenbereich – vom 9. bis 11.11.1977, 20.11.1977, 9, (ADE, VEEMB 117).

Nach und nach verfestigte sich in der Behindertenhilfe die Erkenntnis, dass geistig behinderte Erwachsene keine Kinder, sondern tatsächlich erwachsene Menschen waren, auch wenn ihr Verhalten bisweilen anderes vermuten ließ. Konsequent zu Ende gedacht, bedeutete dies, dass die Sexualität von Frauen und Männern mit geistiger Behinderung eben nicht eine kindliche, sondern die von Menschen war, die „deutlich Ansätze des Strebens nach einem Erwachsensein“[10] zeigten. Insofern war es schließlich nur noch ein Schritt – wenn auch ein großer – zu der Überlegung, dass die Sexualität von Menschen mit einer geistigen Behinderung „normal“ war und dass das Problem der Sexualität nicht bei ihnen, sondern bei jenen Erzieherinnen und Erziehern, Anstaltsleitern und Pfarrern, Diakonen und Diakonissen lag, die unprofessionell mit der Sexualität der ihnen anvertrauten Menschen umgingen.

„Normalisierung“ der Sexualität, wirklich „normal“?

Im Zuge der „Normalisierung“ der Lebensverhältnisse von Menschen mit geistiger Behinderung waren nunmehr Mitarbeiterinnen und Mitarbeiter, Diakonissen und Diakone, aber auch Eltern und Angehörige aufgefordert, ihre Einstellungen, (Vor-)Urteile und Wertmaßstäbe zu überprüfen, kritisch zu hinterfragen und gegebenenfalls zu revidieren. Mancher Psychologe riet den zunächst überforderten Beschäftigten sogar, sich in psychologische Behandlung zu begeben, um den eigenen Verdrängungs-, Abwehr- und Projektionsmechanismen auf die Spur zu kommen.[11] Nicht zu unterschätzen war bei der Liberalisierung des Anstaltslebens der Einfluss der „freien“, häufig jüngeren Kräfte – Zivildienstleistende, diakonische Helferinnen, Praktikantinnen und Praktikanten, aber auch Heilpädagoginnen und Heilpädagogen, Erzieherinnen und Erzieher, Sozialarbeiterinnen und Sozialarbeiter –, die auf ihre Weise den Heimalltag „normalisieren“ wollten. Selbst Anhängerinnen und Anhänger eines libertäreren Umgangs im zwischenmenschlichen Bereich, rückten sie – naturgemäß – nun auch das „Problem der Sexualität“ mehr in den Fokus der Arbeit der Behinderteneinrichtungen.

Für die evangelisch-diakonische „Behindertenhilfe“ nahm sich der „Verband evangelischer Einrichtungen für geistig und seelisch Behinderte“ (VeEgsB) der Herausforderung an, den Transformationsprozess von einer überkommenen

[10](Walter 1980, S. 32), vgl. hierzu auch (Wohlhüter 2005, S. 187–194).

[11](Huber und Katz 1975, S. 57 f.).

restriktiven Sexualmoral hin zu einer modernen Sexualpädagogik zu gestalten.[12] Neue Antworten auf ein letztlich altes Problem zu finden, verlangten auch die Mitgliedseinrichtungen mit ihren rund 28.000 Plätzen[13] von ihrem Fachverband. Im Januar 1974 legte der Vorstand des VeEgsB „Empfehlungen (Rahmenrichtlinien) für die Pflege, Therapie und Förderung geistig Behinderter in Heimen und Anstalten" vorausgegangen, deren erklärtes Ziel es war, „Hilfen zu einem erfüllten Leben zu geben."[14] Das zwanzigseitige Papier, das zunächst als Diskussionspapier in den Einrichtungen kursierte, behandelte – neben Fragen des Raumbedarfs, der Möblierung, des Ausgangs, des Rauchens, des Alkoholgenusses, des Postverkehrs, der Kleintierhaltung u. a. – auch das „Zusammenlebens der Geschlechter", welches – so die kompromisslose Forderung – „bestimmt sein [muss] von einer positiven Grundeinstellung gegenüber menschlicher Geschlechtlichkeit." Nunmehr wurde von „offizieller" Seite anerkannt, dass auch Menschen mit einer geistigen Behinderung „sexuelle Wesen" waren. Allerdings findet sich in den „Empfehlungen" kein Hinweis oder gar eine Ermutigung, die Bewohnerinnen und Bewohner auch auf diesem Gebiet zu fördern, zu unterstützen und zu „normalisieren". Eingeräumt wurde, dass auf jeden Fall in der „sexualpädagogischen Orientierung [...] [den] unterschiedlichen Behinderungen Rechnung" getragen werden solle. So könne für die einen eher das „Prinzip des Nichtanregens" gelten, während es für die anderen eher angezeigt sei, die „mögliche Vielfalt differenzierter zwischengeschlechtlicher Beziehungen in Verantwortung zu erfahren und zu erschließen." Diese recht offene Formulierung fand ihre Einschränkung in der Setzung, dass die menschliche Sexualität nur dann zu „wirklicher Erfüllung" kommen könne, wenn ihr „menschliche Zugewandtheit und Partnerschaft" zugrunde lägen. Daraus folgte aber, dass zwischenmenschliche Begegnungen, die „nur" auf die Befriedigung sexueller Lust abzielten, ohne dass die Partner darüber hinaus Verantwortung füreinander übernahmen, tendenziell diskriminiert wurden. Hier klang das traditionell-christliche Modell der Ehe an, welches aber für viele Menschen

---

[12] Inwieweit hier auch die Konkurrenz zur Bundesvereinigung Lebenshilfe für das behinderte Kind e. V. eine Rolle spielte, bedürfte der weiteren Forschung.

[13] Umfrage des VeEgsB zur Vorbereitung eines Symposiums des Arbeitskreises „Zusammenarbeit zwischen den Einrichtungen für geistig Behinderte", die externen Behinderten in stationären Einrichtungen betreffend, 28.4.1973, (ADE, VEEMB, 20).

[14] VeEgsB, Empfehlungen (Rahmenrichtlinien) für die Pflege, Therapie und Förderung geistig Behinderter in Heimen und Anstalten. Überarbeiteter Entwurf, Januar 1974, (ADE, VEEMB 118, 9). Danach auch die folgenden Zitate. Ich danke der Fritz Thyssen Stiftung für die finanzielle Unterstützung, welche die Auswertung des umfangreichen Aktenbestands (ADE, VEEMB) ermöglichte.

mit geistiger Behinderung gar nicht infrage kam. Führt man diesen Gedanken zu Ende, dann bedeutete dies, dass geistig behinderte Menschen, die nicht heiraten konnten, auch keinen Sex haben durften. Das Führen einer „wilden Ehe“ war selbst in den sich lockernden 1970er Jahren noch weitgehend gesellschaftlich geächtet, erst recht in einem evangelischen Heim. Es verwundert daher kaum, dass der Geschlechtsverkehr eines unverheirateten Paares, auch eines „normal begabten“, zumindest verpönt war. Die Handlungsanleitung für die Mitarbeitenden für den Fall, dass Bewohnerinnen und Bewohner ihre Sexualität doch auslebten, war in den „Empfehlungen“ zwar moderater als in der Vergangenheit formuliert, atmete aber immer noch die überkommene Überzeugung, dass Menschen mit einer geistigen Behinderung nicht in der Lage seien, ihren Geschlechtstrieb zu beherrschen, dass man sie daher überwachen müsse und – wurden sie „erwischt“ – zu trennen habe:

> Es wäre unrealistisch zu übersehen, dass der behinderte Jugendliche oder Erwachsene seine sexuellen Triebe auch unbeherrscht auslebt. Das kann trotz Überwachung zum Geschlechtsverkehr zwischen Behinderten führen. In einem solchen Fall sollte jeder Mitarbeiter in angemessener, das heißt weder verletzender noch strafandrohender Weise einschreiten.[15]

Obgleich sich der VeEgsB dafür aussprach, Geschlechtsverkehr in den Einrichtungen möglichst zu unterbinden, warb er zugleich dafür, den Bewohnerinnen und Bewohnern umfassende Kenntnisse über Verhütungsmittel zu vermitteln. Dies sei „Teil umfassender Sexualinformation“. Zwar empfahl der Fachverband nicht direkt die Gabe von Verhütungsmitteln, wies aber darauf hin, dass „bestimmte Verhütungspraktiken unter der Verantwortung des Arztes stehen“. Es kann davon ausgegangen werden, dass hier vor allem hormonelle Verhütungsmittel für die Frau, die „Pille“ und die „Drei-Monats-Spritze“, gemeint waren. Die Haltung des VeEgsB hinsichtlich sexueller Handlungen zwischen behinderten Männern und Frauen war also nicht mehr ganz so prohibitiv, aber doch noch äußerst zurückhaltend. Welche Position nahm der VeEgsB hinsichtlich gleichgeschlechtlicher Beziehungen ein? Hier positionierte sich der Fachverband eindeutig. Derlei „Entartungen“,[16] wie

---

[15](Ebd., S. 10). Danach auch die folgenden Zitate.

[16]VeEgsB, Richtlinien für die Pflege und Förderung Behinderter in Heimen und Anstalten, Entwurf als Diskussionsgrundlage, Januar 1973,5, (ADE, VEEMB 81). Das Papier hatte der damalige Vorsitzende des VeEgsB, Dr. Gerhard Brandt, zugleich Rektor der Sonderschule des Wittekindshofes, unterzeichnet. Inwieweit er inhaltlich Einfluss genommen hat, kann nicht gesagt werden. Eine entsprechende Anfrage im Archiv des Wittekindshofes brachte keine Nachweise.

in einem Vorentwurf der „Empfehlungen“ vom Januar 1973 zu lesen war, sollten „eingedämmt“ werden. Als probates Mittel galten „Kontakte und Begegnungen von Behinderten“, die, so die Hoffnung, „positive Beziehungen zwischen den Geschlechtern“ wecken und „unnatürliche Spannungen“ vermeiden würden. Augenscheinlich verstand sich der evangelische Fachverband insofern als Hüter der zeitgenössischen christlichen Sexualmoral. Zugleich schwang hier die weit verbreitete Überzeugung mit, dass die geschlechtliche Orientierung einem Menschen *an-*, aber auch *ab*erzogen werden könne. Interessant ist ein weiterer Punkt, der gleichsam subkutan durchscheint. Mit der „Eindämmung“ gleichgeschlechtlicher Kontakte hatte man zugleich eingeräumt, dass es diese in den Heimen und Anstalten durchaus gab. Nicht selten waren diese aber schlicht der „Not“ geschuldet, da ein Kontakt zu andersgeschlechtlichen Partnern oder Partnerinnen nicht möglich gewesen war. Tolerant gab man sich hingegen gegenüber der „sexuellen Selbstbefriedigung“. Solange diese nicht „exzessiv oder in schamverletzender Weise“ betrieben würde, sollte sie „kommentarlos geduldet“ werden. Dies war ohne Frage ein wichtiger Schritt, war doch in der Vergangenheit Selbstbefriedigung in den Heimen hart bestraft worden. Immer wieder berichteten Bewohnerinnen und Bewohner in Interviews über nächtliche Kontrollgänge der Erzieher und Erzieherinnen in den Schlafsälen, über Schläge, Beschimpfungen und „Strafstehen“, wenn ihre Hände unter der Bettdecke lagen. Ausdrücklich sprach sich das Papier für die Koedukation der Geschlechter aus, mit der man möglichst schon im frühen Kindesalter beginnen sollte. Auch habe „jedes behinderte Kind [...] Anspruch auf Sexualinformationen nach dem Grad und Maß seiner Entwicklung und Verständnismöglichkeit“. „Prüderie und Tabuisierungen jeder Art“ seien zu vermeiden. Was war nun aber mit den Jugendlichen und nicht zuletzt den Erwachsenen, die von Kindesbeinen an nach Geschlechtern getrennt gewohnt hatten? So waren ja für viele Heimbewohnerinnen der Pfarrer und der Arzt, hin und wieder auch ein Handwerker, lange Zeit die einzigen Männer gewesen, die sie zu Gesicht bekommen hatten. Sie, aber auch die männlichen Bewohner sollten, so der erklärte Wille, langsam und Schritt für Schritt lernen, mit dem anderen Geschlecht umzugehen. Dies sollte – auch hier blieb die Formulierung vage – mit verschiedenen „Modellen der Edukation“ geschehen.

Fasst man die Kernbotschaften des VeEgsB zum „Zusammenleben der Geschlechter“ noch einmal zusammen, so lässt sich das Folgende herausdestillieren: *Erstens* wurde geistig behinderten Männern und Frauen zugestanden, sexuelle Gefühle und Bedürfnisse haben zu *dürfen; zweitens* waren Kontakte zwischen den Geschlechtern im Zuge der „Normalisierung“ ausdrücklich erwünscht, allerdings nur solange der körperlich-sexuelle Bereich möglichst ausgeklammert blieb; *drittens* hoffte man, mit der „Koedukation“ – auch und gerade der Erwachsenen – homosexuelle Kontakte, trotz der 1973 erfolgten gesetzlichen

Liberalisierung,[17] reduzieren zu können; *viertens* schließlich wollte man bei den geistig behinderten Kleinkindern und Kindern einen sexualpädagogischen Neuanfang machen. Die „Empfehlungen" waren letztlich eine Kombination aus alten Überzeugungen, die sich scheinbar bewährt hatten und die man in die „neue Zeit" hinüberretten wollte, und dem entschiedenen Willen, sich auf dem unbekannten Terrain „Sexualität bei Menschen mit geistiger Behinderung" weiter voran zu wagen. Auf seiner Sommertagung 1974 beschloss der VeEgsB die „Empfehlungen" und versandte sie schließlich an seine Mitgliedseinrichtungen.[18]

Die Praxis vor Ort

Wie reagierten die Einrichtungsleitungen und die Mitarbeiterinnen und Mitarbeiter vor Ort auf die „Empfehlungen" aus der Feder des VeEgsB? Wurde das Papier rezipiert oder ignoriert? Wie bereits ausgeführt, waren die „Empfehlungen" teilweise recht weit, manchmal auch sehr vage formuliert und damit interpretationsoffen. Dies entsprach dem Selbstverständnis des VeEgsB, die ihm angeschlossenen Einrichtungen nicht zu gängeln, sondern ihnen orientierende Arbeitshilfen an die Hand zu geben. Ob und wie diese letztlich umgesetzt wurden, entschieden ohnehin die Träger und nicht zuletzt die Mitarbeitenden. Vor allem letztere sahen sich von den „Empfehlungen" aber mehrheitlich im Stich gelassen, wie die hierzu eigens vom VeEgsB eingesetzte Arbeitsgruppe „Sexualität bei Behinderten in Heimen" im November 1974 konstatierte.[19] Die

[17] Ab 1973 stand nur noch der homosexuelle Kontakt eines Erwachsenen zu einem Jugendlichen unter 18 Jahren unter Strafe.

[18] Der Hinweis findet sich in Protokoll über die Arbeitstagung „Sexualität bei Behinderten in Heimen" am 19.11.1974 im Schwarzacher Hof, 22.11.1974, 2, (ADE, VEEMB 150).

[19] Der Hinweis auf die Einsetzung der Arbeitsgruppe in Protokoll über die Arbeitstagung „Sexualität bei Behinderten in Heimen" am 19.11.1974 im Schwarzacher Hof, 22.11.1974, 2, (ADE, VEEMB 150). Die Aufgabe der Arbeitsgruppe war es, das „Problem" der Sexualität von Menschen mit geistiger Behinderung über die „Empfehlungen" hinaus eingehender [zu] durchleuchten".

Mitglieder der Arbeitsgruppe, allesamt „verantwortliche Mitarbeiter aus unseren Mitgliedseinrichtungen",[20] stellten eine Diskrepanz zwischen der Betonung einer „positiven Grundeinstellung gegenüber menschlicher Geschlechtlichkeit, auch beim Behinderten",[21] die sie durchaus begrüßten, und dem Fehlen konkreter Ratschläge fest und monierten, dass „detailliertere Hinweise, besonders was heterosexuelle Kontakte Jugendlicher und Erwachsener betrifft",[22] fehlten. Nachvollziehbar war diese Kritik. Während die Anweisung zum Umgang mit homosexuellen Beziehungen eindeutig war – diese sollten „eingedämmt" werden –, lagen die Dinge bei den heterosexuellen Beziehungen anders. Die „Begegnung der Geschlechter" sollte ja ab sofort ausdrücklich gefördert werden. Aber deren inhaltliche und organisatorische Ausgestaltung war weitgehend unklar. So schloss man in den Einrichtungen Genitalsex zwar nicht von vornherein aus, wie der Hinweis auf Verhütungsmittel vermuten lässt, andererseits aber waren die Mitarbeiterinnen und Mitarbeiter gehalten, einzuschreiten, wenn sie ein Paar beim Koitus überraschten. Letztlich bewerteten die Beschäftigten die „Empfehlungen" als uneindeutig: „Wo es sich um den Kern der Sache handele", habe man nur „allgemeine Formulierungen" gefunden. Viele fühlten sich „unsicher und ratlos".[23] „Am liebsten", so die Mitglieder der Arbeitsgruppe, besäßen die Mitarbeiterinnen und Mitarbeiter eine „‚Gebrauchsanweisung' für den konkreten Einzelfall." Genau dies aber wollte der VeEgsB ja nicht. Ihm ging es darum, dass

[20]So Hans-Georg Schmidt 1980, damaliger Vorsitzender des VeEgsB, in seinem Vorwort zu (Walter 1980, S. 13–15, Zitat 13).

[21]VeEgsB, Empfehlungen (Rahmenrichtlinien) für die Pflege, Therapie und Förderung geistig Behinderter in Heimen und Anstalten. Überarbeiteter Entwurf, Januar 1974, 9, (ADE, VEEMB 118).

[22]Protokoll über die Arbeitstagung „Sexualität bei Behinderten in Heimen" am 19.11.1974 im Schwarzacher Hof, 22.11.1974, 2, (ADE, VEEMB 150). Danach auch die folgenden Zitate.

[23]Die Überforderung mit der Sexualität von geistig behinderten Bewohnern konnte Mitarbeiter im Wittekindshof 1975/1976 zu fragwürdigen Handlungen veranlassen, wie Rektor Brandt berichtete: „Es ist sogar vorgekommen, dass ein Mitarbeiter ein Präservativ, das er bei einem jungen Mann seiner Gruppe gefunden hatte, in einen verschlossenen Briefumschlag steckte und diesen, gleichsam als *corpus delicti,* der offiziellen Personalakte des betreffenden Behinderten beifügte." Gerhard Brandt, Erfahrungen bei der Koedukation geistig Behinderter im Wittekindshof, Vortrag gehalten anlässlich der 6. Psychiatrischen Fachkonferenz 1976 in Kühlungsborn, in Innere Mission und Hilfswerk der Evangelischen Kirchen in der DDR (Hg.), Information für Mitarbeiter an geistig Behinderten in Einrichtungen der Inneren Mission, Nr. VI/1976, 33–41, Zitat: 37. Privatarchiv Dr. Jürgen Trogisch. Ich danke Herrn Dr. Trogisch für die freundliche Überlassung.

jede Einrichtung ihren eigenen Weg beschritt,[24] sich allerdings an den „Leitplanken" der „Empfehlungen" und den Ergebnissen des September-Symposiums orientierte. Zudem muss angefügt werden, dass die in den Einrichtungen lebenden Menschen ganz unterschiedliche kognitive Einschränkungen aufwiesen, die zudem mit unterschiedlichen Behinderungsgraden einhergingen. Ein „Patentrezept" schien auch aus diesem Grund nicht ratsam und zielführend.

Im Verlaufe ihrer Diskussion spannte die Arbeitsgruppe die extremen Pole einer „möglichen Einstellung" zum Thema „Sexualität bei Behinderten" auf. Entweder werde in den Einrichtungen ein „ausdrückliches Verbot jeglicher sexueller Betätigung resp. Ahndung sexueller Aktivitäten, sofern sie bekannt sind",[25] gefordert, oder man praktiziere eine „extreme Liberalisierung, die bis dahin geht, dass geistig Behinderte, auch wo keine Bedürfnisse vorliegen, auf sexuelle Aktionen trainiert und möglicherweise gegen ihren Willen zur Paarung [!] gebracht werden."[26] So überzeugt der Arbeitskreis davon war, dass die Zeiten der Tabuisierung und des Verbotes sexueller Kontakte bei Menschen mit geistiger Behinderung vorbei seien, so distanzierte er sich doch zugleich von einer ‚aktivierenden' Sexualpolitik. Es sei nicht die Aufgabe der Einrichtungen, „heterosexuelle Kontakte zu stiften, wo keine Bedürfnisse vorliegen".[27]

Es verwundert kaum, dass sich der Arbeitskreis ausschließlich möglicher heterosexueller Beziehungen annahm. Zwar war in den Einrichtungen bekannt, dass es homosexuelle Beziehungen gab. Sie wurden wohl auch mehr oder weniger geduldet, zumindest aber sah man über sie hinweg, solange sie sich im Verborgenen abspielten. Letztlich aber wurde die Homosexualität, vor allem zwischen Männern, wohl noch immer mehrheitlich als „widernatürlich" empfunden und als eine mögliche sexuelle Orientierung abgelehnt. Wirklich ausschlaggebend für die Ächtung homosexueller Kontakte in den konfessionellen Einrichtungen

---

[24]Die Diskussion über die sexualpädagogischen Ziele und das daraus abzuleitende Verhalten der Mitarbeiterinnen und Mitarbeiter „muss notwendigerweise vor Ort erfolgen", so Hans-Georg Schmidt, zu (Walter 1980, S. 13).

[25]Protokoll über die Arbeitstagung „Sexualität bei Behinderten in Heimen" am 19.11.1974 im Schwarzacher Hof, 22.11.1974, 3, (ADE, VEEMB 150). Danach, 3 f., auch die folgenden Zitate.

[26]Der Begriff der „Paarung" wird gemeinhin ausschließlich im Tierreich verwendet. Den Geschlechtsakt zwischen zwei Menschen mit geistiger Behinderung als Akt der „Paarung" zu bezeichnen, mutet mehr als fragwürdig an und lässt anklingen, dass die Mitglieder des Arbeitskreises – wenn auch unbewusst – Menschen mit Behinderung ein „Mensch-Sein" nicht wirklich zutrauten, vielleicht sogar absprachen?

[27]Ebd., S 8.

dürfte indes die Rücksichtnahme auf die Mitarbeiterinnen und Mitarbeiter, vor allem die Diakonissen und Diakone, gewesen sein. Dies legt zumindest der Einwand eines ungenannt bleibenden Teilnehmers des Arbeitskreises nahe, der in Süddeutschland eine große Einrichtung für Menschen mit geistiger Behinderung leitete. Bei ihm gebe es

> eine Anzahl von Mitarbeitern […], die aus persönlicher Prägung oder aus kirchlicher resp. christlicher Prägung so strenge Moralvorstellungen haben, dass diese mit der inzwischen erfolgten Liberalisierung des Sexualstrafrechts [Reform des § 175 StGB 1973] nicht mehr zu vereinbaren sind. Diese Mitarbeiter könnten in erhebliche Gewissenskonflikte kommen, wenn sie ein vom Gesetzgeber nicht unter Strafe gestelltes Verhalten (Homosexualität zwischen Erwachsenen) dulden sollen und die dann aus diesem Konflikt heraus unpädagogisch reagieren.[28]

Kein Mitglied der Arbeitsgruppe „Sexualität beim Behinderten in Heimen" vermochte im November 1974 „auch nur annähernde Angaben [zu] machen, wie häufig sexuelle Aktivitäten verschiedenster Art tatsächlich"[29] vorkamen. Entsprechende Schätzungen der Anwesenden gingen ebenso weit auseinander wie die Erklärungen für die unterschiedlichen Annahmen. Scham bei den Behinderten, die ihre Kontakte „außerhalb der Bemerkbarkeit der Gruppensituation" organisierten, und „moralische Verurteilung" durch die Mitarbeitenden und deren Hang zur Tabuisierung des Themas wurden als mögliche Gründe für eine „geringe Aktivität" genannt. Ob auch sehr hohe Schätzzahlen angegeben wurden, kann nicht gesagt werden, da die insoweit einschlägigen Seiten fünf und sechs des Protokolls der Arbeitstagung nicht überliefert sind.[30] Um wenigstens einen ungefähren Anhaltspunkt zu haben, legten die Anwesenden die Zahl der Schwangerschaften bei geistig behinderten Mädchen während der vergangenen zehn Jahre, also von 1964 bis 1974, zugrunde. Als Referenzeinrichtung dienten hier wohl die Johannes-Anstalten Mosbach.[31] Jedenfalls war die Anzahl der

---

[28]Die Stellungnahme des namentlich nicht genannten Teilnehmers liegt nicht im Original vor, sondern wird hier nach dem Protokoll des Arbeitskreises wiedergegeben.

[29]Protokoll über die Arbeitstagung „Sexualität bei Behinderten in Heimen" am 19.11.1974 im Schwarzacher Hof, 22.11.1974, 4, (ADE, VEEMB 150). Danach auch die folgenden Zitate.

[30]Auch eine erneute Recherche brachte die beiden Seiten nicht zum Vorschein. Mail von Dr. Michael Häusler, Leiter des ADE, 14. Juli 2015.

[31]Protokoll über die Arbeitstagung „Sexualität bei Behinderten in Heimen" am 19.11.1974 im Schwarzacher Hof, 22.11.1974, 4, (ADE, VEEMB 150). Danach auch die folgenden Zitate und Ausführungen.

in dieser Einrichtung bekannt gewordenen Schwangerschaften extrem gering: In zehn Jahren war es lediglich zu vier Schwangerschaften gekommen. Letztlich gab auch diese Zahl keinen wirklichen Anhaltspunkt für den tatsächlichen Umfang des Geschlechtsverkehrs in den Heimen, da ja viele Frauen und Mädchen sterilisiert waren oder hormonell vorübergehend unfruchtbar gemacht wurden. Bemerkenswert war indes, dass nur in einem Fall ein „geistig behinderter Mitarbeiter der Vater" war, während die anderen drei Schwangerschaften „jeweils auf Mitarbeiter der Johannes-Anstalten resp. Handwerker" zurückgingen. Während das Kind des geistig behinderten Paares selbst schwer behindert zur Welt kam und im Alter von zwei Jahren verstarb, wurden zwei Kinder als „gesund" bezeichnet, eine Schwangerschaft wurde aufgrund einer „medizinischen Indikation" unterbrochen. Im Grunde war das Problem einer Schwangerschaft bei einer geistig behinderten Frau eher marginal, kamen diese doch – soweit in den Quellen hierzu Auskunft geben – letztlich nur in sehr geringer Zahl vor. Dieser Befund galt auch noch zwanzig Jahre später. In einer Untersuchung von 1992 berichtete *Brigitte Grimm,* Psychologin in den Werkstätten der Lebenshilfe in Braunschweig, von lediglich 31 Geburten innerhalb von zwölf Jahren, die in einer Einrichtung mit rund 700 Werkstattplätzen zu verzeichnen waren.[32] Anders als in den „Empfehlungen" sprachen sich die Mitglieder der Arbeitsgruppe dagegen aus, „einen bereits in Gang gekommenen sexuellen Akt [zu unterbrechen], da dies eine gravierende Inhumanität"[33] darstelle. So genannte „Begegnungsstübchen", in denen Paare ungestört miteinander schlafen konnten, lehnten – mit einer Ausnahme – alle Teilnehmenden als „menschenunwürdig" ab. Zugleich empfahlen sie, auf eine „wirksame Antikonzeption Wert zu legen". Dabei wurde auf die Depot-Spritze als „zuverlässigste"[34] Methode hingewiesen. Ob auch über die Sterilisation von Heimbewohnerinnen und Heimbewohnern diskutiert wurde, kann nicht gesagt werden. Im Protokoll findet sich jedenfalls kein Hinweis darauf.

Im Einklang mit den „Empfehlungen" sah sich die Arbeitsgruppe hinsichtlich einer „aktivierenden" Sexualpädagogik, die sie ebenfalls ablehnte. Es sei nicht ihre „Aufgabe, heterosexuelle Kontakte zu stiften, wo gar keine Bedürfnisse vorliegen." Auch seien „visuelle und auditive Stimulantien nach Möglichkeit

[32](Grimm 2005, S. 99–304, Zitat 303).

[33]Protokoll über die Arbeitstagung „Sexualität bei Behinderten in Heimen" am 19.11.1974 im Schwarzacher Hof, 22.11.1974, 7, (ADE, VEEMB 150).

[34](Ebd., 8).

zu vermeiden."[35] Moniert wurde, dass es bislang keinerlei sexualpädagogische Anweisungen oder Hilfen gebe.[36] Zwar existierten für die Sonderschulen „Stoff- und Rahmenpläne für sexuelle Aufklärung", aber diese seien ausschließlich auf Menschen mit Körperbehinderungen zugeschnitten. Zwar hatten einzelne Bundesländer damit begonnen, für geistig behinderte Schülerinnen und Schüler Stoffsammlungen zusammenzustellen, die aber, wie es schien, noch in den Kinderschuhen steckten. Daher obliege die sexuelle Aufklärung, so die einhellige Meinung, demjenigen Mitarbeiter, der das „größte Vertrauen" genieße: „Dies sei in der Regel der Gruppenleiter." Dieser habe sich aber – gegebenenfalls im „Rahmen von Selbsterfahrungsgruppen" und in Kontakt mit Ärzten, Psychologen und Pädagogen – selbst zu überprüfen, ob „seine Einstellung richtig" sei. Konkreter wurden die Teilnehmenden hier nicht. Ob die in diesem Zusammenhang zu Protokoll gegebene – nicht nur aus heutiger Sicht reichlich befremdliche – Idee „eines gemeinsamen Besuchs eines Stripteaselokals, um nackte Frauen zu sehen", Zweifel an der Aufgeklärtheit der mit der Sexualerziehung betrauten Gruppenleiter ausräumen sollte? Auf jeden Fall war dieser Vorschlag bemerkenswert, und zwar in mehrfacher Hinsicht. So hatten offenbar weder die weiblichen noch die männlichen Mitglieder der Arbeitsgruppe den Aspekt der sexuellen Ausbeutung der Stripteasetänzerinnen und deren Herabwürdigung zu „Lustobjekten" vor Augen. Zudem wurde mit zweierlei Maß gemessen. Während die Bewohnerinnen und Bewohner auf keinen Fall visuell oder auditiv „angeregt" werden sollten, schien dies für den „Normalbürger", auch für den evangelischen Diakonie-Mitarbeiter, durchaus im Bereich des Vertretbaren zu liegen.

„Ein Zimmer zur Verfügung gestellt"

Eine allzu „lockere" Einstellung konnte durchaus zu bedenklichen Situationen führen, wie das nachfolgende Beispiel zeigt. 1976 unterrichtete der VeEgsB seine Mitgliedseinrichtungen darüber, dass in einer – nicht näher bezeichneten – Einrichtung ein geistig behinderter 16-Jähriger seinen Gruppenerzieher gebeten habe,

[35]Der Vorentwurf des VeEgsB zu den „Empfehlungen" vom Januar 1975, 6, (ADE, VEEMB 81), war hier eindeutiger formuliert: „Pornoliteratur jeder Art sollte daher ferngehalten werden, Filme und Fernsehdarbietungen sorgfältig ausgewählt werden."

[36]Protokoll über die Arbeitstagung „Sexualität bei Behinderten in Heimen" am 19.11.1974 im Schwarzacher Hof, 22.11.1974, 4, (ADE, VEEMB 150). Danach auch die folgenden Zitate.

mit einem 18-jährigen ebenfalls geistig behinderten Mädchen zu schlafen.[37] Ob der so angesprochene Gruppenerzieher bei der Bewohnerin nachgefragt hatte, ob dies auch in ihrem Sinne sei, muss offenbleiben. Ebenso wenig geht aus den Unterlagen hervor, ob und inwieweit über Verhütung gesprochen wurde. Jedenfalls lehnte der Mitarbeiter das Ansinnen des Jungen nicht gleich ab, sondern versprach, sich mit dem Heimleiter zu beraten. Die Heimleitung zeigte sich nicht grundsätzlich abgeneigt, wollte aber zuvor „gemeinsam mit anderen Gruppenerziehern eine Entscheidung herbeiführen“. Diesen Versuch unterlief jedoch kurzerhand ein anderer Erzieher, der „ein Zimmer zur Verfügung“ stellte und „für einen ungestörten Ablauf des Wunsches des Jungen“ sorgte – und dies, obwohl er wusste, dass „zwischen dem Jungen und dem Mädchen weder eine tiefgehende Beziehung bestand, noch von Seiten des Jungen eine Dauerbindung mit diesem Mädchen angestrebt war“. Seiner fristlosen Entlassung kam der eigenmächtig handelnde Erzieher mit einer Eigenkündigung zuvor. Kurz darauf legte die Heimleitung den Fall dem Juristen *Helmut Kühl* vor, der zu der folgenden Beurteilung kam: „Zwar hat sich der Erzieher nicht strafbar gemacht, wohl aber dienstrechtlich erheblich gefehlt. Er durfte seine Entscheidung nicht eigenmächtig treffen; sie war darüber hinaus auch sachlich verfehlt. Die Anordnung fristloser Kündigung möchte berechtigt gewesen sein. Von den Sorgeberechtigten könnten begründete Vorwürfe erhoben werden, mit Schadenersatzansprüchen ist kaum zu rechnen.“ Der Vorfall zog übrigens keine weiteren rechtlichen Konsequenzen nach sich, aber er veranlasste den evangelischen Fachverband dazu, seine Mitgliedseinrichtungen daran zu erinnern, sich immer wieder mit den „grundsätzlichen Zielperspektiven sexualpädagogischen Bemühens“ auseinanderzusetzen – gerade in „dieser Zeit des Experimentierens“.

Bedenkt man die aktuellen Diskussionen um den Kinderwunsch von Paaren mit geistiger Behinderung oder jene um die Frage nach der Sexualassistenz – dann scheint die „Zeit des Experimentierens“ noch nicht vorüber zu sein. Eines aber hat sich grundlegend geändert: Die, um die es geht, reden mittlerweile mit und verschaffen sich als „Expertinnen und Experten in eigener Sache“ gesellschaftliches Gehör.[38]

[37]Rundschreiben des VeEgsB an alle Mitgliedseinrichtungen, betr. Sexualität Behinderter – Probleme der Praxis, 5.7.1976, (ADE, VEEMB 150). Danach auch die folgenden Zitate.

[38]Zur Emanzipationsgeschichte von Menschen mit geistiger Beeinträchtigung, psychischer Erkrankung und Epilepsie, s. (Schmuhl und Winkler, 2018).

Literatur

Brandt, Gerhard. 1976. Erfahrungen bei der Koedukation geistig Behinderter im Wittekindshof, Vortrag gehalten anlässlich der 6. Psychiatrischen Fachkonferenz 1976 in Kühlungsborn. *Information für Mitarbeiter an geistig Behinderten in Einrichtungen der Inneren Mission.* hrsg. von Innere Mission und Hilfswerk der Evangelischen Kirchen in der DDR, Nr. VI: 33–41.

Bucha, Maximilian. 1974. Zur Problematik des Erwachsenseins geistig Behinderter. Beobachtungen – Vergleiche – Spezielle Maßstäbe. *Lebenshilfe*, 4: 193–199.

Grimm, Brigitte. 2005. Elternschaft geistigbehinderter Menschen. In *Sexualität und geistige Behinderung*, Hrsg. Joachim Walter, 299–304, 6. Aufl. Heidelberg: Winter.

Huber, Norbert und Gregor Katz. 1975. *Geschlechtserziehung bei Geistigbehinderten.* Freiburg: Lambertus.

Jung, Edmund und Rolf Krenzer. 1976. *Hilfen zur Sexualerziehung Geistigbehinderter.* Staufen i. Breisgau: Kemper.

Klevinghaus, Johannes. 1970. Der geistig behinderte Mensch in der heutigen Gesellschaft. In *Heil und Heilung. Gedenkbuch für Johannes Klevinghaus*, Hrsg. Ernst Brinkmann, 87–93. Witten: Luther.

Schmidt, Hans-Georg. 1980. Vorwort. In *Zur Sexualität Geistigbehinderter. Die Einstellung der Mitarbeiter als Bedingungsrahmen zur Unterdrückung oder Normalisierung in Behinderteneinrichtungen*, Hrsg. Joachim Walter, 13–15. Rheinstetten: Schindele.

Schmuhl, Hans-Walter und Ulrike Winkler. 2014. *Im Zeitalter der Weltkriege. Die Diakonissenanstalt Neuendettelsau unter den Rektoren Hans Lauerer (1918–1953) und Hermann Dietzfelbinger (1953–1955).* Neuendettelsau: Diakonie Neuendettelsau.

Schmuhl, Hans-Walter und Ulrike Winkler. 2018. *Aufbrüche und Umbrüche. Lebensbedingungen und Lebenslagen behinderter Menschen in den v. Bodelschwinghschen Anstalten Bethel von den 1960er bis zu den 1980er Jahren. Ein Beitrag zur Disability History.* Bielefeld: Verlag für Regionalgeschichte.

Schröder, Siegfried. 1977. „Das tut man nicht!“. *Zeitschrift für Heilerziehung und Rehabilitationshilfen*, Nr. 2: 78.

Walter, Joachim. 1980. *Zur Sexualität Geistigbehinderter. Die Einstellung der Mitarbeiter als Bedingungsrahmen zur Unterdrückung oder Normalisierung in Behinderteneinrichtungen.* Rheinstetten: Schindele.

Walter, Joachim (Hg.) 1992. *Sexualität und geistige Behinderung.* 3. Aufl. Heidelberg: Universitätsverlag Winter.

Walter, Joachim. 2005. *Grundrecht auf Sexualität? Einführende Überlegungen zum Thema „Sexualität und geistige Behinderung“* In *Sexualität und geistige Behinderung*, Hrsg. ders. 29–37, 6. Aufl. Heidelberg: Winter.

Winkler, Ulrike und Hans-Walter Schmuhl 2014. *Die Behindertenhilfe der Diakonie Neuendettelsau 1945–2014. Alltag, Arbeit, kulturelle Aneignung*, Stuttgart: Kohlhammer.

Wohlhüter, Herbert. 2005. Vom Erwachsenwerden des geistigbehinderten Menschen. In *Sexualität und geistige Behinderung*, Hrsg. Joachim Walter, 187–194, 6. Aufl. Heidelberg: Winter.

Archiv des Evangelischen Werks für Diakonie und Entwicklung, Berlin (ADE)
Bestand VEEMB 2, 20, 81, 117, 118, 150, 163.

„Ich kann es nicht vergessen …"

Zum Stand der Aufarbeitung der Heimerziehung in Einrichtungen der Jugendfürsorge, der Behindertenhilfe und der Psychiatrie

Stefan Rösler

Seit dem Jahr 2006 geschieht eine intensive Aufarbeitung der Heimerziehung in der Nachkriegszeit in beiden deutschen Staaten, die sowohl für Betroffene als auch für die involvierten Organisationen und Institutionen oftmals belastend, aber auch erfolgreich war. Mit den Fonds Heimerziehung Ost und West sind Hilfesysteme entstanden, die einerseits Kritik auf sich zogen und die andererseits viele Betroffene der damaligen Kinder- und Jugendhilfe wirksam unterstützen konnten. Zu Beginn des Jahres 2017 errichteten der Bund, die Länder sowie die beiden großen Kirchen die Stiftung Anerkennung und Hilfe, die, den Fonds Heimerziehung sehr ähnlich, sich nun an die Betroffenen der stationären Behindertenhilfe und Psychiatrie richtet.

Mit diesem Beitrag, der als Bericht aus der Praxis zu verstehen ist, sollen Informationen zu den Hintergründen, der Genese und den Formen der Aufarbeitung und Entschädigung gegeben sowie bisherige Erfahrungen und Einschätzungen hinsichtlich der Erfolge und Grenzen der Bemühungen skizziert werden. Der Verfasser leitete die beiden beim „Zentrum Bayern Familie und Soziales" im Bayerischen Landesjugendamt eingerichteten bayerischen Anlauf- und Beratungsstellen des Fonds Heimerziehung West sowie die Stiftung Anerkennung und Hilfe. Deshalb liegt der Fokus des Beitrags auf der Situation in der damaligen Bundesrepublik Deutschland und auch auf Bayern.[1]

[1]Der Beitrag wurde bereits im Mitteilungsblatt des Bayerischen Landesjugendamtes abgedruckt, vgl. (Rösler 2017).

S. Rösler (✉)
Diakonisches Werk Traunstein e.V., Mühldorf, Deutschland
E-Mail: stefan.roesler@diakonie-traunstein.de

A. Eberle et al. (Hrsg.), *Menschenrechte und Soziale Arbeit im Schatten des Nationalsozialismus*, https://doi.org/10.1007/978-3-658-19517-5_8

Stationäre Maßnahmen der Jugendfürsorge

Die Heimerziehung der Nachkriegszeit der Bundesrepublik, insbesondere die Fürsorgeerziehung, wurde seit jeher immer wieder kritisiert. Oft war diese Kritik politisch-ideologisch oder auch fachlich-wissenschaftlich geprägt. Eine gesellschaftliche Auseinandersetzung mit (ehemaligen) Heimkindern und ihren Erfahrungen und Biografien erfolgte in der Regel kaum. Ausnahme davon ist die Berichterstattung über die sogenannte Heimkampagne Mitte der 60er bis Anfang der 70er Jahre.

Jahrzehnte später markiert in Deutschland das Jahr 2006 einen Wendepunkt: Ehemalige Heimkinder richten Petitionen an den Deutschen Bundestag. Sie kritisieren weitreichend ihre damalige Situation in den Einrichtungen. Die Petitionen beziehen sich vor allem auf die 50er und 60er Jahre. Das vielzitierte Buch „Schläge im Namen des Herrn" von Peter Wensierski (2006) erscheint zeitgleich, die Medien berichten. Spätestens jetzt also ist das Schweigen gebrochen bzw. finden Betroffene endlich Gehör.

Es geht um missbräuchliche Erziehungsmethoden, um entwürdigende Bestrafungen, willkürliches Einsperren, Entmündigung. Um Ausbeutung als Arbeitskraft, vorenthaltene Bildung, massive körperliche, seelische und sexualisierte Gewalt, fehlende oder mangelhafte Steuerungs-, Aufsichts- und Beschwerdeinstanzen. Es geht darum, dass die „Zöglinge" ohne brauchbare Vorbereitung in das Leben nach dem Heim geschickt worden sind. Diese Aufzählung ließe sich fortsetzen. Als roten Faden aber könnte man den Schilderungen der Betroffenen entnehmen, wie massiv und nachhaltig belastend sich Erfahrungen des Ausgeliefert- und Alleinseins in der verletzlichen Zeit der Kindheit und Jugend auf das spätere Leben auswirken. Betroffene forderten Anhörungen, Anerkennung ihres Leids, Maßnahmen der Verzeihung und Rehabilitierung einschließlich einer finanziellen Entschädigung sowie weitere wissenschaftliche Aufarbeitung und Prävention.

Herausforderung Sprache

Es geht nicht um Heimkinder, sondern um Menschen, die heute 50, 60, 70 Jahre alt sind und als Säuglinge, Kinder, Jugendliche in Heimen der damaligen Jugendhilfe untergebracht waren. Insgesamt waren es 700.000 bis 800.000. Eingebürgert hat sich der Begriff „ehemalige Heimkinder", abgekürzt auch „Ehemalige". Es ist von Betroffenen die Rede, von Opfern, Zöglingen, Heiminsassen, manchmal auch von Überlebenden. Ein Mann, der sich im Süden Deutschlands für die Aufarbeitung engagiert, fordert den Begriff „damaliges Heimkind", denn trotz aller Folgeschäden, unter denen er leide: Es sei lange her, er sei kein Kind mehr.

Die genannten Begriffe versuchen, die Thematik greifbar zu machen. Im Mittelpunkt stehen Menschen, ihre Biografien und die prägenden Erfahrungen in Kindheit und Jugend. Alle Begriffe haben je nach Kontext und Perspektive ihre Berechtigung. Und bergen gleichzeitig die Gefahr, den oder die einzelne Person ungewollt auf eine Rolle oder einen Status zu reduzieren: Auf das Kind, auf eine Betroffenheit, auf das Opfersein. Aufarbeitung steht vor der Herausforderung, Leid und Unrecht anzuerkennen und aufzuarbeiten, ohne Menschen auf Rollen zu reduzieren, die ihnen nicht gerecht werden und die sie ggf. auch gar nicht einnehmen wollen.

Liest man die mittlerweile umfassende Literatur, mag der Eindruck entstehen, es handele sich bei den ehemaligen Heimkindern um eine homogene Gruppe. Dieser Eindruck würde täuschen. Die Menschen, mit denen die bayerische Anlaufstelle des Fonds Heimerziehung West im Gespräch ist – es sind rund dreitausend –, haben unterschiedliche Erfahrungen gemacht, stammen aus unterschiedlichen familiären Hintergründen, sind unterschiedlich mit Erfahrungen in Kindheit und Jugend umgegangen und bewerten sie unterschiedlich. Sie haben unterschiedliche Erwartungen an Aufarbeitung und Entschädigung. Sie haben auch unterschiedliche Heimerziehung erfahren. Im Januar 2012, in den ersten Tagen der Umsetzung des Fonds, rufen direkt hintereinander zwei Männer bei der Anlaufstelle an. Der eine Mann sagt weinend: „Ich kann gar nicht darüber sprechen, aber glauben Sie mir, dieses Heim hat mein Leben völlig zerstört.“ Der andere sagt: „Ich habe das über den Fonds gelesen. Verstehen Sie mich bitte nicht falsch, das ist alles richtig. Aber es ist mir ein Anliegen, dass Sie wissen, dass es mir gut ergangen ist. Ich bin sicher, ohne das Heim hätte ich meine Kindheit nicht überlebt.“ Das ist die Bandbreite: Von einem geretteten bis hin zu einem zerstörten Leben. Die Feststellung, dass es auch gelungene Heimerziehung gab, soll und darf das weitreichende Leid und Unrecht, das vielen Heimkindern damals widerfahren ist, nicht relativieren oder gar infrage stellen.

Eindeutig ist, dass unter den zehntausenden ehemaligen Heimkindern, die sich in den letzten Jahren bei kommunalen, staatlichen und kirchlichen Stellen, beim Runden Tisch Heimerziehung und bei den Fonds Heimerziehung Ost und West gemeldet haben, mit überwältigender Mehrheit diejenigen überwiegen, die unter fehlgeschlagener Heimerziehung gelitten haben und in der Regel heute noch leiden. Die Schilderungen sind auch heute noch erdrückend und selbst für erfahrene Beraterinnen und Berater teils kaum auszuhalten. Doch auch in dieser Gruppe fallen die Erwartungen an Aufarbeitung und Entschädigung sehr unterschiedlich aus. In der öffentlichen Berichterstattung überwog Kritik, dass Aufarbeitung nicht konsequent genug erfolge und die finanziellen Leistungen und Verfahren der beiden Fonds Heimerziehung nicht angemessen seien. Eher kurz kamen bislang in der öffentlichen Wahrnehmung die Betroffenen, denen es sehr viel bedeutet, was an Aufarbeitung geschehen ist – und die die Gesprächsangebote und finanziellen Leistungen der Fonds als sehr wirksam betrachten. Kurz kommen diejenigen, die sagen, man hätte das Thema gar nicht erst wieder hochholen sollen, es sei zu belastend. Und schließlich diejenigen, die sagen, sie hätten mit der Vergangenheit schlicht abgeschlossen und die Erfahrungen verarbeitet. Folgende Schlussfolgerungen könnten gegebenenfalls unterschätzt werden: Die bei vorliegenden Missständen aus guten Gründen einhellig geforderte Aufarbeitung ist für viele Betroffene psychisch belastender als man denken mag. Aufarbeitungs- und Entschädigungsprozesse bieten teils nur begrenzte Möglichkeiten der individuellen Mitgestaltung. Der oder die Einzelne kann nicht mitbestimmen, was morgen in der Zeitung steht oder im Fernsehen läuft. Für einige ist es schwer, einen guten eigenen Platz in diesem Prozess zu finden. Aufarbeitung ist gleichzeitig für einen großen Teil der Betroffenen erfolgreich im Sinne von rehabilitativen, entstigmatisierenden und im Ergebnis heilsamen Erfahrungen. Allein die Tatsache, dass an Aufarbeitung sehr unterschiedliche Erwartungen und Bedürfnisse gerichtet werden, führt zu einer Spannung, die wichtige Informationen über Entwicklungen, Möglichkeiten und Grenzen, Erfolge und Misserfolge geben kann und die konstruktiv genutzt werden sollte.

Meilensteine der bisherigen Aufarbeitung

Bereits der Petitionsausschuss, der Betroffene früh angehört hatte, sah und erkannte das Unrecht und Leid, das Kindern und Jugendlichen in Kinder- und Erziehungsheimen der alten Bundesrepublik in den Jahren 1949 bis 1970 widerfahren ist und sprach sein tiefes Bedauern aus. Er kam zu dem Ergebnis, dass ein parlamentarisches Verfahren alleine die notwendige Aufarbeitung nicht leisten kann und empfahl deshalb die Einsetzung eines Runden Tisches, der die weitere Aufarbeitung und Suche nach Lösungen übernehmen sollte. Der Ausschuss stellte fest, dass erlebtes Unrecht und erfahrenes Leid nicht ungeschehen gemacht werden können. Er vertrat aber auch die Ansicht, dass durch eine Anerkennung des Unrechts den Betroffenen geholfen werden kann, sich rehabilitiert zu fühlen (Deutscher Bundestag 2008).

Die Einrichtung des Runden Tisches Heimerziehung in den 50er und 60er Jahren (RTH) wurde im Dezember 2008 vom Bundestag beschlossen und konstituierte sich unter der Moderation der Bundestagsvizepräsidentin a. D. Dr. Antje Vollmer am 17.02.2009. In rund zweijähriger Arbeit entstanden Expertisen zu rechtlichen, pädagogischen und therapeutischen Fragestellungen, Empfehlungen zur Akteneinsicht sowie für die Beratung Betroffener, ein Zwischenbericht und der Abschlussbericht.

Der Runde Tisch veranstaltete eine große Fachtagung und betrieb eine Infostelle für Betroffene. Die Ergebnisse des Runden Tisches sind für die weitere Aufarbeitung von zentraler Bedeutung. Die Veröffentlichungen genießen im Allgemeinen eine breite Akzeptanz. Die zusammenfassende Bewertung des Runden Tisches lautet: „Die dargestellten Problemschwerpunkte zeigen, dass es in der Heimerziehung vielfaches Unrecht und Leid gab. Dabei wird deutlich, dass es in der Heimerziehung der frühen Bundesrepublik zu zahlreichen Rechtsverstößen gekommen ist, die auch nach damaliger Rechtslage und deren Auslegung nicht mit dem Gesetz und auch nicht mit pädagogischen Überzeugungen vereinbar waren. Elementare Grundsätze der Verfassung wie das Rechtsstaatsprinzip, die Unantastbarkeit der Menschenwürde und das Recht auf persönliche Freiheit und körperliche Integrität fanden bei weitem zu wenig Beachtung und Anwendung. (…) Das dabei zutage getretene Unrecht und das Leid müssen vom Runden Tisch, von den Nachfolgern der damals verantwortlichen Institutionen und Einrichtungen und von der Gesellschaft anerkannt werden. Die betroffenen ehemaligen Heimkinder sind in ihren Biografien zu rehabilitieren. Auch wenn es zunächst banal und selbstverständlich klingt, muss anerkannt werden: An dem ihnen angetanen Unrecht und Leid tragen sie selbst keine Schuld." (RTH 2010, S. 29).

Der Runde Tisch unterbreitete Lösungsvorschläge hinsichtlich verschiedener Bereiche. Empfohlen wurden:

I. Rehabilitative Maßnahmen für die gesamte Betroffenengruppe (Anerkenntnis von Unrecht, Bitten um Verzeihung, Einrichtung von regionalen Anlauf- und Beratungsstellen),
II. Finanzielle Maßnahmen zugunsten einzelner Betroffener (bei geminderten Rentenansprüchen und einem Hilfebedarf aufgrund Schädigungen durch die Heimerziehung),
III. Finanzielle Maßnahmen für überindividuelle Aufarbeitung (Wissenschaft, Ausstellungen und Dokumentationen, Gedenken),
IV. Prävention und Zukunftsgestaltung (Heimaufsicht, Vormundschaft, Ausbildung und Qualifikation),
V. Gesetzgeberische Initiativen (Begriff „Verwahrlosung", Datenschutz/Akteneinsicht),
VI. Übergangsregelungen (Anlaufstelle, Aktenverbleib) (RTH 2010, S. 35 ff.).

In einer zentralen Fragestellung folgte der Runde Tisch den Forderungen der Petenten und der am Runden Tisch vertretenen ehemaligen Heimkinder nicht, nämlich, die Heimerziehung als pauschales Unrecht zu bewerten, was wiederum eine pauschale Entschädigungsleistung ermöglicht hätte. Laut Rundem Tisch sei das „System Heimerziehung" in Bezug auf die Wahrung der Rechte der Betroffenen zwar mangelhaft und demokratisch unreif gewesen, es habe sich aber nicht um ein „Unrechtssystem“ gehandelt. Unrecht sei vermeidbar, von Menschen gemacht gewesen, die rechtlichen und verwaltungsmäßigen Rahmenbedingungen hätten nicht zwangsläufig zu Unrecht geführt, es habe auch gelungene Heimerziehung gegeben (RTH 2010, S. 31 ff.; Wapler 2010, S. 85 f.). Individuelle finanzielle Leistungen im Sinne von Schadensersatz oder Schmerzensgeld, die an einer Rechtsverletzung ansetzen, wären in der Folge an hohe Voraussetzungen gebunden: U. a. hätten sowohl die Rechtsverletzung selbst als auch der darauf zurückzuführende Schaden schlüssig nachgewiesen werden müssen. Es erschien dem Runden Tisch nicht angemessen und zielführend, eine solche Lösung anzustreben, da er befürchtete, viele Betroffene würden nach langen, psychisch belastenden Verfahren leer ausgehen, mit damit verbundenen Erfahrungen von Ohnmacht, erneutem Unrecht bis hin zu Retraumatisierungen. Stattdessen favorisierte der Runde Tisch eine Lösung, die am Ausgangspunkt des „Folgeschadens“ anknüpft, der niedrigschwelliger nachzuweisen bzw. glaubhaft zu machen sei. Damit könne vergleichsweise schnell und unbürokratisch eine gerechte und wirkungsvolle Aufarbeitung, Anerkennung und Rehabilitierung ermöglicht werden, die erneute Unrechtserfahrung weitgehend vermeide. Damit empfahl der Runde Tisch also keine finanzielle Entschädigung, sondern Ausgleichszahlungen bei geminderten Rentenansprüchen sowie die Finanzierung von materiellen Hilfen, um Folgeschäden aus der Heimerziehung zu mildern (RTH 2010, S. 34 ff.).

Für einige Betroffene war dies eine schwere Enttäuschung. Bemühungen, die Empfehlungen und späteren politischen Beschlüsse über Präzedenzfälle, die Anrufung des Bundesverfassungsgerichts oder europäischer Gerichte zu korrigieren, blieben bislang ohne Erfolg (BVerfG 2012). Es deutet alles darauf hin, dass es dabei bleiben wird. Der Deutsche Bundestag schloss sich im Juli 2011 den Empfehlungen des Runden Tisches an und beauftragte die Bundesregierung, in Abstimmung mit den betroffenen Ländern und den Kirchen eine angemessene Umsetzung der Lösungsvorschläge vorzulegen. Vergleichbar dem Petitionsausschuss und dem Runden Tisch sprach der Bundestag eine Anerkennung des Unrechts und sein tiefes Bedauern aus. Zudem sprach sich der Bundestag für eine gleichwertige Form der Wiedergutmachung für die ehemaligen Heimkinder der DDR sowie vergleichbare Betroffenengruppen aus (Deutscher Bundestag 2011).

Zum 01.01.2012 errichteten der Bund, die (West-)Länder und die beiden großen Kirchen den Fonds Heimerziehung West[2]. Der Fondszweck ist die Förderung

[2]Für ausführliche Informationen zu den beiden Fonds Heimerziehung Ost und West siehe hierzu http://www.fonds-heimerziehung.de. Zugegriffen: 30.07.2018.

der Hilfe für ehemalige Heimkinder, insbesondere durch die Gewährung o. g. finanzieller Hilfen, der sog. Rentenersatz- und Folgeschädenleistungen, durch die Unterstützung Betroffener, ihre Heimunterbringung aufzuarbeiten sowie durch die weitere Aufarbeitung der Heimerziehung und die Erarbeitung von Schlussfolgerungen für die heutige und zukünftige Praxis. Zwischenzeitlich finanziert der Fonds zudem Projekte überindividueller Aufarbeitung.

Der Fonds hat die Rechtsform einer nicht rechtsfähigen privatrechtlichen Stiftung, er erbringt seine Leistungen auf freiwilliger Basis ohne Anerkennung einer Rechtspflicht nachrangig zu den Leistungen der gesetzlichen sozialen Sicherungssysteme. Seine Verfahren sind keine hoheitlichen Maßnahmen im Sinne des Verwaltungsverfahrensgesetzes. Ein rechtlicher Anspruch auf seine Leistungen besteht nicht. Seine Leistungen sollen nicht auf Renten- oder Transferleistungen angerechnet werden. Der Fonds wurde zunächst mit einem Vermögen von 120 Mio. EUR ausgestattet. Gremium des Fonds ist der Lenkungsausschuss, bestehend aus Vertretern der Errichter; eine Ombudsperson nimmt die Belange der ehemaligen Heimkinder wahr. Verwaltet wird der Fonds von einer Geschäftsstelle, angesiedelt beim Bundesamt für Familie und zivilgesellschaftliche Aufgaben in Köln. Für die Beratung Betroffener und die Beantragung (der Fonds spricht von der Vereinbarung) der Fondsleistungen wurden in den Ländern Anlauf- und Beratungsstellen eingerichtet. Ursprünglich sollte der Fonds eine insgesamt fünfjährige Laufzeit haben mit einer dreijährigen Antrags- bzw. Anmeldefrist; er sollte spätestens am 31.12.2016 enden, bei vollständiger Ausreichung der Mittel entsprechend früher.

Zum 01.07.2012 wurde vom Bund und den (Ost-)Ländern der Fonds Heimerziehung Ost errichtet, ausgestattet mit einem Vermögen von zunächst 40 Mio. EUR. Die unterschiedliche zeitliche Befristung der beiden Fonds wird damit begründet, dass sich die ausschlaggebenden Petitionen auf die BRD in den 50er und 60er Jahren bezogen, in der Bundesrepublik im Laufe der 60er Jahre eine Veränderung/Verbesserung der Heimerziehung einsetzte (Gruppengrößen, Personal, Konzepte, Steuerung und Aufsicht), die nahelegte, dass beschriebene Missstände ab Mitte der 70er Jahre in dieser Tragweite nicht mehr gegeben waren. Zudem trat im Jahr 1976 das Opferentschädigungsgesetz (OEG) in Kraft, das an die Leistungsgewährung für erlittene Straf- und Gewalttaten vor 1976 besonders hohe Voraussetzungen stellt (§ 10a OEG); das Opferentschädigungsgesetz also für die Aufarbeitung und Wiedergutmachung der Heimerziehungsproblematik nicht das geeignete Instrument sein kann. Für die ehemalige DDR wurde festgestellt, dass es insbesondere die weitreichenden Veränderungsprozesse der Heimerziehung vergleichbar nie gegeben hat und die bisherige Aufarbeitung von DDR-Unrecht („SED-Unrechtsbereinigung“) die Situation der dortigen ehemaligen Heimkinder nicht angemessen berücksichtigen konnte.

Die Fonds Heimerziehung stellen Betroffenen sog. Folgeschädenleistungen, also zweckgebundene materielle Hilfen in Höhe von bis zu 10.000 EUR pro Person zur Verfügung. In der Regel wird dieser Betrag vollständig vereinbart und abgerufen. Endgültige Aussagen zu den durchschnittlich ausgezahlten Leistungen werden erst im Laufe des Jahres 2019 möglich sein. Für „erzwungene Arbeit" im sozialversicherungspflichtigen Alter bis hin zur Volljährigkeit gewähren die Fonds Betroffenen einen einmaligen ausgleichenden Betrag in Höhe von 300 EUR pro Monat, die sog. Rentenersatzleistung. Die durchschnittliche Höhe der Rentenersatzleistung (bezogen auf alle bei der Geschäftsstelle registrierten Betroffenen) beträgt im Fonds West 4180 und im Fonds Ost 2191 EUR. Die deutliche Differenz ist vor allem in der früheren Volljährigkeit der Betroffenen der DDR begründet.

Bevor die Entwicklungen und Erfahrungen der Fondsumsetzung beschrieben und bewertet werden, sollen einige wichtige weitere Teile der Aufarbeitung beispielhaft benannt werden:

Befassungen der Parlamente und der Kirchen

In vielen Ländern – Ost wie West – wurden eigene Runde Tische oder Anhörungen durchgeführt. Das ehemaligen Heimkindern zugefügte Leid und Unrecht wurde vielfach und auf unterschiedliche Art und Weise anerkannt und bedauert. Es wurde auf spezifische regionale Gegebenheiten eingegangen; von zentraler Bedeutung scheint auch hier zu sein, Raum für die Schilderung von Erfahrungen und Folgen zu schaffen, Gehör zu finden, im Gespräch zu sein. Aus Anhörungen sind zudem immer wieder wichtige Initiativen für die Weiterentwicklung der beiden Fonds Heimerziehung hervorgegangen. In Bayern leitete die bislang größte Anhörung ehemaliger Heimkinder am 12.06.2012 einen intensiven Dialog aller Beteiligten ein, der bis heute andauert (Wolf 2012; Spessa 2015). Auch die beiden großen Kirchen haben sich vielfach vergleichbar zur Thematik geäußert; es wurden u. a. eigene Hotlines betrieben und große Veranstaltungen durchgeführt. Zudem bieten die Kirchen eigene Gesprächsangebote und Anerkennungsleistungen für Betroffene von (sexualisierter) Gewalt an (DBK o. D.; Diakonie o. D.).

In den letzten Jahren (und auch schon vor 2006) ist eine Vielzahl von Studien zur Thematik entstanden. Sie sind von einer besonderen Bedeutung, da sie u. a. die Erfahrungsberichte Betroffener wissenschaftlich sichern und unterstützen. Je nach Forschungsdesign bieten sie einen genaueren regionalen Blick oder untersuchen spezifische Charakteristika der damaligen Heimerziehung, etwa Heimerziehung in konfessioneller Trägerschaft (Zahner 2006; Henkelmann et al. 2011; Frings und Kaminsky 2012). Für die Prävention von Machtmissbrauch wurden wichtige Erkenntnisse abgeleitet. Teilweise wurden die Forschungsergebnisse über Ausstellungen zugänglich gemacht (LaBW o. D.; LWV Hessen 2013).

Beiträge der Jugendhilfeträger

Einrichtungen, Träger, Träger- oder Fachverbände der Jugendhilfe leisteten ebenfalls zahlreiche und wichtige Beiträge für die Aufarbeitung der Thematik und für die Erarbeitung von Schlussfolgerungen für die heutige und zukünftige Praxis. Es wurden in Einrichtungen oder Verbänden Ansprechpartner/-innen benannt, die Betroffenen für Einzelgespräche und Besichtigungen der damaligen Einrichtung zur Verfügung stehen, es wurden Fachtage durchgeführt[3], eigene Studien in Auftrag gegeben (Benad, Schmuhl und Stockhecke 2009) und Kodizes formuliert (LH München, Sozialreferat, Stadtjugendamt 2013).

In Bayern wurde von überörtlicher Ebene aus ab dem Jahr 2010 der Partizipationsprozess „IPSHEIM" initiiert, der im Jahr 2013 zu der Wahl des Landesheimrats Bayern führte. Seitdem hat Bayern als zweites Bundesland nach Hessen ein selbst organisiertes Gremium, das aus Kindern und Jugendlichen besteht, die in Einrichtungen der stationären Jugendhilfe leben, und das sich für die Wahrnehmung der Rechte von Kindern und Jugendlichen in den Einrichtungen einsetzt. Begleitet und unterstützt wird der Landesheimrat von einer Geschäftsstelle im ZBFS – Bayerisches Landesjugendamt.

Mediale Berichterstattung

Die Aufarbeitung der Heimerziehung wurde kontinuierlich von den Medien begleitet. Die Berichterstattung untermauerte die besondere historische und gesellschaftliche Bedeutung der Thematik. Die Schicksale der Betroffenen wurden beschrieben, die Kontroverse um die Empfehlungen des Runden Tisches wurde benannt, Umsetzungsschwierigkeiten der Fonds Heimerziehung wurden kritisiert. Regional und überregional kam es zu ungezählten Reportagen, Dokumentationen und Porträts in Presse, Rundfunk (z. B. Posch 2013) und Fernsehen. Die großen

[3] Landesverband katholischer Einrichtungen und Dienste der Erziehungshilfe in Bayern (LVkE), Evangelischer Erziehungsverband in Bayern am 31.10.2011 in Nürnberg, Politische Akademie Tutzing und LVkE: Erziehung und Gewalt, 11. – 13.01.2013 in Tutzing.

Nachrichtenformate berichteten, es wurden Spielfilme mit Top-Stars in den Hauptrollen zur besten Sendezeit ausgestrahlt (Und alle haben geschwiegen 2012).

Journalisten bearbeiteten zudem auch schwer zugängliche Aspekte der Heimerziehung der Vergangenheit wie wirtschaftliche Aspekte der Arbeit von Kindern und Jugendlichen in den Einrichtungen. Zuletzt, in den Jahren 2016 und 2017, berichteten die Medien breit über neue Hinweise und Erkenntnisse in Bezug auf Medikamententests an Heimkindern, hier stehen die Arbeiten von Sylvia Wagner (2016) im Mittelpunkt sowie über die Aufarbeitung der Geschehnisse bei den Regensburger Domspatzen (Weber und Baumeister 2017).

Gesetzgeberische Initiativen

Die Forderungen des Runden Tisches Heimerziehung nach gesetzgeberischen Initiativen wurden von den Ergebnissen des im Jahr 2010 eingerichteten Runden Tisches „Sexueller Kindesmissbrauch" unterstützt und vom Gesetzgeber aufgegriffen. So normiert das sog. Bundeskinderschutzgesetz (BKiSchG) hinsichtlich des Schutzes von Kindern und Jugendlichen in stationären Einrichtungen konkreter als vorher zusammengefasst die Hierarchie „Sicherung der Kinderrechte und Schutz vor Gewalt über entsprechende Präventions- und Schutzkonzepte sowie die Anwendung von geeigneten Verfahren der Beteiligung und Beschwerde" (§ 45 SGB VIII). Fachkräfte der Jugendhilfe werden genauer als vorher auf ihre Eignung geprüft (§ 72a SGB VIII). Das Vormundschaftsrecht sieht nach einer Reform im Jahr 2011 vor, dass Amtsvormünder nicht mehr als 50 Vormundschaften führen dürfen und schreibt regelmäßige persönliche Kontakte vor.

Unzweifelhaft ist es dem langjährigen Einsatz der ehemaligen Heimkinder selbst zu verdanken, dass es zur skizzierten Aufarbeitung überhaupt erst gekommen ist. Basis für Aufarbeitung war immer, dass die Leid- und Unrechtserfahrungen zur Sprache kamen und Gehör fanden. Der Wucht der Schilderungen kann sich niemand entziehen, die Schicksale machen betroffen. Insofern sind abschließend vor allem die vielen Beiträge der Betroffenen zu nennen: Petitionen und politisches Engagement, Fachtexte, Vorträge, Leserbriefe, Gespräche auf verschiedensten Ebenen. Es wurden Theaterstücke geschrieben und aufgeführt, Ausstellungen organisiert und es liegen zahlreiche Autobiografien von Betroffenen vor wie z. B. „Der Schrei zum Himmel" (Sucker 2008), „Mame. Unsere Mutter die Löwin" (Schmidt, Lesemeister und Rubner 2010), „Glücklich sieht anders aus…" (Beer 2011), „Stromzeit. Erinnerungen an das Kinderheim Schloss Beuggen" (Völker 2011).

Entwicklungen und Erfahrungen der Fondsumsetzung

Die im Abschlussbericht des Runden Tisches formulierten Anforderungen an den Fonds Heimerziehung und an die regionalen Anlauf- und Beratungsstellen sind hoch.

Hinsichtlich des Fonds bzw. seiner Leistungsgewährung sollten gegenüber der Betroffenen keine zu hohen Darlegungspflichten verlangt werden, wie auch keine Anrechnung der Leistungen auf Sozialleistungen erfolgen. Darüber hinaus sollten die Leistungen als „unpfändbar" gelten und auch bei einem Wohnsitz im Ausland bezogen werden können.

Die Anlauf- und Beratungsstellen sollten eine niedrigschwellige Struktur schaffen mit partizipativen und aktivierenden Beratungsmethoden. Voraussetzung dafür ist, dass die Mitarbeiter/-innen, eine zielgruppenspezifische Fachkompetenz aufweisen. Die Beratungsstellen sollten gut öffentlich wahrnehmbar sein und so ausgestattet sein, dass sie eine umfassende Lotsenfunktion (Hilfe und Begleitung bei Akteneinsicht, Hilfe bei Suche nach Therapien, Beratung/Vermittlung über/von Sozialleistungen, Hilfe bei der Suche nach Familienangehörigen) ausüben können. Ihre Aufgabe besteht zudem in der aktiven Kooperation mit anderen sozialen Institutionen der Region. Dies erfordere einen dynamischen wie nachfrageorientierter Aufbau der Einrichtungen, denen eine weitgehende Unabhängigkeit eingeräumt werden müsse, um ihrer besonderen Vertrauensstellung und professioneller Parteilichkeit gerecht werden zu können. Den Stellen sollten beratende Beiräte eingerichtet werden. (RTH 2010, S. 36 ff.)

Das erste Jahr der Fondslaufzeit verlief nicht ohne Anlaufprobleme. Insgesamt waren viele Fragen offen und einige zentrale Probleme ungelöst. Gleichzeitig befanden sich viele Anlaufstellen noch im Aufbau, auch die bayerische. Der Fonds und die Anlaufstellen waren gezwungen, sich als lernendes System zu verstehen. Man kann der Struktur zugute halten, dass es sich um ein bis dahin einmaliges Konstrukt handelte, die Fondserrichter konnten kaum auf Erfahrungswerte zurückgreifen. In der Folge machte der Fonds Heimerziehung glücklicherweise eine bemerkenswerte und positive Entwicklung: Die Leistungsbeantragung wurde konkretisiert und beschrieben; eine ethisch und juristisch problematische Verzichtserklärung wurde gestrichen; die Nichtanrechnung der Leistungen wurde untergesetzlich gesichert; eine problematische sog. OEG-Klausel wurde gestrichen (bis dato schlossen sich Leistungen des Fonds und Leistungen nach dem OEG aus) und die oberste Rechtsprechung stellte klar, dass Leistungen wie die des Fonds höchstpersönlich und zweckgebunden und damit unpfändbar sind.

Von mittelbarer Bedeutung für die Ehemaligen ist, dass die Fondsstruktur, also Geschäftsstelle, Anlaufstellen und Lenkungsausschuss, mit der Zeit sehr gute Kooperationsbeziehungen aufgebaut haben. Von unmittelbarer Bedeutung ist, dass der Leistungskatalog des Fonds nach kurzer Zeit zunehmend flexibel und an den Bedürfnissen der Betroffenen orientiert ausgelegt wurde; für „kleinteilige" Bedarfe (Ersatz von Fahrkosten, Dinge des täglichen Bedarfs u.ä.) wurden gewissermaßen „Pauschalen" eingeführt. Damit hatten Betroffene und Anlaufstellen die Möglichkeit, sehr individuell Hilfen zu vereinbaren. Oftmals konnte der Fonds „Herzenswünsche" erfüllen: Ein Herr, im Heim Opfer von sexualisierter Gewalt durch einen Konfessionellen, verliert den starken Bezug zur Kirche nicht. Besonders fasziniert ist er vom Orgelspiel. Sein Wunsch, es erlernen zu können, wird mit Gelächter, Beleidigungen („Dafür bist Du doch viel zu dumm!") und Ohrfeigen beantwortet. Im Erwachsenenalter bringt er sich autodidaktisch das Orgelspiel bei. Mit der Anlaufstelle vereinbart er eine hochwertige Heimorgel, die der Fonds dann finanziert. Der Mann berichtet, wie sehr es ihm mit dieser Orgel in seiner Wohnung besser gehe – oft ruft er seine Beraterin an, wenn er gespielt hat; seine Stimme ist fester, er weint kaum noch, seine Körperhaltung ist deutlich aufrechter und selbstbewusster als früher.

Gelingt es Betroffenen und Anlaufstellen, solche Hilfebedarfe zu orten und entsprechende Hilfen zu gewähren, scheint der Fonds besonders hilfreich zu sein. Wichtig ist aber, dass es weder den Betroffenen noch der Fondsstruktur alleine um finanzielle Leistungen geht. Die Erfahrung zeigt, dass die Kombination der finanziellen Leistungen mit positiven Erfahrungen in den Anlaufstellen (über gute Gespräche und Begegnungen, erfolgreiche Aktenrecherchen etc.) viel bewirken kann. Ein Herr schreibt, dass er dank des Einsatzes des Personals, der aus seiner Sicht guten Betreuung und dank der Leistungen gesund und glücklich werden konnte.

Nach einem eher schleppenden Start funktioniert der Fonds Heimerziehung West zunehmend besser. Erfahrungswerte sprechen sich herum, die Inanspruchnahme steigt. Der Fonds Heimerziehung Ost profitiert von den Vorbereitungen des Westens; er ist jedoch statt mit 120 Mio. EUR lediglich mit 40 Mio. EUR ausgestattet. Bald wird klar, dass beide Fonds unterfinanziert sind, sie müssten nach ihren Verwaltungsvereinbarungen enden, sobald die Mittel ausgereicht sind. Das hieße, dass viele Betroffene, die sich rechtzeitig bei den Anlaufstellen gemeldet haben, keine Leistungen erhalten könnten. Im Ergebnis beschließen die Fondserrichter mit einem politischen und finanziellen Kraftakt eine „bedarfsgerechte" Aufstockung beider Fonds; alle rechtzeitig angemeldeten Betroffenen können die gleichen und ursprünglich vorgesehenen Leistungen in Anspruch nehmen, es erfolgt keine Leistungskürzung. Im Fonds West wird die dreijährige Antragsfrist zur Anmeldefrist uminterpretiert, im Fonds Ost eine neue Anmeldefrist

(30.09.2014) eingeführt. Beim Fonds Heimerziehung West haben sich bis zum 31.12.2014 knapp 20.000 Betroffene registriert, beim Fonds Ost bis zum 30.09.2014 über 27.500. Die Laufzeit beider Fonds wird um zwei Jahre verlängert, um die Leistungen abwickeln zu können. Der Fonds West wird von ursprünglich 120 Mio. auf bis zu 302 Mio. EUR aufgestockt; der Fonds Ost von ursprünglich 40 Mio. auf bis zu 364 Mio. EUR Statt der ursprünglich vorgesehenen 160 Mio. stellen die Errichter damit bis zu 666 Mio. EUR zur Verfügung.

Die Fonds Heimerziehung haben sich im Rahmen ihrer Systematik gut entwickelt. Es bleiben zwei ernsthafte Probleme in Erinnerung: Erstens kam es in manchen Anlaufstellen und der Geschäftsstelle zu hohen Warte- und Bearbeitungszeiten. Zweitens war die Leistungsabwicklung phasenweise sehr bürokratisch. Diese Bürokratie hat einige Betroffene überfordert – sie hat auch stigmatisierende Effekte mit sich gebracht. Aus diesen Erfahrungen waren die Konsequenzen zu ziehen, insbesondere bei den Verhandlungen der Errichtung der Stiftung Anerkennung und Hilfe.

Die regionale Anlauf- und Beratungsstelle für ehemalige Heimkinder in Bayern

Wie beschrieben nehmen die regionalen Anlauf- und Beratungsstellen der Länder bei der Hilfe ehemaliger Heimkinder eine zentrale Stellung ein. In Deutschland sind die unterschiedlichsten Konzepte entstanden – viele Wege führen nach Rom. In Bayern hat das federführende Sozialministerium anfangs an eine dezentrale Struktur von sieben bis acht Anlaufstellen gedacht. Es war der Wunsch von engagierten Betroffenen, dass keine „Satelliten" aufgebaut werden, sondern eine fachlich und personell gut ausgestattete, zentrale Stelle, die bei Bedarf Hausbesuche anbietet. Diese Anlauf- und Beratungsstelle wurde zum 01.01.2012 beim ZBFS – Bayerisches Landesjugendamt eingerichtet[4]. Es wurde ein neues Team aufgebaut; der Schwerpunkt der Qualifikation der Mitarbeiterinnen und Mitarbeiter liegt auf psychosozialer Beratungskompetenz: Sozialpädagogik, Pädagogik, Psychologie mit Zusatzausbildungen in Beratung, Therapie und Soziologie und mit entsprechender Berufserfahrung. Das Konzept der bayerischen Anlaufstelle sah vor, den hohen Anforderungen des Runden Tisches so weit als möglich gerecht zu werden. Konkret war die Herausforderung immer wieder, den

[4]Für weitere Informationen siehe hierzu https://www.blja.bayern.de/hilfen/ehemalige-heimkinder/index.php. Zugegriffen: 30.07.2018.

Charakter einer Beratungsstelle zu wahren und nicht schwerpunktmäßig zu einer Antrags- und Abwicklungsstelle zu werden. In beinahe sechs Jahren Fondsumsetzung waren dafür immer wieder Anpassungen, Neuausrichtungen und durchaus auch Kompromisse nötig. Zum Stichtag 31.08.2017 hat die bayerische Anlaufstelle 5040 Vereinbarungen (=Anträge auf finanzielle Leistungen) mit einem Wert von 34,68 Mio. EUR für 2605 Betroffene bei der Geschäftsstelle eingereicht. 33,29 Mio. EUR sind bislang an ehemalige Heimkinder in Bayern ausgezahlt worden.

Eine Empfehlung des Runden Tisches lautet, dass bei den Anlaufstellen Beiräte eingerichtet werden, an denen Ehemalige beteiligt sind, um die Arbeit der Stellen zu begleiten und mit ihrem Wissen zu unterstützen. Bayern hat früh entschieden, dass es einen Beirat der Anlaufstelle geben soll. Gleichzeitig stand mit Errichtung des Fonds fest, dass es eine Befassung des Sozialausschusses des Bayerischen Landtags geben wird. Diese fiel außergewöhnlich intensiv aus. Die Beteiligten (Abgeordnete, engagierte Betroffene, Staatsregierung, Vertreter der Kirchen, der Jugendhilfe, der Wissenschaft, die Anlaufstelle etc.) arbeiteten eng zusammen. Um „Doppelstrukturen" zu vermeiden wurde die Beiratsgründung vertagt, bis der Sozialausschuss im Juli 2013 mit einer fraktionsübergreifenden Resolution ein Resümee zog. Nach einem Sondierungsgespräch mit engagierten Betroffenen im September 2013 wurde im Januar 2014 dann der paritätisch besetzte Beirat (sechs Betroffene, Vertreter/-innen des Landtags, der Staatsregierung, der Kirchen, der Wissenschaft, des Trägers der Anlaufstelle; Geschäftsführung und fachliche Begleitung durch die Anlaufstelle) der Anlauf- und Beratungsstelle konstituiert.

Unter anderem ist es unter der Mitwirkung des Beirats gelungen, die Thematik „selbstbestimmtes Leben im Alter und bei Pflegebedürftigkeit" im Sozialausschuss des Landtags zu diskutieren. In der Folge haben der Ausschussvorsitzende MdL Joachim Unterländer und der Patienten- und Pflegebeauftragte der Bayerischen Staatsregierung MdL Hermann Imhof die Pflege- und Altenhilfestruktur über die besonderen Befürchtungen und Bedürfnisse der Betroffenen hinsichtlich erneuter Heimaufenthalte informiert und sensibilisiert.

Ab Oktober 2017 begleitete der Beirat die Durchführung einer wissenschaftlichen Studie, er arbeitete an einem Fotoprojekt, er eröffnete Ende des Jahres 2017 die Wanderausstellung „Verwahrlost und gefährdet? Heimerziehung in Baden-Württemberg 1949–1975" in München und beriet weitere auswertende und abschließende Maßnahmen der Fondsumsetzung in Bayern.

Weitere Erarbeitung von Rückschlüssen für die heutige und zukünftige Praxis

Betroffene, die heute ihre damalige Einrichtung besuchen, berichten oft bewegt, wie sehr sich die Heimerziehung verändert hat. Die heutige (stationäre) Jugendhilfe ist mit der der 50er und 60er Jahre nicht vergleichbar. Nach der erwähnten fachlichen und strukturellen Veränderung und Verbesserung der Heimerziehung im Verlauf der 60er und 70er Jahre ist hier insbesondere die große Reform der Jugendhilfe, die Einführung des Kinder- und Jugendhilfegesetzes (KJHG, heute SGB VIII) in den Jahren 1990 bzw. 1991 als zentraler Meilenstein zu nennen – in dessen Folge die Jugendhilfe unter anderem eine breite Fachdebatte über Kinderrechte, Beteiligung, Beschwerdewege und Prävention geführt hat, die heute noch manch anderen Hilfesystemen Orientierung bieten kann.

Unter anderem der „Runde Tisch sexueller Kindesmissbrauch" hat allerdings gezeigt, dass es auch heute noch zu Missständen und Machtmissbrauch in Institutionen, denen Kinder und Jugendliche anvertraut sind, kommen kann.

Insofern kommt der Prävention von Rechtsverletzungen, insbesondere Gewalterfahrung, auch heute und in Zukunft zentrale Bedeutung zu. Die Erkenntnisse der Heimerziehung der Vergangenheit können und sollten hier weiteren Einfluss nehmen. Die Herausforderung ist, sinnvolle und hilfreiche Bezüge der Vergangenheit auf die Gegenwart und Zukunft herzustellen – eine anspruchsvolle Aufgabe. Für eine plakative und polarisierende Argumentation sollten die Erfahrungen der ehemaligen Heimkinder nicht benutzt werden.

Eine Auswahl an Themen und Entwicklungsaufgaben[5]:

- eine weitere Unterstützung der Forderung, dass die vorliegende Thematik einen angemessenen Platz in der Ausbildung und Einarbeitung heutiger Fachkräfte erhält,
- eine weitere Unterstützung der schon länger geführten Fachdebatte über Kinderrechte, Partizipation und Beschwerdewege in Einrichtungen der Jugendhilfe,
- einen Beitrag zur Diskussion, wie sich das Verhältnis einer immer differenzierteren und professionalisierten sozialen Dienstleistungsstruktur zu Ehrenamt und Bürgergesellschaft darstellt und entwickelt,

[5] Zu weiteren denkbaren Themenstellungen siehe hierzu (Rösler 2017).

- einen Beitrag zur Frage, wie wir heute mit hilfebedürftigen Menschen umgehen, mit welcher Haltung wir ihnen begegnen, wie wir das begründen, welche (diagnostische) Fachsprache wir benutzen, wie wir Akten führen usw. Selbstverständlich wird auch unser Tun einmal rückblickend betrachtet und bewertet. Man sollte vorsichtig sein, vorschnell und ggf. überheblich vorangegangene Generationen zu bewerten. Gleichzeitig mahnt uns die Heimerziehung der Vergangenheit, dass es professionelle Pflicht ist, achtsam, menschenwürdig, reflektiert und kompetent tätig zu sein – und bei Verstößen gegen rechtliche und ethische Prinzipien zu handeln.

Vor allem aber gilt es, gemeinsam ein leider nach wie vor aktuelles Problem anzugehen: Auch heute noch berichten Kinder und Jugendliche, die von der Jugendhilfe oder anderen Hilfesystemen stationär betreut werden, davon, dass sie Stigmatisierung erfahren. Die Stigmatisierung von Kindern und Jugendlichen wegen stationärer Hilfen muss der Vergangenheit angehören. Hier haben Familien, Fachlichkeit, (Sozial-)Verwaltung, Politik, Wirtschaft und Gesellschaft noch eine wichtige und dringende Aufgabe vor sich.

Evaluation und Berichterstattung

Die vorangegangenen Ausführungen sollen zeigen, dass es sich bei der Aufarbeitung der Heimerziehung der BRD und DDR um einen wichtigen und sensiblen Prozess handelt, der auf mehreren Ebenen erfolgt ist und weiter erfolgt. Im Mittelpunkt stehen die Versuche des Staats und der Kirchen mit privatrechtlichen Stiftungen Aufarbeitung zu betreiben und Betroffene zu unterstützen. Gleichwohl können diese Stiftungen die notwendige Aufarbeitung nicht alleine leisten, alle involvierten Institutionen (öffentliche und kirchliche Stellen, Wissenschaft und Lehre, Disziplinen und Professionen, Politik, Medien bis hin zu einer Gesellschaft, die bereit ist, sich mit dieser schweren Thematik längerfristig auseinanderzusetzen) sind in der Verantwortung, ihrerseits Beiträge zu leisten.

Insbesondere im Rahmen der Unterstützung individueller Aufarbeitungsprozesse von Betroffenen geraten zwangsläufig diverse Begrifflichkeiten zusammen wie Entschädigung, Wiedergutmachung, Ausgleich, Kompensation, Anerkennung, Hilfe, Befriedung/Genugtuung, Entstigmatisierung, Verzeihung etc. Bemerkenswert ist, dass sich Parlamente, Regierungen und Kirchen hier immer gewissermaßen bescheiden geäußert haben: Es könne nichts ungeschehen gemacht werden, eine vollständige Wiedergutmachung bzw. Entschädigung sei nicht möglich und daher auch nicht angestrebt. Vielmehr solle der Versuch unternommen werden, Folgen aus der Unterbringung zu mildern und rehabilitative Erfahrungen zu ermöglichen, damit die Betroffenen möglichst einen inneren Frieden herstellen können.

Die Lenkungsausschüsse der Fonds Heimerziehung Ost und West haben entschieden, einen Abschlussbericht zu verfassen, der im Jahr 2019 dem Deutschen Bundestag, den Errichtern und der Öffentlichkeit vorgelegt werden soll. Der Bericht soll Rechenschaft darüber ablegen, wie der Auftrag des Deutschen Bundestags von 2011, entsprechend den Empfehlungen des Runden Tisches mit den Fonds Heimerziehung Ost und West umgesetzt worden ist. Der Bericht soll unter anderem die Arbeit und Verfahrensweisen der Fonds beschreiben. Er soll eine wissenschaftliche Evaluation der Auswirkungen der Angebote und Leistungen der Fonds bei den Betroffenen beinhalten, um auf dieser Basis bewerten zu können, inwiefern die Fonds ihre Ziele erreicht haben. Schließlich soll eine Einschätzung getroffen werden, welche speziellen Hilfebedarfe die Betroffenen nach Beendigung der Fonds haben und wie darauf eingegangen werden könnte.

In Bayern wird ein eigener wissenschaftlicher Beitrag mit einer doppelten Schwerpunktsetzung entstehen. Zum einen sollen die Biografien der ehemaligen Heimkinder zwischen 1949 und 1975 und die Auswirkungen des Heimaufenthaltes auf deren weiteren Lebensweg wissenschaftlich dokumentiert werden. Zum anderen wird auf dieser Basis die Beratungsarbeit der bayerischen Anlaufstelle evaluiert. Ergebnisse sollen Ende des Jahres 2018 vorliegen und veröffentlicht werden. Ziel ist es auch hier, etwaige Unterstützungsbedarfe der Betroffenen über die Laufzeit des Fonds hinaus zu identifizieren und zu beschreiben.

Die Stiftung Anerkennung und Hilfe Stationäre Einrichtungen der Behindertenhilfe und Psychiatrie[6]

Bereits mit den Befassungen des Petitionsausschusses und des Runden Tisches Heimerziehung wurde darauf hingewiesen, dass auch Kinder und Jugendliche in stationären Einrichtungen der Behindertenhilfe und der Psychiatrie Leid und Unrecht erfahren mussten.

Einige Hypothesen und Erkenntnisse bezüglich dieser Systeme[7]:

---

[6]Für weitere Informationen siehe hierzu http://www.stiftung-anerkennung-und-hilfe.de/DE/Startseite/start.html. Zugegriffen: 30.07.2018.

[7]Aus einem Schreiben des Autors aus dem Mai 2013. Allein aus Platzgründen kann eine eigentlich notwendige vertiefende Differenzierung nicht erfolgen. Die Ausführungen mögen nicht als wertende Urteile über die genannten Systeme und ihre Betroffenengruppen verstanden werden. Wie in der Jugendhilfe ist darauf hinzuweisen, dass auch in der Behindertenhilfe und Psychiatrie viele Beschäftigte ihr Bestes gaben, Fortschritte angestoßen und umgesetzt haben, es selbstverständlich auch gelungene Hilfeprozesse gab.

Beide Systeme waren mindestens gleichermaßen wie die Jugendhilfe von Auswirkungen des Dritten Reichs betroffen (Gedankengut, Personal), vermutlich aber intensiver. Generationenübergreifende Traumatisierungen ganzer Familiensysteme durch Euthanasieprogramme des Dritten Reichs können bis heute noch vorliegen.[8] Die Prägung der beiden Systeme durch große Anstalten, die heute oftmals als „totale Institutionen" (im Sinne Erving Goffmans) erwiesen sich als besonders anfällig für Machtmissbrauch. Es gab teils durchlässige Übergänge zwischen den Systemen wegen regionaler Defizite der Versorgungsstrukturen und teilweiser Nähe der Symptomatiken bzw. Diagnostik von (geistiger) Behinderung und psychiatrischer Erkrankung insbesondere in der jungen BRD.

Es bestand eine relativ höhere Gefahr von Kinder und Jugendlichen mit Behinderung, Opfer von sexualisierter Gewalt zu werden (Täterstrategien, eingeschränkte Artikulationsfähigkeit).

Die Problematik der „erzwungenen Arbeit" war vergleichbar mit der in der Jugendhilfe,

Aus heutiger Sicht wurde ein hochproblematischer Medikamenteneinsatz bzw. -missbrauch (auch Fixierungen, Isolation, Zwangsbehandlungen) in beiden Systemen praktiziert, insbesondere in der Psychiatrie. Hinsichtlich der Aufarbeitung stehen beide Systeme zumindest mit Blick auf die vergangenen Jahre hinter der der Jugendhilfe zurück (Deutscher Bundestag 1975). Die Datenlage ist eher schlechter als die der Jugendhilfe. Der Bedarf an individueller, überindividueller und organisationsbezogener Aufarbeitung und wissenschaftlicher Expertise erscheint höher.

[8]Die Tagungsreihe „Soziale Arbeit – (k)ein Ort der Menschenrechte?" der Katholischen Stiftungshochschule München, Campus Benediktbeuern und mehreren Mitveranstaltern ging insbesondere auch der wichtigen und diffizilen Frage nach den Auswirkungen des Dritten Reichs auf die Soziale Arbeit in Deutschland nach. Angemerkt sei, dass auch die Missstände in der Heimerziehung der Jahre 1945 bis 1975 damit (mit-)begründet werden. Erfahrungsgemäß ist dies auch für viele Betroffene ein wichtiger Aspekt ihrer eigenen Erklärungen und Einordnungen. Mit einem international-vergleichenden Blick auf die Situation von Heimkindern im 20. Jahrhundert fällt auf, dass es offensichtlich auch in Ländern, die nicht durch ein menschenverachtendes Regime wie das der Nationalsozialisten vorbelastet waren, mehr oder weniger zeitgleich zu vergleichbaren Missständen gekommen ist. Heimkinder als besonders vulnerable, hilfe- und schutzbedürftige Gruppe waren demnach auch in anderen Gesellschaften gefährdet, vernachlässigt, misshandelt und stigmatisiert zu werden. Einen gewissen Überblick bietet das Schweizerische Institut für Rechtsvergleichung, siehe hierzu http://www.fuersorgerischezwangsmassnahmen.ch/index.html. Zugegriffen: 30.07.2018.

Die Situation Betroffener in den Einrichtungen der Behindertenhilfe und der Psychiatrie war allerdings zunächst mangels eines Auftrags nicht im Einzelnen Gegenstand der Beratungen des Petitionsausschusses und des Runden Tisches Heimerziehung. Wiederum unterstützt durch Petitionen von Betroffenen und Interessenverbänden wurde gefordert, dass den Betroffenen der stationären Behindertenhilfe und Psychiatrie vergleichbare Hilfen angeboten werden, wie denen der Jugendhilfe. Dies nahm wie erwähnt der Bundestagsbeschluss, der zu den Fonds Heimerziehung geführt hat, auf. In der Folge hat eine Arbeitsgruppe aus Vertretungen des Bundes, der Länder und der Kirchen Beratungen für die Errichtung eines Hilfesystems (Arbeitstitel: „Fonds II“) aufgenommen und die notwendigen Vorarbeiten geleistet. Verfolgt man die Berichterstattung über die Verhandlungen dieses Hilfesystems, wird deutlich, wie lange und schwierig der Verhandlungsprozess war. Zentrale Herausforderung war, dass die Größe der Betroffenengruppe kaum fundiert eingeschätzt werden konnte. Die Verhandlungen rund um die Finanzierung der Stiftung gestalteten sich besonders schwierig. Das Bundesland Bayern hat frühzeitig die Errichtung der Stiftung unterstützt und sich zu seiner – auch – finanziellen Verantwortung bekannt. Während des Verhandlungsprozesses wurde u. a. geprüft, ob die bereits bestehenden Fonds Heimerziehung durch Zustiftungen die genannten Personenkreise in ihre Zuständigkeit aufnehmen könnten, was schließlich aus Zeitgründen und finanziellen Unwägbarkeiten wieder verworfen worden ist.

Im Rahmen der Verhandlungen des angedachten Hilfesystems wurden Versuche unternommen, die eher schlechte Datenlage mithilfe wissenschaftlicher Arbeiten zu erweitern und aufzubereiten. Der Beitrag von Dr. Friederike Wapler (Wapler 2013) liefert wertvolle, eher qualitative Hinweise und Erkenntnisse zu der rechtlichen und pädagogischen Situation von Kindern und Jugendlichen in Einrichtungen der Behindertenhilfe in der BRD und DDR. Anschließend legte Dr. Joachim Jungmann (ebenso im Auftrag des Bundesministeriums für Arbeit und Soziales) eine eher quantitativ orientierte Machbarkeitsstudie (Jungmann 2016) vor, die die Größe der Betroffenengruppe zu ermitteln versucht. Diese Arbeit kann als die kalkulatorische Grundlage der später errichteten Stiftung betrachtet werden. Schließlich soll auf die Arbeit „Heimkinderzeit“ (Siebert et al. 2016) hingewiesen werden, die im Auftrag des Fachverbandes Caritas Behindertenhilfe und Psychiatrie e. V. angefertigt und am 23.06.2016 in Berlin vorgestellt worden ist.

Zum 01.01.2017 errichteten der Bund, die Länder und die beiden großen Kirchen die Stiftung Anerkennung und Hilfe (Kurzbezeichnung). Die Referenzmodelle sind die beiden Fonds Heimerziehung Ost und West, der Grund für die weitreichenden Ähnlichkeiten von Stiftung und Fonds. Die Stiftung wendet sich an Menschen, die als Kinder und Jugendliche in der Zeit vom 23.05.1949 bis zum 31.12.1975 in der Bundesrepublik Deutschland bzw. vom 07.10.1949 bis zum 02.10.1990 in der DDR in stationären Einrichtungen der Behindertenhilfe oder der Psychiatrie Leid und Unrecht erfahren haben und heute noch an Folgewirkungen leiden. Die Rechtsform der Stiftung ist wieder die einer nicht rechtsfähigen, gemeinnützigen Stiftung des Privatrechts in der Sonderform der Verbrauchsstiftung. Ihr Sitz ist in Berlin, ihre Laufzeit soll fünf Jahre betragen (bis zum 31.12.2021), Betroffene können sich bis zum 31.12.2019 bei den zuständigen Anlaufstellen anmelden. Das Vermögen der Stiftung beträgt rund 288 Mio. EUR. Wie die Fonds gewährt die Stiftung ihre Leistungen freiwillig. Ein Rechtsanspruch auf ihre Leistungen besteht nicht. Wie die Fonds hat die Stiftung einen Lenkungsausschuss aus Vertretungen der Errichter, eine Geschäftsstelle, nun angesiedelt in der nachgeordneten Behördenstruktur des Bundesministeriums für Arbeit und Soziales in Bochum, Anlauf- und Beratungsstellen sowie einen überregionalen Fachbeirat eingerichtet.

Die Stiftung deckt die gesamte heutige BRD ab; es gibt also keine getrennten Strukturen in den neuen und alten Ländern für die damalige BRD und DDR. Die Zeitrahmen der berücksichtigten Unterbringungen aber unterscheiden sich analog der Fonds Heimerziehung Ost und West. Die Begründungen dafür sind die gleichen, für die Situation der Psychiatrie der BRD ist die bereits erwähnte Psychiatrie-Enquête zu ergänzen. Die Anlauf- und Beratungsstellen der Stiftung sind hinsichtlich ihrer Zuständigkeit für Betroffene konsequent nach dem Wohnortprinzip organisiert. Damit sollen möglichst kurze Wege ermöglicht werden.

Wesentliches Ziel der Stiftung ist die Anerkennung des Leids und Unrechts, das die Betroffenen in der damaligen Zeit in stationären Einrichtungen der Behindertenhilfe und der Psychiatrie erfahren haben, und die Unterstützung der Betroffenen bei der Bewältigung bzw. Milderung heute noch bestehender Folgewirkungen. Damit soll ein Beitrag zur Verbesserung der Lebenssituation der Betroffenen und zur Befriedung geleistet werden. Die von der Stiftung ausgezahlten Leistungen sind steuerfrei und werden nicht auf etwaige Sozialleistungen angerechnet.

Dafür sieht die Stiftung folgende Leistungen vor: Die öffentliche Anerkennung des den Betroffenen widerfahrenen Leids und Unrechts, die Anerkennung durch wissenschaftliche Aufarbeitung der damaligen Geschehnisse, die Anerkennung durch persönliche Gespräche in den Anlauf- und Beratungsstellen sowie Anerkennungs- und Unterstützungsleistungen in Form einer einmaligen personenbezogenen Geldpauschale zur selbstbestimmten Verwendung in Höhe von 9000 EUR und einen einmaligen pauschalen Betrag als finanziellen Ausgleich für entgangene Rentenansprüche (Rentenersatzleistung), der bei einer Arbeit von bis zu zwei Jahren 3000 EUR und bei einer Arbeit von mehr als zwei Jahren 5000 EUR beträgt.

Die Stiftung unternimmt den Versuch, die Besonderheiten der Personengruppe der Menschen mit Behinderungen sowie die Erfahrungen aus den Fonds Heimerziehung zu berücksichtigen. Insofern werden hier einige Unterschiede zwischen Fonds und Stiftung deutlich:

Die Leistungen der Stiftung sind nicht zweckgebunden, sondern eher „zweckorientiert“; sie sollen Folgewirkungen aus der Unterbringung mildern. Sie werden allerdings in Form von Pauschalen zur selbstbestimmten Verwendung ausgezahlt. Das Verfahren der Leistungsabwicklung ist damit wesentlich schneller und unbürokratischer als bei den Fonds. Zudem werden die Leistungen aller Voraussicht nach tendenziell etwas geringer als die der Fonds ausfallen. Die durchschnittlich ausgezahlten Leistungen pro Person in Fonds und Stiftung bleiben noch abzuwarten. Für die finanziellen Leistungen der Fonds Heimerziehung, des Fonds Sexueller Kindesmissbrauch und der Stiftung Anerkennung und Hilfe sind grundsätzlich Kumulationsverbote entschieden. Nur in Ausnahmekonstellationen sind Leistungen mehrerer Hilfesysteme vorgesehen, etwa wenn ein Betroffener im Kindesalter im Rahmen der Jugendhilfe untergebracht war (materielle Hilfen des Fonds) und später in einer Einrichtung der Behindertenhilfe im Jugendalter erzwungene Arbeit leisten musste (Rentenersatzleistung der Stiftung). Freiwillige Anerkennungszahlungen der Kirchen bei (sexualisierter) Gewalterfahrung werden mit den Leistungen der Stiftung verrechnet; nach dem Willen der Errichter der Stiftung sollen sog. Doppelzahlungen vergleichbarer Leistungen vermieden werden. Bezüglich folgender Punkte werden weitere Unterschiede bzw. geringfügig andere Schwerpunktsetzungen sichtbar: Die Stiftung betont stärker den Bedarf an öffentlicher Anerkennung und wissenschaftlicher Aufarbeitung. Hier sind in der Stiftung von Anfang an auch finanzielle Mittel hinterlegt. Eine bundesweite Studie mit einer dreijährigen Laufzeit wurde von der Stiftung in Auftrag gegeben. Aufgrund positiver Erfahrungen mit eher zentral organisierten Anlauf- und Beratungsstellen der Fonds empfiehlt die Stiftung, von sehr dezentralen Lösungen abzusehen. Die Qualifikation des Beratungspersonals der Anlaufstellen hinsichtlich psychosozialer Beratungskompetenz und -erfahrung wird stark betont. Die persönlichen Gespräche von Betroffenen mit den Beraterinnen und Beratern der Anlaufstellen sollen so weit als möglich einen Charakter der Anerkennung haben. Eine Lotsenfunktion der Anlaufstellen sieht auch die Stiftung vor, sie ist allerdings etwas „fokussierter“ als die Lotsenfunktion der Anlaufstellen des Fonds gehalten. Die Stiftung thematisiert weniger als die Fonds den Bedarf an der Erarbeitung von Rückschlüssen auf die derzeitige und zukünftige Praxis der Behindertenhilfe und Psychiatrie. Möglicherweise wird dieser Punkt im Rahmen der wissenschaftlichen Aufarbeitung der Stiftung aufgegriffen. Es ist davon auszugehen, dass die Anlaufstellen der Stiftung häufiger als die der Fonds aufsuchende Beratung leisten werden (müssen) und zudem höhere Aufwendungen für Übersetzungsleistungen anfallen werden. Auch dies ist in der Planung und

Kalkulation der Stiftung berücksichtigt. Es ist ferner davon auszugehen, dass die Öffentlichkeitsarbeit der Stiftung nicht nur sehr wichtig ist, sondern auch neue Wege und Formen finden muss, um den Adressatenkreis rechtzeitig zu erreichen. Zudem wird es zentrale fachliche und kommunikative Herausforderung der Anlaufstellen bzw. der Stiftung sein, angemessene und integrierende Lösungen auch für die Betroffenen zu finden, die sich aufgrund einer Behinderung nicht oder kaum artikulieren können. Die Stiftung skizziert bereits jetzt aussichtsreiche Lösungswege, damit dies gelingen kann (Zeugen, Auswertung vorhandener Unterlagen, Erkenntnisse der Einrichtung, Heranziehung wissenschaftlicher Erkenntnisse usw.). Auch aus diesem Grund werden häufiger und intensiver Kooperationen mit damaligen und heutigen Einrichtungen und Diensten sowie pädagogischen und gesetzlichen Betreuerinnen und Betreuern entstehen.

Die Bayerische Anlauf- und Beratungsstelle der Stiftung Anerkennung und Hilfe

Wegen oben genannter Empfehlungen wurde wiederum in Federführung des Bayerischen Sozialministeriums das Konzept der bestehenden Anlaufstelle des Fonds weitgehend für die Stiftung „kopiert". Die Anlaufstelle der Stiftung wurde zum 01.04.2017 ebenfalls beim ZBFS – Bayerisches Landesjugendamt eingerichtet, insbesondere um vorhandene Erfahrungen und Kompetenzen nutzen zu können. Beide Anlaufstellen sind in direkter Nähe zueinander in München eingerichtet. Das neu aufgebaute Team der Anlaufstelle der Stiftung (Beratungsfachkräfte mit der Qualifikation Soziale Arbeit, Psychologie, Zusatzqualifikation Theologie) wird von erfahrenen Kolleginnen und Kollegen der Anlaufstelle des Fonds unterstützt und geleitet. In Federführung des Bayerischen Sozialministeriums soll auch für die Begleitung und Unterstützung der bayerischen Umsetzung der Stiftung ein Beirat eingerichtet werden. Am 16. März 2018 führten der Bayerische Landtag und das Bayerische Sozialministerium in Kooperation die Veranstaltung „Es ist Zeit, über das Leid und Unrecht zu reden!" durch.

Die Öffentlichkeitsarbeit der Stiftung wurde und wird mit eigener Öffentlichkeitsarbeit des Landes ergänzt (StMAS 2017). Die Medien berichteten bereits über die neue Stiftung. Es ist dem Adressatenkreis der Stiftung zu wünschen, dass die Medien die Thematik weiterhin befördern, wie es Dietrich Mittler (2017) von der Süddeutschen Zeitung getan hat. Viel wird davon abhängen, ob und inwiefern die Strukturen der Behindertenhilfe und Psychiatrie im Rahmen ihrer Möglichkeiten potenziell Betroffene über die Stiftung informieren und sie bei Bedarf bei der Kontaktaufnahme zu den zuständigen Stellen unterstützen.

Persönliche Eindrücke und Zusammenfassung

Der Autor besucht am Morgen noch kurz einen Klienten am Wohnort, das Schlüssigkeitsschreiben der Geschäftsstelle des Fonds Heimerziehung ist eingetroffen, die Auszahlung der Leistungen angekündigt. Das freue ihn und helfe ihm, sagt der Klient. Und trotzdem könne er nicht verstehen, wie es damals zu derart brutalen Gruppenstrafen im Erziehungsheim kommen konnte. Er könne es einfach nicht vergessen.

Bundestagswahlkampf auf dem Weg zum Bahnhof, die Broschüre einer Partei. Dessen Spitzenkandidat benennt fünf Begriffe, die für ihn so etwas wie eine Gebrauchsanweisung für die Welt seien. Ein Begriff ist der der Heimat. Welche Vorstellung haben eigentlich ehemalige Heimkinder von Heimat? Welche Rolle spielt die Familie? Welche das Heim? Wie sehen dies Menschen, die Jahrzehnte lang in Einrichtungen der Behindertenhilfe gelebt haben? Die Zeitung: Ein Bericht über einen Polizisten außer Dienst, der vor langer Zeit eine Verletzung im Einsatz erlitten hat. Er kämpft heute um die Anerkennung der zunächst nicht absehbaren Spätfolgen aus der Verletzung. „Im Alter", sagt er, „kommt alles raus".

Journalist Kurt Kister weist in einem Beitrag über rechte Parteien im Bundestag auf Funktionäre des NS-Apparats hin, die ihre Karrieren in der frühen BRD fortsetzen konnten.

Ein kurzes Gespräch und der Arbeitsweg reichen, um auf zentrale Aspekte und die Notwendigkeit der Aufarbeitung von Missständen der Vergangenheit in stationären Einrichtungen für Kinder und Jugendliche aufmerksam gemacht zu werden.

Im Rahmen einer Landtagsanhörung schildert eine Betroffene, die von außen betrachtet unglaublich viel erreicht hat, wie sehr sie jeden Tag aufs Neue um Rehabilitierung und Entstigmatisierung kämpft. Sie habe den Eindruck, sie komme nicht voran. Sie bekomme den gelben Zettel auf ihrer Stirn nicht weg, auf dem fett geschrieben steht: „HEIMKIND".

Dieser Beitrag möchte zeigen, dass in mehr als zehn Jahren Aufarbeitung sehr viel geschehen ist. Vergleicht man die Situation Betroffener und den (politischen und wissenschaftlichen) Stand des Diskurses von heute mit denen des Jahres 2006, wird das offensichtlich. Aufarbeitungsprojekte, finanzielle Leistungen und Beratungsangebote haben einem Großteil der Betroffenen, die sich bei den zuständigen Stellen gemeldet haben, geholfen, Folgen aus der Heimerziehung zu mildern, Genugtuung zu erlangen und Rehabilitierung zu erfahren. In der öffentlichen Wahrnehmung sind die Erfolge und Fortschritte der letzten zehn Jahre tendenziell zu kurz gekommen. Sowohl Betroffene als auch Institutionen berichten, dass man in den letzten Jahren aufeinander zugegangen sei, dass sich das Gesprächsklima verbessert, dass Verzeihung stattgefunden habe.

Demgegenüber wird im oben genannten Beispiel deutlich, wie schwer Rehabilitierung andererseits für viele Betroffene ist, wie lange der Weg ist, und dass es keine Erfolgsgarantie gibt. Es kann nichts ungeschehen gemacht werden. Einen Schalter für Entstigmatisierung gibt es nicht. Zu respektieren sind alle Erfahrungen und Meinungen, die ehemalige Heimkinder und involvierte Institutionen mitteilen. Die Aufarbeitung ist nicht zu Ende. Die Wissenschaft benennt auch heute noch Fragestellungen, die noch im Dunkeln liegen. Die Stiftung Anerkennung und Hilfe hat ihre Arbeit im Jahr 2017 erst aufgenommen. Der Lösungsweg, Missstände der Vergangenheit über privatrechtliche Fonds aufzuarbeiten und zu entschädigen, sollte wissenschaftlich untersucht werden – mit besonderem Blick darauf, ob und inwiefern Betroffene von den Bemühungen profitieren konnten. Erste Antworten aus Bayern liegen seit Ende des Jahres 2018 vor (BLJA 2018). Die entsprechenden Ergebnisse der Fonds Heimerziehung bleiben mit Spannung abzuwarten.

Literatur

Beer, Monika. 2011. *Glücklich sieht anders aus*. Hamburg: tredition.

Benad, Matthias, Hans-Walter Schmuhl, und Kerstin Stockhecke, Hrsg. 2009. *Endstation Freistatt. Fürsorgeerziehung in den v. Bodelschwinghschen Anstalten Bethel bis in die 1970er Jahre*. Bielefeld. Bethel Verlag.

[BLJA] Bayerisches Landesjugendamt. 2018. *Fachtagung – Heimkindheiten*. https://www.blja.bayern.de/aktuelles/40575/index.php. Zugegriffen: 16. Januar 2019.

[BVerfG] Bundesverfassungsgericht. *Beschluss der 2. Kammer des Ersten Senats vom 23. März 2012* -1 BvR 3023/11 – Rn. (1–23). http://www.bverfg.de/e/rk20120323_1bvr302311.html. Zugegriffen: 12. Oktober 2017.

DBKI [Deutsche Bischofskonferenz]. o. D. *Ehemalige Heimkinder. Themenschwerpunkt mit Dokumenten und Pressemitteilungen*. http://www.dbk.de/themen/themen-heimkinder. Zugegriffen: 17. Oktober 2017.

Deutscher Bundestag. 2011. *Antrag an den Bundestag, Opfern von Unrecht und Misshandlungen in der Heimerziehung wirksam zu helfen*. Drucksache 17/6143. 08.06.2011. https://www.fonds-heimerziehung.de/fileadmin/de.fonds-heimerziehung/content.de/dokumente/BT_DS_17_6143.pdf. Zugegriffen: 12. Oktober 2017.

Deutscher Bundestag. 2008. *Beschlussempfehlung des Petitionsausschusses* (2. Ausschuss). Drucksache 16/11102. 26.11.2008. http://www.rundertisch-heimerziehung.de/download/Empfehlung_Petitionsausschuss.pdf. Zugegriffen: 12. Oktober 2017.

Deutscher Bundestag. 1975. *Bericht über die Lage der Psychiatrie in der Bundesrepublik Deutschland*. Drucksache 7/4200 v. 25.11.1975. Dr. 7/4201 v. 25.11.1975. https://www.google.de/url?sa=t&rct=j&q=&esrc=s&source=web&cd=6&ved=0ahUKEwjnuoOIm-vWAhVGtxQKHVPwALQQFghWMAU&url=https%3A%2F%2Fwww.dgppn.de%2F_Resources%2FPersistent%2F80a99fbacaed5e58ef5c0733bdf8af78f8017e3c%2FPsychiatrie_Enquete_WEB.pdf&usg=AOvVaw1-fZcmZofwCtIsO-YGrt8Zs. Zugegriffen: 12. Oktober 2017.

Diakonie Deutschland. o. D. *Infoportal zum Thema ehemalige Heimkinder.* https://www.diakonie.de/heimerziehung-in-deutschland-zwischen-1950-und-1975. Zugegriffen: 12. Oktober 2017.

Frings, Bernhard, und Uwe Kaminsky.2012. *Gehorsam – Ordnung – Religion. Konfessionelle Heimerziehung 1945–1975.* Münster: Aschendorff Verlag.

Henkelmann, Andreas et al. 2011. *Verspätete Modernisierung. Öffentliche Erziehung im Rheinland – Geschichte der Heimerziehung in Verantwortung des Landesjugendamtes (1945–1972).* Essen. Klartext-Verlag.

Jungmann, Joachim. 2016. Ermittlung der Anzahl von Kindern und Jugendlichen, die in den Jahren 1949 bis 1975 in der Bundesrepublik Deutschland sowie in den Jahren 1949 bis 1990 in der Deutschen Demokratischen Republik in stationären Einrichtungen der Behindertenhilfe bzw. Psychiatrie Leid und Unrecht erfahren haben. Forschungsbericht. Erstellt im Auftrag des Bundesministeriums für Arbeit und Soziales. Flein.

[LaBW] Landesarchiv Baden Württemberg. o. D. *Informationen zur Ausstellung: Verwahrlost und gefährdet? Heimerziehung in Baden – Württemberg 1949–1975. Eine Wanderausstellung des Landesarchivs Baden – Württemberg.* https://www.landesarchiv-bw.de/web/61033. Zugegriffen: 12. Oktober 2017.

[LH München] Landeshauptstadt München, Sozialreferat, und Stadtjugendamt, Hrsg. 2013. *Kodex der Münchner Kinder- und Jugendheime in städtischer Trägerschaft.* https://www.google.de/url?sa=t&rct=j&q=&esrc=s&source=web&cd=1&ved=0ahUKEwjxuOrJrffWAhUMLFAKHYJLDIMQFggtMAA&url=http%3A%2F%2Fwww.jugendhilfe-justm.de%2Ftl_files%2Fjugendhilfe%2Fpdf%2FSozialreferat_Kodex.pdf&usg=AOvVaw0p_r-XY_rsUuksDueGl3KG. Zugegriffen: 12. Oktober 2017.

[LWV Hessen] Landeswohlfahrtsverband Hessen. 2013. *Flyer Heimkinderausstellung.* https://www.lwv-hessen.de/fileadmin/user_upload/daten/Dokumente/Faltblaetter_barrierefr/Flyer_Heimkinderausstellung_24.06.2013.pdf. Zugegriffen: 12. Oktober 2017.

Mittler, Dietrich. 2017. *Der Hunger nach Gerechtigkeit. Späte Genugtuung.* Süddeutsche Zeitung Online. 21. Juli 2017. http://www.sueddeutsche.de/bayern/der-hunger-nach-gerechtigkeit-spaete-genugtuung-1.3597806. Zugegriffen: 12. Oktober 2017.

Posch, Beate. 2013. *Misshandelt und Ausgenutzt. Bayerische Heimkinder in der Nachkriegszeit.* [Radiosendung]. In Zeit für Bayern vom 11.01. und 13.01.2013. München: Bayern 2. http://www.br.de/radio/bayern2/programmkalender/ausstrahlung-25480.html. Zugegriffen: 12. Oktober 2017.

Rösler, Stefan. 2017. Über die Aufarbeitung Stationärer Unterbringungen von Kindern und Jugendlichen in Einrichtungen der Jugendfürsorge, der Behindertenfürsorge und der Psychiatrie. Mitteilungsblatt 03, Hrsg. Bayerisches Landesjugendamt: 2–16.

[RTH] Runder Tisch Heimerziehung in den 50er und 60er Jahren. 2010. *Abschlussbericht.* Berlin. Arbeitsgemeinschaft für Kinder- und Jugendhilfe. http://www.rundertisch-heimerziehung.de/documents/RTH_Abschlussbericht_000.pdf. Zugegriffen: 12. Oktober 2017.

Schmidt, Angela, Elfriede Lesmeister, und Christine Rubner. 2010. *Mame. Unsere Mutter die Löwin.* Deggendorf: Verlag Ebner.

Siebert, Annerose et al. 2016. *Heimkinderzeit. Eine Studie zur Situation von Kindern und Jugendlichen in Einrichtungen der katholischen Behindertenhilfe in Westdeutschland (1949–1975).* Freiburg: Lambertus Verlag.

Spessa, Eva. 2015. *Sozialausschuss: Anhörung zur Situation der ehemaligen Heimkinder.* Bericht vom 9. Juli 2015 https://www.bayern.landtag.de/aktuelles/sitzungen/

aus-den-ausschuessen/sozialausschuss-anhoerung-zur-situation-der-ehemaligen-heimkinder/. Zugegriffen: 12. Oktober 2017.

[StMAS] Bayerisches Staatsministerium für Arbeit und Soziales, Familie und Integration. *Pressemitteilung 141.17.02.04.2017*. http://www.stmas.bayern.de//presse/pm1704-141.php. Zugegriffen: 12. Oktober 2017.

Sucker, Richard. 2008. *Der Schrei zum Himmel. Kinderzwangsarbeit in Christlichen und Staatlichen Kinderheimen*. Leipzig: Engelsdorfer Verlag.

Und alle haben geschwiegen. Deutschland 2012. Regie: Dror Zahavi. Fernsehfilm ZDF. https://www.zdf.de/filme/der-fernsehfilm-der-woche/und-alle-haben-geschwiegen-100.html. Zugegriffen: 12. Oktober 2017.

Völker, Andreas. 2011. *Stromzeit. Erinnerungen an das Kinderheim Schloss Beuggen*. Bruchsal: Verlag Christian Lauber.

Wagner, Sylvia. 2016. Ein unterdrücktes und verdrängtes Kapitel der Heimgeschichte. Arzneimittelstudien an Heimkindern. *Sozial Geschichte Online* 19: 61–113. https://duepublico.uni-duisburg-essen.de/servlets/DerivateServlet/Derivate-42079/04_Wagner_Heime.pdf. Zugegriffen: 16. Januar 2019.

Wapler, Friederike. 2010. *Rechtsfragen der Heimerziehung der 50er und 60er Jahre. Gutachten im Auftrag des „Runden Tisch Heimerziehung"*. Universität Göttingen. http://www.rundertisch-heimerziehung.de/documents/RTH_Expertise_Rechtsfragen.pdf. Zugegriffen: 12. Oktober 2017.

Wapler, Friederike. 2013. Die Situation von Kindern und Jugendlichen in den Jahren 1949 bis 1975 in der Bundesrepublik Deutschland sowie in den Jahren 1949 bis 1990 in der Deutschen Demokratischen Republik in Einrichtungen der Behindertenhilfe. Göttingen.

Weber, Ulrich, und Johannes Baumeister. 2017. *Vorfälle von Gewaltausübung an Schutzbefohlenen bei den Regensburger Domspatzen*. Untersuchungsbericht. http://uw-recht.org/fileadmin/user_upload/Abschlussbericht_Domspatzen.pdf. Zugegriffen: 12. Oktober 2017.

Wensierski, Peter. 2006. *Schläge im Namen des Herrn. Die verdrängte Geschichte der Heimkinder in der Bundesrepublik*. München: Deutsche Verlags-Anstalt.

Wolf, Heidi. 2012. *Ehemalige Heimkinder berichten von ihrem Leid. Anhörung im Bayerischen Landtag leitet Dialog ein*. Bericht vom 06.2012. https://www.bayern.landtag.de/aktuelles/veranstaltungen/gaeste-und-begegnungen/12062012-ehemalige-heimkinder-berichten-von-ihrem-leid-anhoerung-im-bayerischen-landtag-leitet-dialog-ein/. Zugegriffen: 12. Oktober 2017.

Zahner, Daniela. 2006. *Jugendfürsorge in Bayern im ersten Nachkriegsjahrzehnt 1945–1955/56*. München. Herbert Utz Verlag.

DDR-Heimerziehung im Spiegel der Arbeit der Gedenkstätte Geschlossener Jugendwerkhof Torgau – Ausstellungen, Zeitzeugen- und Bildungsprojekte

Ingolf Notzke

Mit dem Fall der Mauer am 9. November 1989 endete ein im Rahmen der historischen Aufarbeitung lange Zeit unbeachteter Teil der DDR-Repressionsgeschichte, zu deren Opfern etwa 135.000 Kinder und Jugendliche gezählt werden müssen. Als „schwererziehbar" oder „verhaltensauffällig" eingestuft, sollten diese Minderjährigen in den Spezialheimen der DDR-Jugendhilfe in Verantwortung des Ministeriums für Volksbildung zu sogenannten allseits gebildeten sozialistischen Persönlichkeiten umerzogen werden. Dabei waren sie Arbeitsdrill und Kollektivstrafen unterworfen sowie Erziehern ausgesetzt, die oft anstatt fürsorglich zu handeln physische und psychische Gewalt einsetzten und eine auf körperliche Drangsalierungen ausgelegte Selbsterziehung zur Entfaltung brachten (Beyler 2015, S. 92). Als bundesweit einziger Erinnerungsort widmet sich heute die Gedenkstätte Geschlossener Jugendwerkhof Torgau der Aufarbeitung und Erinnerung an das diesen Minderjährigen widerfahrene Leid und Unrecht, wodurch sie zu einem Synonym für die Repression des SED-Regimes gegenüber Kindern und Jugendlichen geworden ist.

Erziehung als Politik

Neben der Staatssicherheit, den bewaffneten Organen sowie den Massenorganisationen gehörte die Volksbildung in der SED-Diktatur zum Kernbereich der strukturellen Machtsicherung. So war die politische Führung in der DDR angetreten, ein

I. Notzke (✉)
Leipzig, Deutschland
E-Mail: i.notzke@jugendwerkhof-torgau.de

A. Eberle et al. (Hrsg.), *Menschenrechte und Soziale Arbeit im Schatten des Nationalsozialismus,* https://doi.org/10.1007/978-3-658-19517-5_9

neues Gesellschaftssystem aufzubauen. Alle Bürger sollten vollwertige Mitglieder der sozialistischen Gesellschaft werden. Dafür wurde jedoch ein neuer Menschentyp benötigt, der den Marxismus-Leninismus als einzig vernünftige Weltsicht akzeptierte, der seine individuellen Interessen freiwillig den Bedürfnissen der Allgemeinheit unterordnete und sich aktiv am gesellschaftlichen Leben und somit am Aufbau des Sozialismus beteiligte. Um diese ideologischen Ziele durchzusetzen, schuf die SED als Staatspartei der DDR ein System von Erziehungsprogrammen, in welches die Menschen von der Krippe und dem Kindergarten bis zur Rente eingebunden waren (Laudien und Sachse 2012, S. 147; Dreier und Laudien 2012, S. 25 f.). Wichtigste Erziehungselemente waren die politisch-ideologische Erziehung, die Arbeitserziehung als Erziehung zur Arbeit durch die Arbeit sowie das Erlernen bewusster Disziplin. Im Mittelpunkt sämtlicher pädagogischer Bemühungen stand dabei die Kollektiverziehung, welche auf den führenden Sowjetpädagogen Anton Semjonowitsch Makarenko zurückgeführt wurde und sich durch den Dreischritt Erziehung im Kollektiv, durch das Kollektiv, zum Kollektiv ausdrückte (Dreier und Laudien 2012, S. 43 f.). Das Kollektiv in der DDR war die sozialistische Gemeinschaft, welcher sich jeder Einzelne unterzuordnen hatte. Die individuellen Antriebe sollten dabei so in das Kollektiv eingebracht werden, dass die Eigen- und Gruppeninteressen deckungsgleich wurden. Folglich war es nicht die Individualität der einzelnen Kollektivmitglieder, die entscheidend war, sondern allein deren Leistung als Teil des Kollektivs. Jedes Kollektiv hatte sich den staatlichen Organen und den Parteibeschlüssen der SED unterzuordnen. Die gewünschte Einheitlichkeit konnte jedoch nur mit straffer Ordnung und aufwändiger Kontrolle erreicht werden. Widerspruch wurde nicht geduldet. Vor diesem Hintergrund war auch Kindererziehung in der DDR keine Privatangelegenheit. Eltern hatten gemäß § 42 Abs. 1 Familiengesetzbuch „eine bedeutende staatsbürgerliche Aufgabe" zu leisten und sollten ihren Kindern sozialistische Moral und staatlich formulierte Wertvorstellung vermitteln. Fielen Kinder und Jugendliche durch deviantes Verhalten negativ auf, schaltete sich schnell die DDR-Jugendhilfe ein. Im Zweifelsfall wurde staatlichen Einrichtungen ein höherer Stellenwert beigemessen als der elterlichen Erziehung. Unter allen Umständen sollte am Ende des Erziehungsprozesses, wie auch im Gesetz über das einheitliche sozialistische Bildungssystem zum Ausdruck gebracht, ein Mensch stehen, dessen Denken und Handeln an den politischen Zielen des SED-Regimes ausgerichtet war (Beyler und Hottenrott 2010, S. 22).

Grundzüge der DDR-Heimerziehung

Alle Heimeinrichtungen in der DDR waren Teil eines übergreifenden Systems der sozialistischen Erziehung und Sozialisation von Kindern und Jugendlichen. Folglich war die DDR-Heimerziehung staatlich organisiert und zentralisiert. Eine freie oder private Trägerschaft gab es bereits seit den 1950er Jahren nicht mehr, konfessionelle Heimeinrichtungen spielten nur eine marginale Rolle (Hottenrott 2013, S. 45; Sachse 2010, S. 56). Charakteristisch für die Heimerziehung in der DDR war darüber hinaus die Unterscheidung zwischen „normal-" und „schwer-erziehbaren" Kindern und Jugendlichen, womit im Grunde der Grad der zur Erreichung des Erziehungsziels notwendigen erzieherischen Einflussnahme auf den Minderjährigen beschrieben wurde. Das hinter dem Begriff der Schwererziehbarkeit stehende deviante Verhalten wurde in der DDR unterdessen undifferenziert auf einen inneren Konflikt zwischen dem Individuum und dem sozialistischen Kollektiv zurückgeführt. Schwererziehbarkeit wurde demnach als eine subjektive Blockade verstanden, welche das Kind oder den Jugendlichen daran hinderte, seinen festen Platz im Kollektiv einzunehmen. Ihre Entlehnung fand dieser Dualismus, welcher sich institutionell in der Einrichtung von Normal- und Spezialheimen widerspiegelte, dabei auch in der Zeit des Nationalsozialismus (Dreier und Laudien 2012, S. 29). Von den der DDR-Jugendhilfe im Jahr 1987 zur Verfügung stehenden rund 30.000 Heimplätzen entfielen knapp 23.000 auf die Normalheime, während die restlichen etwa 7000 Plätze den Spezialheimen zuzuordnen sind (Laudien und Sachse 2012, S. 182). Gleichzeitig verteilten sich diese Platzkapazitäten auf 399 Normal- und 71 Spezialheime, was bedeutete, dass es sich bei den Spezialheimen um Heimeinrichtungen mit einer durchschnittlich höheren Belegungsstärke handelte. Hierin lässt sich aus sozialpädagogischer Sicht durchaus ein Widerspruch erkennen, folgt man der Unterscheidung, dass in die Spezialheime ein grundsätzlich erziehungsschwierigeres Klientel mit einem erhöhten Erziehungsbedarf eingewiesen wurde.

Ausgehend von der ideologischen Feststellung, dass soziale Probleme ein Überbleibsel des Kapitalismus darstellten, kennzeichnete die Heimerziehung in der DDR ferner die Annahme, dass die daraus entstehenden Erziehungsprobleme unter den gesellschaftlichen Bedingungen des Sozialismus geringer werden würden und dass folglich die Bedeutung der Heimerziehung insgesamt abnähme. Vor diesem Hintergrund galt die Heimerziehung politisch betrachtet als eine Einrichtung auf Zeit, was sich letztlich auch in deren finanzieller und personeller Ausstattung niederschlug. So waren etwa die Haushaltsmittel, welche für die Unterhaltung der Heime aufgewendet wurden, gemessen an der Entwicklung des DDR-Staatshaushaltes, rückläufig (Laudien und Sachse 2012, S. 144; Dreier und Laudien 2012, S. 73). Für die einzelnen Heimeinrichtungen bedeutete dies, dass man nahezu durchgängig mit prekären Arbeitsbedingungen, schlechter materialer Ausstattung, maroden Gebäuden und fehlendem oder unzureichend ausgebildetem pädagogischen Personal konfrontiert war.

Das System der Spezialheime in der DDR

Das System der DDR-Spezialheime in seiner endgültigen Verfasstheit ging auf die „Anordnung über die Spezialheime der Jugendhilfe" vom April 1965 zurück. Im Zentrum standen dabei die bereits seit 1951 existierenden Spezialkinderheime und Jugendwerkhöfe, welche nun aber mit dem Ziel, sich einen direkteren politischen Zugriff auf das pädagogische Regime in diesen Heimen zu sichern, von der Kreisebene in die Zuständigkeit der Abteilung Jugendhilfe/Heimerziehung der jeweiligen Bezirke überführt wurden (Laudien und Sachse 2012, S. 188; Dreier und Laudien 2012, S. 100; Sachse 2010, S. 64 f.). Ihre Aufgabe bestand in der Umerziehung, d. h. in der Beseitigung „individualistischer Gerichtetheit" bei den eingewiesenen Kindern und Jugendlichen. Anders als in den Normalheimen verfügten die Spezialkinderheime zu diesem Zweck über eigene Heimschulen. Die Minderjährigen sollten auch während des schulischen Unterrichts nicht aus dem Umerziehungsprozess entlassen werden. Unterteilt wurden die Spezialkinderheime, welche Kinder und Jugendliche im Alter von sechs bis 16 Jahren aufnahmen, in Heime für Hilfsschüler und Heime für POS-Schüler, wobei jedoch bereits 1964 auf einer Dienstberatung im Ministerium für Volksbildung der Wegfall der 9. und 10. Klassen in den Heimschulen beschlossen wurde (Laudien und Sachse 2012, S. 189). Auch wenn dieser Beschluss bis Anfang der 1980er Jahre nicht in jedem Fall vollständig umgesetzt worden zu sein schien, bedeutete diese Entscheidung doch einen erheblichen Einschnitt in die schulische und berufliche Zukunftsfähigkeit der Spezialheimkinder. Gleiches gilt für die Jugendwerkhöfe, in welche Jugendliche zwischen dem 14. und 18. Lebensjahr eingewiesen wurden. Hier wurden die Minderjährigen im Rahmen einer sogenannten Teilfacharbeiterausbildung in einen systematischen Arbeitsprozess eingegliedert, der eher darauf ausgelegt war, die Jugendwerkhöfe zu refinanzieren bzw. billige Arbeitskräfte für die sozialistische Produktion in der Industrie oder der Landwirtschaft zur Verfügung zu stellen als eine fachlich fundierte Berufsausbildung zu gewährleisten. Folglich stellten die Teilfacharbeiterabschlüsse selbst in der DDR lange Zeit keinen offiziell anerkannten Berufsabschluss dar und reichten bestenfalls für schlecht bezahlte Hilfsarbeiteranstellungen (Dreier und Laudien 2012, S. 106 f.).

Ebenfalls zu den Spezialheimen in der DDR gehörten die Durchgangsheime. Diese Einrichtungen waren meist geschlossen und dienten der vorübergehenden Unterbringung von aufgegriffenen oder aus der Familie heraus genommenen Kindern und Jugendlichen zwischen drei und 18 Jahren. Von hier aus wurden die Minderjährigen in andere Heime verteilt, manchmal auch zurück zu den Eltern gebracht. Die vorgesehene Aufenthaltsdauer hat sich über die Jahre mehrfach geändert. So wurde 1961 die Verweildauer auf eine Zeitspanne von

48 h bis 14 Tage festgelegt, während ab 1974 eine gesetzliche Begrenzung des Aufenthaltes auf 18 Tage festgeschrieben wurde. Allerdings hat man in der Praxis aufgrund der permanenten Überbelegung und knappen Heimplätze in den Spezialheimen diese maximale Aufenthaltsdauer häufig überschritten. Einige Kinder und Jugendliche waren demnach bis zu sechs Monate in den gefängnisartigen Durchgangsheimen, welche in allen größeren Bezirksstädten der DDR existierten, untergebracht (Dreier und Laudien 2012, S. 109). Da bereits sowohl der Tagesablauf als auch die Tätigkeiten in den Durchgangsheimen sowie die Art des pädagogischen Regimes den Umerziehungsprozess in den Spezialkinderheimen und Jugendwerkhöfen einleiten sollten, konzentrierte sich die Arbeit mit den Minderjährigen auf deren Einbindung in den Arbeitsprozess im Heim oder in einen sozialistischen Betrieb sowie auf die disziplinierende Gestaltung der Freizeit und des Unterrichts. Zum größten Teil verfügten die Durchgangsheime über vergitterte Fenster und abschließbare Türen. Ferner waren sie von Zäunen oder Mauern umgeben, und es gab nächtliche Kontrollgänge. Die Minderjährigen wurden während der Nacht in den Schlafräumen eingeschlossen (Dreier und Laudien 2012, S. 110).

Eine Sonderform innerhalb des Systems der Spezialheime stellte das im Zuge der „Anordnung über die Spezialheime der Jugendhilfe" 1964/65 neugegründete Kombinat der Sonderheime für Psychodiagnostik und pädagogisch-psychologische Therapie dar. Das im Großraum Berlin angesiedelte Sonderheimkombinat bestand aus vier separaten Heimen sowie einer Aufnahmestation und verfügte insgesamt über etwa 350 Plätze. Die einzelnen Sonderheime unterstanden dabei der Leitung des Kombinats, welches seinerseits, anders als die Spezialkinderheime, Jugendwerkhöfe und Durchgangsheime nicht den Bezirken unterstellt war, sondern direkt der Hauptabteilung Jugendhilfe/Heimerziehung beim Ministerium für Volksbildung (Methner 2015, S. 9; Dreier und Laudien 2012, S. 115). Gedacht war das Kombinat der Sonderheime für Kinder und Jugendliche zwischen sechs und 18 Jahren, bei denen psychische oder hirnorganische Ursachen für ihre Verhaltensstörung vermutet wurden und die man als so schwer-verhaltensauffällig einstufte, dass sie mit den Mitteln der üblichen Kollektiverziehung nicht umerzogen werden konnten. Zu diesem Zweck sollten die Minderjährigen in den Sonderheimen mit geeigneten pädagogisch-psychologischen Therapieformen gefördert werden. In Wirklichkeit mangelte es jedoch permanent an geeignetem Personal, weshalb die meisten Kinder und Jugendlichen nur selten einem Psychologen vorgestellt wurden. Stattdessen wurden vorrangig Psychopharmaka eingesetzt, um die Minderjährigen ruhig zu stellen und ein reibungsloses Funktionieren zu erreichen (Beyler und Hottenrott 2010, S. 22; Wildt 2010, S. 186).

Der Geschlossene Jugendwerkhof Torgau

Der Geschlossene Jugendwerkhof (GJWH) Torgau nahm im Rahmen der Umstrukturierung des Systems der Spezialheime, wie es sich durch die „Anordnung über die Spezialheime der Jugendhilfe" vom April 1965 abschließend darstellte, am 1. Mai 1964 seine Arbeit auf. Dabei fiel dieser offiziell einzigen geschlossenen Heimeinrichtung der DDR die Funktion einer letzten Eskalationsstufe der repressiven Umerziehung und Disziplinierung der als „schwererziehbar" oder „verhaltensauffällig" eingestuften Minderjährigen zu. Insofern stellte der Geschlossene Jugendwerkhof Torgau die Endstation im Erziehungssystem des SED-Regimes dar. Genutzt wurde hierfür ein um 1900 erbautes ehemaliges Gefängnisgebäude mit Gerichtsräumen. Mit seinen vier Meter hohen Mauern, den Wachtürmen, den vergitterten Fenstern, den Scheinwerfern sowie den scharfen Hunden an Laufleinen vermittelte der Gebäudekomplex denn auch bereits äußerlich den typischen Eindruck einer Haftanstalt und ließ nicht vermuten, dass sich hier ein Heim der DDR-Jugendhilfe befand. Alle Flure waren wie in Haftanstalten üblich durch Gitter voneinander getrennt (Beyler 2015, S. 92; Laudien und Sachse 2012, S. 201).

Eingewiesen wurden in den Geschlossenen Jugendwerkhof Torgau Jugendliche ab einem Alter von 14 Jahren. Sie kamen nahezu ausschließlich aus anderen Spezialheimen. Ihre Einweisung begründete sich vor allem mit widerständigen Verhalten gegen die repressiven Umerziehungsbemühungen, welches sich überwiegend in Entweichungen, Verstößen gegen die Heimordnungen sowie Schul- und Arbeitsbummelei äußerte (Beyler 2015, S. 93; Dreier und Laudien 2012, S. 112). Vor diesem Hintergrund galt das vorrangige Ziel des GJWH Torgau der Herstellung der Umerziehungsbereitschaft bei den eingewiesenen Jugendlichen.

Neben dem Aufnahmealter von 14 bis 18 Jahren war auch die Aufenthaltsdauer rechtlich festgeschrieben. Sie betrug sechs Monate, wobei es ausdrücklich auch die Möglichkeit von Zweit- und Dritteinweisungen gab, sodass Jugendliche mit lediglich kurzen Unterbrechungen bis zu 14 Monate in Torgau untergebracht sein konnten. Insgesamt mussten während seines Bestehens knapp 4000 Jugendliche den Geschlossenen Jugendwerkhof in Torgau durchlaufen (Dreier und Laudien 2012, S. 112; Wildt 2010, S. 187).

Die besondere Zielstellung des GJWH Torgau bestand darin, bei den eingewiesenen Jugendlichen die Bereitschaft zur Umerziehung herzustellen. Dies sollte durch eine Art „Schocktherapie" erreicht werden. Gemäß dem traditionellen Erziehungsmotto „Wer nicht hören will, muss fühlen!" sollte Einsicht und Disziplin einfach erzwungen werden. Besonders deutlich wird diese Zielstellung der pädagogischen Arbeit in der Diplomarbeit seines langjährigen Direktors Horst Kretzschmar. Unter Berufung auf den Sowjetpädagogen Makarenko sah das

Erziehungskonzept eine „im Gegensatz zum offenen Jugendwerkhof stark veränderte Lebensform“ vor, was eine „explosive Veränderung“ des Verhaltens der Jugendlichen im Sinne des angestrebten Umerziehungsprozesses auslösen sollte (zitiert nach Arbeitsordnung des GJWH Torgau in: BArch DR 203/3075). Folglich war das Erziehungskonzept des GJWH Torgau durch eiserne Disziplin und die Orientierung auf vorgegebene Normen gekennzeichnet. Abgesichert wurde dies durch ein ausgeklügeltes Kontrollsystem sowie strenge Bestrafung jeder noch so kleinen Verfehlung. So blieb den Jugendlichen keinerlei Freiraum. Bestraft wurde in der Regel auch nicht nur der Einzelne, sondern die gesamte Gruppe, was dazu führte, dass es teilweise auch zwischen den Jugendlichen zu erheblichen körperlichen Drangsalierungen kam. Insgesamt ging es im Geschlossenen Jugendwerkhof Torgau denn auch weniger um tatsächliche pädagogische Arbeit als vielmehr um das Erreichen einer formalen Anpassung und einer widerspruchslosen Unterordnung. Nach Rückkehr der Jugendlichen in ihre jeweilige Spezialheimeinrichtung sollten diese lediglich reibungslos funktionieren und den Tagesablauf nicht mehr stören (Marten 2015, S. 42 ff.; Initiativgruppe 2013, S. 9).

Als zweite Sonderform innerhalb des Systems der Spezialheime war auch der Geschlossene Jugendwerkhof Torgau direkt der Hauptabteilung Jugendhilfe/Heimerziehung beim Ministerium für Volksbildung unterstellt. Die Anträge auf Einweisung wurden folglich in Berlin gestellt und von dort direkt genehmigt. Bis heute ist kein Fall bekannt, in welchem ein solcher Antrag abgelehnt wurde. Kein einziger Jugendlicher kam dabei aufgrund eines richterlichen Beschlusses in den Geschlossenen Jugendwerkhof Torgau. Vielmehr handelte es sich um einen reinen Verwaltungsakt. Bei ihrer Ankunft im Geschlossenen Jugendwerkhof Torgau durften die Jugendlichen erst aussteigen, wenn das schwere Schleusentor wieder verschlossen war. Im Verwaltungsgebäude hatten sie dann in strammer Haltung und schweigend oft mehrere Stunden zu warten, bis der diensthabende Erzieher alle Formalitäten erledigt hatte und die Jugendlichen als Neuzugang registriert waren. Anschließend mussten sich die Jugendlichen in der Kleiderkammer vollständig ausziehen. Es erfolgte eine Leibesvisitation, in deren Verlauf ihnen auch die Haare kurz geschoren und sie desinfiziert wurden. Widerspenstiges Verhalten während dieser Prozedur wurde sofort auf das Schärfste mit physischer Gewalt gebrochen. Darüber hinaus wurden bewusst natürliche Schamgrenzen verletzt, indem bspw. bei den Leibesvisitationen auch die Körperöffnungen der Jugendlichen kontrolliert wurden. Nach Ausgabe der einheitlichen Anstaltskleidung kamen die eingewiesenen Minderjährigen in eine Einzelarrestzelle, in welcher sie die Hausordnung auswendig zu lernen hatten. Erst nach drei Tagen in diesem sogenannten Begrüßungsarrest fand in aller Regel das Aufnahmegespräch beim Direktor des GJWH Torgau statt. Hierbei wurde den Jugendlichen der

Einweisungsgrund sowie die vorgesehene Aufenthaltsdauer mitgeteilt, ehe sie letztlich dann in die Gruppe gebracht wurden (Initiativgruppe 2013, S. 11).

In den Geschlossenen Jugendwerkhof Torgau konnten bis zu 60 Jugendliche eingewiesen werden. Sie waren in zwei Jungengruppen und eine Mädchengruppe aufgeteilt. Mädchen und Jungen duften keinerlei Kontakt miteinander haben. Der Alltag war bestimmt von einem militärischen Umgangston, alle Aktivitäten erfolgten gemeinsam in der Gruppe – im Kollektiv. Die Jugendlichen durften sich nur im Laufschritt bewegen und der Tagesablauf war minutiös durchorganisiert. So erfolgte das Wecken unter der Woche bereits um 5.30 Uhr. Noch vor dem Frühstück fanden der Frühsport statt, anschließend das Abhören der Nachrichten des DDR-Rundfunks mit Kontrollfragen. Vormittags und nachmittags standen produktive Arbeit sowie einmal in der Woche rudimentärer Unterricht auf dem Plan, danach reglementierte Freizeit bis zum Einschluss in die Schlafräume, welche sich acht bis zwölf Jugendliche teilen mussten. Die Nachtruhe begann um 21.00 Uhr. An den Wochenenden wurde erst um 7.00 Uhr geweckt und statt Produktion und Schule das Freizeitkurssystem mit u. a. „Revierreinigungen" und vormilitärischer Ausbildung an der im Hof aufgebauten Sturmbahn durchgeführt. Die Arbeitsordnung des GJWH Torgau schrieb vom Aufstehen bis zum Schlafen alle Handgriffe genau vor. So durfte ohne Anordnung der Erzieher kein Jugendlicher im Speisesaal Platz nehmen oder aufstehen, durften sich die Jungen nicht rasieren, durften keine Blumen gegossen werden. Selbst der Gang zur Toilette hatte im Kollektiv und zu vorgeschriebenen Zeiten zu erfolgen (Initiativgruppe 2013, S. 13). Zuwiderhandlungen ebenso wie die Nichtbefolgung von Anordnungen oder die Nichterfüllung von Arbeitsnormen wurden direkt und rigoros bestraft. Die Arbeitsordnung war darauf ausgelegt, die Jugendlichen zu einem widerspruchslosen Verhalten regelrecht zu konditionieren (Laudien und Sachse 2012, S. 150 f.).

Sowohl die Schule als auch der Einsatz in der Produktion entsprachen im Geschlossenen Jugendwerkhof Torgau nicht einmal den Mindeststandards des DDR-Bildungssystems. Die den drei Gruppen entsprechenden Klassen berücksichtigten weder das unterschiedliche Alter noch den jeweiligen Bildungsstand der Jugendlichen. Schule fand für jede Klasse nur einmal die Woche statt. Unterrichtet wurden dabei die Fächer Staatsbürgerkunde, Mathematik, Deutsch und Lehrunterweisung, was in etwa der Vermittlung von theoretischen Kenntnissen zur sozialistischen Produktion entsprach. Staatsbürgerkunde hatte gegenüber den anderen Fächern stets Vorrang und beinhaltete oft die gleichen Themen wie die politischen Gruppenstunden während der sogenannten gelenkten Freizeit. Die Einhaltung von Ordnung und Disziplin war wichtiger als die Wissensvermittlung. Erst Mitte der 1970er Jahre wurde überhaupt ein hauptamtlicher Lehrer eingestellt. Der Einsatz in der Produktion erfolgte für die Jugendlichen unabhängig von ihrer bisherigen

Ausbildung in der Metallverarbeitung. Die Arbeitserzieher hatten mehrheitlich keine pädagogische Ausbildung, sollten aber Leistung und Verhalten der Jugendlichen beurteilen. So kam es oft zu willkürlichen Einschätzungen, die schlechte Bewertungen, häufigen Arbeitsplatzwechsel oder Überbelastung zur Folge hatten. Weder bei der Arbeitszeit noch bei der Norm wurden das Alter und die Leistungsfähigkeit der Jugendlichen berücksichtigt. Entlohnt wurden sie nach dem „Prinzip der Benotung der Leistung", wobei auch stets das individuelle Verhalten sowie Ordnung und Sauberkeit einbezogen wurden. Vom Lohn, welcher bis zum Ende ihres Aufenthaltes einbehalten wurde, wurden die Unterbringungs- und Verpflegungskosten sowie die Kosten für Körperpflegemittel, Schulmaterial und den Rücktransport abgezogen. Die Benotungen zählten unterdessen nicht nur bei den abschließenden Prüfungen, sondern sie trugen auch zur wöchentlichen Gesamtbeurteilung der Gruppe bei. Entsprechend groß war der Druck, welcher von der Gruppe auf den Einzelnen durchschlug (Initiativgruppe 2013, S. 15).

Hauptbestandteil der pädagogischen Arbeit im Geschlossenen Jugendwerkhof Torgau waren Bestrafungen. Sie dienten der Abschreckung und sollten die bedingungslose Unterordnung der Jugendlichen fördern. Am häufigsten wurde Zwangssport sowohl in Form einer Gruppen- als auch einer Einzelstrafe verhängt, was militärischen Mustern entsprach. Täglich gab es Übungen wie über die Sturmbahn laufen, im Entengang oder mit Gewichten versehen Hofrunden drehen, im Laufschritt eine mit einer schweren Bahnschwelle beladene Schubkarre schieben oder im Hausflur die Treppe auf und ab laufen. Gefürchtet war in diesem Zusammenhang vor allem der sogenannte „Torgauer Dreier" bestehend aus Liegestütz, Hocke und Hockstrecksprung, welcher bei jedem Wetter bis zur totalen Erschöpfung ausgeführt werden musste. Gleichwohl galt Erschöpfung nicht als Entschuldigung, die abgeforderten Leistungen zu verfehlen. Die Jugendlichen wurden beim Sport ganz bewusst über ihre körperlichen Leistungsgrenzen hinaus getrieben. Ebenfalls aus dem Militärischen entlehnt waren die Bestrafungen mit Reinigungsarbeiten wie das Scheuern der Flure nur mit einer Scheuerbürste und Kernseife, welche durch zusätzliche Schikanen noch gesteigert werden konnten. Die gefürchtetste Strafe im Geschlossenen Jugendwerkhof Torgau war unterdessen der bis zu zwölf Tage dauernde Einzelarrest. Er wurde bei Fluchtversuchen, Arbeitsverweigerungen, Missachtung der Hausordnung sowie Nichtbefolgung von erzieherischen Anweisungen verhängt. Verschärfend konnte Dunkelarrest angeordnet werden, und es gab den sogenannten Fuchsbau, in welchem jegliche Orientierung und Zeitgefühl verloren gingen. Vor diesem Hintergrund verwundert es nicht, dass Suizidversuche von Jugendlichen keine Seltenheit waren. Inschriften auf Zellenwänden und Pritschen lassen die Ausweglosigkeit ahnen, die viele von ihnen empfanden. Die Möglichkeiten der Belobigung nahmen sich im Gegensatz zur Palette der Bestrafungen dagegen bescheiden aus. Die Auszeichnung „Wochenbeste Gruppe“ hatte eine vorübergehende Verminderung des Anpassungsdruckes zur Folge, während „vorbildliches Verhalten“, zu welchem auch Denunziationen gehörten, mit Freizeitvergünstigungen oder sogar einer Verkürzung des Aufenthaltes belohnt wurden (Initiativgruppe 2013, S. 17).

Die Gedenkstätte Geschossener Jugendwerkhof Torgau – Aufarbeitung und Erinnerung

Seit 1998 befindet sich in Torgau am historischen Ort die Gedenkstätte Geschlossener Jugendwerkhof. Als bundesweit einzige Gedenkstätte, die sich im Rahmen der Aufarbeitung der SED-Diktatur mit den repressiven Machtstrukturen innerhalb des Bildungs- und Erziehungsapparates der DDR auseinandersetzt, dokumentiert sie die Geschichte des gesamten DDR-Heimerziehungssystems und bietet den ehemaligen DDR-Heimkindern einen Ort der Begegnung und Erinnerung, an welchem ihre mitunter bis heute andauernden Traumata und gebrochenen Biografien ernst genommen werden.

Bereits unmittelbar nach der Friedlichen Revolution 1989/90 wurden die DDR-Spezialheime geschlossen oder teilweise von freien privaten Trägern übernommen. Die Heimkinder wurden entlassen bzw. in ihre Familien zurückgeschickt, das pädagogische Personal erneuert oder von Nachfolgeeinrichtungen übernommen. Die Heimakten wurden je nach Bundesland in die Archive überführt. Das alles passierte still und leise.

Im Juli 1990 erschien in der Leipziger Volkszeitung erstmals ein Artikel über die skandalösen Zustände im Geschlossenen Jugendwerkhof Torgau. Anlass war eine Gerichtsverhandlung vor dem Bezirksgericht Leipzig, welche sich auf einen schrecklichen Vorfall vom Sommer 1989 bezog. Damals planten vier Jugendliche abends im Gruppenraum ihre Flucht. Dieses Gespräch bekam ein weiterer Jugendlicher mit, der daraufhin anbot, sich umbringen zu lassen, um den anderen durch das entstehende Chaos die Möglichkeit zur Flucht einzuräumen. Tatsächlich haben die Jugendlichen versucht, diesen Plan gemeinschaftlich zu verwirklichen, was in letzter Konsequenz aber doch nicht gelang (Wartelsteiner in: LVZ v. 21.07.1990). Kurz nach dem Erscheinen dieses Artikels beschloss der Kreistag Torgau die Einberufung eines unabhängigen Untersuchungsausschusses. Es folgten Gelände- und Gebäudebegehungen, Akten wurden – soweit noch vorhanden und nicht vernichtet – gesichtet und ausgewertet, Zeugen angehört sowie erste Gespräche mit Betroffenen und Verantwortlichen des GJWH Torgau geführt. Die offensichtlich menschenunwürdigen Bedingungen in dieser geschlossenen

Einrichtung der DDR-Jugendhilfe führten zu einer kurzzeitigen medialen Präsenz. In deren Folge stellte die Enquete-Kommission des Deutschen Bundestages zur Aufarbeitung der SED-Diktatur 1995 fest, dass der Geschlossene Jugendwerkhof Torgau das schärfste Repressionsinstrument darstellte, welches dem staatlichen Erziehungsapparat der DDR zur Verfügung stand, und bewertete dessen Methoden der „Umerziehung“ als eine Bankrotterklärung des Systems (Sengbusch 1995, S. 1824 f.).

Erste weiterführende Aufarbeitungsbemühungen am historischen Ort in Torgau erfolgten direkt im Anschluss an die unabhängige Aufarbeitungskommission des Kreistages durch den 1991 gegründeten Förderverein Dokumentations- und Informationszentrum (DIZ) Torgau. Inzwischen sind zahlreiche Studien veröffentlicht worden, welche dieses dunkle Kapitel der SED-Diktatur beleuchten. Aus den Aufarbeitungsbemühungen durch den Förderverein DIZ Torgau erwachsend gründete sich im November 1996 der Verein Initiativgruppe Geschlossener Jugendwerkhof Torgau mit dem Ziel, die Vorgänge, Strukturen und Arbeitsweisen in den DDR-Spezialheimen wissenschaftlich aufzuarbeiten und zu dokumentieren. Unmittelbarer Auslöser der Vereinsgründung war dabei der Verkauf der bis dahin leer stehenden Liegenschaft des GJWH Torgau durch die Treuhandgesellschaft an einen privaten Investor. Der Verein setzte sich dafür ein, dass auch Räume für eine Gedenkstätte am historischen Ort zur Verfügung gestellt wurden. Darüber hinaus wurden in diesem Zusammenhang zahlreiche Objekte sowie der Originalzustand des Dunkelzellenbereiches der Einrichtung gesichert. Gestärkt wurden diese Bemühungen durch den Beschluss des Sächsischen Landtages von 1994 sowie seiner erneuten Bekräftigung zwei Jahre später zur Schaffung einer Gedenkstätte am historischen Ort des GJWH Torgau (Sächsischer Landtag 1994, DS 01/4323).

Das gesamte Areal des GJWH Torgau erstreckt sich auf knapp 4000 m^2 und war von einer etwa vier Meter hohen Mauer umgeben. Neben dem Verwaltungsgebäude umfasste der Gesamtkomplex auch die Arbeits- und Gruppenbereiche der Jugendlichen. Im Zuge der Privatisierung und Sanierung ging jedoch der größte Teil des Areals hinsichtlich seiner historischen Bedeutung verloren. So wurden die ehemaligen Arbeits- und Gruppenbereiche in privaten Wohnraum umgewandelt und die Umfassungsmauer abgerissen. Der Hofbereich wurde zu einer Grünanlage mit Parkplätzen für die Anwohner umgebaut. Trotz der wohnungsbaulichen Veränderungen blieb die ursprüngliche Gebäudestruktur erhalten und lässt noch heute Größe, Ausmaß und die verschiedenen Nutzungsbereiche erkennen. Die im Kellerbereich befindlichen Dunkelzellen wurden nicht verändert und können heute im Originalzustand von den Besuchern besichtigt werden.

Nach Abschluss der Umbaumaßnahmen konnte die Initiativgruppe dank einer Anschubfinanzierung durch das Sächsische Sozialministerium im März 1998 in Teilen des ehemaligen Verwaltungsgebäudes des GJWH Torgau die Gedenkstätte eröffnen. Die im Vorfeld des Verkaufs und der Sanierung der Liegenschaft durch die Initiativgruppe begonnene Aufnahme und Sammlung authentischer Spuren und Zeugnisse ermöglichte die museale Erschließung. Der Privatinvestor unterstützte das Anliegen der Initiativgruppe zur Errichtung einer Gedenkstätte u. a. durch den Erhalt der Dunkelzellen und der Vermietung von Räumlichkeiten. Seitdem wurde auf der Basis jährlicher projektgebundener Finanzierungen die Aufarbeitung und Dokumentation des repressiven DDR-Heimerziehungssystems entscheidend vorangebracht. Dies führte zusammen mit dem ehrenamtlichen Engagement des Vorstandes sowie einiger Vereinsmitglieder und Betroffener zu einer zunehmenden gesellschaftlichen und politischen Wahrnehmung der DDR-Heimerziehung als ein besonderes Kapitel der DDR-Repressionsgeschichte, deren Opfer knapp 135.000 Kinder und Jugendliche geworden sind. Das den Betroffenen widerfahrene Leid und Unrecht hat die Bundesregierung im Juli 2012 mit der Einrichtung des Fonds „Heimerziehung in der DDR" erstmals offiziell anerkannt. Bis zum 30. September 2014 konnten Betroffene Hilfeleistungen beantragen, welche zur Beseitigung und Abmilderung der Folgeschäden des Heimaufenthalts sowie zur Verbesserung ihrer aktuellen Lebenssituation beitragen sollten. Nach Ministeriumsangaben hatten sich zum Ablauf der Antragsfrist rund 27.500 Betroffene mit einem Hilfebedarf an den Fonds gewandt (zitiert nach Beyler 2015, S. 95).

Seit 1998 gewährleistet die Gedenkstätte Geschlossener Jugendwerkhof Torgau am historischen Ort die Aufarbeitung, Dokumentation und Erinnerung an das repressive DDR-Heimerziehungssystem sowie das Schicksal der jugendlichen Opfer. In diesem Sinne konnte 2003 eine erste kleinere Dauerausstellung mit dem Titel „Auf Biegen und Brechen" eröffnet werden, deren Fokus allerdings noch sehr stark auf den Geschlossenen Jugendwerkhof Torgau sowie dessen Struktur und Arbeitsweise lag. Erst durch die räumliche Erweiterung der Gedenkstätte in den Jahren 2007 bis 2009 auf quasi das gesamte ehemalige Verwaltungsgebäude des GJWH Torgau konnte diese Fokussierung aufgebrochen werden, und es entstand eine gänzlich neue Dauerausstellung, welche unter dem Titel „»Ich bin als Mensch geboren und will als Mensch hier raus!« Der Geschlossene Jugendwerkhof Torgau im Erziehungssystem der DDR" auf knapp 170 m^2 die repressiven Machtstrukturen des DDR-Erziehungssystems dokumentiert, an die jugendlichen Opfer der sozialistischen Umerziehungspraxis erinnert sowie den Blick auf den aktuellen Aufarbeitungsprozess zur Geschichte der Heimerziehung in der frühen

Bundesrepublik und in Europa erweitert. Das inhaltliche Ausstellungskonzept wurde im Dezember 2009 mit dem „Golden Star Award of Active European Citizenship“ der Europäischen Union in der Kategorie „Aktive europäische Erinnerung“ ausgezeichnet.

2013 wurde die Gedenkstätte um einen Gedenk- und Erinnerungsbereich erweitert. Mehrere großformatige Fotos machen den historischen Ort auch im öffentlichen Raum wieder sichtbar. Zudem ermöglichen drei Informations- und Fotostelen im ehemaligen Schleusenbereich des GJWH Torgau eine dauerhafte Erinnerung. Diese markieren gleichzeitig den Weg für Besucher zum ehemaligen Dunkelzellentrakt. Eine Erinnerungsstele für die Opfer des DDR-Heimerziehungssystems informiert und erinnert insbesondere an die Jugendlichen, deren Leben im Geschlossenen Jugendwerkhof Torgau endete. Wiederholt hatte es Suizide gegeben. Es ist ein stiller Ort, welcher ein Gedenken für Betroffene und Angehörige ermöglicht und gleichzeitig im öffentlichen Raum an die jugendlichen Opfer erinnert.

Seit Oktober 2014 haben sowohl der Bund als auch der Freistaat Sachsen die Zukunft dieses bundesweit einzigartigen Erinnerungsortes an ein bedrückendes Kapitel der DDR-Repressionsgeschichte durch die Aufnahme in die institutionelle Förderung dauerhaft gesichert. Um eine Auseinandersetzung mit der Thematik auch abseits des historischen Ortes zu ermöglichen, verfügt die Gedenkstätte über vier Wanderausstellungen zu verschiedenen Aspekten der DDR-Heimerziehung. Darüber hinaus publiziert die Gedenkstätte in ihrer Schriftenreihe „Auf Biegen und Brechen“ aktuelle Forschungs- und Aufarbeitungsergebnisse sowie Schicksale ehemaliger DDR-Heimkinder. Gegenwärtig sind vier Einzel- und vier Sonderbände erschienen.

Ziel der historisch-politischen Bildungsarbeit der Gedenkstätte ist es, über verschiedene methodische Angebote Geschichte und Gegenwart zu verbinden. Von einem Ausstellungsrundgang mit multimedialem Einstieg bis zu Projekttagen und Workshops mit verschiedenen inhaltlichen Schwerpunktsetzungen, können Schüler- und Besuchergruppen individuell betreut werden. Alle Angebote können auf Wunsch mit einem Zeitzeugengespräch ergänzt werden. Zudem realisiert die Gedenkstätte in Kooperation mit dem Evangelischen Jugendbildungsprojekt „wintergrüne“ Torgau ein besonderes Bildungsangebot. Unter dem Titel „Welt der Werte“ wird eine aktive Auseinandersetzung mit ethischen Perspektiven, eigenen Wertvorstellungen und der Verletzbarkeit der Menschenwürde angeregt. Für den Einsatz in der Bildungsarbeit außerhalb des historischen Ortes wurde ein „Mobiles Bildungsprojekt“ mit kleiner Roll-Up-Ausstellung und Schülerarbeitsheften konzipiert.

Ein Ort der Begegnung

Die Gedenkstätte Geschlossener Jugendwerkhof Torgau hat sich seit ihrer Errichtung im Jahre 1998 als bundesweite Anlaufstelle für die Opfer der repressiven DDR-Heimerziehung etabliert. Sie stellte für die Betroffenen eine erste moralische Anerkennung dar und gibt ihnen bis heute die Gewissheit, dass das ihnen widerfahrene Leid und Unrecht nicht in Vergessenheit gerät. Zudem wurde die Gedenkstätte für sie ein Ort der Begegnung und Gespräche, an welchem ihre andauernden Traumata und gebrochenen Biografien ernst genommen werden. Viele Betroffene berichten hier erstmals über ihre Erfahrungen und teilweise traumatischen Erlebnisse in den DDR-Heimen.

Als jüngste Opfergruppe der SED-Diktatur haben die Betroffenen seit Inkrafttreten des Zweiten SED-Unrechtsbereinigungsgesetzes im Jahre 1994, nach welchem die Vorschriften über die Aufhebung gerichtlicher Verurteilungen auch auf Freiheitsentziehungen durch Verwaltungsstellen anzuwenden sind, die Möglichkeit einer strafrechtlichen Rehabilitierung und folglich Anspruch auf Entschädigungsleistungen. Das Gesetz stellt seitdem ein „Leben unter haftähnlichen" Bedingungen einer Freiheitsstrafe gleich. Allerdings scheitert die Mehrzahl der Betroffenen bis heute an einer anderen Voraussetzung für die Rehabilitierung. So können sie oftmals nicht nachweisen, dass ihre Heimeinweisung der politischen Verfolgung diente oder in einem groben Missverhältnis zum vorausgegangenen Verhalten des Jugendlichen stand. Erst der Fall des Betroffenen Ralf Weber brachte zumindest für die Betroffenen des GJWH Torgau Anfang der 2000er Jahre die Wende. Mit dem Urteil des 5. Strafsenats des Kammergerichts Berlin vom 15. Dezember 2004 wurde der Aufenthalt im Geschlossenen Jugendwerkhof Torgau erstmals für grundsätzlich rechtsstaatswidrig erklärt. Der Senat stellte dabei fest, dass die Art und Weise der Unterbringung in dieser offiziell einzigen geschlossenen Heimeinrichtung der DDR-Jugendhilfe die Menschenrechte der betroffenen Jugendlichen schwerwiegend verletzte. Aus diesem Grund waren alle Einweisungen in diese spezielle Einrichtung, unabhängig von den konkreten Gründen für die Anordnung, mit wesentlichen Grundsätzen einer freiheitlich-rechtsstaatlichen Ordnung unvereinbar (Az.: 5Ws 169/04 REHA).

Parallel zur Errichtung des Fonds „Heimerziehung in der DDR" unterstützt die Gedenkstätte seit Oktober 2012 auch den stark gestiegenen Bedarf der Betroffenen zur persönlichen Schicksalsklärung. Das Projekt „Betreuung ehemaliger DDR-Heimkinder" wird dabei vom Sächsischen Sozialministerium gefördert und ermöglicht während der Projektlaufzeit bis vorerst Ende 2018 die regelmäßige Verfügbarkeit zweier Mitarbeiter als Ansprechpartner für die

Betroffenen. Die Betreuung umfasst neben dem Erstgespräch und Beratungsangeboten vor allem die Recherche nach personenbezogener historischer Aktenüberlieferung, deren gemeinsame Auswertung den Betroffenen helfen soll, die eigene Heimgeschichte aufzuarbeiten. Auf Wunsch erfolgt aber auch die Vermittlung psychologischer Hilfsangebote oder die einleitende Unterstützung im Rahmen des Rehabilitierungsverfahrens.

Die Begegnungsarbeit in der Gedenkstätte sowie verschiedene Gesprächsformate für die Betroffenen ermöglichen den gemeinsamen Austausch von Erfahrungen und Erlebnissen in den Heimen, ihren Folgen und deren Verarbeitung. In diesem Zusammenhang sei vor allem das seit 2003 jährlich stattfindende Treffen ehemaliger DDR-Heimkinder genannt. Zudem dienen Zeitzeugeninterviews sowie die Sammlung von Fotos und Dokumenten der Erweiterung des Oral-History-Bestandes des Gedenkstättenarchivs. Diese Quellen sind aufgrund der schwierigen und nur schwer überschaubaren Aktenlage ein wichtiger Bestandteil für die wissenschaftliche Forschung zur DDR-Heimerziehung. Gleichzeitig geben sie den Betroffenen wieder eine Stimme und ein Gesicht. Dies setzt sich beim Einsatz von Zeitzeugen in der Bildungs- und Öffentlichkeitsarbeit der Gedenkstätte fort. Die Betroffenen können so selbst aktiv werden und leisten damit einen wichtigen Beitrag zur Aufklärungsarbeit. Die Gedenkstätte Geschlossener Jugendwerkhof Torgau ist ein einmaliger historischer Ort, um die Repression an Kindern und Jugendlichen in der SED-Diktatur intensiv bewusst zu machen.

Literatur

Beyler, G. 2015. Erziehung hinter Gittern. Der Geschlossene Jugendwerkhof Torgau verletzte mit drakonischen Bedingungen die Menschenrechte Jugendlicher in der DDR. *Horch und Guck* 81: 92–97.

Beyler, G., und L. Hottenrott. 2010. Weggesperrt, geschädigt und gedemütigt. Der lange Weg zur Rehabilitierung von DDR-Heimkindern. *Horch und Guck* 68: 22–25.

Dreier, Anke und K. Laudien. 2012. *Einführung. Heimerziehung in der DDR*. Schwerin: Janner & Schöne Medien GmbH.

Initiativgruppe Geschlossener Jugendwerkhof Torgau e. V., Hrsg. 2013. *Auf Biegen und Brechen. Geschlossener Jugendwerkhof Torgau 1964–1989*. 2. Aufl. Torgau: Eigenverlag.

Laudien, K., und Ch. Sachse. 2012. Erziehungsvorstellungen in der Heimerziehung der DDR. In *Aufarbeitung der Heimerziehung in der DDR*, Hrsg. Beauftragter der Bundesregierung für die Neuen Bundesländer, 125–297. Berlin: Eigenverlag.

Hottenrott, Laura. 2013. Ich will als Mensch entlassen werden. *Damals* 7-2013: 45–46.

Marten, Ralf. 2015. *„Ich nenne es Kindergefängnis…". Spezialheime in Sachsen-Anhalt und der Einfluss des Staatssicher auf die Jugendhilfe der DDR*. Halle (Saale): Mitteldeutscher Verlag.

Methner, Andreas. 2015. *„Diagnose: verhaltensgestört“. Das Kombinat der Sonderheime.* Berlin: Metropol-Verlag.

Sachse, Christian. 2010. *Der letzte Schliff. Jugendhilfe der DDR im Dienst der Disziplinierung von Kindern und Jugendlichen.* Schwerin: Eigenverlag.

Sengbusch, Dietrich. 1995. Das System der Jugendwerkhöfe in der DDR. In *Materialien der Enquete-Kommission „Aufarbeitung von Geschichte und Folgen der SED-Diktatur in Deutschland“*, Bd. III/3, Hrsg. Deutscher Bundestag, 1812–1843. Baden-Baden: Nomos.

Wartelsteiner, Maxi. 1990. Wer hat schuld, wenn Kinder morden wollen. *Leipziger Volkszeitung* 21.07.1990.

Wildt, Michael. 2010. Zum System der Spezialheime in der DDR. *Soziale Arbeit* 4/5-2010: 184–194.

Teil III
Perspektiven für die Gegenwart (57 S.)

„Kaum biste drin, bist Du auch schon wieder draußen!"

Partizipation der Menschen mit einer psychischen Behinderung an Prozessen örtlicher Teilhabeplanung

Matthias Laub

Bereits seit einigen Jahren machen sich zahlreiche Landkreise und kreisfreie Städte auf den Weg, die UN-Behindertenrechtskonvention durch örtliche Teilhabeplanung umzusetzen. Das Kernelement dieser sozialplanerischen Bemühungen ist die Partizipation der Menschen mit Behinderung. Gemeinschaftlich sollen Ziele und Maßnahmen entwickelt werden und in einen politisch verabschiedeten, verbindlichen Aktions- oder Teilhabeplan münden. Die aktuell durchgeführte Studie des Autors offenbart dabei jedoch erhebliche Zugangsbarrieren der Menschen mit psychischen Behinderungen. Weder scheinen sie solche Beteiligungschancen wahrzunehmen, noch wirken sie am aktuellen Inklusionsdiskurs aktiv mit. Vor dem Hintergrund der normativen Anliegen der der UN-BRK sowie der Erkenntnisse aus der Partizipationsforschung wird daher der Frage nachgegangen, wie sich die Zielsetzungen der UN-BRK und die Absichten örtlicher Teilhabeplanung für psychisch behinderte Menschen darstellen und wodurch Beteiligung beeinflusst wird. Dazu führt der Autor auf Grundlage der Grounded Theory Methodologie qualitative Interviews mit allen Beteiligten solcher Teilhabeplanungsprozesse durch und wertet diese rekonstruktiv aus.

Der folgende Artikel möchte in die Thematik einführen und anhand der aktuellen Forschungsergebnisse auf die spezifischen Zugangsbarrieren der Menschen mit psychischen Behinderungen aufmerksam machen. Dazu wird einleitend an das Thema Partizipation als Leitmotiv der UN-BRK sowie aus Sicht der

M. Laub (✉)
Universität Siegen, Siegen, Deutschland
E-Mail: matthias.laub@gmx.net

A. Eberle et al. (Hrsg.), *Menschenrechte und Soziale Arbeit im Schatten des Nationalsozialismus,* https://doi.org/10.1007/978-3-658-19517-5_10

Partizipationsforschung herangeführt. Danach wird die Bedeutung einer sozialräumlichen Perspektive, die schließlich in der örtlichen Teilhabeplanung als Handlungsstrategie mündet, geklärt. Nachdem auf die besonderen Bedürfnisse der Menschen mit einer psychischen Behinderung und die daraus resultierenden Zugangsbarrieren eingegangen wurde, werden abschließend Vorschläge für eine barrierefreie Prozessgestaltung örtlicher Teilhabeplanung gemacht.

Partizipation als Nukleus und normative Anforderungen der UN-Behindertenrechtskonvention

Die UN-Behindertenrechtskonvention (UN-BRK) besteht aus zwei völkerrechtlichen Verträgen in Gestalt des Übereinkommens über die Rechte der Menschen mit Behinderung sowie einem Fakultativprotokoll, das Aussagen zu besonderen Verfahren der Umsetzung dieser Konvention enthält. Der übergeordnete Zweck der Konvention besteht zunächst einmal ganz grundlegend in der Feststellung, dass die zahlreichen subjektbezogenen Menschenrechte, wie sie bereits in der allgemeinen Erklärung der Menschenrechte sowie im Sozial- und Zivilpakt von 1966 dargelegt sind, universell zu verstehen sind und damit uneingeschränkt und unteilbar auch für Menschen mit Behinderung gelten (Degener 2015, S. 59). Der eigentliche normative Kern der UN-BRK jedoch stellt die volle und wirksame Teilhabe der Menschen mit Behinderung dar, und zwar gerichtet auf das gesellschaftliche Ziel der Inklusion. Besonders Artikel 3 und die darin formulierten allgemeinen Grundsätze geben diesem Anspruch auf volle und wirksame Teilhabe eine derart originär menschenrechtlich normative Rahmung, dass Partizipation als eigentliches Leitmotiv im Zentrum des Vertragswerkes[1] steht (Wansing 2015, S. 43 f.; Degener 2015, S. 58; Deutscher Verein für öffentliche und private Fürsorge 2015, S. 57). Dabei sollte die Verwendung des Begriffs der ‚Teilhabe' – schon lange ein fester Bestanteil unserer bundesdeutschen Sozialgesetzgebung wie zum Beispiel der Eingliederungshilfe für Menschen mit Behinderung – nicht darüber hinwegtäuschen, dass er hier in einem neuen Geiste aufscheint. Ein Blick in die englischsprachige Originalfassung lässt feststellen, dass hier auch stringent der Begriff ‚participation' verwendet wurde, in der deutschsprachigen Fassung leider aber keine Anwendung fand. Der Unterschied besteht darin, dass Partizipation nicht etwa bloß die Teilnahme an einer

[1]Gudrun Wansing fächert sehr anschaulich auf, durch welche Artikel sich das Leitmotiv der Partizipation entfaltet (Wansing 2015, 43 f.).

nichtbehinderten Mehrheitsgesellschaft meint, sondern die vollständige bürgerschaftliche Mitbestimmung in einer Gesellschaft, die Behinderung als natürlichen Teil ihrer eigenen Diversität versteht (Deutsches Institut für Menschenrechte Monitoring-Stelle zur UN-Behindertenrechtskonvention 2010, S. 2 f.). Damit ist der Begriff der Teilhabe als Voraussetzung für die Gesellschaftsperspektive Inklusion als Synonym des englischsprachigen Begriffs ‚participation' nicht tragfähig, da in ihm nicht die Aktivität des Teilnehmens sowie die Frage nach der politischen Dimension des Einflussnehmens veranlagt sind. Er entpuppt sich bei näherer Betrachtung lediglich als unbestimmter Schwellenwert für einen sozialrechtlichen Leistungsbedarf und zwar nicht als bedingungsloses Menschenrecht, sondern dann, wenn sozialer Friede gefährdet wird (Nieß 2016, S. 59 f.). Dieses Leitmotiv der Partizipation scheint jedoch nicht etwa nur als abstrakt-ideologisches Gebilde auf, sondern ist verknüpft mit konkreten staatlichen Achtungs-, Schutz- und Gewährleistungs-, bzw. Ziel- und Förderpflichten sowie Empfehlungen zur Behindertenpolitik der Vertragsstaaten. Diese sollen die volle und diskriminierungsfreie Verwirklichung von Partizipation sicherstellen und fördern, und zwar möglichst subjektbezogen und direkt, anstatt über reine Interessensvertretungen z. B. durch Wohlfahrtsverbände (Degener 2015, S. 59 f.). Außerdem erstreckt sich dieses staatliche Bemühen um Partizipation nicht nur auf das private und gesellschaftliche Zusammenleben, sondern auf alle Sphären des bürgerschaftlichen Lebens und die damit verbundenen öffentlichen und politischen Fragestellungen (Deutscher Verein für öffentliche und private Fürsorge 2015, S. 59). Eine natürliche Folge dieses Anspruchs ist zwangsläufig die Notwendigkeit zur Schaffung entsprechender Beteiligungsstrukturen und die Orientierung an den Möglichkeiten und Vorstellungen der Menschen mit Behinderung selbst (Hinte 2008). Damit ist der UN-BRK ein Partizipationsverständnis zugrunde gelegt, das sich zusammenfassend aus drei Aspekten zusammensetzt und der UN-BRK erst die entsprechende Verve mitgibt: Menschen mit Behinderung verfügen über ein vollumfängliches Recht auf infrastrukturell barrierefreie Teilhabe, gesellschaftlich-soziales Teil-Sein und aktive bürgerschaftliche Teilnahme (Kardorff 2010, S. 267).

Implikationen aus der Partizipationsforschung

Wenn also der in der deutschen Übersetzung verwendete Teilhabebegriff von seiner Zielrichtung her Partizipation im oben erläuterten Sinne meint dann benötigt es eine grundlegendere Kontextualisierung dieses Begriffs, der damit selbst, wie von Schwanenflügel und Walther (2012) festgestellt, zur Diskursarena wird: Nach

Stefan Schnurr (2005, S. 1330 f.) scheint der Begriff Partizipation zuvorderst als konstitutives Merkmal demokratischer Gesellschafts- und Staatsformen auf. Diese Verortung des Ursprung des Begriffs in der politischen Philosophie bezieht sich damit auf Prozesse, in denen Entscheidungen getroffen werden, die das Leben von Individuen und zugleich des jeweiligen Gemeinwesens betreffen. Dem liegt ein Bild des Menschen als Subjekt und Bürgerin und Bürger zugrunde, die/der über ein Recht auf freie Willensentscheidung und Einbettung dieser Willensentscheidung in der Gemeinschaft verfügt. Das Subjekt handelt damit autonom und mündig bei gleichzeitiger Bewusstheit seiner sozialen, auf Mitmenschen gerichteten Abhängigkeit. Kommunikative, vertrauensbasierte Aushandlungsprozesse im Sinne demokratischer Mitbestimmung sind hierfür unabdingbar (Schwanenflügel und Walther 2012).

Andererseits führt Schnurr (a. a. O.) den Partizipationsbegriff auf seine dienstleistungstheoretische Herkunft, d. h. im Sinne der Nutzung sozialer Dienstleistungen zurück. So sieht Schnurr im Wirkungsfeld der Sozialen Arbeit in der Partizipation eine Strukturmaxime der Lebensweltorientierung. „Im heutigen Sprachgebrauch bezeichnet Partizipation in der Sozialarbeit/Sozialpädagogik arbeitsfeldübergreifend den Sachverhalt bzw. das Ziel einer Beteiligung und Mitwirkung der Nutzer (Klienten) bei der Wahl und Erbringung sozialarbeiterischer/sozialpädagogischer Dienste, Programme und Leistungen“ (Schnurr 2005, S. 1330, Hervorh. im Original). Auch wenn die mit dem Partizipationsbegriff verbundenen Dienstleistungstheorien dem hier gemeinten Diskussionsgegenstand nicht unmittelbar entgegenkommen, lassen sich mittelbar dennoch Erkenntnisse aus der Perspektive der beteiligten Nutzerinnen und Nutzer beziehen, wie Partizipation, Nutzungszufriedenheit und die Effektivität von Problemlösungsversuchen korrelieren. Dabei wurde z. B. empirisch nachgewiesen, wie Partizipation die Ergebniszufriedenheit und Beurteilung des Erfolgs von Interventionen positiv beeinflusst. Partizipation steigert somit die Fähigkeit, sich an Prozessen der Willensbildung und Entscheidungsfindung zu beteiligen und subjektive sowie kollektive Ressourcen zur Entdeckung, Artikulation und Durchsetzung ihrer Interessen zu optimieren. Man könnte also sagen, dass faktisch erlebte Partizipation entsprechende Partizipationsfähigkeiten, intrinsische Motivationslagen und Demokratisierungsprozesse befördert und gelingende Beteiligungsstrukturen befördert[2] (Schnurr 2005, S. 1336; Schwanenflügel und Walther 2012).

[2]Hier schließen beispielweise Konzepte des Empowerment oder der Selbstwirksamkeitserwartung an.

Allerdings lassen individualisierte Formen der Vergesellschaftung und entstandardisierte Lebensverläufe immer weniger zu, dass Menschen den Zusammenhang zwischen Mitbestimmung und deren Relevanz für die eigene Selbstbestimmung und den eigenen biografischen Lebenslauf erkennen. Das Partizipationsverhalten nämlich wird beeinflusst durch die Ausstattung des Menschen mit Bildung und sozialer Zugehörigkeit, sodass Form und Inhalt des Partizipationsgeschehens gleichermaßen von Bedeutung sind. Häufig werden dann nur institutionalisierte, formale Formen der Partizipation überhaupt erst als Gelegenheiten erkannt (z. B. Bürgerversammlungen), dabei aber bestimmte Formen der Kommunikation und Interaktion als dominierend wahrgenommen. Viele Menschen finden sich dort mit ihren Anliegen nicht wieder, sodass die jeweilige Beteiligungsstruktur selbst zu einem weiteren „Ort des Ausschlusses" (Munsch 2003, S. 7) oder zumindest als solcher empfunden wird[3]. Das Unternehmen entwickelt sich rasch zum Oxymoron, d. h. zu einer Konstruktion innerer Widersprüche: an der Partizipationsplanung sollen Menschen partizipieren, deren Lebenswelt massiv von eingeengten Partizipationsspielräumen geprägt ist (Evangelische Fachhochschule Rheinland-Westfalen-Lippe 2002)!

Diese Kommunikations- und Interaktionsformen üblicher Beteiligungsmöglichkeiten stehen außerdem in Zusammenhang mit realen und latenten Machtverhältnissen zwischen Entscheidungstragenden und Partizipierenden, die für den Grad der Beteiligung entscheidend sind. Sherry Arnstein (1969) hat hier mit der „ladder of citizen participation" einen bis heute gültigen, wenn auch durch mehrere Autoren überarbeiteten Beitrag geleistet, um die Beteiligung an politischen Prozessen zu reflektieren. Hierbei wird zwischen Nichtbeteiligung, Scheinpartizipation und tatsächlicher Partizipation unterschieden. Demzufolge wird tatsächliche Partizipation dann als gegeben angesehen, wenn Entscheidungen in einem partnerschaftlichen Aushandlungsprozess entstehen und das Subjekt tatsächliche Entscheidungskompetenzen für bestimmte Programme/Planungsabschnitte verbunden mit Kontrollmacht übertragen bekommt. Arnstein (1969) sieht in Partizipation also die Teilhabe an der Entscheidungsmacht – die bloße Information oder Erklärungen, wie es zu den jeweiligen Entscheidungen gekommen ist, erfüllen dieses Kriterium nicht. Ein anderes Modell von Blandow, Gintzel und Hansbauer (1999) beurteilt den Grad der Partizipation in interaktiven Entscheidungsprozessen abhängig vom Grad der Anhörungs- und Vetorechte

[3]Oder wie ein Interviewpartner des Autors treffend zur Beteiligung bei der Erstellung von Aktionsplänen zur Umsetzung der UN-Behindertenrechtskonvention BRK ausdrückte: „Kaum biste drin, bist Du auch schon wieder draußen!".

der partizipierenden Person, bzw. sehen bei einem ausgewogenen Verhältnis dieser Variablen für beide Interaktionsbeteiligten ein gelungenes Partizipationsgeschehen (Schnurr 2005, S. 1336 f.). Relevant erscheint auch in dieser grundlegenden Betrachtung die Bedeutung des sozialräumlichen Bezugs, um Partizipation in eine Passung mit der eigenen, subjektiven Lebensgestaltung zu bringen. Wie sich durch verschiedene Studien zeigt, scheint Partizipation nämlich ganz entscheidend an unterschiedlichen Raumvorstellungen zu scheitern. Die für die Individuen subjektiv bedeutsamen Lebensräume liegen nicht selten quer oder außerhalb zu den Gestaltungsräumen, die von anderen als vermeintlich gestaltbare Einheiten aufgefasst werden (Schwanenflügel und Walther 2012). So verstehen sich viele Menschen am ehesten als Bewohnende eines Stadtviertels, einer Kleinstadt oder Kommune – maximal eines Landkreises – und haben das Gefühl, allenfalls auf diesen mit Vorschlägen so einwirken zu können, dass sich dies in ihrer unmittelbaren Lebenswelt bemerkbar macht. Je weniger dies der Fall ist und subjektiv erlebbar wird, desto geringer fällt die Motivation zur Beteiligung aus.

Zusammenfassend lässt sich aus der Partizipationsforschung festhalten, dass von Partizipation dann zu sprechen ist, wenn Entscheidungen in partnerschaftlichen Aushandlungsprozessen getroffen und konkret Entscheidungsmacht übertragen wird. Partizipation selbst steigert die Fähigkeit und Motivation zur Beteiligung, ist aber abhängig vom Maß des Einflusses auf räumlich real gestaltbare Einheiten und subjektiv lebensweltlich erlebbare Einflussgrößen. Weitere Einflussfaktoren sind Ausstattungsmerkmale/Ressourcen im Wechselspiel mit behindernden Umweltbedingungen (Barrieren).

Gestaltung von Sozialräumen

In den vorausgehenden Abschnitten wurde deutlich gemacht, dass Teilhabe mit dem Ziel einer inklusiven Gesellschaft nicht lediglich als ein „Dabeisein" betrachtet werden kann, sondern als selbstverständliche Möglichkeit der aktiven Mitgestaltung und Mitbestimmung (Palleit und Kellermann 2015, S. 275) durch Einflussnahme auf tatsächlich gestaltbare Sozialräume. Eine Sozialraumperspektive ist jedoch nicht allein auf Überlegungen der Partizipationsforschung zurückzuführen, sondern im Falle der Menschen mit Behinderung auf die originäre Eigenschaft einer Behinderung. Vor dem Hintergrund der International Classification of Functioning, Disability and Health (ICF) entsteht eine Behinderung durch das Wechselspiel zwischen einer gesundheitlichen Beeinträchtigung, einer behindernden Umwelt und den Auswirkungen auf die individuelle Aktivität und gesellschaftlicher Teilhabe. Diesem bio-psycho-sozialen Verständnis von Krankheiten und Behinderungen zufolge, sind es unüberwindbare einstellungs- und umweltbedingte Hindernisse

(Barrieren), welche eine Beeinträchtigung überhaupt erst zu einer Behinderung werden lassen (Wohlgensinger 2014, S. 67 f.). Partizipation ist damit nur dann realisierbar, wenn die unmittelbare, sozialräumliche Umwelt, in der Menschen mit Behinderung leben, frei von infrastrukturellen und/oder einstellungsbedingten, finanziellen, rechtlichen, politischen etc. Barrieren gestaltet ist und diesbezüglich in den Blick genommen wird. Um also gleichberechtigte Partizipationsmöglichkeiten zu schaffen, gehört dazu, Zugangshindernisse und Barrieren zu identifizieren und zu beseitigen (Bethke et al. 2015, S. 171 ff.). Eine gemeindeorientierte Perspektive ist daher unabdingbar: „Mit der Zielbestimmung, gesellschaftliche Teilhabe zu fördern, gilt es […] sich stärker in der Gesellschaft zu verorten, mit ihren Aktivitäten und Kompetenzen das Gemeinwesen mitzugestalten und vor Ort präventiv und unterstützend zu wirken" (Schäfers 2013, S. 102). Im Falle der Menschen mit einer seelischen Behinderung lässt sich zwar behaupten, dass es in der Sozialpsychiatrie im Vergleich zur klassischen Behindertenhilfe eine jahrzehntealte Tradition einer gemeindeorientierten, ambulant-komplementären Versorgung, einer fallübergreifenden, sozialräumlichen Planung (z. B. durch Psychosoziale Arbeitsgemeinschaften) sowie den Einbezug der Angehörigen- und Selbsthilfeverbände im Sinne einer trialogischen Kommunikationskultur gibt. Gleichwohl mangelt es jedoch auch hier an den rechtlichen und finanziellen Voraussetzungen für eine barrierefreie Gestaltung der Sozialräume und des gesellschaftlichen Zusammenlebens, welche über die professionellen Versorgungssysteme hinausreichen. So bezieht sich die Eingliederungshilfe faktisch nicht etwa auf die Gestaltung von barrierefreien Lebensräumen, sondern auf hilfsbedürftige Subjekte. Die Hilfen sehen in erster Linie die Deckung eines individuellen Bedarfs unter der Maßgabe der Wirtschaftlichkeit und Sparsamkeit bzw. Angemessenheit vor. Menschen mit Behinderung bleiben daher häufig Unterstützungsleistungen in einer wohnortsnahen, frei gewählten Wohnform auch heute noch verwehrt (Rohrmann und Weber 2015, S. 228).

Was aber ist unter Sozialräumen zu verstehen? Bei Sozialräumen handelt es sich um statistisch und/oder politisch definierte Gebiete im Gemeinwesen, in denen soziale Integration der darin Lebenden stattfindet. Sozialräume und die u. U. damit verbundene Segregation determinieren ganz wesentlich individuelle Sozialisationen, persönliche Entwicklungen, Lebensbedingungen und -weisen und korrelieren unmittelbar mit dem Aktionsradius. Es gilt: je geringer die Mobilität, desto größer ist die Bindung an den Sozialraum (Kuhn 2013, S. 107). Damit lässt sich die Feststellung treffen, dass Menschen mit Behinderung aufgrund von Mobilitätseinschränkungen und den Bezug von Frührenten bzw. Sozialhilfe/Grundsicherung in hohem Maße an ihren Sozialraum gebunden sind. Dadurch sind sie einem erhöhten Exklusionsrisiko ausgesetzt, wie eine Münchener Studie ebenfalls herausstellt (Landeshauptstadt München 2014, S. 172 f.). Ein barrierefreier Sozialraum kann dann als inklusives Lebensumfeld verstanden werden, wenn alle darin lebenden Personen ihn gemeinsam nutzen und mitgestalten können, hierfür die sachlichen und materiellen Voraussetzungen geschaffen sind und es Beratungs- und Unterstützungsangebote sowie offen stehende Netzwerke gibt, die zur Beteiligung einladen. Entscheidend dabei ist die Wertschätzung der Vielfalt des Lebensumfeldes und die Beteiligung an Planungs-, Gestaltungs- und Entscheidungsprozessen (Kuhn 2013, S. 108 ff.). Damit lässt sich zusammenfassend festhalten, dass sich der rechtliche Anspruch der UN-BRK auf Teilhabe im Sinne aktiver Partizipation mit dem Ziel der Inklusion von Menschen mit Behinderung nur verwirklichen lässt, indem diese Menschen an der Gestaltung ihrer Sozialräume ebenfalls barrierefrei beteiligt werden. Somit muss der Bedarf an entsprechenden Beteiligungs-, Koordinations-, Kooperations- und Kommunikationsstrukturen unter Beachtung der verfügbaren Ressourcen der behinderten Personen und den Prozessen der Eigeninitiative und Selbsthilfe gedeckt werden (Hinte 2008).

Teilhabeplanung als Handlungsstrategie

Um die UN-BRK bis hinein in die Lebenswelten der Menschen mit Behinderung wirkungsvoll umzusetzen und barrierefreie Sozialräume unter möglichst direkter Beteiligung der Menschen mit Behinderung mit dem Ziel einer inklusiven Gesellschaft zu ermöglichen, stellt die örtliche bzw. kommunale Teilhabeplanung eine wesentliche Handlungsstrategie dar (Deutscher Verein 2011, S. 4 ff.). Es handelt sich dabei um einen partizipativen, lernorientierten Prozess, in dem alle relevanten Mitwirkenden, wie z. B. Vertretungen der Kommunalpolitik und Verwaltung, Stadt- bzw. Gemeindeentwicklungsplanung, des überörtlichen Sozialhilfeträgers, der Verbände und Träger der freien Wohlfahrtspflege, der Wohnungswirtschaft, zivilgesellschaftliche Selbstvertretungsorganisationen sowie betroffene und nicht betroffene Personen unter der Federführung der Landkreise und kreisfreien Städte gemeinsam erarbeiten, wie Barrierefreiheit im gemeinsamen Sozialraum verwirklicht werden soll. Ein Produkt solcher Teilhabeplanungsprozesse sind in der Regel Aktions- oder Teilhabepläne, die Ziele, Maßnahmen, Umsetzungsschritte und Verantwortlichkeiten zur Sozialraumgestaltung aufführen. Rechtlich fundiert wird ein solcher Prozess durch das hoheitliche Selbstverwaltungs- und Planungsrecht der Städte, Landkreise und Gemeinden im Rahmen des Grundgesetzes und der Länderverfassungen, die sozialräumliche Versorgungsverpflichtung im Rahmen der Sozialgesetzgebung, die Planungsanforderungen der Baugesetzgebung sowie die Verpflichtung zum barrierefreien Bauen durch Landesgleichstellungs- bzw. Behindertengleichstellungsgesetze (Deutscher Verein 2012, S. 2 f.). Ein wesentlicher Teil solcher Prozesse stellt zudem die häufig vorausgehende

Erhebung der Versorgungssituation, eine Potenzial- und Ressourcenanalyse des Sozialraums und die Entwicklung von Zielgrößen und Monitoringsystemen dar. Hierfür kommen Milieuanalysen, die Erhebung bürgerschaftlichen Engagements durch aktivierende Befragungen, Sozialraumerkundungen/-begehungen, Sozialraumreportagen usw. mit Auswertung in Workshops, Zukunftswerkstätten u.ä. zur Anwendung (Deutscher Verein 2012, S. 10).

Entscheidend dabei ist, geeignete Partizipationsinstrumente und -verfahren, Kooperations- und Kommunikationsformen zu entwickeln, um alle relevanten Handelnden in einem Gesamtsozialplanungsprozess einzubinden (Rund 2011, S. 90). Die eigentliche Umsetzung und Qualität von örtlichen Teilhabeplanungsprozessen hängt entscheidend von der Beteiligung der Menschen mit Behinderung ab, und zwar davon, dass idealerweise die gesamte Bevölkerung eines Sozialraums angesprochen und repräsentiert ist (Deutscher Verein 2012, S. 6). Vor dem Hintergrund des Partizipationsverständnisses der UN-BRK ist darauf hinzuweisen, dass dabei „eine rein advokatorische Beteiligung durch einzelne Beauftragte – seien diese behindert oder nicht – nicht ausreicht, da es darauf ankommt, die behinderten Menschen in der Vielfalt ihrer Beeinträchtigungen und Lebenssituationen zu erreichen" (Welti 2011, S. 61, Hervorh. im Original). Es gilt daher, sich dem hohen Anspruch zu unterstellen, in diesen Prozessen auch die Vielfalt der Menschen mit Behinderung abzubilden, sei dies nach Möglichkeit durch direkte Beteiligung, nötigenfalls durch Schlüsselpersonen aus der Bevölkerung oder durch Bildung von Beiräten, die möglichst alle Menschen des Sozialraums repräsentieren (Welti 2011, S. 60 f.).

Wenn Inklusionsplanung neue Exklusionsräume entstehen lässt! – aufgezeigt am Beispiel der Menschen mit psychischen Erkrankungen

Menschen sind gemäß dem neunten Sozialgesetzbuch dann seelisch behindert, wenn ihre psychische Gesundheit[4] mindestens sechs Monate lang von dem für das Lebensalter typischen Zustand abweicht und dadurch die Teilhabe am Leben in der Gemeinschaft beeinträchtigt ist. Nach dem oben erläuterten

---

[4]Darunter sind auch Suchterkrankungen gefasst. Es ist anzumerken, dass dieser Personenkreis leider in der aktuell durchgeführten Untersuchung unbetrachtet bleiben muss, da die vorhandene Datenlage kaum Schlussfolgerungen zulässt. Sichtbar dabei wird allerdings ein erheblicher Forschungsbedarf, inwiefern suchtkranke Menschen an der Inklusionsdebatte partizipieren.

Behinderungsverständnis sind auch hierbei persönliche wie umweltbezogene Kontextfaktoren in einem dynamischen Zusammenhang zu betrachten. Somit kann nach diesem Verständnis auch und gerade bei einer seelischen Behinderung nicht von einem statischen Zustand gesprochen werden, sondern von einem funktionsbezogenen Vorgang (Kauder 1998, S. 19). Grundlegender Unterschied zu vielen anderen Behinderungsarten ist jedoch der Umstand, dass eine seelische Behinderung ungleich schwieriger objektiv feststellbar oder messbar ist (Metzler und Wacker 2005, S. 123), was die Feststellung von Bedarfslagen, Teilhabeproblemen, Exklusionsrisiken etc. grundlegend erschwert. Die Auswirkungen einer seelischen Behinderung sind vom Zeitpunkt des Ausbruchs der psychischen Erkrankungen zum Teil lebenslang starken Schwankungen unterworfen. Neben der seelischen Behinderung können unter dem Einfluss zahlreicher Faktoren immer wieder akute Krankheitszustände eintreten. Der nichtlineare Verlauf psychischer Erkrankung lässt die psychischen Funktionseinbußen nie in einen endgültigen Zustand münden und auch Verbesserungen sind potenziell jederzeit möglich (Bundesverband der Angehörigen psychisch Kranker e. V., 2001, S. 3).

Es liegt auf der Hand, dass somit nicht nur der Grad der Behinderung Schwankungen unterworfen ist, sondern auch die behinderungsbedingten Bedarfe der Betroffenen rasch wechseln können (Kauder 1998, S. 16 f.). Die Unsichtbarkeit der psychischen Erkrankung selbst erschwert drüber hinaus die Krankheitseinsicht und das Problemverständnis psychisch kranker Menschen, ihrer Angehörigen sowie des sozialen Umfeldes. Charakteristisch ist auch die Schwierigkeit, soziale Rollen so einzunehmen, dass sie den Erwartungen der Umwelt entsprechen, sowie krankheitsbedingte Einschränkungen so zu erkennen, dass frühzeitig Maßnahmen ergriffen werden können. Betroffene erleiden den Verlust an Selbstvertrauen und Selbstachtung und versuchen häufig, ihre Behinderung dadurch zu bewältigen, indem das Bestehen krankheitsbedingter Einschränkungen geleugnet und zu große Ziele gesetzt werden. Neben den krankheitsbedingten Symptomen selbst können Funktionseinschränkungen im Bereich des Denkens, der Konzentration, des Antriebs und der Motivation sowie des Gefühlserlebens vorliegen (Bundesarbeitsgemeinschaft für Rehabilitation 2003, S. 12 f.). Es sind gerade diese Einschränkungen, die bspw. im Vergleich zu Menschen mit einer körperlichen Behinderung aufgrund ihrer Unsichtbarkeit unterbewertet werden. Die Artikulations- und Partizipationschancen werden dadurch erheblich eingeschränkt (Marschner 2005, S. 13).

Bezogen auf die Partizipation seelisch behinderter Menschen in Teilhabeplanungsprozessen muss auf Grundlage der vorausgehenden Ausführungen und der aktuellen Untersuchungen des Autors mit folgenden Umständen gerechnet werden:

Die Zuschreibung als Mensch mit (seelischer) Behinderung ist selten Teil der eigenen Identität psychisch erkrankter Menschen und wird sogar als empfundenes Stigma abgelehnt. Generell bleibt die sprachliche Diktion der UN-BRK (z. B. der Barrierebegriff), die sich stark an Menschen mit körperlichen Behinderungen orientiert, vielen psychisch erkrankten Menschen fremd und unzugänglich. Die aktuell durchgeführte Studie des Autors gibt darüber hinaus Hinweise, dass sich psychisch kranke Menschen sehr stark selbst für ihre Erkrankung und Überwindung derselben mitverantwortlich fühlen, wenig Vorstellungen von äußeren Umweltbarrieren haben und an der grundlegenden Hoffnung auf Behandelbarkeit und Genesung festhalten. Die eigene Identität ist damit wesentlich von einer Erinnerung an ein von Krankheit und Behinderung unbetroffenes Leben geprägt. Das Annehmen einer Behinderung setzt dieser Hoffnung, ein solches Leben zurückzugewinnen, ein Ende und erzeugt Mutlosigkeit. Dies führt dazu, dass sich psychisch erkrankte Menschen nicht als Teil einer Community der Menschen mit Behinderung verstehen, sondern ein beidseitig starkes Differenzierungsbedürfnis und Abgrenzungsverhalten feststellbar ist.

Aufgrund der dynamischen Eigenschaften (sozialer/einstellungsbedingter) Barrieren und eines stark subjektiven Erlebens der eigenen krankheitsgeprägten Wirklichkeit kommt es zu massiven Artikulationsschwierigkeiten. Dabei können die Betroffenen selbst schwer in Worte fassen, unter welchen durch konkrete Maßnahmen zu beseitigende Beeinträchtigungen sie leiden. Zum einen fehlt hier häufig das adäquate Vokabular, zum anderen ist dies geprägt von Schamgefühlen und der Angst, auf Unverständnis zu stoßen. Während sich körperlich behinderte Menschen größtmögliche Autonomie wünschen, formulieren psychisch erkrankter Menschen sehr häufig den Wunsch nach professioneller Unterstützung bei der Formulierung und Übersetzung ihrer Anliegen, z. B. durch einen exklusiven trialogischen Kommunikationsrahmen.[5] Die betroffenen Menschen sind erheblich in ihrer Kommunikation, ihrem Antrieb, ihrer Motivationslage sowie der Konzentrationsfähigkeit eingeschränkt. Die Voraussetzungen, um sich an partizipativen Formaten, wie z. B. Zukunftsworkshops, behinderungsartübergreifend zu

---

[5] „Trialog" meint den direkten Austausch zwischen Betroffenen, Angehörigen und Professionellen auf Augenhöhe. Expertinnen und Experten durch eigene Erfahrung treffen Expertinnen und Experten durch Ausbildung und Beruf, um eine gemeinsame Sprache zu behalten oder zu finden.

beteiligen, sind häufig aufgrund der spezifischen Beeinträchtigungen nicht gegeben und orientieren sich sehr stark an Menschen mit körperlichen Behinderungen. Man könnte sagen, dass ja gerade die Partizipationsfähigkeit selbst in Kombination mit den äußeren Rahmenbedingungen stark beeinträchtigt ist. Dies führt auch dazu, dass sich viele psychisch erkrankte Menschen nichts unter der abstrakt gesellschaftspolitischen Zielvorstellung Inklusion vorstellen können und die Partizipationschance allein aus der Perspektive heraus beurteilen, ob sich die Beteiligung konkret positiv in ihrer Lebenswelt auswirkt. Zugleich erzwingt die Vielfalt der Bedürfnislagen häufig eine Aggregation und Subsumption durch abstrakt (behinderungs-)politische Forderungen.

Die auf Teilhabe und auf den Sozialraum bezogenen Bedarfslagen sind von den betroffenen Menschen schwierig zu benennen, nachzuvollziehen und/oder zu quantifizieren. Während körperlich behinderte Menschen stark darum kämpfen, selbstverständlicher und sichtbarer Teil des Gemeinwesens im Sinne eines gesellschaftspolitischen Wandels zu sein, stellt dies kein primäres Ziel psychisch erkrankter Menschen dar. Die meisten von ihnen bestreiten ihren Lebensalltag weitgehend unauffällig inmitten dieses Gemeinwesens, leiden aber unter den Barrieren im sozialen Umgang mit ihren Mitmenschen. Dadurch kommt es zu Bedeutungsverschiebungen und unterschiedlichen Inklusionserwartungen. Die biografischen Erfahrungen mit staatlichen Interventionen gegen den Willen psychiatrieerfahrener Menschen, z. B. Formen der Zwangsbehandlung, Unterbringungsbeschlüsse, Anordnungen rechtlicher Betreuungen, Ablehnung beantragter Eingliederungshilfeleistungen usw., erzeugen in psychisch erkrankten Menschen ein starkes Misstrauen in die Inklusionsabsichten staatlicher Repräsentantinnen und Repräsentanten. Eine Beteiligung an Teilhabeplanungsprozessen unter behördlicher Federführung wird rasch als ein Rollenwechsel von der systemkritisierenden zur systemgestaltenden Person empfunden und daher nicht als echte Partizipationschance aufgefasst.

Diese Erkenntnisse zeigen, dass Menschen mit seelischen Behinderungen bzw. psychischen Erkrankungen solchen Prozessen örtlicher Teilhabeplanung fernbleiben, die Veranstaltung nicht als partizipativ empfinden und die Erfahrung machen, dass ihre Anliegen keinen Niederschlag in den entsprechenden Aktions- und Teilhabeplänen finden.

Sozialräume barrierefrei gestalten!

Vor dem Hintergrund des partizipativen Anspruchs der UN-BRK sowie der skizzierten Problemstellungen ist künftig mehr Bereitschaft notwendig, in Prozessen der örtlichen Teilhabeplanung partizipative Strukturen barriere- und herrschaftsfreier zu gestalten – sei es in der Sprache, den räumlichen Bedingungen oder der Vorstellung von Inklusion, Behinderung oder Gesellschaft. Es gilt, eine an der Vielfalt und Diversität der Menschen mit Behinderung orientierte Diskussionskultur zuzulassen und bereits zu Beginn der Planungen Standards für gute Beteiligungsstrukturen zu entwickeln (Palleit und Kellermann 2015, S. 276 ff.; Arnade 2015, S. 99). Verhindert wird dies nicht selten durch ‚blinde Flecken', d. h. durch vorgeprägte Bilder über Behinderung und Inklusion, Lobbyinteressen oder stigmatisierende Zuschreibungen der Akteure mit und ohne Behinderung, die hiervor nicht weniger gefeit sind als der Rest der Gesellschaft. Die Gestaltung inklusiver Sozialräume durch örtliche Teilhabeplanung ist daher untrennbar mit einem selbstreflexiven Prozessmanagement und dem Erwerb von Inklusions- und damit Partizipationskompetenz verbunden. Ein solches Verständnis ist in das Zentrum eines Prozesses örtlicher Teilhabeplanung zu setzen, sodass Partizipation als eigenständiges strategisches Handlungsfeld verfolgt und weiterentwickelt wird, wenn sich die menschenrechtlich vorgesehene Beteiligung nicht als Scheinpartizipation erweisen soll. In Prozessen örtlicher Teilhabeplanung ist daher zentral zu fragen, „wie die verschiedenen betroffenen Personengruppen, ihre Selbsthilfeorganisationen und Verbände beteiligt werden, wie diese mit den Expert/innen und Verantwortlichen der Kommune zusammenkommen und wie daraus gemeinsam getragene Handlungsvorschläge entstehen. Besondere Anforderungen an die Kommunikation mit Menschen mit Beeinträchtigungen müssen berücksichtigt und erfüllt werden […]. Die Qualität und Umsetzung der Teilhabeplanung hängt zu einem beträchtlichen Teil davon ab, wie Beteiligung gelingt" (Deutscher Verein 2012, S. 6). Dies schließt eine Verhandlung des paradigmatischen Rahmens (was verstehen wir unter Behinderung, Barrieren, Gesellschaft?) und der Erwartungen von Inklusion bzw. an die UN-BRK notwendigerweise mit ein. Man könnte sagen, es geht um nichts Geringeres, als die Barrieren im Planungsprozess selbst zu identifizieren und abzubauen, um die im gesellschaftlichen Zusammenleben überhaupt erst verhandeln zu können. Außerdem ist zu empfehlen, dabei aktiv vorhandene, sozialräumliche Netzwerke zu nutzen und einzubeziehen. Im Falle psychisch erkrankter Menschen bietet sich bspw. eine gute Verzahnung mit psychosozialen Arbeitsgemeinschaften und Steuerungsverbünden bzw. der kommunalen Psychiatrie- und Suchthilfekoordination an. Es ist durch die vorliegenden Aktions- und Teilhabepläne feststellbar, dass Teilhabeplanungsprozesse häufig parallel zu diesen Netzwerken verlaufen, statt diese miteinzubeziehen, wie eine explorative Studie im Rahmen des zugrunde liegenden Forschungsprojektes zeigte. Dies macht jedoch auch erforderlich, dass die aktiven Beteiligten solcher Netzwerke dazu beitragen, Menschen mit seelischer Behinderung zu einem Recht zu verhelfen, welches universell, unteilbar und unveräußerlich gilt und nicht davon abhängig ist, ob die Adressatinnen und Adressaten es für sich beanspruchen. Es sind gerade solche sozialpsychiatrischen Akteure, sog. ‚Gatekeeper', die durch ihre Lebensweltexpertise und vertrauensbasierten Zugänge zur Zielgruppe erst dazu beitragen, Prozesse örtlicher Teilhabeplanung als Partizipationschance zu übersetzen und dadurch sichtbar werden zu lassen. Abb. 1 zeigt, wie Barrieren in Prozessen örtlicher Teilhabeplanung abgebaut werden können:

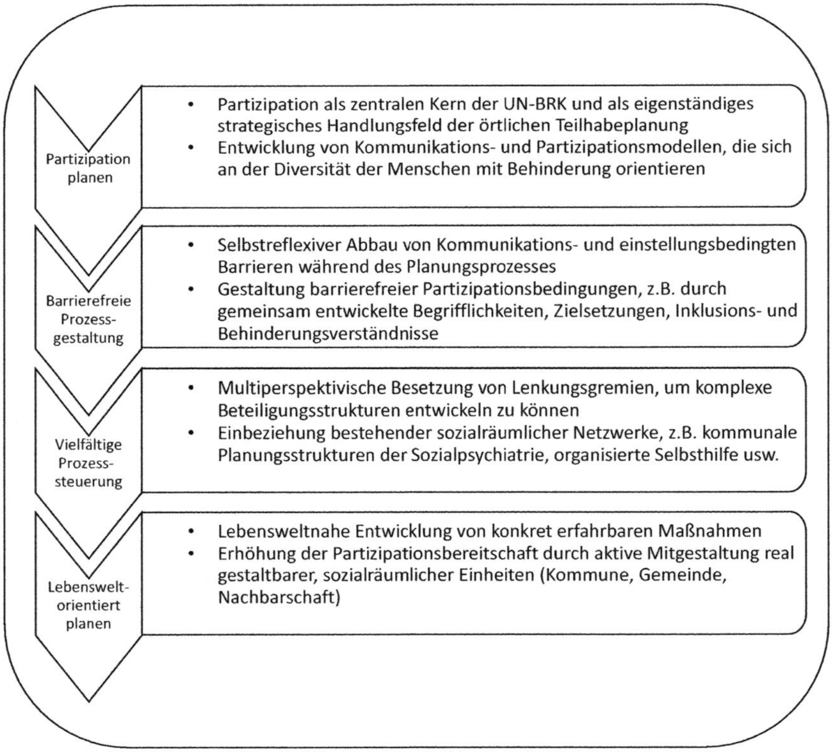

Abb. 1 Inklusive Sozialräume planen durch örtliche Teilhabeplanung. (Quelle: eigene Darstellung)

Last, but not least hat sich die Planung und Gestaltung inklusiver Sozialräume an den konkreten Bedürfnissen aller Menschen mit Behinderung zu orientieren und konkret erfahrbar zu einer gelingenderen Lebenswelt beizutragen, anstatt sich auf einer inklusionspolitischen Metaebene zu bewegen. Dies macht die Bereitschaft aller Beteiligten erforderlich, die Lebenswelt psychisch behinderter Menschen zu reflektieren und sie in den Inklusionsdiskurs unter Beachtung der spezifischen Eigenschaften ihrer Behinderung einzubeziehen.

Literatur

Arnade, Sigrid. 2015: „Nichts über uns ohne uns!" – Die Zivilgesellschaft spricht mit. Staatliche Koordinierungsstelle und Parallelbericht. In *Handbuch Behindertenrechtskonvention. Teilhabe als Menschenrecht – Inklusion als gesellschaftliche Aufgabe*, Hrsg. Th, Degener, E. Diehl, 93–101. Bonn: Bundeszentrale für politische Bildung.

Arnstein, Sh. R.1969. A Ladder of Citizen Participation. *JAIP* 35: 216m–224.

Bethke, A., K. Kruse und M. Rebstock. 2015. Barierefreiheit. In *Handbuch Behindertenrechtskonvention. Teilhabe als Menschenrecht – Inklusion als gesellschaftliche Aufgabe*, Hrsg. Th, Degener, E. Diehl, 170–188. Bonn: Bundeszentrale für politische Bildung.

Blandow, Jürgen, U. Gintzel und P. Hansbauer. 1999. *Partizipation als Qualitätsmerkmal in der Heimerziehung. Eine Diskussionsgrundlage.* Münster: Votum-Verlag.

Brill, Karl-Ernst und R. Marschner. 2005. *Psychisch Kranke im Recht. Ein Wegweiser.* Bonn: Psychiatrie-Verlag.

Bundesarbeitsgemeinschaft für Rehabilitation, Hrsg. 2003. *Arbeitshilfe für die Rehabilitation und Teilhabe psychisch kranker und behinderter Menschen*, Heft 9. Frankfurt a. M.

Bundesverband der Angehörigen psychisch kranker Menschen e.V., Hrsg. 2001. *Sozialgesetzbuch (SGB) Neuntes Buch (IX) – Rehabilitation und Teilhabe behinderter Menschen – Entwurf Januar 2001.* Regierungsvorlage für den deutschen Bundestag vom 19.01.2001. Stellungnahme. Bonn.

Degener, Theresia. 2015. Die UN-Behindertenrechtskonvention – ein neues Verständnis von Behinderung. In *Handbuch Behindertenrechtskonvention. Teilhabe als Menschenrecht – Inklusion als gesellschaftliche Aufgabe*, Hrsg. Th. Degener, E. Diehl, 55–74. Bonn: Bundeszentrale für politische Bildung.

Deutsches Institut für Menschenrechte Monitoring-Stelle zur UN-Behindertenrechtskonvention, Hrsg. 2010. *Partizipation – ein Querschnittsanliegen der UN-Behindertenrechtskonvention.* Berlin.

Deutscher Verein für öffentliche und private Fürsorge, Hrsg. 2011. *Eckpunkte des deutschen Vereins für einen inklusiven Sozialraum.* Berlin.

Deutscher Verein für öffentliche und private Fürsorge, Hrsg. 2012. *Empfehlungen zur örtlichen Teilhabeplanung für ein inklusives Gemeinwesen.* Berlin.

Deutscher Verein für öffentliche und private Fürsorge e.V. 2015. *Recht der internationalen Konventionen. Textausgabe zum Sozialrecht 9.* Berlin.

Evangelische Fachhochschule Rheinland-Westfalen-Lippe, Hrsg. 2002. *Lexikon der Sozialen Arbeit.* Bochum: Eigenverlag.

Hinte, Wolfgang. 2008. Sozialraumorientierung: Ein Fachkonzept für die Soziale Arbeit. Vortrag für den Fachtag Sozialraumorientierung am 28.05.2008. http://www.fulda.de/fileadmin/buergerservice/pdf_amt_51/sonstiges/Sozialraumorientierung_Vortrag_W.Hinte_28.5.08.pdf. Zugegriffen: 31. März 2017.

Kardorff, Ernst von. 2010. Evaluation beteiligungsorientierter lokaler Enabeling Community-Projekte. In *Enabling Community: Anstöße für Politik und soziale Praxis*. Hrsg. Evangelische Stiftungs Alsterdorf, Katholische Hochschule für Sozialwesen Berlin, 263–275.

Kauder, Volker, Hrsg.1998. *Psychosoziale Arbeitshilfen 11. Personenzentrierte Hilfen in der psychiatrischen Versorgung.* Kurzfassung des Berichts zum Forschungsprojekt des Bundesministeriums für Gesundheit „Personalbemessung im komplementären Bereich der psychiatrischen Versorgung“. Bonn.

Kuhn, Andreas. 2013. Inklusion im Sozialraum aus Sicht des Deutschen Vereins. In *Inklusion und Sozialraum. Behindertenrecht und Behindertenpolitik in der Kommune,* Reihe Studien aus dem Max-Planck-Institut für Sozialrecht und Sozialpolitik, Bd. 59. Hrsg. U. Becker, E. Wacker und M. Banafsche, 107–114. Baden-Baden: Nomos.

Landeshauptstadt München, Hrsg. 2014. *Studie zur Arbeits- und Lebenssituation von Menschen mit Behinderungen in der Landeshauptstadt München. Endbericht Teil 2. Allgemeine Lebenssituation.* München.

Metzler, Heidrun, Wacker, Elisabeth. 2005. Behinderung. In *Handbuch Sozialarbeit, Sozialpädagogik.* Hrsg. H.-U. Otto, H. Thiersch und K. Böllert, 118–139. Basel: Ernst Reinhardt Verlag.

Munsch, Chantal. 2003. Lokales Engagement und soziale Benachteiligung. In *Sozial Benachteiligte engagieren sich doch. Über lokales Engagement und soziale Ausgrenzung und die Schwierigkeiten der Gemeinswesenarbeit.* Hrsg. Chantal Munsch, 7–28. Weinheim-München: Juventus.

Nieß, Meike. 2016. *Partizipation aus der Subjektperspektive. Zur Bedeutung von Interessenvertretung für Menschen mit Lernschwierigkeiten.* Wiesbaden: Springer.

Palleit, L. und G. Kellermann. 2015. Inklusion als gesellschaftliche Zugehörigkeit – das Recht auf Partizipation am politischen und kulturellen Leben. In *Handbuch Behindertenrechtskonvention. Teilhabe als Menschenrecht – Inklusion als gesellschaftliche Aufgabe*, Hrsg. Th, Degener, E. Diehl, 275–288. Bonn: Bundeszentrale für politische Bildung.

Rohrmann, Albrecht, Weber, Erik. 2015. Selbstbestimmt leben. In *Handbuch Behindertenrechtskonvention. Teilhabe als Menschenrecht – Inklusion als gesellschaftliche Aufgabe*, Hrsg. Th, Degener, E. Diehl, 226–240. Bonn: Bundeszentrale für politische Bildung.

Rund, M., Lutz, R. und T. Fiegler. 2011. Kommunale Teilhabeplanung im Kontext Integrierter Sozialraumplanung. In *Örtliche Teilhabeplanung mit und für Menschen mit Behinderungen.* Hrsg. D. Lampke, D., A. Rohrmann und J. Schädler, 89–104. Wiesbaden: VS-Verlag.

Schäfers, Markus. 2013. Barrieren im Sozialraum – ein Kommentar. In *Inklusion und Sozialraum. Behindertenrecht und Behindertenpolitik in der Kommune,* Studien aus dem Max-Planck-Institut für Sozialrecht und Sozialpolitik, 59. Hrsg. U. Becker, E. Wacker und M. Banafsche, 101–105. Baden-Baden: Nomos.

Schnurr, Stefan. 2005. Partizipation. In *Handbuch Sozialarbeit, Sozialpädagogik.* Hrsg. H.-U. Otto, H. Thiersch und K. Böllert, 1330–1345. Basel: Ernst Reinhardt Verlag.

Schwanenflügel, L. von, und A. Walther. 2012. Partizipation und Teilhabe. In *Handbuch kulturelle Bildung.* Hrsg. H. Bockhorst, V.-I. Reinwand und W. Zacharias. München: Kopäd-Verlag.

Wansing, Gudrun. 2015. Was bedeutet Inklusion? Annäherung an einen vielschichtigen Begriff. In *Handbuch Behindertenrechtskonvention. Teilhabe als Menschenrecht – Inklusion als gesellschaftliche Aufgabe,* Hrsg. T. Degener und E. Diehl, 43–54. Bonn: Bundeszentrale für politische Bildung.

Welti, Felix. 2011. Rechtliche Grundlagen einer örtlichen Teilhabeplanung. In *Örtliche Teilhabeplanung mit und für Menschen mit Behinderungen.* Hrsg. D. Lampke, A. Rohrmann und J. Schädler, 55–67. Wiesbaden: VS-Verlag.

Wohlgensinger, Corinne. 2014. *Behinderung und Menschenrechte: ein Verhältnis auf dem Prüfstand.* Opladen/Berlin/Toronto: Budrich UniPress.

Teilhaberechte in der stationären Kinder- und Jugendhilfe verbindlich verankern

Kathrin Aghamiri

Die Rechte von Kindern und Jugendlichen in pädagogischen Einrichtungen sind immer wieder gefährdet. Dies gilt besonders für die stationäre Unterbringung, durch die eine sozialpädagogische Organisation ein Zuhause auf Zeit wird. Nicht zuletzt die Veröffentlichungen der erschütternden Berichte und Erzählungen ehemaliger Heimkinder über ihre Erfahrungen in Fürsorgeeinrichtungen haben gezeigt, wie anfällig die stationäre Kinder- und Jugendhilfe für einen willkürlichen Umgang mit Macht im pädagogischen Verhältnis ist. Das Handlungsprinzip Partizipation als Kernelement einer menschenrechtsorientierten Sozialpädagogik kann dazu beitragen, die Willkür der Fachkräfte (demokratisch) zu begrenzen. Es stellt sich die Frage, wie Partizipation konkret werden kann bzw. wie Kinderrechte in der stationären Unterbringung verbindlich verankert und wahrgenommen werden. Insbesondere mit Blick auf die reformpädagogischen Konzepte des frühen 20. Jahrhunderts finden sich diesbezüglich interessante Anknüpfungspunkte. Pädagogen wie z. B. Siegfried Bernfeld, Karl Wilker, Anton Makarenko und vor allem Janusz Korczak gelten mit ihren vielfach in Vergessenheit geratenen Kinderrepubliken als Wegbereiter und Initiatoren einer „konstitutionellen Pädagogik" (Korczak 1999, 312).

Korczak versteht diesen Begriff als Verpflichtung der erwachsenen Pädagog_innen, die Teilhaberechte von Kindern und Jugendlichen nicht von der pädagogischen Beziehung oder ihrem jeweiligen Wohlverhalten abhängig zu machen, sondern ein Rechte- und Beschwerdesystem im Alltag der stationären Einrichtung

K. Aghamiri (✉)
Fachhochschule Münster, Münster, Deutschland
E-Mail: k.aghamiri@fh-muenster.de

A. Eberle et al. (Hrsg.), *Menschenrechte und Soziale Arbeit im Schatten des Nationalsozialismus,* https://doi.org/10.1007/978-3-658-19517-5_11

als ‚Verfassung‘[1], d. h. konstitutionell, zu verankern. Mit der Etablierung eines verbindlichen Rechte- bzw. Gesetzeskatalogs sollen pädagogische Willkür und Machtmissbrauch von Erziehenden begrenzt und verhindert werden (z. B. Aghamiri u. Hansen 2012, 61–68).

Die Verbindung von Partizipations- und Beschwerderechten wird auch im SGB VIII gefordert: Gemäß § 45 (2) hat jede Einrichtung der Kinder- und Jugendhilfe, die Kinder regelmäßig den Tag über betreut, in ihrer Konzeption darzulegen, wie sie die Partizipation von Kindern und Jugendlichen sicher stellt und ihnen verbindliche Möglichkeiten der Beschwerde eröffnet. Allerdings macht sowohl der Blick in die Geschichte der Heimerziehung als auch der in ihre Gegenwart immer wieder deutlich, wie schmal der Grat zwischen humaner Entwicklungsförderung, demokratischen Experimenten und schwarzer Pädagogik in diesem Handlungsfeld bis heute bleibt (Stork 2007, 218–241). Die Vermittlung verbindlicher Teilhaberechte in den Alltag der Einrichtungen steht immer wieder infrage: Alltagsroutinen einer strukturell auf Defizite konzentrierten Pädagogik (Ader 2006, 163–224), allgemeine Abwehrstrategien von Fachkräften gegenüber partizipativen Konzepten (Pluto 2007, 74–111) und unklare Vorstellungen von Methoden und Verfahren aufseiten der Pädagog_innen (Knauer u. Aghamiri 2017, 41–60) lassen eine konsequent partizipative Alltagspraxis nach wie vor als die Ausnahme von der Regel erscheinen. Es stellt sich also im Kontext von Menschen- und Kinderrechten in der Sozialpädagogik die Frage: Wie kann die stationäre Kinder- und Jugendhilfe so gestaltet werden, dass sie ihren Adressat_innen in Bezug auf ihre Interessen und die Umsetzung verlässlicher Schutz-, Versorgungs- *und* Beteiligungsrechte entgegenkommt?

Mit dem Ziel, auf diese Frage einen alltagsorientierten, entlang der Teilhaberechte von Kindern und Jugendlichen gegründeten Vorschlag folgen zu lassen, werde ich zunächst den Begriff Partizipation als demokratische Beteiligung definieren (1) und seine Bedeutung für die Gestaltung des pädagogischen Verhältnisses veranschaulichen, das sich strukturell als ein Machtverhältnis darstellt (2). Im Anschluss zeige ich am Beispiel der „Verfassunggebenden Versammlung“[2],

[1]Der Begriff der Verfassung in pädagogischen Institutionen orientiert sich (auch) am Konzept „Die Kinderstube der Demokratie“ von Rüdiger Hansen, Raingard Knauer und Benedikt Sturzenhecker (2011), in dem Kinderrechte mit Bezug auf den gemeinsamen Alltag in Kindertageseinrichtungen operationalisiert werden.

[2]Das Beispiel entstammt dem Modellprojekt „Demokratie in der Heimerziehung“, das im Auftrag des Sozialministeriums Schleswig-Holstein in den Jahren 2011/2012 durchgeführt und dokumentiert wurde (MfSGFG-SH 2012). Das Verfahren der „Verfassunggebenden Versammlung“ orientiert sich an den in Kindertageseinrichtungen entwickelten und erprobten Verfahren der „Kinderstube der Demokratie“ (Hansen, Knauer und Sturzenhecker 2011).

wie Teilhaberechte im Alltag der Einrichtungen implementiert und pädagogisch vermittelt werden können (3). Der Beitrag schließt mit einem Fazit, das dazu ermutigt, Teilhaberechte von Menschen, die in stationären Einrichtungen leben, nicht länger lediglich mit Orientierung auf ihre pädagogische Funktionalität anzuerkennen, sondern sie durch Strukturen einer menschenrechtsorientierten, konstitutionellen Pädagogik (auch) jenseits von Beziehung zu sichern (4).

Das pädagogische Verhältnis als Verhältnis zwischen Ungleichen

Schröder beschreibt Partizipation als Prinzip, das sowohl die Individuen in ihrem Subjektsein als auch die Gemeinschaft bzw. Gesellschaft als sozialen Lebensort anspricht: „Partizipation heißt, Entscheidungen, die das eigene Leben und das Leben der Gemeinschaft betreffen, zu teilen und gemeinsam Lösungen für Probleme zu finden" (Schröder 1995, 14). Diese Definition kennzeichnet Partizipation nicht als bloße ‚Teilhabe', sondern als demokratische Funktion, indem sie Entscheidungen über individuelle Bedürfnisse als Selbstbestimmung und Entscheidungen über die Erfordernisse der Gemeinschaft als Mitbestimmung dimensioniert. Zentral für beides ist die gemeinsame Aushandlung: der Ab- und Ausgleich von Interessen Einzelner mit denen der Anderen. Partizipation repräsentiert in diesem Sinne (auch) ein pädagogisches Handlungsprinzip, das die Subjektwerdung in Gemeinschaften befördert. Es ist demnach für jedwede sozialpädagogische, aber auch für jede demokratische Praxis zentral.

Die Begründungen dafür, dass sich pädagogische Fachkräfte in den Hilfen zur Erziehung mit den Möglichkeiten der Eröffnung von Partizipation auseinandersetzen, sind vielfältig. So hat sich die weitreichende Beteiligung der Kinder und Jugendlichen an der Gestaltung ihrer Hilfe zum einen als besonders wirksam für eben diese erwiesen (Albus et al. 2010), zum anderen zeigen sich positive Effekte auf die Entwicklung von Resilienz, da Partizipation in besonderem Maße Selbstwirksamkeitserfahrungen ermöglicht und Handlungskompetenz fördert (Lutz 2012). Zudem kann Partizipation als Voraussetzung für Inklusion verstanden werden, indem sie Teilhabe an Bildungsangeboten und Angelegenheiten des Gemeinwesens erst eröffnet. Allerdings wäre es für das pädagogische Verhältnis von Fachkräften und Kindern und Jugendlichen fatal, Partizipation lediglich als Wirksamkeitsbedingung zu funktionalisieren. Denn das hieße, die Kinder weiterhin als Objekte, nicht als *Subjekte von Erziehung* zu adressieren. Die Partizipation von Kindern und Jugendlichen an allen sie betreffenden Angelegenheiten stellt sich zuerst als ein Kinder*recht* dar (UN-Kinderrechtskonvention Art. 12; § 8 SGB

VIII). Die Aufgabe der Pädagogik in diesem Zusammenhang ist es, dieses Recht in den Alltag zu *vermitteln* und Möglichkeiten der Beschwerde bei seiner Missachtung zu organisieren (vgl. § 45 (2) SGB VIII).

Die UN-Kinderrechtskonvention benennt Versorgungs- und Schutzrechte, wie das Recht auf Ernährung und Bildung oder den Schutz vor ökonomischer und sexueller Ausbeutung, sowie Beteiligungsrechte, wie das Recht, sich eine eigene Meinung zu bilden und diese im eigenen Interesse einbringen zu können. D.h., dass z. B. die Organisation von Schutz und Versorgung – als Angelegenheiten des kindlichen Interesses – nicht wahrgenommen werden können, ohne dass Kinder in diesen Angelegenheiten angehört werden. In diesem Sinn thematisieren die Beteiligungsrechte in der Konvention die Mitwirkung der Kinder an der Gestaltung ihrer Lebenswelten. Durch das Recht auf Partizipation werden Versorgungs- und Schutzrechte zu Subjektrechten. Es gilt also, Partizipation als *Recht* zu realisieren und nicht als Mittel, um ein pädagogisches Ziel zu erreichen.

Nun sind Kinder und Jugendliche junge Menschen, die sich im Werden befinden und Erziehung ein Prozess, der dieses Werden mittels komplexer geplanter und ungeplanter Aktivitäten einer Gesellschaft begleitet. Pädagogik stellt sich aus der Perspektive der „Entwicklungstatsache" (Bernfeld 1925, 49) als ein Verhältnis zwischen Ungleichen dar. Sollen die Rechte der Kinder und Jugendlichen, die sich aus ihrer Würde als Menschen ergeben, verbindlich gesichert und im Alltag umgesetzt werden, so muss das Machtverhältnis, das der Erziehung immanent ist, gestaltet werden. Kupffer formuliert dies als grundlegende Frage der Pädagogik: „Was wünschen wir, woran wollen wir uns halten, welche Konstellation zwischen ungleichen Partnern halten wir für angemessen? (…) Die Freiheit des jungen Menschen ergibt sich nicht von selbst; sie muss gewollt, beschlossen und gestaltet werden" (Kupffer 1980, 19). Die demokratische Teilhabe der Kinder und Jugendlichen bedarf demnach einer entsprechenden partizipativen Haltung der einzelnen Fachkräfte (gewollt), dazu muss das Team gemeinsam eine Umsetzung vereinbaren (beschlossen). Außerdem braucht es eine methodische Begleitung von Partizipation durch pädagogisches Handeln (gestaltet). Die Eröffnung von Partizipation liegt somit in der Verantwortung *und* der Macht der pädagogischen Fachkräfte.

Eine reflektierte Gestaltung eben jener Macht, die sich aus dem pädagogischen Verhältnis als ein Verhältnis zwischen Ungleichen ergibt, stellt dann auch die Grundlage für eine Konkretisierung der Kinderrechte im Alltag der Heimerziehung dar.

Die Machtfrage als Ausgangspunkt demokratischer Partizipation

„Das Kind ist klein, leicht, weniger. (…) Was schlimmer ist, das Kind ist schwach. Wir können es gegen seinen Willen hinsetzen, wir können es mit Gewalt in seinem Lauf aufhalten, seine Anstrengungen zunichtemachen“ (Korczak 1929/2013, 10). Was Korczak hier beschreibt, verweist auf die Machtmittel der erwachsenen Pädagog_innen. Er thematisiert diese Macht zunächst aufgrund der körperlichen Überlegenheit, gibt dabei allerdings den Blick frei auf weitere Dimensionierungen des pädagogischen Machtverhältnisses, wie ihn Hansen et al. (2011, 28–38) ausdifferenzieren Die pädagogischen Fachkräfte verfügen beispielsweise über Gestaltungsmacht in den Einrichtungen der Jugendhilfe. Sie bestimmen Konzepte, Tagesablauf, Essensangebote und -zeiten oder die Belegung der Gruppen. Sie besitzen Verfügungsmacht über Finanzen, Auszahlung des Taschengeldes, Räumlichkeiten und anderen Ressourcen. In der Regel haben sie Mobilisierungsmacht, wenn sie z. B. dafür sorgen, dass ein Kind an einem spezifischen Angebot teilnimmt (teilnehmen muss), wie z. B. der Ergotherapie oder der Mitgliedschaft in einem bestimmten Sportverein. Zentral in den Hilfen zur Erziehung erscheint zudem die Definitionsmacht. Wie soll bzw. ‚darf‘ ein Kind sein oder werden? Im Mittelpunkt einer Erziehung, die vielfach immer noch auf die Bearbeitung von Defiziten und Diagnosen ausgerichtet ist, steht der Appell an das Kind: Werde, wie wir es für richtig halten! Kinder erscheinen in der Heimerziehung meist als Werdende mit Korrekturbedarf, anstatt als konkret Seiende ernst genommen zu werden. Wünsche und Bedürfnisse, Pläne und Interessen werden z. T. lebensfern bewertet, wenn Computerzeiten rigide eingeschränkt oder Besuche von Freund_innen in Wohngruppen kompliziert verregelt werden. Ein Blick auf Tages- und Wochenpläne oder Belohnungssysteme, wie sie in vielen Wohngruppen von Kindern und Fachkräften gemeinsam ‚ausgehandelt‘ werden, macht deutlich, wer in Bezug auf die „Machtquellen“ am längeren Hebel sitzt (Wolf 1999, 139–299). Bei vielen dieser Pläne ist es nur schwer vorstellbar, dass ein Kind oder Jugendlicher diesen als Ergebnis einer selbstgewählten Entscheidung zugestimmt hätte (Stork 2007, 200). Die Reflexion des pädagogischen Machtverhältnisses zwischen Ermöglichung und Zurichtung ist für die Heimerziehung besonders zentral, weil die Kinder und Jugendlichen sich dauerhaft und oft ohne soziale Ausweichmöglichkeiten an diesem Lebensort aufhalten. Das *Heim* ist für die Kinder und Jugendlichen nicht nur eine pädagogische Institution wie die Schule oder die Kindertageseinrichtung. Es handelt sich um einen alltäglichen Lebensort, der Wohnen, Versorgung, Beziehung und Schutz bedeuten soll: Das Heim ist ein Zuhause auf Zeit (Stork 2007, 22). Stationäre

Einrichtungen sind als Orte des häuslichen Lebens der Kinder und Jugendlichen für Machtmissbrauch besonders anfällig. Das Heim hat in diesem Sinne durchaus (un)heimliche Anteile.

Die Beziehungsorientierung pädagogischer Arbeit in den Hilfen zur Erziehung impliziert nicht nur Gelegenheiten für den Aufbau von Vertrauen, sondern auch für potenziellen Machtmissbrauch. Auseinandersetzungen um Recht und Unrecht, um Grenzen und Möglichkeiten von Mit- und Selbstbestimmung laufen Gefahr, in einem Vier-Augen-Kontakt zwischen Fachkraft und Kind individuell konstruiert und ausgetragen zu werden, anstatt in eine demokratische Öffentlichkeit zu gelangen. Wird das Machtverhältnis nämlich in einer gleichseitigen, pädagogisch-wohlmeinenden Beziehung negiert, haben Kinder und Jugendliche keine strukturell verankerte Möglichkeit, Machtmissbrauch zu thematisieren. Zugespitzt formuliert Bartosch: „Jede Erziehung und jede Pädagogik steht zunächst unter dem Generalverdacht, als Machtmissbrauch angelegt zu sein und Unterdrückung zu betreiben. Will sie den Verdacht entkräften, muss die je konkrete Erziehung und die je allgemeine Pädagogik nachweisen, wie sie Machtmissbrauch verhindert und Unterdrückung aufhebt“ (Bartosch 2011, 126–127). Dementsprechend fordert der § 45 SGB VIII von den Einrichtungen öffentlicher Erziehung die Schaffung einer demokratischen Öffentlichkeit, in der die „Möglichkeit der Beschwerde in persönlichen Angelegenheiten“ für die Kinder und Jugendlichen verbindlich eröffnet wird. Die konzeptionelle Verankerung von Partizipation an Entscheidungsprozessen und die Möglichkeit der Beschwerde sollen Kinder und Jugendliche im Hier und Jetzt der Heimerziehung vor Machtmissbrauch schützen.

Das gelingt nicht durch eine Pädagogik, die allein von der guten Absicht und dem erklärten Willen der Fachkräfte getragen werden. Korczak kennzeichnet den „guten Willen“ dementsprechend als Willkür: „Bis jetzt hing alles vom guten Willen und von der guten oder schlechten Laune des Erziehers ab. Das Kind war nicht berechtigt, Einspruch zu erheben. Dieser Despotismus muss ein Ende haben“ (Korczak 1967, 304). Es gilt vielmehr, die Macht der pädagogischen Fachkräfte über die Kinder durch demokratische Partizipation zu begrenzen. Die zentrale Herausforderung für die Implementierung verbindlicher Partizipationsrechte in der Heimerziehung bezieht sich auf die Bereitschaft der pädagogischen Fachkräfte, in einem dialogischen, gemeinsam verantworteten Prozess, einen Teil ihrer Macht verbindlich mit den Kindern und Jugendlichen zu teilen. Wie kann das gelingen?

Vom Rechtekatalog zur Partizipation im Alltag – am Beispiel der „Verfassunggebenden Versammlung“.

In § 45 (3) SGB VIII ist von „geeigneten Verfahren der Beteiligung" die Rede, um „die Rechte von Kindern und Jugendlichen in der Einrichtung" zu sichern. Dafür gilt es, zunächst die Selbst- und Mitbestimmungsrechte der Kinder zu konkretisieren, d. h. im Kontext alltäglichen Handelns zu benennen und den Kindern und Jugendlichen zugänglich zu machen. In vielen Einrichtungen werden zu diesem Zweck Rechtekataloge in unterschiedlichen Formen aufgelegt. Oft erhalten die Kinder und Jugendlichen diese meist aufwendig gestalteten Hefte als Teil eines Willkommenspakets bei ihrem Einzug. Die darin beschriebenen Rechte orientieren sich an der Kinderrechtskonvention und beschreiben beispielsweise das Recht auf Eigentum, das Recht, soziale Kontakte einzugehen oder das Recht, sich zu beschweren.

Was die Realisierung dieser Rechte im pädagogischen Alltagshandeln angeht, ergeben sich aber oft Widersprüche: Was ist beispielsweise mit dem Recht auf Eigentum, wenn einem Jugendlichen als Sanktion für sein Handeln, das die Pädagog_innen als unerwünscht verfügen, das Handy entzogen wird? Akzeptieren die Pädagog_innen individuelle Interpretationen des Rechts auf Ernährung oder des Rechts auf soziale Kontakte? Schließen diese Rechte z. B. ein Mitternachtsessen in der Heimküche ein oder die Übernachtung von Freund_innen in der Wohngruppe? Bedeutet das Recht auf Privatsphäre in jedem Fall den Anspruch auf ein eigenes Zimmer – und auf einen persönlichen Schlüssel? Wo kann ein Kind darüber schimpfen bzw. Beschwerde äußern, wenn sich pädagogische Fachkräfte etwa vorbehalten, Internet- und Handyzugang zu kontrollieren? Woher wissen Kinder und Jugendliche, was pädagogische Fachkräfte dürfen und was nicht? Werden sie zur Wahrnehmung ihrer eigenen Interessen von den Fachkräften aktiv ermutigt? Oder verstehen die Fachkräfte Beschwerden z. B. als lästiges Meckern?

Die Beantwortung dieser Fragen hängt zum einen von den Bedingungen und Strukturen der jeweiligen Einrichtung ab, zum anderen aber werden in ihrer Realisierung vor allem das Wissen, Können und die Haltung der pädagogischen Fachkräfte bezüglich des Handlungsprinzips Partizipation deutlich. Die Kinderrechte geben lediglich den Rahmen vor, ihre Konkretisierung muss im Alltag erfolgen. Bleibt nämlich eine Klärung der *alltäglich* verbindlichen Teilhaberechte mit Bezug auf die *konkreten* Personen, Institutionen und Bedingungen aus, ergeben sich in der pädagogischen Gewohnheit oft Situationen, welche die jeweiligen Pädagog_innen aus ihrem tradierten, erzieherischen Handlungswissen heraus bearbeiten, das sich (nicht selten) noch immer am Bild vom Kind als defizitäres Wesen orientiert. In einem Handlungsfeld wie der Kinder- und Jugendhilfe, die ihren Adressat_innen strukturell bedingt z. T. erhebliche Defizite unterstellt (Ader 2006, 207–220), ist die Realisierung der Teilhaberechte im Alltag der Einrichtungen durch eine subjektivierte Wahrnehmung der Fachkräfte immer wieder infrage gestellt. Es existiert zwar das abstrakte Recht und die prinzipielle Würde, die greifbare Umsetzung derselben bleibt aber ungeklärt. Die Erfahrung von Möglichkeiten der Selbst- und Mitbestimmung durch die Kinder und Jugendlichen ist dann weiterhin der individuellen Willkür der jeweiligen pädagogischen Entscheidung unterworfen. Es ergibt sich also die Notwendigkeit, die allgemein proklamierten Kinderrechte in den Alltag der Einrichtungen zu *vermitteln.* Die Kinderrechte werden im Prozess dieser Operationalisierung zu erfahrbaren Subjektrechten, die im täglichen Leben der Einrichtungen verankert sind.

Zunächst müssen die pädagogischen Fachkräfte dafür klären, an welcher Stelle sie ihre Entscheidungsmacht verbindlich abgeben oder teilen wollen, d. h. wo und wie Kinderrechte als konkrete Berechtigung im alltäglichen Geschehen erfahrbar werden. Die folgenden Ausführungen beziehen sich zum einen auf die Überlegungen und Verfahren von Hansen et al. (2011 148–185) zur Klärung von Kinderrechten in der Kita, insbesondere auf das Verfahren der „Verfassunggebenden Versammlung", zum anderen auf das Modellprojekt „Demokratie in der Heimerziehung" in Schleswig-Holstein (Aghamiri u. Hansen 2012, 61–68), innerhalb dessen das Verfahren auf die Institution Heim übertragen wurde.

Um eine Heim-Verfassung zu erarbeiten, treten zunächst die pädagogischen (und gegebenenfalls weitere) Mitarbeiter_innen als ‚Verfassunggebende Versammlung' zusammen. In diesem geschützten Setting klären sie zunächst, worüber (aus ihrer Sicht) die Kinder und Jugendlichen *auf jeden Fall* und worüber sie *auf keinen Fall* mitentscheiden sollen. Bei der Konkretisierung von Alltagsrechten im Rahmen einer Verfassung stehen alle potenziellen Entscheidungen, die von den Fachkräften gegenwärtig und in Zukunft getroffen werden, zur Disposition: von der Frage, was, wie, wo und wann gekocht wird, wer über die Zimmerverteilung, die Taschengeldausgabe oder den Einkauf entscheidet, wie die Mediennutzung organisiert wird oder welche Möglichkeiten sich für die Freizeitgestaltung ergeben bis hin zu Konzeptions-, Finanz- und Personalangelegenheiten.

Zentral dabei ist: Die Fachkräfte beschließen die Mit- und Selbstentscheidungsrechte der Kinder und Jugendlichen stets im Konsens. Unterschiedliche Positionen werden thematisiert, argumentiert und bis zu einer Einigung diskutiert. Nur jenes wird ein verbindliches Alltagsrecht, dem die Fachkräfte ausnahmslos zustimmen. Einzelne Fachkräfte können dann in der Zukunft individuell zusätzliche Rechte zugestehen, aber nicht weniger. Die einzelnen Rechte werden jeweils differenziert und auf das konkrete Alltagsgeschehen bezogen, sodass die Dimensionen der Entscheidungsthemen deutlich und transparent werden. Statt dem allgemeinen Recht auf ein eigenes Zimmer heißt es in der ‚Verfassung' dann beispielsweise:

§ 5 Das eigene Zimmer

1. Die Kinder und Jugendlichen haben das Recht auf ein eigenes Zimmer.
2. Die pädagogischen Mitarbeiter und Mitarbeiterinnen achten die Privatsphäre des eigenen Zimmers. Jede Jugendliche bekommt einen Schlüssel. Wer Einlass begehrt, muss anklopfen.
3. Bei Einzügen haben die Kinder und Jugendlichen das Recht angehört zu werden, an wen ein Zimmer vergeben wird, wenn sie dauerhaft in der Wohngemeinschaft leben.
4. Die Kinder und Jugendlichen haben das Recht über die bewegliche Einrichtung des Zimmers mit zu entscheiden. (…)
5. Die Kinder und Jugendlichen haben das Recht selbst über die Dekoration des Zimmers zu entscheiden.
6. Die Kinder und Jugendlichen haben nicht das Recht über feste, unveränderbare Einrichtungsgegenstände wie Vorhänge, Bodenbelag etc. mit zu bestimmen. Ein Anhörungsrecht gilt dann, wenn diese Ausstattung erneuert wird.

(Auszug aus der ‚Verfassung' einer Wohngruppe).

Der ausführliche, (möglichst) durch externe Moderator_innen[3] vermittelte Dialog über Alltagsrechte deckt Widersprüche und Bedenken, aber auch *konkrete* Möglichkeiten der Umsetzung auf. Eine ausführliche Diskussion mit allen Fachkräften über die Ausgestaltung der Mitbestimmungsrechte im Heimalltag eröffnet Fantasien ihrer Machbarkeit. Die pädagogischen Fachkräfte können Bedenken äußern, aber auch Lösungen finden. Pädagogische Haltungen werden thematisiert, anstatt weiterhin im Nicht-Bewussten zu verbleiben. Der Prozess der Rechteklärung aufseiten der Fachkräfte muss sorgfältig geführt werden, um zu verhindern, dass später eine Situation entsteht, in der wegen Überforderung oder fehlender Transparenz ein erteiltes Recht mit einem Akt erzieherischer Gewalt gestoppt wird.

Parallel zu den Pädagog_innen treffen sich auch die Kinder und Jugendlichen mit den Moderator_innen oder von ihnen gewählten Erzieher_innen und diskutieren darüber, welche Selbst- und Mitbestimmungsrechte ihnen wichtig sind. Dabei identifizieren sie ebenfalls Möglichkeiten der Selbst- und Mitbestimmung,

[3]Im Verlauf der Landeskampagne „Schleswig-Holstein – Land für Kinder" wurden Multiplikator_innen für „Demokratie in der Heimerziehung" ausgebildet, die entsprechende Prozesse in stationären Einrichtungen der Kinder- und Jugendhilfe begleiten (vgl. www.partizipation-und-bildung/hilfen-zur-erziehung/de).

tauschen Argumente und Erfahrungen aus und konkretisieren ihre Interessen und Wünsche. Anhand persönlicher Erlebnisse, mit Hilfe von Geschichten oder Bildern wird das Thema zunächst eröffnet und ohne Folgendruck diskutiert. Auf diese Weise können Argumente nebeneinander stehen, aber auch Abwägungen getroffen werden. So wurde beispielsweise in einer Diskussion zum Thema „das eigene Zimmer" von den Jugendlichen herausgearbeitet, dass sie das Recht auf den Schutz neu ankommender Jugendlicher letztlich höher einschätzten als das eigene Recht, mitzubestimmen, wer ein freies Zimmer beziehen darf. Anschließend werden die Vorschläge der Fachkräfte und die Ideen der Kinder und Jugendlichen miteinander verknüpft und als größtes gemeinsames Vielfaches zusammengeführt. In einem intergenerationalen, öffentlichen Diskurs werden die Alltagsrechte der Kinder und Jugendlichen innerhalb der jeweiligen Wohngruppe ausgehandelt, bis ein Konsens entsteht. In der Praxis zeigt sich, dass Kinder und Jugendliche ausgezeichnete Diskutant_innen sind, sobald sie die grundsätzliche Bereitschaft der Fachkräfte zum dialogischen Diskurs erfahren (s. o.).

Die zweite Phase einer Verfassunggebenden Versammlung thematisiert die Frage, *wie* die Kinder und Jugendlichen mitentscheiden sollen und welche Gremien und Orte nötig sind, damit Kinder und Jugendliche ihre Rechte auch wahrnehmen können? Die Mitarbeiter_innen und Kinder und Jugendlichen variieren, kombinieren und ergänzen, bis öffentliche Strukturen entworfen sind, die zu den spezifischen Bedingungen ihres Heimes passen. Gerade mit Blick auf dezentrale Einrichtungen im Bereich der stationären Hilfen kann die Einführung von Gremien zu einem kreativen Akt werden. Wie und wo kommen beispielswiese die Jugendlichen der Wohngruppen zusammen? Wie können Kinder und Jugendliche zu aktuellen Anlässen miteinander in Kontakt treten – auch über größere Entfernungen hinweg? Es gilt zu klären, wie Öffentlichkeit im Sinne eines transparenten, gemeinschaftlichen Diskurses (Habermas 1995, 139) im Kontext Heim organisiert und garantiert werden kann.

Im dritten Schritt müssen die einzelnen Alltagsrechte von *allen* Kindern und Jugendlichen in konkreten Schritten *erfahren* werden. So könnte z. B. auf einem Gruppenabend die Umgestaltung des Wohnzimmers entlang der Rechte aus der Verfassung thematisiert und geplant oder vorhandene Regeln überprüft werden. Wichtig ist hierbei, die Rechte nicht in der Konzeption ‚verschwinden' zu lassen, sondern sie im Alltag als Grundlage relevanter Entscheidungen immer wieder zu thematisieren, zu nutzen und ‚am Leben' zu halten.

Ziel ist die *strukturelle Verankerung* verbindlicher Entscheidungsrechte. Die Kinder und Jugendlichen können sich nun darauf berufen, dass eine einzelne Fachkraft ihnen diese Rechte nicht willkürlich entziehen kann. Dementsprechende Beschwerden bekommen eine transparente Grundlage: Dass ihre

Rechte im Alltag konkret werden, ermöglicht den Kindern und Jugendlichen, diese auch einzufordern bzw. eine Rechtfertigung zu verlangen, sollten Rechte durch einzelne Fachkräfte eingeschränkt werden. Hier entstehen Hinweise und Ansätze für eine Beschwerdekultur, die im Alltag verankert ist. Um Beschwerden begründet bearbeiten zu können, ist eine spezifische Form der *Rechtssicherheit* letztlich notwendig (Hansen u. Knauer 2016, 71–72).

Fazit

Eine ‚Verfassung' im Kontext der stationären Kinder- und Jugendhilfe thematisiert pädagogisches Alltagswissen mit Bezug auf eine demokratische, menschenrechtsorientierte Haltung und ermächtigt die Jugendlichen als Subjekte. Dafür ist es notwendig, dass sich die pädagogischen Fachkräfte auf einen ergebnisoffenen, pädagogischen Prozess einlassen. Es liegt in ihrer Macht, Teilhaberechte verbindlich zu verankern und diese im Alltag der Einrichtungen aktiv zu eröffnen. Aus diesem Grund bleiben die Kinder und Jugendlichen auch darauf angewiesen, dass die pädagogischen Fachkräfte sie bei der Wahrnehmung ihrer Rechte unterstützen.

Für die Umsetzung der Kinderrechte im Alltag von Heimeinrichtungen müssen diese Rechte jeweils konkretisiert, dialogisch vermittelt und immer wieder thematisiert und erprobt werden. Nur so werden Rechte alltagswirksam. Zentral für den Übertrag von Rechtekatalogen auf den Alltag ist dabei die Schaffung von Öffentlichkeit. Kinder und Jugendliche müssen um ihre Berechtigung *wissen* und offensiv zum Mitmachen und Beschweren ermutigt werden. Sie brauchen einen sicht- und hörbaren Ort für Kritik und Vorschläge. Um das Recht auf Partizipation und Beschwerde im Alltag umzusetzen, ist eine demokratische Öffentlichkeit zentral, die eine beziehungsorientierte Pädagogik nicht formalisiert und ersetzt, sondern aus der Willkür löst; ganz im Sinne Janusz Korczaks, der sich selbst als „konstitutionellen Pädagogen" bezeichnete, „der Kindern kein Unrecht tut, weil er sie gern hat oder liebt, sondern weil eine Institution vorhanden ist, die sie gegen Rechtlosigkeit, Willkür und Despotismus der Erziehers schützt" (Korczak 1967, 353).

Literatur

Ader, Sabine. 2006. *Was leitet den Blick? – Wahrnehmung, Deutung und Intervention in der Jugendhilfe.* Weinheim; München: Juventa.

Aghamiri, Kathrin, Rüdiger Hansen. 2012. «Eine Verfassung für das Heim – wie man Rechte auf demokratische Mitentscheidung verankert.» In *Demokratie in der Heimerziehung – Dokumentation,* hrsg. v. MfSGFG-SH, 61–68. Kiel: Eigenverlag.

Albus, Stefanie, Heike Greschke, Birte Klingler, Heinz Messmer, Heinz-Günter Micheel, Hans-Uwe Otto, Andreas Polutta. 2010. *Wirkungsorientierte Jugendhilfe: Abschlussbericht der Evaluation des Bundesmodellprogramms „Qualifizierung der Hilfen zur Erziehung durch wirkungsorientierte Ausgestaltung der Leistungs-, Entgelt- und Qualitätsvereinbarungen"*. Münster: Waxmann.

Bartosch, Ulrich. 2011. «Missbrauchte Macht – Pädagogik als Unterdrückung.» In *Differenz und Dialog. Anerkennung als Strategie der Konfliktbewältigung?* hrsg. v. Vera Flocke u. Holger Schoneville, 123–127. Berlin: BWV.

Bernfeld, Siegfried. 1925/1971. *Sisyphos oder die Grenzen der Erziehung*. Frankfurt a. Main: Suhrkamp

Habermas, Jürgen. 1995. «Ein Gespräch über Fragen der politischen Theorie.» In *Die Normalität einer Berliner Republik*, 135–164. Frankfurt a. Main: Suhrkamp.

Hansen, Rüdiger und Raingard Knauer. 2016. «Beschwerdeverfahren für Kinder in Kindertageseinrichtungen.» In *Demokratische Partizipation von Kindern*, hrsg. v. Raingard Knauer u. Benedikt Sturzenhecker, 47–73. Weinheim u. München: Beltz.

Hansen, Rüdiger, Raingard Knauer und Benedikt Sturzenhecker. 2011. *Partizipation in Kindertageseinrichtungen*. Weimar: das netz.

Knauer, Raingard und Kathrin Aghamiri. 2017. «Partizipation von Kindern als Qualitätsmerkmal in Kindertageseinrichtungen – zwischen Organisationsentwicklung und Aneignungsprozessen.» In *Auf dem Weg zur Partizipationskita*, hrsg. v. AWO SH, 38–61. Kiel: Eigenverlag.

Korczak, Janusz. 1999. *Sämtliche Werke*, Bd. 4, *hrsg.* v. Friedhelm Beiner und Silvia Ungermann, Gütersloh: Gütersloher Verlagshaus.

Korczak, Janusz. 1967. *Das Recht des Kindes auf Achtung*. Göttingen: Vandenhoeck.

Korczak, Janusz. 1929/2013. *Das Recht des Kindes auf Achtung. Fröhliche Pädagogik*, 5. Aufl., *hrsg.* v. Friedhelm Beiner. Gütersloh: Gütersloher Verlagshaus.

Kupffer, Heinrich. 1980. *Erziehung – Angriff auf die Freiheit. Essays gegen Pädagogik, die den Lebensweg des Menschen mit Hinweisschildern umstellt*. Weinheim u. Basel: Beltz.

Lutz, Ronald, Corinna Frey, Claudia Nürnberg, Maria Schmidt. 2012. «Mitbestimmung in Kindertageseinrichtungen und Resilienz.» Reihe *Kinderreport Deutschland 2012*, hrsg. v. DKHW e.V. Berlin: Eigenverlag.

Pluto, Liane. 2007. *Partizipation in den Hilfen zur Erziehung. Eine empirische Studie*. München: DJI-Verlag.

Schröder, Richard. 1995. *Kinder reden mit! Beteiligung an Politik, Stadtplanung und Stadtgestaltung*. Weinheim u. Basel: Beltz.

Stork, Remi. 2007. *Kann Heimerziehung demokratisch sein? Eine qualitative Studie zum Partizipationskonzept im Spannungsfeld von Theorie und Praxis*. Weinheim u. München: Juventa.

Wolf, Klaus. 1999. *Machtprozesse in der Heimerziehung*. Münster: Votum.

„Cause we come with the spirit of going to school"

Die Bildungserfahrungen junger Geflüchteter in München und Toronto

Annette Korntheuer

> If you are like a social worker, you have to sit with the youth and try to figure out. Especially youth that are not born here. Cause we come here with the spirit of going to school. Cause that's the most important thing. We can. We want. We come here hoping. (….) If you don´t have education you don´t have a future. Because education is something important to gather knowledge. To be somebody (Ella, Toronto).

Ella äußert dies im Kontext der schwierigen Lebens- und Bildungsbedingungen, auf welche sie in Kanada trifft. Als Asylbewerberin ist es ihr nicht möglich, in Kanada zu studieren, da sie internationale Studiengebühren bezahlen müsste. Diese für sie extrem frustrierende Situation lässt sie jedoch nicht aufgeben. Ihre hohen Bildungsaspirationen lassen sie Ansprüche an Akteurinnen und Akteure sowie an das Bildungssystem stellen. Die Möglichkeit der Bildungsteilhabe wird nicht nur als ausschlaggebend für die berufliche Zukunft geschildert, sondern auch für die Entwicklung der eigenen Persönlichkeit. In den Narrationen junger Geflüchteter zeigt sie sich eng verbunden mit Lebensfreude, Chance und Hoffnung.

Kanada und seine Provinzen stehen für integrierte Bildungssysteme und für die Ausrichtung an inklusiver Beschulung. Im Gegensatz hierzu setzt Deutschland und insbesondere Bayern auf eine frühe Leistungsdifferenzierung und getrennte Schultypen (Esser 2016). Dieser Artikel analysiert Bildungserfahrungen junger

A. Korntheuer (✉)
Warngau, Deutschland

A. Eberle et al. (Hrsg.), *Menschenrechte und Soziale Arbeit im Schatten des Nationalsozialismus,* https://doi.org/10.1007/978-3-658-19517-5_12

Geflüchteter in beiden Schulsettings und greift dazu auf Ergebnisse einer größeren Studie (Korntheuer 2016a; Korntheuer in press) zurück.[1]

In den Jahren 2015 und 2016 kam es zu einem deutlichen Anstieg der Zahlen von Asylsuchenden und Geflüchteten in Kanada und Deutschland, welcher beide Länder aktuell vor große gesellschaftliche Herausforderungen stellt. Von Januar 2015 bis September 2016 wurden 56.500 Geflüchtete durch das sogenannte Resettlementverfahren nach Kanada gebracht. Ziel von Resettlement ist die dauerhafte Neuansiedlung von Geflüchteten in sicheren Drittstaaten (Korntheuer 2016b). In Deutschland hingegen kommt die größte Zahl der Geflüchteten als AsylbewerberInnen in das Land. Im Jahr 2015 wurden mehr als 890.000 Asylsuchende in Deutschland registriert, 476.649 Personen stellten im gleichen Jahr einen Antrag auf Asyl und 140.915 wurde ein Bleiberecht gewährt (Korntheuer et al. 2017). Mit der Schließung der Balkan-Route und dem EU-Türkei-Abkommen ist die Zahl der Neuankommenden in Deutschland stark gesunken. Wirksame Wege der Unterstützung für in Deutschland lebende Geflüchtete zu finden, bleibt dennoch eine zentrale gesellschaftliche Herausforderung.

Innerhalb dieses Beitrags wird von einer breiten Definition von Fluchtmigration ausgegangen. Die Realitäten von Fluchtmigration sind in sich verwobene Prozesse mit unterschiedlichsten Ursachenkomplexen. Insofern kann die klassische Unterscheidung von freiwilliger Arbeitsmigration und erzwungener Flucht nur bedingt greifen (Koser und Martin 2011). Thema dieses Beitrags ist die Bildungsteilhabe von vierzehn bis 24-jährigen Personen, welche zum Zeitpunkt der Datenerhebung in München oder Toronto lebten und einen Asylantrag stellten oder einen humanitären Aufenthalt beantragt hatten. Der Begriff Geflüchtete bezieht sich in dieser Arbeit auf anerkannte Flüchtlinge, Asylsuchende, Resettlementflüchtlinge sowie abgelehnten AsylbewerberInnen.

In internationalen Forschungskontexten wird der unzureichende Erkenntnisstand zur Bildungsteilhabe junger Geflüchteter betont (Brenner und Kia-Keating 2017, S. 227; Granato et al. 2016; Pastoor 2017). Die wenigen empirischen Befunde in den beiden betrachteten Kontexten zeigen junge Geflüchtete als besonders vulnerable Gruppe, die aufgrund individueller und struktureller Bedingungen häufig von Exklusion im Bildungssystem betroffen ist (Neumann et al. 2003; Shakia et al., 2010; Korntheuer et al. in press; Vanderplaat 2017). Zugleich existieren in der Fachöffentlichkeit einige empirische Ergebnisse, die

[1]Bei diesem Beitrag handelt es sich um Auszüge der Veröffentlichung der Dissertation (Korntheuer 2016a).

junge Geflüchtete in Bildungsbezügen als resilient und motiviert beschreiben (Seukwa 2006; Hynie et al. 2012; Stermac et al. 2013; Brücker et al. 2016; Brenner & Kia- Keating 2017, S. 228).

Ob sich die Bildungsorientierung junger Geflüchteter in den Aufnahmestaaten stabilisiert und erweitert oder sogar abnimmt, hängt von multiplen sozialen und personalen Prozessen sowie den strukturellen Gegebenheiten ab.

Dieser Beitrag zeigt Prozesse der Entwicklung, Stabilisierung und Abnahme von Bildungsmotivation und Bildungsaspirationen auf. Er betrachtet zunächst die spezifischen Prägungen der Jugendphase durch Fluchterfahrungen und Erfahrungen des strukturellen Ausschlusses. Diese beeinflussen wesentlich die wichtigen Entwicklungsaufgaben der Bildungsteilhabe und Berufsfindung. Die zugrunde liegende Studie fand in einem qualitativen, explorativen Forschungsdesign statt. Datenerhebung, Stichprobe und Datenanalyse werden in einem zweiten Schritt geklärt. Die Darstellung der Ergebnisse fokussiert Bildungsprozesse an beiden Standorten. Bildungsteilhabe zeigt sich sowohl eng verbunden mit ausschließenden Strukturen im Asyl- und Bildungssystemen, als auch mit den Versuchen, traumatische Erlebnisse und schwierige Lebenssituationen in kohärente Identitätskonstruktionen zu integrieren. Zuletzt stellt sich die Frage, wie junge Geflüchtete in ihrer Bildungsteilhabe wirksam unterstützt werden können.

Theoretischer Kontext: Fluchtmigration in der Jugendphase

Aus biografischer Perspektive stellen die Entwicklung der Bildungsorientierung und die Herausbildung einer Berufsidentiät wichtige Aufgaben der Jugendphase dar. Flucht- und Migrationserfahrungen prägen diese Entwicklungsaufgaben in spezifischer Weise.

Hurrelmann und Quenzel sehen in der Phase der Jugend die erste Chance des Lebenslaufes, die „Ich-Identität" auszubilden. In diesem Lebensabschnitt formt die intensive Verarbeitung von inneren und äußeren Realitäten Muster, die für den weiteren Lebenslauf prägenden Charakter besitzen. Hierbei kommt es zu einem Spannungsverhältnis zwischen Individuations- und Integrationsanforderungen. Der Aufbau einer individuellen Persönlichkeitsstruktur und eines schlüssigen Selbstkonzeptes (Individuation) entwickelt sich im Zusammenhang mit der Anpassung an gesellschaftliche Sozial- und Wertstrukturen (Integration) (Hurrelmann und Quenzel 2013, S. 91 ff.). Diese zeitlich festgelegte und klar abgrenzbare Identitätsdefinition muss jedoch kritisch hinterfragt werden. So betonen Keupp et al. Identitätsarbeit als alltäglichen und lebenslangen Prozess. Dem

Bild einer statischen Persönlichkeitsstruktur setzen sie eine prozessuale Entwicklung von Teilidentitäten entgegen (Keupp et al. 2006, S. 266 ff.). Besonders deutlich wird dieser Prozess für Jugendliche mit Migrationserfahrung. King und Koller betonen die Parallelen zwischen den Entwicklungsprozessen der Adoleszenz und Migrationsprozessen, denn Welt- und Selbstverständnisse werden sowohl in der Adoleszenz als auch durch Migration deutlich umgestaltet (King und Koller 2009, S. 10). Ergebnisse des Zusammenkommens von Adoleszenz und Migration stellen sich häufig als „hybride Mehrfachidentitäten" dar, die sich innerhalb der Einflüsse der lokalen Kultur, der globalen (Jugend-)Kultur und der originären Kultur der Herkunftsfamilie ausbilden (Boos-Nünning 2014, S. 161). Berry et al. differenzieren hier zwischen dem ethnischen, nationalen, integrierten und diffusen Identitätsprofil von jugendlichen MigrantInnen (Berry et al. 2006, S. 314 ff.).

Diskriminierungserfahrungen und fehlende Anerkennung der Mehrheitsgesellschaft wirken auf die Prozesse der Identitätsfindung (Boos-Nünning 2014, S. 161). Sind Interaktionen mit der Mehrheitsgesellschaft geprägt von Nichtwahrnehmung oder Abwertung, hat dies negative Folgen für die Identitätsentwicklung. Wie Taylor betont, werden Personen durch die Spiegelung von herabwürdigenden und einschränkenden Bildern geprägt und übernehmen diese in ihre Selbstkonzepte (Taylor et al. 2009, S. 14). Insofern kommt der Anerkennung durch signifikante Andere eine essenzielle Rolle für gelingende Identitätsarbeit zu.

King und Schwab betrachten spezielle Entwicklungsbedingungen der Adoleszenz in Bezug auf Flucht und Asylsuche. Gerade für junge Geflüchtete ist der Entwicklungsraum Adoleszenz durch Diskriminierung, Ausschließungsprozesse und drastische Einschränkungen gekennzeichnet. Jungen Geflüchteten, deren Entwicklungsraum strukturell eingeengt ist, fehlt es zudem an dem „Gefühl der Aufgehobenheit", bedingt durch eine Verdopplung der Fremdheits- und Verlusterlebnisse. Denn für sie sind nicht nur der adoleszente Körper und die neuen Beziehungsbedingungen fremd, sondern sie erleben mit der Flucht einen tiefgreifenden biografischen Bruch (King und Schwab 2000, S. 222). Die Tendenz der Überforderung, die in der migrationsbedingten und adoleszenzbedingten Krisensituation liegt, kann sowohl zu regressiven als auch progressiven Verarbeitungsstrategien führen. „Junge Geflüchtete müssen sich erst einmal verankern, um sich wiederum lösen zu können" (ebd., S. 215). Deshalb kommt es häufig zu einer Verstärkung der Bindung an Bezugspersonen (Pastoor 2015, S. 248). Traumatisierende Erlebnisse, Brüche und geringe Spielräume können auch zu einer Entwicklung von Depressionen, Somatisierungen und hypochondrischen Ängsten führen (King und Schwab 2000, S. 216). Vielen jugendlichen Geflüchteten, so wird anhand der bisherigen Forschungsergebnisse deutlich, gelingt es trotz der schwierigen Rahmenbedingungen, positive

Selbstbilder und Resilienz zu entwickeln (Seukwa 2006; Hynie et al. 2012; Stermac et al. 2013; Brenner und Kia- Keating 2017, S. 228).

Die Jugend wird als sensible biografische Phase beschrieben. Sie gilt auch deshalb als besonders prägend für den weiteren Lebensverlauf, da Weichen für die Allokation in Beruf und Gesellschaft gestellt werden (King und Koller 2009, S. 9). Ob und wie junge Menschen die Möglichkeitsräume der Bildung in der Adoleszenz nutzen können, hängt von den familialen, institutionellen und gesellschaftlichen Bedingungen ab. Berufsfindung ist nicht nur Chance, sondern auch eine hohe Entwicklungsanforderung an die Jugendphase, die zudem für unterschiedliche soziale Gruppen differente Rahmenbedingungen umfasst (ebd., S. 11 ff.). Aus einer biografischen Perspektive kann Studien- und Berufswahl als Versuch, „innere Gewordenheit und äußere Gegebenheit in Übereinstimmung zu bringen" (Langfeld und Pucher 2014, S. 132), gesehen werden. Berufsentscheidungsprojekte sind eine „sinnstiftende Zieldimension des Lebensprojektes" (ebd., S. 132; Pastoor 2015, S. 248). Hinweise dafür, dass junge Geflüchtete sowohl in Deutschland als auch in Kanada Bildungs- und Berufsentscheidung in ihrer Biografie als „sinnstiftende Zieldimension" verorten möchten, sind vorhanden. Fällt die Phase der Jugend mit der Flucht zusammen, sehen sie sich jedoch vor der schwierigen Aufgabe, Migrations- und jugendspezifische Identitätsbildungsprozesse, auch jene der beruflichen Identität, zeitgleich meistern zu müssen. Informationsmangel bezüglich der schulischen und berufsbildenden Systeme und diskriminierende und ausschließende Strukturen erschweren diese Prozesse wesentlich (Neumann et al. 2003; Korntheuer et al. in press).

Empirische Grundlagen: Untersuchung von Bildungsstrukturen und Bildungserfahrung

Die Studie, auf deren Erkenntnissen dieser Beitrag beruht, untersuchte Bildungsstrukturen und Bildungserfahrung von jungen Geflüchteten innerhalb eines explorativen, qualitativen Designs (Korntheuer 2016a). Es wurden sowohl Daten durch responsive Interviews mit jungen Geflüchteten (N = 40) in Toronto und München sowie durch Experteninterviews (N = 25) in beiden Städten erhoben. Der vorliegende Beitrag bezieht sich auf die Analyse der responsive Interviews mit jungen Geflüchteten[2]. Das Design der Studie orientierte sich an der Grounded

[2]Zu Ergebnissen der strukturellen Analyse anhand der Experteninterviews vgl. Korntheuer (in press).

Theory Methodology (GTM). Kernelemente, wie die Parallelität von Datenerhebung und Datenauswertung, die Umsetzung eines theoretischen Samples und die Entwicklung eines theoretischen Modells, gegründet im komparativen Vergleich empirischer Daten, wurden realisiert (Glaser und Strauss 1967; Corbin und Strauss 2008; Strübing 2014).

Bildungserfahrungen wurden anhand von Einzelfällen und fallübergreifenden Bildungsprozessen rekonstruiert. Hierdurch wurde die Beantwortung der folgenden leitenden Fragestellungen möglich: Welche sozialen und personalen Prozesse wirken als Ressourcen und Barrieren der Bildungsteilhabe? Welche Bewältigungsstrategien entwickeln die Jugendlichen?

Als Daten wurden 25 responsive Interviews mit jungen Geflüchteten in Toronto und 21 in München erhoben. Sechs dieser Interviews waren aufgrund der zu geringen Sprachkenntnisse der InterviewpartnerInnen nicht auswertbar. Insofern fand die Datenauswertung auf der Basis von 40 vollständig transkribierten Interviews statt. Im Forschungsprozess dieser Studie wurden sukzessive bedeutsame Fallmerkmale herausgearbeitet, die dann das Akquirieren der weiteren GesprächspartnerInnen wesentlich mitentschieden. Hierbei wurde die Methode der Minimal- und Maximalkontrastierung angewandt, um möglichst reiche Daten zur weiteren Entwicklung der Konzepte zur Verfügung zu haben (Corbin und Strauss 2008). Befragte ExpertInnen fungierten als Gatekeeper, auch berufliche und private Kontakte wurden für den Zugang genutzt. Trotz aller Bemühungen war es vor allem möglich, jene Jugendlichen und jungen Erwachsenen zu erreichen, die zum Interviewzeitpunkt in Bildungsbezügen standen und welche die Fähigkeit hatten, auf Englisch, Deutsch und Spanisch mit mir zu kommunizieren. Bezug nehmend auf Witzel (2000) und Rubin und Rubin (2012) fand die Datenerhebung mit den jungen Geflüchteten in Form leitfadenorientierter, semistrukturierter qualitativer Interviews statt. In Abgrenzung zu narrativen und biografischen Ansätzen wurde ein problemzentrierter Fokus gewählt. Der Interviewort und Zeitpunkt richtete sich nach den Möglichkeiten und Bedürfnissen der InterviewpartnerInnen. Die Auswertung des Interviewmaterials erfolgte durch offenes/initiales Kodieren, um ein theoretisches Sample aufgrund von wesentlichen Merkmalen bilden zu können und erste Memos zu sich entwickelnden Konzepten zu verfassen. Weiter wurden Fallübersichten erstellt, um eine Übersicht zu den Daten zu bekommen und Aussagen innerhalb des Fallzusammenhangs verorten zu können. Abschließend erfolgte ein erneutes offenes Kodieren, sowie ein axiales Kodieren mit dem Ziel der Dimensionalisierung und Weiterentwicklung der Kategorien mithilfe der bildungsbezogenen Kodiermatrix nach Tiefel (2005) und Corbin und Strauss (2008)[3].

[3]Zur detaillierten Darstellung der empirischen Grundlagen vgl. Korntheuer (2016a S. 166 ff.).

Forschungsethische Voraussetzungen der Fluchtforschung

Im Bereich der Forschung mit Asylsuchenden und Geflüchteten müssen neben Überlegungen zu Kultur und Sprache noch weitere methodologische Aspekte beachtet werden. Insbesondere die Machtunterschiede zwischen ForscherIn und Untersuchungsgruppe sowie die oft eingeschränkte Autonomie von Geflüchteten können thematisiert werden. Hieraus ergibt sich als Richtlinie für Forschung in diesem Bereich nicht nur Schaden für diese vulnerable Gruppe zu vermeiden, sondern sie durch den Forschungsprozess in ihrer Selbstbestimmung zu stärken (Mackenzie et al. 2007, S. 299; Block et al. 2013, S. 71). Geflüchtete können durch Forschung Schaden erleiden. Dieser bezieht sich nicht nur auf die Gefahr für ihren legalen Status, wenn persönliche Informationen weitergegeben werden, sondern auch auf „symbolic violence", die Verwertung und Bewertung ihrer Geschichten durch die ForscherInnen, ohne dass deren Reichweite dem Beforschten deutlich wurde (Mackenzie et al. 2007, S. 313). Als Forderung an Forschung in diesem Bereich muss das Einverständnis der untersuchten Gruppe nicht nur als formaler „informed consent" eingeholt werden. Es besteht eine Verpflichtung der ForscherInnen, die Verwendung der Daten im Laufe des Forschungsprozesses kommunikativ mit den ForschungspartnerInnen auszuhandeln.

Für die konkrete Umsetzung von Forschung im Bereich Fluchtmigration waren meine praktischen Vorerfahrungen als Asylsozialarbeiterin von großem Vorteil. Die Vermeidung von negativen Auswirkungen und der Schutz der untersuchten Gruppe standen stets im Zentrum des Forschungsprozesses. Um eine mögliche Identifizierung der InterviewpartnerInnen unmöglich zu machen, wurden neben der Anonymisierung der Daten nur Herkunftskontinente sowie die Einordnung in breit definierte Altersgruppen aufgenommen. Bereits bei der Formulierung der Forschungsfragen wurde darauf geachtet, den Fokus nicht auf traumatische Erfahrungen der Flucht zu lenken. Dennoch war das Bedürfnis einiger TeilnehmerInnen sehr groß, auch diesen Aspekt ihrer Geschichte zu erzählen. In diesen häufig hoch emotionalen Situationen wurde den jungen Geflüchteten Raum gegeben, sprechen zu dürfen und Anerkennung und Wertschätzung wurden nonverbal und verbal ausgedrückt. Im Anschluss an das Interview konnten zudem Hinweise zu Beratungs- und Hilfeangeboten gegeben werden.

Als weiterer Aspekt muss betont werden, dass Narrationen junger Geflüchteter durch die Lebenssituation als AsylbewerberInnen stark beeinflusst werden können. Von einer kritischen Hinterfragung oder gar Überprüfung wurde jedoch innerhalb dieses Forschungsprojektes abgesehen, um die anerkennende Haltung gegenüber den InterviewpartnerInnen nicht infrage zu stellen. Zudem wurde durch die Fokussierung auf Bildung vermieden, dass InterviewpartnerInnen die von ihnen im Asylprozess konstruierten Fluchtgeschichten erneut berichten mussten.

Ergebnisse: Bildungsprozesse zwischen Fremdbestimmung und gelingender Identitätsarbeit

Der vorliegende Beitrag zielt darauf ab, zu rekonstruieren, wie personale und soziale Prozesse sowie die strukturellen Rahmenbedingungen in Bildungs- und Asylsystemen Bildungsmotivation und Bildungsaspirationen von jungen Geflüchteten beeinflussen. Prozesse zeigen sich eng verbunden mit restriktiven strukturellen Bedingungen sowie mit den Versuchen der jungen Geflüchteten, schwierige Lebenssituationen und die Fluchterfahrung sinnvoll in ihren Biografien zu verorten.

In den Wahrnehmungen der jungen Geflüchteten bilden restriktive Asylgesetze, Überlappungen von Asyl- und Bildungssystem sowie institutionelle Barrieren im Bildungs- und Jugendhilfesystem Lebenswelten der Fremdbestimmung und Fremdkontrolle. Besonders stark ausgesetzt sind diesen Erfahrungen junge Geflüchteter, die (noch) keinen stabilen rechtlichen Status besitzen. Innerhalb bürokratisch organisierter Routinen der Identitätsfeststellung kommt es zu tiefgreifenden Verletzungen der Persönlichkeitsrechte. Im Datenmaterial häufen sich die Hinweise auf eine grundlegende Bildungsverunsicherung durch einen ungeklärten rechtlichen Aufenthalt sowie die Tendenz, Bildung als „sinnlos" wahrzunehmen, wenn es zu einer negativen Entscheidung im Asylverfahren kommt. So beschreibt Hussini, dessen Asylantrag vor kurzem abgelehnt wurde, die Situation folgendermaßen:

Keine Ahnung. Ich, ich weiß nicht, was als welche Beruf ich muss machen. Weil ich bin mir nicht sicher, ob ich kann diesen Beruf, so schaffen eine Ausbildung eine Ausbildung oder ja. Jetzt ich weiß keine Ahnung (…). Seit dem ich hab negativ ich hab viel Angst (----) und ich kann nicht auch mehr konzentrieren, in meine zum Beispiel Unterricht und deswegen ich hab auch viel Probleme bekommen. (Hussini, München).

Diese Lebenswelten können zu Gefühlen des „ausgeliefert Seins" und zu *Selbst- und Weltbildern der Hoffnungslosigkeit* führen. Ella und Baby JJ wurden in Toronto inhaftiert, um ihre Identitäten feststellen zu können. In beiden Interviews wird deutlich, dass diese Erlebnisse zu einer allgemeinen *extremen Verunsicherung sogar bis hin zur (Re)Traumatisierung* geführt haben.

Die „Nichtanerkennung" im Asylprozess kann zu pessimistischen Erklärungsstilen und zur Internalisierung von erniedrigenden Bildern anderer führen (vgl. hierzu Herriger 2014, S. 60; Taylor et al. 2009, S. 14). Die doppelte Herausforderung der Identitätsfindung im Jugendalter unter Migrationsbedingungen wird durch diese Verunsicherung zusätzlich stark belastet. Dennoch können auch bei Ablehnung des Asylantrages die Bildungsmotivation und Bildungsaspiration hoch bleiben, ausschlaggebend ist hier unter anderem, ob es durch Unterstützung zu einer *positiven Deutung* des negativen Aufenthaltsstatus kommt. Von großer Bedeutung erscheint hier die Unterstützung durch Dritte. Bei Max ist dies sein Vater, er beschreibt es folgendermaßen:

Er sagte immer (…) du bist schon so gut wie hier aufgewachsen (…) da brauchst du dir keine Sorgen zu machen, von wegen, dass du jetzt hier ausreisen musst und deswegen, das ist schon also wenn du deine Schule richtig machst und wenn du keine Strafe kriegst und sonst was (…) dann hast du sichere Karten. Und das hat mir so die Sorge abgenommen. (Max, München).

In den Interviews gibt es häufig Hinweise darauf, dass junge Geflüchtete an Grenzen von Asyl- und Bildungssysteme stoßen. Einigen Jugendlichen und jungen Erwachsenen ist es aufgrund von mangelnden Informationen erschwert oder nicht möglich, in Bildungsprozesse zu kommen. Durch Prozesse der direktiven Beratung kann es zum Ausschluss aus bestimmten Bildungsbereichen kommen. Die Informationsaufnahme ist aufgrund von Akkulturationsstress und Sprachbarriere eingeschränkt. Hinzu kommt in München, dass viele der Bildungseinrichtungen wie Gymnasien, Realschulen und Mittelschulen keinerlei Zugangsmöglichkeiten für über 16-Jährige bieten, wie es am Beispiel von Max deutlich wird. Er beschreibt, wie er erst durch einige deutsche Jugendliche in seinem Sportverein von den unterschiedlichen Schultypen erfahren hat.

Dann haben die gefragt, so „Welche Schule gehst du denn jetzt?" Dann hab ich mir so gedacht, also ich weiß nicht, auf welche Schule ich gehe. Ich bin mir da noch nicht sicher (----) die haben gefragt, „Ja so es gibt drei Schulen hier: Hauptschule, Gymnasium und Realschule und ähm das eine ist halt Gymnasium ist halt ne ganz gute Schule, Realschule ist halt ne normale und Hauptschule ist ne schlechte Schule" Und da hab ich gefragt und so, da hab ich das erst mal nicht verstanden und was sie damit meinen und dann ja dann geh ich halt auf die ganz gute Schule [[LACHT]] (Max, München).

Obwohl Max ab diesem Zeitpunkt feststellt, dass er nicht in der Hauptschule bleiben möchte, kann er aufgrund der Zugangsbedingungen von Realschule und Gymnasium nicht wechseln. Jugendliche in der Jugendhilfe bekommen einen sehr viel schnelleren und direkteren Zugang zu Bildungsinformationen und -angeboten, sie werden dort häufig von ihren Vormündern oder Betreuern angemeldet.

Ellas Frustration aufgrund internationaler Studiengebühren nicht studieren zu können, ist dominierendes Thema des Interviews. Das erste Mal erwähnt sie es bereits in der Eingangsfrage.

So right now I have a part time job I'm trying to go to school as a refugee claimant they consider me as an international student here which is very unaffordable so yeah that's what (Ella, Toronto).

Ella hat das Gefühl, vom System immer wieder zurückgestoßen zu werden und keine Möglichkeiten des Bildungszuganges zu bekommen, wie sie hier ausdrückt:

You cannot go far like, they, you have to come back. It´s like the system push you back (Ella, Toronto).

Zugangsbedingungen bezüglich des Alters, der Sprachkenntnisse und des legalen Status bilden Exklusionsmechanismen.

Für München und Toronto sind zudem *Routinen und kultur-defizitäre Deutungen* bei AkteurInnen rekonstruierbar. Auch Jugendlichen, die bereits einen festen Aufenthalt besitzen, äußern häufig, nicht selbst in ihrem Leben Entscheidungen treffen zu können. Ihre Bildungswege beschreiben sie als bestimmt durch die Grenzen der Bildungssysteme, welche ihnen bestimmte Bildungswege vorgeben und die *direktive Beratung* durch MitarbeiterInnen des Jugendamtes, SozialarbeiterInnen in Jugendwohneinrichtungen und Gemeinschaftsunterkünften und Guidance Counsellor in den Highschools in Toronto. In einer langen Narration beschreibt Lilly die Auseinandersetzung mit ihrer Vormündin und ihren Betreuerinnen, als sie auf das Gymnasium gehen möchte.

Lilly: Ja mein halt des Problem ich kam nicht leicht aufs Gymnasium. Man darf eigentlich nicht hier (…). Vor allem wegen der Jugendhilfe und so weiter. Weil erstmal kennt man´s nicht, bis man das ganz kennenlernt ist es meistens zu spät und zweitens wenn man es schon kennt, man aufs Gymnasium oder sonst was will, dann würd es heißen, dass man länger in der Jugendhilfe ist (…).

AK: Und da hast du das Gefühl gehabt, dass die auch dagegen waren oder was?

Lilly: Ne die waren dagegen, also ich durfte wirklich nicht [SPRICHT SEHR LAUT]. Ich durfte von meiner Vormündin aus und ich durfte von meinen Betreuerinnen aus, durfte ich halt nicht (….)

AK: Und was meinst du, warum hat sie so was gesagt?

Lilly: Äch (…) sie hat so viel mit (PERSONEN AUS DEM GLEICHEN HERKUNFTSLAND] gearbeitet und irgendwie alle (PERSONEN AUS DEM GLEICHEN HERKUNFTSLAND) wollen irgendwie aufs Gymnasium. Und alle wollen sie. Aber das ist nichts Schlimmes

AK: Mhm, ja

Lilly: Es soll eigentlich nichts Schlimmes sein, auch wenn sie es hinterher wahrscheinlich nicht so nicht alle schaffen. Trotzdem, einfach die Möglichkeit zu geben. Aber es ist halt es würde halt bedeuten, dass man mehr Geld investiert und das ist eigentlich nicht der normale Weg (Lilly, München).

Die Vormündin, so scheint es, handelt im Rahmen ihrer Routinen („Ausbildung gibt Sicherheit") und ihrer kulturdefizitären Ansichten („Geflüchtete verstehen Deutsch und das System nicht"; „Menschen aus diesem Herkunftsland wollen alle Ärzte werden, ist aber völlig unrealistisch"). Lilly gelingt trotz dieser Auseinandersetzung der Übertritt in das Gymnasium. Nach 2,5 Jahren in Deutschland schließt sie das Abitur mit einem Notendurchschnitt von 2,3 ab.

Bewältigungsprozesse: „we come with the spirit of going to school"

Junge Geflüchtete begegnen diesen Strukturen der Exklusion nicht als passive und hilflose AkteurInnen. Sowohl die Unterstützungsleistungen von informellen und institutionellen Netzwerken als auch das Festhalten an Bildungsmotivation und innerer Stärke sind wesentliche Ressourcen, die Bildungsteilhabe ermöglichen.

Junge Geflüchtete nutzen ihre schwere Lebensgeschichte einerseits, um sich für Bildung zu motivieren, anderseits ergibt sich durch ihre Bildungsmotivation und -aspirationen die Möglichkeit, traumatische Erlebnisse und Verlusterfahrungen sinnvoll in die Lebensgeschichte einzuordnen. Der „Spirit of going to school" ist eng verbunden mit *„struggle and hardship"*. Ihre Biografie setzt junge Geflüchtete nicht nur besonders schwierigen Lebenslagen aus, sie führt auch zur aktiven Bewältigung dieser. InterviewpartnerInnen stellen immer wieder Vergleiche zwischen der Situation im Herkunftsland und derjenigen im Aufnahmeland an. In der Kontrastierung kommen sie häufig zum Schluss, dass sie im Aufnahmeland Bildungsmöglichkeiten erhalten, welche im Herkunftsland nicht für sie möglich gewesen wären. In der Retrospektive wird so die schwere

Lebensgeschichte zum Ausgangspunkt der narrativen Konstruktion einer Identität, die Handlungsfähigkeit in der aktuellen Lebenssituation begünstigt.

AK: What helped you to be so successful here in Canada?
Sam: Again ah kind of struggle and hardship in life (----) when you think that something is really hard, you have that imagination that it gonna gets easier it`s not as hard as you think you know (----) so in (COUNTRY OF ORIGIN) like I really faced a lot of problems a lot of kind of problems from (TERRORIST GROUP) from this other people that was bothering me (……) and the way like I was going to school like secretly and stuff and it was a hardship you know it was struggle I was doing and it helped me like where Im right now it was hardship but I had that in the past (Sam, Toronto).

Auch wenn die Situation für Sam in Kanada nicht einfach ist, sind erlebtes und überlebtes „*real* hardship and struggle" der Deutungshintergrund für die Bewertung der Lebenssituation. Die Bewältigung der Extremsituationen in der Vergangenheit hilft ihm, das Hier und Jetzt und insbesondere seine Bildungssituation positiv zu sehen und als Chance wahrzunehmen. Viele der jungen Geflüchteten beschreiben Selbstbilder von Autonomie, innerer Stärke und Selbstwirksamkeit. Einher geht damit auch eine Sicht auf die Welt, die schwierige Situationen als im schlimmsten Falle „überlebbar", im Allgemeinen aber als „überwindbar" bewertet. Dieser Prozess ist als Ressource und Gelingensfaktor der Bildungsbiografien von großer Bedeutung.

Ein weiterer enger Zusammenhang besteht zwischen der schweren Geschichte und *dem „Status Wunderkind"*. Akteure der Mehrheitsgesellschaft in informellen, non-formalen und formalen Bildungsprozessen bewundern junge Geflüchtete für ihre Bildungsmotivation und erfolgreichen Bildungsverläufe, die sie trotz ihrer schwierigen Lebensgeschichte entwickeln. Junge Geflüchtete werden so zu Wunderkindern in den Augen der AkteurInnen. In Folge mobilisieren AkteurInnen nicht nur Kräfte, um diese außergewöhnlichen Jugendlichen tatkräftig zu unterstützen, sondern sie nehmen in Dialogen und Interaktionen auch Einfluss auf Identitätskonstruktionen (Taylor et al. 2009; Keupp et al. 2006). Zum Beispiel bei Azgar in München, dessen Geschichte durch unterbrochenen Schulbesuch und Diskriminierung im Erstaufnahmeland gezeichnet ist. Er lernt einen deutschen Mann kennen, der ihn sehr unterstützt, ihm einen Praktikumsplatz organisiert und ihm widerspiegelt, dass er trotz seiner schweren Geschichte bereits Außergewöhnliches geschafft hat. Soziale Netzwerke sind aktiv bei der sinnvollen Einordnung von traumatischen Erlebnissen und Verlusterfahrungen beteiligt. Hinweise zeigen, dass diese Prozesse der Anerkennung durch signifikante Andere

(Taylor 2009) in der Gratwanderung zwischen der Ausbildung von passiven und aktiven Bewältigungsformen ausschlaggebend sein können.

Familien spielen eine wichtige Rolle bei der Entstehung und dem Aufrechterhalten der Bildungsmotivation. Junge Geflüchtete erhalten explizite und implizite Aufträge zu Bildung. Bildung als Migrationsprojekt überlappt mit anderen Fluchtgründen. InterviewpartnerInnen fühlen sich verantwortlich, da sie bessere Lebens- und Bildungsoptionen als die Familie im Herkunftsland haben. Sie sind *Auserwählte und Hoffnungsträger* ihrer Familien. Die finanziellen und emotionalen Investitionen der Familien in die Flucht sind beträchtlich. Dies ist auch der Fall für begleitete junge Geflüchtete. Sie müssen die durch Akkulturation und schwerer Lebensgeschichte belasteten Eltern entlasten und stolz machen. Amaan erzählt, dass ihm seine Familie durch die Finanzierung der Flucht ein besseres Leben ermöglichen möchte, er soll in Deutschland zur Schule gehen.

Ich hab so lange kein Kontakt gehabt. Aber mein Eltern die haben mich hergeschickt wegen das eine ich bin die einzige Kind von meinen Eltern ja [[SCHARFES AUSATMEN]] und die haben mir mich her geschickt wegen das hier eine gute eine Zukunft habe und deswegen. (—) Ich habe seit sechs Monat kein Kontakt gehabt. Wegen so früher hat ich habe ich schon Monat einmal Kontakt gehabt aber diese ich weiß nich was das los ist (Amaan, München).

Amaan ist in dieser Interviewsituation sichtlich von der Sorge um seine Eltern bedrückt. Sie haben eine schwierige Situation auf sich genommen, um ihm ein besseres Leben zu ermöglichen, zudem ist er der einzige Sohn, auf dem alle Hoffnungen liegen. Das Privileg der Flucht ist mit der Übernahme von viel Verantwortung verbunden. Junge Geflüchtete äußern häufig, dass sie den Bildungsvorstellungen ihrer Eltern entsprechen wollen. *Familienverantwortungen* können zur aktiven Bewältigung von Bildungsaufgaben anspornen. Wird die Widerstandskraft der Jugendlichen jedoch durch systematische Ausgrenzung überstrapaziert, können sie zur Ausbildung von Psychopathologien beitragen. Müssen junge Geflüchtete zum Teil existenzielle Finanzhilfe leisten, kommt es zur Überforderungen und manchmal zur Aufgabe von Bildungsprojekten.

Entwicklung und Stabilisierung der Bildungsmotivation

Die Betrachtung von jungen Geflüchteten als Gruppe ist problematisch. In Übereinstimmung mit dem Forschungsstand (Brücker et al. 2016) zeigen sich InterviewpartnerInnen dieser Studie höchst heterogen. Intersektionale Ungleichheitsprozesse von ethnokultureller Zugehörigkeit bzw. Herkunftsregion, Gender, schulischer Vorbildung, Ankunftsalter, rechtlichem Status, Familien- und Wohnsituation und sozio-ökonomischem Status können thematisiert werden. Fall- und forschungsortübergreifend sind dennoch Prozesse rekonstruierbar, die Hinweise auf die Entstehung, Stabilisierung und Destabilisierung von Bildungsmotivation geben.

Welt- und Selbstverständnisse junger Geflüchteter entwickeln sich in der Auseinandersetzung mit der eigenen Biografie und im Zusammenhang mit gesellschaftlichen Sozial- und Wertstrukturen in einem lebenslangen Prozess weiter (Keupp et al. 2006; Hurrelmann und Quenzel 2013, S. 91 ff.). Identitätsarbeit bewegt sich auch bei ihnen im Spannungsfeld der Schaffung von Koheränz, Anerkennung durch soziale Netzwerke, Authentizität und der narrativen Konstruktion (Keupp et al. 2006, S. 266 f.). Viele InterviewpartnerInnen konstruieren in der Interviewsituation Selbstbilder der inneren Stärke und der optimistischen Einstellung zur Bewältigbarkeit von schwierigen Lebenssituationen, sowie der Bildungsorientierung. Die Erhöhung von Bildungsaspirationen wird in der Fachliteratur als mögliche Reaktion von MigrantInnen auf wahrgenommene Diskriminierungen dargestellt. Bei dem als „Blocked Opportunities" Effekt bezeichneten Prozess kompensieren SchülerInnen die Begrenzung ihrer Möglichkeiten durch schulisches Engagement und besondere Leistungsorientierung (Becker und Gresch 2016, S. 85).

Bei jungen Geflüchteten in der zugrunde liegenden Studie ist ein zweiseitiger Prozess rekonstruierbar. Junge Geflüchtete in München und Toronto beschreiben Biografien, die gekennzeichnet sind von traumatischen Erlebnissen, Verlusterfahrungen und häufig von unterbrochenen Bildungsverläufen. Einerseits führen die Fluchterfahrungen dazu, dass Bildungsmöglichkeiten in den Aufnahmeländern besonders positiv wahrgenommen werden und Hindernisse mit erworbenen Bewältigungsstrategien der Hartnäckigkeit und der optimistischen Denkstile überwindbar sind. Andererseits helfen Bildungsaspirationen den schwierigen Lebensereignissen Sinn zu geben und begünstigen so kohärente Identitätskonstruktionen (Keupp et al. 2006). Der Erhalt und die Ausbildung von Bildungsmotivation und hohen Bildungsaspirationen stehen im engen Zusammenhang mit dem Zugang zu *non-formalen Bildungsangeboten, informellen Netzwerken und zugewandten LehrerInnen und SozialpädagogInnen.* Durch die Spiegelung positiver Selbstbilder besitzen diese AkteurInnen, im Sinne von „signifikanten Anderen" (Becker und Gresch 2016, S. 86), eine tragende Rolle bei der Entwicklung und Stabilisierung von Bildungsmotivation. Auch Stewart stellt in ihrer Studie die wichtigen Funktionen von Schlüsselpersonen für die Bildungsteilhabe junger Geflüchteter dar. Das Nanosystem, in welchem Stewart diese bereichernden Verbindungen verortet, hat wesentlichen Einfluss auf gelingende Identitätsbildung: „Human Capacity, Hope and Resilience are generated by the individual and his or her interactions with the people in the nanosystem(s) and microsystem." (Stewart 2011, S. 137)

Bildung besitzt für junge Geflüchtete nicht nur die Funktion der Qualifizierung. InterviewpartnerInnen schildern, wie durch die Inklusion und Wertschätzung in Bildungsangeboten eine erste „neue Heimat" entsteht. Die Klassengemeinschaft, der Kontakt zu jungen Leuten aus dem Herkunftsland, LehrerInnen und andere schulische AkteurInnen sowie die Strukturierung des Tagesablaufes nehmen wichtige Funktionen für die emotionale Stabilisierung ein (Pastoor 2015, S. 250). Innerhalb der Verdopplung der Fremdheits- und Verlusterfahrungen (King und Schwab 2000) kommt der emotionalen Verortung, eine herausragende Rolle für die Entwicklung positiver Selbstbilder zu.

Auch Familien sind wichtige Akteure der Entwicklung und Stabilisierung von Bildungsmotivation und Bildungsaspirationen (Hynie et al. 2012, S. 25; Becker und Gresch 2016, S. 77). Eindeutige negative Einflüsse auf die Bildungsteilhabe sind rekonstruierbar, wenn junge Geflüchtete neben Schul- und beruflicher Ausbildung arbeiten (Pastoor 2017, S. 10). Restriktive Strukturen der Asyl- und Bildungssysteme sowie die Ausgestaltung der Bildungssettings werden als Einflussfaktoren von Bildungsmotivation deutlich. Innerhalb strukturellen und institutionellen Ausschlusses kommt es zu Erfahrungen der Fremdkontrolle und Hilflosigkeit. Die negativen Auswirkungen von Diskriminierung und Marginalisierung auf die Integration und das „well being" von MigrantInnen und Geflüchteten sind im Forschungsstand gut dokumentiert (Berry et al. 2006, S. 326). Auf Ebene der einzelnen Jugendlichen werden anhand der Studie sowohl progressive als auch regressive Verarbeitungsstrategien (King und Schwab 2000) deutlich. Durch die Kombination unbehandelter psychischer Erkrankungen und ökonomischer, schulischer und psycho-sozialer Herausforderungen im Aufnahmeland kommt es besonders dann zur Überforderung, wenn junge Geflüchtete Barrieren aufgrund von Diskriminierung und Rassismus wahrnehmen. In diesen Situationen kommt es aufgrund von negativen Selbstbildern und Gefühlen der Abwertung und Frustration zum Abbruch der Bildungsprozesse.

Implikationen für pädagogische Praxis

Bildungsaspirationen und Bildungsmotivation wurden als wesentliche positive Faktoren der Bildungsteilhabe junger Geflüchteter verdeutlicht. Folgende Handlungsansätze können in Bildungsangeboten zur Unterstützung und Aufrechterhaltung dieser wichtigen Ressourcen angeregt werden. Mentoring-Programme und Peer-Patenschaften als Zugang zu stützenden Bezugspersonen, Empowerment durch politisches Lobbying innerhalb von Selbsthilfestrukturen,

Verbesserung des Zugangs zu ethnischen und religiösen Communities durch Einbeziehung in Bildungsangeboten, Stärkung der Eltern und Eltern- Kind-Beziehungen durch Familienbildungsangebote und Elternpartnerschaften, Kreative Projekte (z. B. Theaterpädagogik) zur Unterstützung der Verarbeitung von Fluchterfahrungen, und vor allem, Verbesserung des Zugangs zu therapeutischen Hilfeleistung durch Ausbau von schulpsychologischen Angeboten. Bildungsmotivation und hohe Bildungsaspirationen sind wichtige Ressourcen für junge Geflüchtete. Fraglich bleibt dennoch, inwiefern diskriminierende und exkludierende Strukturen toleriert werden sollen, welche junge Geflüchtete dazu zwingen, diese Ressourcen zu entwickeln und bis ins letzte auszuschöpfen. Auch wenn es vielen InterviewpartnerInnen gelingt, aktive Bewältigungsstrategien auszubilden und (außergewöhnlich) gelingende Bildungsbiografien zu entwickeln, sollte ihre innere Stärke nicht als Vorwand für den Erhalt von marginalisierenden Strukturen genutzt werden. Das Menschenrecht Bildung muss jungen Geflüchteten, unabhängig ihres rechtlichen Status, zugänglich gemacht werden.

Literatur

Becker, B. und C. Gresch. 2016. Bildungsaspirationen in Familien mit Migrationshintergrund. In *Ethnische Ungleichheiten im Bildungsverlauf. Mechanismen, Befunde, Debatten,* Hrsg. C. Diehl, C. Hunkler und C. Kristen, 73–116. Wiesbaden: Springer VS.

Berry, J. W., J. S. Phinney, D. L. Sam und P. Vedder. 2006. Immigrant Youth: Acculturation, Identity, and Adaptation. *Applied psychology: An International Review, 55* (3): 303–332.

Block, K., D. Warr, L. Gibbs und E. Riggs. 2012. Addressing Ethical and Methodological Challenges in Research with Refugee-background Young People: Reflections from the Field. *Journal of Refugee Studies, 26* (1): 69–87.

Boos-Nünning, U. 2014. Von der Integration zur Partizipation. Gegenwart und Zukunft junger Migranten und Migrantinnen. In *Jugend- Perspektiven eines sozialwissenschaftlichen Forschungsfeldes,* Hrsg. J. Brachmann, C. Lübke und A. Schwertfeger, 153–167. Bad Heilbrunn: Klinkhardt, Julius.

Brenner, M. E. & Kia-Keating, M. 2017. Psychosocial and academic adjustment among resettled refugee youth. *Annual Review of Comparative and International Education 2016* (30): 221–249.

Brücker, n. H., N. Rother, J. Schupp, von, C. B. Gostomski, A. Böhm, et al. 2016. *IAB-BAMF-SOEP-Befragung von Geflüchteten. Flucht, Ankunft in Deutschland und erste Schritte der Integration* (IAB Institut für Arbeitsmarkt- und Berufsforschung, Hrsg.) (IAB Kurzbericht 24/2016), Nürnberg.

Corbin, J. und A. Strauss. 2008. *Basics of qualitative research. Techniques and procedures for developing grounded theory* (3rd ed). Los Angeles, Calif: Sage Publications.

Esser, H. .2016. Bildungssysteme und ethnische Bildungsungleichheiten. In, *Ethnische Ungleichheiten im Bildungsverlauf. Mechanismen, Befunde, Debatten,* Hrsg. C. Diehl, C. Hunkler und C. Kristen,331–397. Wiesbaden: Springer VS.

Glaser, B. G. und A. Strauss. 1967. *The Discovery of Grounded Theory. Strategies for qualitative research.* Chicago: Aldine.

Granato, M., F. Neises, M. Bethscheider und B. Garbe-Emden. .2016. *Wege zur Integration von jungen Geflüchteten in die berufliche Bildung – Stärken der dualen Berufsausbildung in Deutschland nutzen* (Bundesinstitut für Berufsbildung, Hrsg.).

Herriger, N. .2014. *Empowerment in der sozialen Arbeit. Eine Einführung* (5., erw. und aktualisierte Aufl). Stuttgart: Kohlhammer.

Hurrelmann, K. & G. Quenzel. .2013. *Lebensphase Jugend. Einführung in die sozialwissenschaftiche Jugendforschung* (12. Auflage). Weinheim und Basel: Beltz Juventa.

Hynie, M., S. Guruge und Y.B. Shakya. .2012. Family Relationships of Afghan, Karen and Sudanese Refugee Youth. *Candian Ethnic Studies, 44* (3): 11–28.

Keupp, H., T. Ahbe, W. Gmür, R. Höfer, B. Mitzscherlich, W. Kraus et al. 2006. *Identitätskonstruktionen. Das Patchwork der Identitäten in der Spätmoderne* (Rororo, 55634 : Rowohlts Enzyklopädie, 3. Aufl.). Reinbek bei Hamburg: Rowohlt-Taschenbuch-Verl.

King, V. und H.-C. Koller. 2009. Adoleszenz als Möglichkeitsraum für Bildungsprozesse unter Migrationsbedingungen. Eine Einführung. In *Adoleszenz - Migration - Bildung. Bildungsprozesse Jugendlicher und junger Erwachsener mit Migrationshintergrund,* Hrsg. V. King & H.-C. Koller. Wiesbaden: VS Verlag für Sozialwissenschaften.

King, V. und A. Schwab. 2000. Flucht und Asylsuche als Entwicklungsbedingungen der Adoleszenz. Ansatzpunkte pädagogischer Begleitung am Beispiel einer Fallgeschichte. In *Adoleszenz und pädagogische Praxis. Bedeutungen von Geschlecht, Generation und Herkunft in der Jugendarbeit,* Hrsg. V. King und B. K. Müller, 209–232. Freiburg im Breisgau: Lambertus.

Korntheuer, A. (in press) Bildung für junge Geflüchtete. Prozesse der Inklusion und Exklusion in München und Toronto. In D. Jahr & R. Kruschel (Eds.), *Inklusion in Kanada - Perspektiven auf Kulturen, Strukturen und Praktiken.* Beltz.

Korntheuer, A. .2016a. *Die Bildungsteilhabe junger Flüchtlinge. Faktoren von Inklusion und Exklusion in München und Toronto* (Bildung in Umbruchsgesellschaften, Bd. 13). Münster: Waxmann.

Korntheuer, A. .2016b. Resettlement Practice in Kanada- ein Modell für Europa? *Migration und Soziale Arbeit, 38* (2): 141–149.

Korntheuer, A., P. Pritchard, D. Maehler.2017. The Canadian and German Context for Refugee Integration. In *Structural Context of Refugee Integration in Canada and Germany,* Hrsg. A. Korntheuer, P. Pritchard, D. Maehler, 11–18. Köln: GESIS Institut für Sozialwissenschaften.

Korntheuer, A., A. Korn, A. und M. Hynie. .in press. Education pathways: policy implications for refugee youth in Germany and Canada. In *Today's Youth and Mental Health: Hope, Power and Resilience,* Hrsg. S. Pashang, N. Khanlou & J. Clarke. New York: Springer.

Koser, K. und S. Martin. 2011. The Migration- Displacement Nexus. In *The migration-displacement nexus. Patterns, processes, and policies,* Hrsg. K. Koser und S. Martin, 1–13. New York: Berghahn Books.

Langfeld, A. und L. Pucher. 2014. Studienorientierungsprozesse von Jugendlichen im Kontext von Biographie, Milieu, Bildung. Ein biographienanalytischer Ansatz. In *Jugend-Perspektiven eines sozialwissenschaftlichen Forschungsfeldes,* Hrsg. J. Brachmann, C. Lübke und A. Schwertfeger, 141–153. Bad Heilbrunn: Klinkhardt, Julius.

Mackenzie, C., C. McDowell und E. Pittaway.2007. Beyond ‚Do No Harm': The Challenge of Constructing Ethical Relationships in Refugee Research. *Journal of Refugee Studies, 20* (2): 299–319.

Neumann, U., H. Niedrig, H, J. Schroeder und L. H. Seukwa. 2003. *Lernen am Rande der Gesellschaft. Bildungsinstitutionen im Spiegel von Flüchtlingsbiografien.* Münster: Waxmann.

Pastoor, L. de W. 2017. Reconceptualising refugee education: exploring the diverse learning contexts of unaccompanied young refugees upon resettlement. *Intercultural Education.*

Pastoor, L. de W. 2015. The mediational role of schools in supporting psychosocial transitions among unaccompanied young refugees upon resettlement in Norway. *International Journal of Educational Development* (41): 245–254.

Rubin, H. J. und I. Rubin. 2012. *Qualitative interviewing. The art of hearing data* (3rd ed). Thousand Oaks, Calif: Sage Publications.

Seukwa, L. H. .2006. *Der Habitus der Überlebenskunst. Zum Verhältnis von Kompetenz und Migration im Spiegel von Flüchtlingsbiographien.* Münster: Waxmann.

Shakya, Y. B., S. Guruge, M. Hynie, A. Akbari, M. Malik, S. Htto et al. 2010. Aspirations for Higher Education among Newcomer Refugee Youth in Toronto: Expectations, Challenges, and Strategies. *Refuge, 27* (2): 65–78.

Stermac, L., A. K. Clark und L. Brown .2013. Pathways to Resilience: The Role of Education in War-Zone immigrant and Refugee Student Success. In *Handbook of resilience in children of war,* Hrsg. C. Fernando und M. Ferrari, S. 211–220. New York: Springer.

Stewart, J. 2011. *Supporting refugee children. Strategies for educators.* Toronto: University of Toronto Press.

Strübing, J. 2014. *Grounded Theory. Zur sozialtheoretischen und epistemologischen Fundierung des Verfahrens der empirisch begründeten Theoriebildung.* Wiesbaden: VS Verl. für Sozialwiss.

Taylor, C., A. Gutmann und J. Habermas. .2009. *Multikulturalismus und die Politik der Anerkennung.* Frankfurt, M: Suhrkamp.

Tiefel, S. 2005. Kodierung nach der Grounded Theory lern- und bildungstheoretisch modifiziert: Kodierleitlinien für die Analyse biographischen Lernens. *Zeitschrift für qualitative Bildungs-, Beratungs- und Sozialforschung, 6* (1): 65–84.

VanderPlaat, M. 2017. Refugee Access to education in Canada. In *Structural Context of Refugee Integration in Canada and Germany,* Hrsg. A. Korntheuer, P. Pritchard, D. Maehler, 53–58. Köln: GESIS Institut für Sozialwissenschaften.

Witzel, A. 2000. *Das problemzentrierte Interview [25 Absätze]* (1(1), Art. 22). Zugriff am 20.11.2014. Verfügbar unter http://nbn-resolving.de/urn:nbn:de:0114-fqs0001228.

EX-IN Kurse – Teilhabe in der Sozialpsychiatrie

Christel Achberger

EX-IN steht für Experienced Involvement. Ziel der EX-IN Kurse ist es, Psychiatrie-Erfahrene zu befähigen, ihre Erfahrungen als GenesungsbegleiterInnen und DozentInnen in die professionelle psychiatrische Arbeit einzubringen. Auf diese Weise werden sie beteiligt und ihr Erfahrungswissen findet Eingang in die Psychiatrie. So verändert sich die Psychiatrie, sie wird menschlicher und das gegenseitige Verstehen wächst. Behandlung und psychosoziale Betreuung orientieren sich an den Bedürfnissen der PatientInnen und GenesungsbegleiterInnen sichern die PatientInnenperspektive. Empowerment und Recovery finden so nachhaltige Umsetzung in der Psychiatrie. Aus der Einbeziehung von GenesungsbegleiterInnen ergeben sich auch Antworten auf die Herausforderungen auf die UN-Behindertenrechtskonvention und das Bundesteilhabegesetz. Zunächst soll das Konzept des EX-IN Kurses vorgestellt werden. Dann werden die Wirkungen auf die TeilnehmerInnen, ihre Entwicklung im Kurs beschrieben. Darüber hinaus werden Ergebnisse aus der Versorgungsforschung angeführt und die Erfahrungen über die Veränderungen, die die Beschäftigung von GenesungsbegleiterInnen im psychiatrischen Alltag bewirken, dargestellt. Abschließend werden die Erfahrungen aus EX-IN Kursen theoretischen Konzepten zugeordnet.

C. Achberger (✉)
Flintbeck, Deutschland
E-Mail: chrisachberger@magdahaus.de

A. Eberle et al. (Hrsg.), *Menschenrechte und Soziale Arbeit im Schatten des Nationalsozialismus,* https://doi.org/10.1007/978-3-658-19517-5_13

Der Kurs

Das Curriculum der EX-IN Kurse wurde 2005–2007 in einem EU-Projekt entwickelt und wird an vielen Standorten in Deutschland unter dem Dach von EX-IN Deutschland e. V. umgesetzt und weiterentwickelt. EX-IN Deutschland e. V. hat Qualitätsstandards festgelegt, die bei der Zertifizierung der Kurse zugrunde gelegt werden. Das Curriculum besteht aus 11 Modulen und dem Abschlussmodul. Jedes Modul umfasst drei Tage und mindestens 22 Unterrichtseinheiten. Im Rahmen des Kurses führen die TeilnehmerInnen zwei Praktika von insgesamt 120 h durch. Darüber hinaus erstellen die TeilnehmerInnen ein Portfolio. Es besteht aus den Abschnitten Spurensuche, Qualitäten, Planung und persönliches und professionelles Profil. In der Abschlusspräsentation reflektieren die TeilnehmerInnen die Kursinhalte, die eigenen Kompetenzen und ihre Rolle im Kurs. Die Kurse werden von zwei anerkannten TrainerInnen geleitet, eine davon mit Erfahrenen-Hintergrund, die andere mit professionellem Hintergrund. An den Kursen nehmen um die 20 TeilnehmerInnen teil.

Im ersten Teil des Kurses ordnen die TeilnehmerInnen ihre Erfahrungen unterschiedlichen gesundheitsfördernden Konzepten zu, die jeweils Thema eines Moduls sind. Die Module Gesundheit und Wohlbefinden, Empowerment, Erfahrung und Teilhabe, Trialog sowie Recovery folgen aufeinander und die Auseinandersetzung damit verändert die Sicht auf die eigene Erkrankung: Die TeilnehmerInnen erfahren, dass Gesundheit und Krankheit durch ein Kontinuum verbunden sind. „Gefragt ist nicht was krank macht, sondern wie es Menschen schaffen, gesund zu bleiben trotz unterschiedlicher gesundheitlicher Belastungen" (Keupp, 2007, S. 6). Diese Abkehr von der Pathogenese führt zu einem neuen Verständnis der Erkrankung: Ich bin nicht *nur* krank und ich kann etwas tun, um gesund zu bleiben.

Nach den Prinzipien von Empowerment stehen in diesem Modul Selbstbestimmung und Partizipation im Mittelpunkt. Die TeilnehmerInnen sollen erkennen, dass sie Rechte haben und sie einfordern können. Ziel ist es, die eigenen Krankheits- und Psychiatrieerfahrungen als einen Wert zu erkennen: Ich kann aus meinen Erfahrungen etwas lernen, für mich und die anderen. Recovery geht von dem Genesungspotenzial der Psychiatrie-Erfahrenen aus und führt als Schlüsselelemente Hoffnung, Empowerment und Sinn an. So spricht Amering (2006, S. 146) von „Hoffnung-Macht-Sinn". Das Recovery-Konzept vermittelt den TeilnehmerInnen: Ich bin der Krankheit nicht ausgeliefert, ich kann mich neu orientieren.

Auf dieser Grundlage baut der zweite Teil des Kurses auf. Er orientiert sich an Themen der zukünftigen Tätigkeit als GenesungsbegleiterIn. So folgen Module zu den Themen Fürsprache, der eigene Genesungsweg, Beratung und Begleitung, Genesungsplanung, Umgang mit Krisen, Lehren und Lernen aufeinander.

Ziel des Kurses ist, aus den eigenen Erfahrungen und denen der anderen TeilnehmerInnen zu lernen. Das Vorgehen vom Ich-Wissen über das Du-Wissen zum Wir-Wissen zu gelangen, ist hierfür grundlegend (Utschakowski 2013, S. 143–144). Die TeilnehmerInnen reflektieren ihre Erfahrungen (Ich-Wissen), tauschen sich mit anderen TeilnehmerInnen aus (Du-Wissen) und führen die Erfahrungen in der Gruppe zum Wir-Wissen zusammen. Dieses Wir-Wissen wird ergänzt durch das zum jeweiligen Thema vorliegende Fachwissen. Dieser Prozess erfolgt in einem ständigen Wechsel von Einzelarbeit, Zweiergesprächen, Gruppenarbeit und Plenum. Hinzu treten Biografiearbeit, Feedbackrunden, Rollenspiele und Übungen. Es entsteht ein vielfältiges Setting, um neue Verhaltensweisen auszuprobieren und einzuüben.

Der Prozess, der zum Wir-Wissen führt, ist anspruchs- und voraussetzungsvoll. Aus den bisherigen Erfahrungen der TeilnehmerInnen wurden dementsprechend Aussagen über die Teilnahmevoraussetzungen abgeleitet: gelebte Erfahrungen mit psychischen Krisen; in der Lage sein, die eigenen Erfahrungen zu reflektieren; Fähigkeit, die Erfahrung mit anderen zu teilen; Offenheit für die Erfahrung anderer, auch wenn sie anders sind und vielleicht den eigenen Erfahrungen widersprechen; Freude an der Auseinandersetzung und dem Zusammenführen von Erfahrungen; Offenheit für Gruppenarbeit und Gruppenprozesse; ein gewisses Maß an Selbstbestimmung; ein stabiles soziales Umfeld.

Diese Teilnahmevoraussetzungen betreffen insbesondere die Befähigung, an der Erarbeitung des Wir-Wissens mitzuwirken.

Erfahrungen aus den Kursen – Was hilft?

Am Ende der Kurse reflektieren die TeilnehmerInnen ihre Veränderungsprozesse. Ausgehend von diesen Ergebnissen können folgende Veränderungen beobachtet werden:

Die TeilnehmerInnen entwickeln eine andere Sicht auf die eigene Erkrankung und entwickeln ein subjektives Krankheitsverständnis. Hier sind die ersten fünf Module von besonderer Bedeutung, also die Beschäftigung mit den Themen Salutogenese, Empowerment und Recovery. Diese andere Sicht ermöglicht den Zugang zu den eigenen Ressourcen und dem bisherigen Genesungsweg. So werden die Krankheitserfahrungen geordnet, die Recovery-Wege beschrieben, Grenzen erkannt und anerkannt sowie alles in die eigene Lebensgeschichte integriert. Das subjektive Krankheitsverständnis eröffnet Verstehen, Sinnhaftigkeit und Handlungsfähigkeit und ermöglicht das Selbstmanagement der psychischen Erkrankung.

Die TeilnehmerInnen finden wieder Zugang zur eigenen Biografie: In den EX-IN Kursen begibt man sich auf Spurensuche. Manchmal blenden TeilnehmerInnen die Zeiten vor der Erkrankung und während der Erkrankung aus. Sich an die Zeiten vor der Erkrankung zu erinnern, bedeutet sich mit Verlusten und Brüchen zu konfrontieren. Auch kann die Erinnerung an die Zeiten der Erkrankung bedeuten, sich erneut mit Traumata, Fixierung, Freiheitsentzug, unverständlichem Verhalten und Stigmatisierung auseinandersetzen zu müssen. Die Spurensuche führt zu einer Wiederaneignung der eigenen Biografie. So können Eigenschaften und Ressourcen wiederentdeckt werden.

Die TeilnehmerInnen integrieren ihre Krisenerfahrungen in ihre Lebensgeschichte: Häufig wird die Erkrankung als Ausstieg aus einem nicht mehr zu bewältigenden Lebensalltag beschrieben. Unlösbare Probleme in Beziehungen, Überforderung im Beruf oder Suchtmittelabhängigkeit führten in ausweglose Situationen und in die Krankheit. Die Auseinandersetzung mit der eigenen Geschichte hilft das Geschehene zu ordnen und sinnstiftende Zusammenhänge zu entdecken. Recovery-Orientierung fördert u. a. den Aufbau neuer Netzwerke, die Entwicklung neuer Werte oder die Aufnahme von sinnstiftenden Tätigkeiten und ermöglicht so ein befriedigendes Leben.

Die TeilnehmerInnen erkennen die Auswirkungen von Stigma und Eigenstigmatisierung: Nach Finzen (2013, S. 9) „leiden Menschen mit psychischen Störungen nach wie vor unter Vorurteilen und Schuldzuweisungen, unter Diskriminierung und Stigmatisierung.“ Finzen bezeichnet die sozialen Folgen und die Beschädigung der Identität, die durch Stigmatisierung und Eigenstigmatisierung entstehen, als „zweite Krankheit“ (ebd.). Stigma und Eigenstigmatisierung muss von den Betroffenen erkannt und überwunden werden.

Den TeilnehmerInnen gelingt es, mehr als nur PatientIn zu sein, sie lernen vielfältige Rollen wahrzunehmen und sich neue Rollen zu erschließen: Wenn Menschen über einen langen Zeitraum psychisch krank sind, werden sie immer weiter auf die Rolle des/der PatientIn begrenzt. Es gibt häufig Brüche zur Familie, sie verlieren ihre Arbeit, müssen sich günstigeren Wohnraum suchen und verlieren ihre Nachbarschaft. Pat Deegan beschrieb Recovery als „eine Entwicklung aus den Beschränkungen der Patientenrolle hin zu einem selbst bestimmten Leben“ (in Amering, 2006, S. 146).

Die TeilnehmerInnen lernen anders zu handeln, sich zu erproben, Entscheidungen zu treffen und Ziele zu verfolgen: Im EX-IN Kurs haben die TeilnehmerInnen einen sicheren Raum, in dem sie anderes Handeln erproben können und so neue Erfahrungen machen. Sie entwickeln Ziele und Pläne und setzen sie in ersten Schritten um. Dabei kommt der gegenseitigen Beratung und Unterstützung besondere Bedeutung zu.

Wirkungen auf die TeilnehmerInnen des Kurses – Outcome

Erste Evaluationen zeigen, dass die Auseinandersetzung mit der eigenen Geschichte und mit Konzepten sowie insbesondere der Reflexion eigener Veränderungsprozesse in den Kursen zu einem besseren Selbstwertgefühl, zu mehr Selbstbewusstsein und einer besseren Integration der Krisenerfahrungen in das Selbstbild führen (Utschakowski und Daszkowski 2012, S. 202).

Eine Nachbefragung der TeilnehmerInnen des ersten Münchner EX-IN Kurses bestätigt diese Ergebnisse (Achberger 2014). Die TeilnehmerInnen beschreiben einen besseren Umgang mit ihrer Erkrankung, einen Zuwachs an sozialer Kompetenz, Selbstwertgefühl und Selbstbewusstsein. Sie haben ihre sozialen Unterstützungssysteme erweitert und stabilisiert. In diesem Kurs wurden zwei Fragebögen vor und nach dem Kurs eingesetzt. Im Fragebogen zu sozialen Ängsten und sozialen Kompetenzen (SASKO) zeigt sich bei mehr als der Hälfte der TeilnehmerInnen eine Abnahme der Sprech- und Mittelpunktangst, der Angst vor Ablehnung, der Interaktionsdefizite und der Informationsverarbeitungsdefizite. Im Fragebogen zu Kompetenz- und Kontrollüberzeugungen (FKK) zeigt sich, dass bei der Hälfte der TeilnehmerInnen das Selbstkonzept gestärkt wird und Internalität, Selbstwirksamkeit und Autonomie zunehmen, während Externalität abnimmt.

Darüber hinaus reflektieren die TeilnehmerInnen am Ende des Kurses ihre Veränderungsprozesse. Beispielhaft sind einige Antworten aus einem Ex-In Kurs, der im September 2017 beendet wurde, welche die Aussagen zu den Wirkungen der EX-IN Kurse unterstützen: Entwicklung von Selbstvertrauen, Selbstsicherheit, Selbstbewusstsein, Selbstfindung; Stärkung des Wohlbefindens; neue Sichtweisen, neue Blickwinkel; Denkanstöße; Entwicklung eines eigenen Krankheitsverständnisses; Mut, Hoffnung, Zuversicht; Zufriedenheit, Frieden; neue Menschen kennengelernt, neue Kontakte; Zukunftsperspektive, ein Weg wurde aufgezeigt; viel gelernt.

Wirkungen der Beschäftigung von GenesungsbegleiterInnen auf NutzerInnen – Versorgungsforschung

Neben den Befunden aus Evaluationen mit KursabsolventInnen liegen auch Studien aus der Versorgungsforschung zu Wirkungen der Mitarbeit von GenesungsbegleiterInnen auf die NutzerInnen vor. Die S3 Leitlinie Psychosoziale Therapien bei schweren psychischen Erkrankungen trifft Aussagen zur Wirkung von Peer-Beratung, einer Form der Beschäftigung von GenesungsbegleiterInnen in psychiatrischen Einrichtungen. Sie bezieht sich dabei auf Studien zum Einsatz von Peers in Großbritannien und den USA, wo Peer-Beratung in vielen Einrichtungen angeboten wird und kommt zu folgenden Ergebnissen:

- Hinsichtlich verschiedener Outcomekriterien unterscheiden sich Einrichtungen mit Peerberatung nicht von denen ohne Peerberatung; Peer-Beratung führt zu einer reduzierten Behandlungsbedürftigkeit; Peerberatung führt zu einer Reduktion der Behandlungsnutzung.
- Peer-Experten können Kontakt zu schwer erreichbaren Patienten herstellen, diese fühlen sich durch Peers verstanden und akzeptiert.

Vor diesem Hintergrund findet sich in der S3 Leitlinie Psychosoziale Therapien bei schweren psychischen Erkrankungen folgendes Statement: „Peer-Beratung kann die Erreichbarkeit und Compliance von Patienten und Angehörigen erhöhen." (DGPPN 2013, 157). Studien, die im Rahmen des Modellprojektes EX IN des Bezirks Oberbayern herangezogen wurden, weisen auf eine Wirkung hinsichtlich unterschiedlicher Parameter hin. So zeigen sie z. B. auf, dass sich das Empowerment der PatientInnen im Sinne von Selbstbefähigung erhöht, wenn GenesungsbegleiterInnen in der Einrichtung beschäftigt werden. Die PatientInnen „wenden sich ab vom traditionellen Bild des hilflosen Kranken. Sie orientieren sich an der Haltung, wonach Genesung möglich und ein positives Selbstwertgefühl wichtig sind". Zudem bestätigen sich die besonderen Fähigkeiten der GenesungsbegleiterInnen beim Aufbau von Beziehungen zu den PatientInnen sowie ihre Vorbildfunktion (Bezirk Oberbayern, 2015, 11–12).

Darüber hinaus gibt es einige Berichte und kleinere Studien aus der Arbeit mit GenesungsbegleiterInnen aus Deutschland. In der psychiatrischen Klinik in Bremerhaven werden seit 2010 GenesungsbegleiterInnen beschäftigt, in der Regel 30 Wochenstunden, integriert ins Pflegeteam der jeweiligen Station. Die Pflegedienstleitung berichtet: „Es gibt weniger Gewalt auf den Stationen. Stattdessen wird viel mehr miteinander gesprochen. Manchmal werden die Kollegen auch durch die Genesungsbegleiter gecoacht" (Utschakowski und Daszkowski 2012, 203).

Lacroix, Degano-Kieser, Utschakowski, Gonther und Eikmeier (2015, 248) haben die Wirkungen auf die Recovery-Orientierung der Teams untersucht. Hierzu wurde der Recovery-Self-Assessment Fragebogen (RSA) eingesetzt. Der RSA-Gesamtwert als auch die RSA-Faktoren „Lebensziele" und „Entscheidungsfreiheit" verbesserten sich signifikant.

Womit lassen sich diese Veränderungen bzw. Verbesserungen in der Selbstwahrnehmung der Betroffenen begründen? Die GenesungsbegleiterInnen bringen in die psychiatrischen Einrichtungen ihre Zusatzqualifikation Erfahrung ein: Sie sprechen dieselbe Sprache wie die Betroffenen, benutzen dieselben Umschreibungen. Sie können übersetzen, vermitteln und Missverständnisse klären. Sie greifen andere Themen auf als die Fachpersonen. Sie stellen andere Fragen, entdecken blinde Flecken und eröffnen neue Perspektiven. Sie sind sensibel für Verletzungen der persönlichen Sphäre und Identität, für Stigmatisierung, für Vernachlässigung der Erfahrungen und Sichtweisen der KlientIn. Kurz: GenesungsbegleiterInnen können mit ihrer eigenen Recovery-Geschichte Modell sein und Hoffnung machen (Achberger, Utschakowski, 2015, 14).

So wird ein eigenes Krankheitsverständnis gefördert, eine vertrauensvolle Beziehung aufgebaut, Hoffnung entwickelt und Empowerment gestärkt, alles Merkmale, die zum Behandlungserfolg beitragen.

Diskussion

Die Wirkungen des EX-IN Kurses auf die TeilnehmerInnen werden im Folgenden in Bezug auf die Konzepte Recovery, Gesundheitskompetenz und Handlungsbefähigung diskutiert. So ergeben sich komplexere Sichtweisen auf die beschriebenen Wirkungen und auch auf die Behandlung und die psychosoziale Begleitung von PatientInnen.

Recovery

Nach Anthony (1993) ist Recovery „[…] ein zutiefst persönlicher, einzigartiger Veränderungsprozess im Hinblick auf die Einstellungen, Werte, Gefühle, Ziele, Fähigkeiten und/oder Rollen eines Menschen und eine Möglichkeit, auch mit den Einschränkungen durch die Erkrankung ein befriedigendes, hoffnungsvolles und aktives Leben zu führen.“ (Slade 2009). Eine Beschreibung, der auch die Wirkungen des EX-IN Kurses auf die TeilnehmerInnen entsprechen. In der Recovery-Bewegung in England ist die Publikation „Rethink Mental Illness – 100 Wege, um Recovery zu unterstützen“ (Slade, 2009) erarbeitet worden. Darin werden vier aufeinander aufbauende Aufgaben beschrieben, die den konzeptionellen Bezugsrahmen für Veränderungen darstellen:

Entwicklung einer positiven Identität jenseits der psychischen Erkrankung: Ein positives Selbstbild entwickeln, das der Bewertung der eigenen Person durch andere standhält, eine Selbstverortung ermöglicht und auf dem sich Selbstsicherheit und Selbstvertrauen aufbauen kann.

Einordnung der psychischen Erkrankung: Als Patient sich seine eigene Krankheitserfahrung verständlich machen, sie einordnen und als einen Teil seiner Persönlichkeit anerkennen.

Selbstmanagement: Die Verantwortung für die eigene Gesundheit übernehmen, verstehen, was die eigene Gesundheit erhält, und durch Selbstmanagement den Alltag gestalten. Dazu gehört auch die Suche nach Hilfe und Unterstützung, wenn diese erforderlich ist.

Entwicklung positiver sozialer Rollen: Vielfältige positive soziale Rollen entwickeln, um so ein soziales Unterstützungssystem aufzubauen, das die Person durch den Alltag und auch durch Krisenzeiten trägt Slade (2009, S. 5).

Aus dem Recovery-Konzept ergeben sich Aussagen zu Inhalten und Zielen der Veränderungsprozesse und zu Vorgehensweisen der Professionellen. Was fehlt, ist die Beschreibung des individuellen Prozesses, der für die Recovery-Definition bestimmend ist. Man könnte die vier Aufgaben als aufeinander aufbauend verstehen, es wäre aber eine sehr begrenzte Aussage. Hier wird eine Lücke in der Rehabilitationsforschung deutlich. Es gibt Aussagen über die Evidenz bestimmter Methoden, aber kaum Aussagen über individuelle Veränderungsprozesse. Mühlmeyer-Mentzel und Schürmann (2016, 41) haben ausgehend von einer Metastudie die aufeinander folgenden Veränderungen der KlientInnen beschrieben: „sich beruhigen und sich besser fühlen, Selbstaktualisierung, Positivität, Zugewinn an emotionaler Stabilität und Empowerment“. Diesen Schritten haben sie das Handeln der KlientInnen (Hilfe akzeptieren, sich auseinandersetzen, anders handeln) und das entsprechende Handeln der Professionellen (fürsorglich-unterstützendes Angebot, aktivierende Angebote, positive Therapeut-Klient-Beziehung) zugeordnet. Würde man die Aussagen zu Recovery weiter konkretisieren, ließe sich eine Prozessbeschreibung entwickeln, mit der man herausfinden könnte, wo sich der psychisch kranke Mensch auf seinem Recovery-Weg befindet, welche nächsten Schritte sich eröffnen und wie die Fachpersonen ihn bei diesen Schritten unterstützen können.

Gesundheitskompetenz/Mental Health Literacy

In der Material-und Methodensammlung zur Verbraucher- und Patientenberatung für Zielgruppen mit geringer Gesundheitskompetenz der Universität Bielefeld (2017) wird Gesundheitskompetenz ausgehend von Sörensen et al. (2012) wie folgt definiert: „Gesundheitskompetenz umfasst das Wissen sowie die Motivation und die Fähigkeiten von Menschen Gesundheitsinformationen zu finden, zu verstehen, zu beurteilen und anzuwenden, um im Alltag in gesundheitsrelevanten Bereichen Entscheidungen treffen zu können“.

Ausgehend von den Veränderungen, die das Krankheitsverständnis und Selbstmanagement betreffen, könnte Methodenwissen herangezogen werden und zu einer differenzierten Sicht auf die angewandten Methoden beitragen. Wahl und Lenz (2016, S. 898–899) haben das Konzept der Gesundheitskompetenz auf die psychosoziale Praxis übertragen und individuumbezogene Interventionen beschrieben. Es geht um Wissen über die Erkrankung, Patientenrechte, Befähigung zur Selbsthilfe und Einstellungen in Bezug auf die Erkrankung. Aber es werden auch Psychoedukation und Rückfallprophylaxe angeführt, die durch ein reduktionistisches Krankheitsverständnis oder das Vermeiden positiver Risiken dem Recovery- und damit dem Veränderungsprozess entgegenstehen könnten.

Konzept der Handlungsbefähigung/Capability-Approach

Handlungsbefähigung bedeutet – vereinfacht gesagt – sein Leben in die Hand zu nehmen und nach eigenen Vorstellungen zu führen. Bei der Frage, was Menschen dazu brauchen, greift Straus (2015) auf die Konzepte der Salutogenese, der Selbstwirksamkeit und der Resilienz zurück und kommt so zu sechs Dimensionen: Verstehbarkeit, Selbstwirksamkeit, Sinnhaftigkeit, Perspektivität/Interesse, Selbstakzeptanz und soziale Zugehörigkeit. Das alles sind Dimensionen, die mit den Wirkungen der EX-IN Kurse im engen Zusammenhang stehen.

Die Diskussion zu den Wirkungen der EX-IN Kurse auf die TeilnehmerInnen und letztlich auch auf die Psychiatrie steht am Anfang. Die Wirkungen der Kurse entsprechen den angestrebten Zielen, aber es bedarf weiterer Forschung, um die Veränderungsprozesse genauer zu beschreiben.

Fazit

Die Erfahrungen aus den EX-IN Kursen lassen sich mit den Konzepten Recovery, Gesundheitskompetenz und Handlungsbefähigung verbinden. Daraus ergeben sich weitere Einblicke in die Veränderungsprozesse psychisch erkrankter Menschen. Wir stehen in der Behandlung und in der psychosozialen Begleitung vor Veränderungen, die bisherige Vorgehensweisen infrage stellen. Die Wirkungen von Neuroleptika und Antidepressiva werden kritisch diskutiert und es wird deutlich, dass es einer Ergänzung um psychosoziale Interventionen bedarf. Eine umfassende Behandlung und psychosoziale Begleitung ist notwendig. Die psychosoziale Begleitung muss ausgehend von dem Bundesteilhabegesetz Teilhabeleistungen neu bestimmen. Bei psychisch erkrankten und behinderten Menschen sind diese nicht auf den Erwerb von Alltagsfertigkeiten und soziale Fertigkeiten zu begrenzen.

Aus den dargestellten Erfahrungen und den in Zusammenhang damit diskutierten Konzepten lassen sich Ziele und Inhalte von Teilhabeleistungen ableiten. Damit ergeben sich neue Schwerpunkte in der Rehabilitation psychisch kranker Menschen: Förderung von Gesundheit und Wohlbefinden; Erarbeitung eines subjektiven Krankheitsverständnisses; Recovery-Orientierung; insbesondere Anerkennung des Erfahrungswissens der Betroffenen, ein anderer Umgang mit Krisen, andere Bewertung von Rückfällen, die Unterscheidung zwischen positiven Risiken und gefährlichen Risiken; Prozesse müssen in den Mittelpunkt rücken, verstanden und begleitet werden.

Auch die Beziehung zwischen Professionellen und KlientInnen müssen sich verändern. Wir umschreiben die Beziehung häufig mit dem Begriff der Augenhöhe, ohne uns klar darüber zu werden, was Augenhöhe konkret heißen soll. In der Recovery-orientierten Beziehung wird oft „von einer bewusst eingegangenen professionellen Nähe“ (Achberger und Utschakowski, 2015, S. 14) gesprochen. Es geht um das Maß an Nähe, das die Fachkraft zulassen muss, um für die KlientIn als Mensch mit Gefühlen, Stärken und Schwächen erfahrbar zu sein. In der partizipativen Entscheidungsfindung aber auch in dem Cognitive Behavioral Analysis System of Psychotherapy (CBASP), einem therapeutischen Ansatz zur Behandlung von frühtraumatisierten chronisch depressiven PatientInnen, wird die Beziehungsgestaltung um diszipliniertes persönliches Einlassen erweitert. PsychotherapeutInnen halten hierbei ihre eigenen Gefühle und Impulse nicht im Sinne therapeutischer Abstinenz zurück, sondern teilen den PatientInnen offen ihre Gefühle und Reaktionen mit. Diese Entwicklungen werden zu einer neuen Bewertung des Distanzgebotes führen. Die Einbeziehung von EX-INlern in die psychiatrische Arbeit wird diese Entwicklung fördern.

Literatur

Achberger, Christel. 2014. *Erwünschte Nebenwirkungen eines EX-IN Kurses.* Unveröffentlichtes Manuskript.

Achberger, Christel, Jörg Utschakowski. 2015. «Zuversicht als Grundhaltung lohnt sich» *Soziale Psychiatrie* 148, 2: 14–15.

Amering, Michaela. 2006. «Hoffnung-Macht-Sinn: Recovery-Konzepte in der Psychiatrie.» In *Eigensinn und Psychose,* Hrsg. Thomas Bock, 146–154. Neumünster: Paranus-Verlag.

Bezirk Oberbayern. 2015. *EX-IN im Bezirk Oberbayern. Endbericht zum Modellprojekt 1. Januar 2013 – 31. Dezember 2014*, Broschüre des Bezirkes Oberbayern.

Deutsche Gesellschaft für Psychiatrie, Psychotherapie und Nervenheilkunde DGPPN. Hrsg. 2013. *S. 3 Leitlinie Psychosoziale Therapien bei schweren psychischen Erkrankungen.* Berlin, Heidelberg: Springer Verlag.

Finzen, Asmus. 2013. *Stigma und psychische Erkrankung.* Köln: Psychiatrie Verlag.

Keupp, Heiner 2007. «Mut zum aufrechten Gang. Was bieten Beteiligung und Empowerment für Psychiatrie und Selbsthilfe?» *Soziale Psychiatrie*, 31, 3: 4–9

Lacroix, Angelika, Luciana Degano-Kieser, Jörg Utschakowski, Uwe Gonther, Gisbert Eikmeier. 2015. «Besseres Millieu – Peer-Beratung auf allen Stationen.» Nervenheilkunde, 34, 4: 245–248.

Mühlmeyer-Mentzel, Agnes und Ingeborg Schürmann. 2016. «Die Klientenperspektive auf therapeutische Prozesse. Ein Ressourcenprozessmodell.» *Verhaltenstherapie & Psychosoziale Praxis* 48, 1: 41–57.

Schmidt-Kaehler, Sebastian, Dominique Vogt, Eva-Maria Berens, Annett Horn und Doris Schaeffer. 2017. «Gesundheiitskompetenz – Verständlich informieren und beraten. Material- und Methodensammlung für Zielgruppen mit geringer Gesundheitskompetenz.» www.uni-bielefeld.de/gesundhw/ag6/.../Material-_und_Methodensammlung.pdf. Zugegriffen: 04.11.2017.

Slade, Mike. 2009. *100 Wege um Recovery zu unterstützen*. www.pflege-in-der-psychiatrie.eu. Zugegriffen: 10.10.2017.

Sörensen, Kristine, Stephan Van den Broucke, James Fullam, Gerardine Doyle, Jürgen Pelikan, Zofia Slonska, Helmut Brand and (HLS-EU) Consortium Health Literacy Project European. 2012. Health literacy and public health: A systematic review and integration of definitions and models. In BMC Public Health. Zugegriffen: 4.11.2017.

Straus, Florian. 2015. «Handlungsbefähigung und Empowerment in Selbsthilfegruppen.» *Verhaltenstherapie und psychosoziale Praxis*. 47, 2: 297–304.

Utschakowski, Jörg. 2013. «Genesungsbegleiter in der Psychiatrie – Neue Perspektiven für die Psychiatrie durch Experten mit praktischer Erfahrung». *Theorie und Praxis der sozialen Arbeit*, 2: 141–147.

Utschakowski, Jörg und Jurand Daszkowski. 2012. «EX-IN Ausbildungen: Experienced Involvement – Pro & Kontra.» *Psychiatrische Praxis* 39, 5: 202–203.

Wahl, Patricia und Albert Lenz. 2016. «Mental Health Literacy – Ein hilfreiches Konzept für die psychosoziale Praxis.» In *Verhaltenstherapie & psychosoziale Praxis* 48, 4, 893–903.

Teil IV
Nachwort

Zur Geschichte und Aktualität der Behindertenrechtsbewegung

Johannes Messerschmid

Alle Beiträge in diesem Band mit ihren sehr unterschiedlich angelegten Reflexionen über das Verhältnis von Sozialer Arbeit und Menschenrechte eint die universelle Perspektive des Subjekts. So steht am Ende ein persönlicher Bericht von Johannes Messerschmid, entstanden im Dialog mit Oswald Utz, über seine Erfahrungen als Aktivist der Behindertenbewegung auf dem „langen Weg der Reformen".

Am 17. Juni 2016 nahmen Herr Oswald Utz und ich, Johannes Messerschmid an der Fachtagung „Soziale Arbeit – (k)ein Ort für Menschenrechte?" der katholischen Stiftungsfachhochschule in Benediktbeuern teil. Herr Utz ist Behindertenbeauftragter und Stadtrat in München, ich bin Vorstandsmitglied im dortigen Behindertenbeirat. Im Rahmen dieser Veranstaltung interviewte mich Herr Utz zum Thema „Geschichte und Aktualität der Behindertenrechtsbewegung". Zur Verbesserung der Anschaulichkeit und Lebendigkeit des Themas wandelten wir es leicht ab, indem wir immer wieder auch Aspekte meiner eigenen Biografie betrachteten.

Mein Weg zur Behindertenbewegung

Ich wurde im Jahr 1953 in einem Schwarzwälder Dorf geboren und wuchs als zweites von insgesamt zehn Kindern in ländlicher Umgebung auf. Im sechsten Lebensjahr, im Oktober 1959, erkrankte ich an Poliomyelitis (Kinderlähmung).

J. Messerschmid (✉)
München, Deutschland
E-Mail: j.messerschmid@online.de

A. Eberle et al. (Hrsg.), *Menschenrechte und Soziale Arbeit im Schatten des Nationalsozialismus*, https://doi.org/10.1007/978-3-658-19517-5_14

In der Folge war mein ganzer Körper, inklusive meines Zwerchfells gelähmt. Das bedeutete, dass ich von da an maschinell beatmet werden musste. Im Anschluss verbrachte ich 12 Jahre, bis Januar 1972, in der Freiburger Kinderklinik. Danach zog ich nach München in eine „Behinderteneinrichtung" namens Pfennigparade, mit angegliederter Schule. Mit dem Umzug hatte ich meinen ersten großen Schritt durch die „Institutionen" geschafft. Allerdings nur durch die ausdauernde, sechs Jahre lange, intensive Begleitung zweier Medizinstudenten, die es sich zur Aufgabe gemacht hatten, mir eine Zukunft außerhalb des Krankenhauses zu ermöglichen. Die Kliniklehrerin, die mich seit 1963 mit ungefähr sechs bis acht Wochenstunden liebevoll unterrichtete, sowie ein durch die Studenten engagierter und mit Spenden finanzierter zusätzlicher Privatlehrer, dürfen hier nicht unerwähnt bleiben. Sie ermöglichten mir den Einstieg in die 9. Klasse der Realschule der Pfennigparade.

Neben dem wunderbar-großartigen Ereignis, dass ich in der Münchner Pfennigparade meinen ersten Elektro-Rollstuhl erhielt, den ich selbst steuern konnte, absolvierte ich dort (1973) die mittlere Reife und (1975) die Fachoberschule. Nach einem abgebrochenen Elektrotechnik-Studium begann ich mich 1978 der Sozialpädagogik zuzuwenden. Mein Diplom erhielt ich Mitte 1983. Wichtig zu erwähnen ist hierbei, dass ich zur Durchführung aller Studien-Zeiten eine extra personelle Unterstützung zur Verfügung gestellt bekam: eine Studienbegleitung in Person eines Zivildienstleistenden. Ohne eine solche Studien-Assistenz wäre aufgrund des knappen Personals auf der Beatmungsstation, auf der ich damals lebte, ein Studium unmöglich gewesen. Der Studienbegleiter war organisiert durch die Pfennigparade und finanziert durch den Bezirk Oberbayern gemäß entsprechender Regelungen zur Eingliederungshilfe, damals noch im Bundessozialhilfegesetz (BSHG).

Noch mitten im Studium konnte ich 1981 nach monatelangen Verhandlungen mit der Geschäftsleitung der Pfennigparade in eine 2er-WG in einer „normalen" 3-Zimmer-Wohnung auf dem Gelände der Pfennigparade umziehen. Wir hatten jetzt eine Privatwohnung und ich musste unser Hilfe-Personal nur noch mit einer behinderten Kollegin teilen. Dies war ein weiterer großer Schritt zu mehr Selbstbestimmung und Eigenständigkeit.

Wie zu erwarten gewesen war, erhielt ich vorerst, nach meinem Studienabschluss 1983, keine Arbeitsstelle als Sozialpädagoge. Durch mein mit den Jahren immer stärker werdendes Bestreben, eines Tages einmal ganz für mich allein wohnen und leben zu können, hatte ich mich immer wieder mit den sozialrechtlichen Voraussetzungen einer solchen Lebensweise beschäftigt. Dadurch und nach dem Eindruck, den viele Gespräche mit behinderten Kolleg*innen hinterlassen hatten, kam ich in Kontakt zur Behindertenbewegung. Dort erfuhr ich viel über die Bemühungen um die De-Institutionalisierung der Behindertenarbeit und um die Durchsetzung von Lebensformen für Menschen mit Behinderungen, außerhalb von Einrichtungen.

1987 schaffte ich dann den Umzug in die eigene Wohnung außerhalb der Pfennigparade und mit eigenem Assistenz-Team und begann langsam in diese Behindertenbewegung hineinzuwachsen. Bei diesem Prozess gab es allerdings eine Schwierigkeit, nämlich es wohnten zwei Seelen in meiner Brust: Einerseits war ich froh, mich nicht mehr vorwiegend und notgedrungen mit dem Thema Behinderung beschäftigen zu müssen und mich auch anderen Interessen widmen zu können. Andererseits wurde mir mit der Zeit immer klarer, dass ich insofern privilegiert war, als ich ausreichend mit Assistenz ausgestattet war und mit meiner Behinderung selbst seelisch gut zurechtkam. Ich hatte ein Sozialpädagogik Studium absolviert, aus meiner Geschichte und meinem Temperament heraus, emphatische Fähigkeiten entwickelt und eine kommunikative Begabung mitgebracht, die mir erlaubte, mit anderen Menschen beratend zu sprechen und mit Behördenvertretern verhandeln zu können. Diesen Erkenntnissen folgend, entschloss ich mich, das Thema Menschen mit Behinderungen, das mir durch mein Schicksal direkt vor die Nase gesetzt worden war, nun doch zum Hauptthema meiner weiteren ehrenamtlichen und beruflichen Tätigkeit zu machen.

Ausgehend von meinem Bedürfnis, mein neues Wohn- und Assistenzmodell zu stabilisieren, entstanden immer mehr Kontakte zu Kolleg*innen mit Behinderungen, die so wie ich ihren Unterstützungsbedarf selbst organisierten. Wir wollten uns zusammenzuschließen, um ein gemeinsames Vertretungsorgan für die Interessen dieser Personengruppe zu bilden. So trat ich auch dem „Arbeitskreis Behinderte", dem langjährigen Vorläufer des Behindertenbeirats der Stadt München, bei. Im Jahr 1990 gründeten wir einen gemeinnützigen Selbsthilfe- und Selbstvertretungs-Verein, den „Verbund behinderter Arbeitgeber/-innen – Selbstbestimmt Leben (VbA) e. V.". Und wir waren nicht allein. Im selben Jahr entstanden deutschlandweit mehrere solcher Selbsthilfe-Initiativen, die noch im selben Jahr einen Dachverband auf Bundesebene bildeten: die „Interessenvertretung Selbstbestimmt Leben (ISL) e. V."[1]. Nach sieben Jahren geduldiger, privat-ehrenamtlicher Beratungs- und Lobbyarbeit für die selbstbestimmt lebenden Arbeitgeber*innen in München, erreichte der Verein 1997 die Aufnahme in die Regelförderung des Sozialreferats der Stadt. Wir konnten ein erstes Büro anmieten und dort eine professionelle Beratungsstelle eröffnen, deren erster hauptamtlicher Mitarbeiter ich selbst wurde. Acht Wochen später folgten zwei weitere Mitarbeiter*innen. Sechs Jahre arbeitete ich hier als hauptberuflicher Berater, bevor ich mich 2003 berenten ließ, Im Jahr 2012 wurde ich Mitglied im Vorstand des Behindertenbeirats der Stadt München.

[1]Mürner, Christian. 2011. *Behinderte Identität,* Neu-Ulm: AG-Spak.

Die späte Entwicklung der Behindertenbewegung in Deutschland und die Schatten des Nationalsozialismus

Die Behindertenbewegung kam langsam auf die Beine, als sich zwischen 1970 und 1985 bei einer wachsenden Anzahl von Menschen mit Behinderungen das Bewusstsein dafür schärfte. Sie begehrten dagegen auf, ihr Leben in einem Heim, oder, wie solche Einrichtungen auch öfters hießen, in einer „Anstalt", zubringen zu müssen. Bis dahin gab es nahezu ausschließlich nur diese zwei Möglichkeiten, das Leben „Zuhause bei Eltern und Verwandten", oder „im Heim". Für Menschen, die wie ich, schwerstbehindert und dazu noch beatmungsbedürftig waren, blieb lange Zeit ohnehin nur das Krankenhaus als Lebensort. Diese Praxis der Aussonderung und Isolation hat eine lange Geschichte. Bereits Ende des 18. Jahrhunderts wurden Menschen mit Behinderungen in Sonder-Einrichtungen versorgt, die zuerst in kirchlicher Obhut und später immer mehr in staatlicher Trägerschaft waren. In der Debatte des endenden 19. Jahrhunderts war die naturwissenschaftlich-technische Sichtweise von Welt und Mensch weit vorangeschritten. Auf diesem geistigen Hintergrund gewann, gegenüber dem Phänomen „Menschen mit Behinderungen", eine medizinisch-technisch-materialistische Anschauung an Boden. Zugleich entstand, auch parallel mit dem weiteren Auf- und Ausbau von Heimen und Anstalten, die Vorstellung von „lebensunwertem Leben". Maßgebend war hier die Schrift des Psychiaters Alfred E. Hoche und des Juristen Karl Binding „Die Freigabe der Vernichtung lebensunwerten Lebens" (1922), die bald ihre tödliche Wirkung entfalten sollte.[2] Das Zusammenwirken von immer besser organisierter und institutionalisierter „Ver-sorgung" von Menschen mit Behinderungen und oben geschilderten fragwürdigen Menschenbildern, ermöglichte die systematisch-rationelle Abwicklung der „Euthanasie", der Mordaktionen gegen psychisch kranke Menschen und Menschen mit Behinderungen. Auf fast alle diese, in Einrichtungen untergebrachten und dort auch registrierten Menschen, konnte die Tötungsmaschinerie mit Leichtigkeit zugreifen. Aber auch nach Ende der Zeit des Nationalsozialismus wurde am Konzept „Heime und Anstalten" festgehalten. Die, manchmal erst jetzt, stattfindenden Verhandlungen über die Entschädigung von Heim-Opfern bezüglich deren erlittenen körperlichen und/oder seelischen Misshandlungen, geben kein gutes Zeugnis für die Praxis des in den 50ziger und 60ziger Jahren üblichen Konzepts im Umgang mit Menschen mit Behinderungen.

[2]Binding, Karl/Hoche, Alfred. 1920. *Die Freigabe der Vernichtung lebensunwerten Lebens. Ihr Maß und ihre Form,* Leipzig.

Dass immer mehr gegen diese Stigmatisierung und Isolation begannen aufzubegehren wurde dann sichtbar, als auch medienwirksame Proteste dagegen organisiert wurden. Die sogenannte „Krüppelbewegung" entwickelte sich. Sie provozierte und forderte ein neues emanzipatorisches Bild vom Menschen mit Behinderung, mehr Lebensmöglichkeiten außerhalb von Einrichtungen und mehr politischen Einfluss.

Die zunehmend vorhandenen Kontaktmöglichkeiten zu Kolleginnen und Kollegen mit Behinderungen aus der amerikanischen „Independent-Living-Bewegung"[3], übten einen konstruktiven Einfluss auf die Krüppelbewegung aus. Neue Arbeits-Schwerpunkte bildeten sich heraus, wie der Kampf um gesetzlich geregelte Benachteiligungsverbote, Antidiskriminierungsregelungen und um die finanzielle Förderung von Selbsthilfe-Zentren, sogenannten Selbstbestimmt-Leben-Zentren. In den USA waren solche Zentren der Ausgangspunkt der dortigen Behindertenbewegung. Diese arbeitete, entsprechend der dortigen Gesetzestradition, mehr im Stile einer Bürgerrechtsbewegung, wie diejenigen der Farbigen, Frauen, oder der Homosexuellen. Diese Zielrichtungen der Arbeit der amerikanischen Kollegen*innen beeinflusste und unterstützte die deutsche Bewegung derartig, dass diese sich erheblich umformen konnte. Über mehrere Entwicklungsstufen hinweg bildete sich aus einer fast reinen Protestbewegung, die relativ breite, mit verschiedenen Strategien arbeitende, Behinderten-Rechts-Bewegung von heute.

Über Handicaps und Erfolge der Behindertenbewegung

Gemessen an den inzwischen rund zehn Millionen Menschen mit Behinderungen in Deutschland, von denen allerdings gut die Hälfte Menschen im Alter von über 70 Jahren sind, gibt es nur einen sehr kleinen Prozentsatz, der sich öffentlich für seine Interessen einsetzt, oder, besser gesagt, einsetzen kann. Denn es gibt aus meiner Sicht vor allem zwei Barrieren, die die Betroffenen am Engagement behindern. Zum einen fehlt oft die persönliche Assistenz, um rein physisch, die Möglichkeit zu haben, mobil und aktiv zu sein. Zum anderen ist das innerliche Verhältnis zur eigenen Behinderung dafür entscheidend, ob man die innere Kraft und die Motivation entwickeln kann, nach außen zu gehen.

Nicht zuletzt deshalb ist die Anzahl der Aktiven in der Behinderten-Rechts-Bewegung im Verhältnis zur Gesamtanzahl (auch wenn man die Senior*innen

[3]Vgl. Mürner, 2011.

abzieht) noch eher klein. Dies wiederum führt zu einer erheblichen Arbeits- bzw. Engagement-Überbelastung derjenigen, die Aktivist*innen sind. Diesen Handicaps ihrer (potenziellen) Mitglieder und damit auch der Gesamtbewegung, versucht die Behindertenbewegung aber seit vielen Jahren durch eine starke und vielfältige Empowerment-Arbeit zu begegnen.

Mit zu den größten Erfolgen der Behindertenbewegung zähle ich, dass wir Menschen mit Behinderungen es geschafft haben, die Bewegung überhaupt zustande zu bringen und dass wir es geschafft haben, uns und unsere Themen ins Bewusstsein von (kleinen bis mittelgroßen) Teilen der Gesellschaft gebracht zu haben. Diese Errungenschaften stehen natürlich in engem Zusammenhang mit den politisch-rechtlichen Fortschritten, die die Bewegung in jahrzehntelangen, Geduld und Kraft zehrenden, Kämpfen errungen hat. Von diesen will ich nur einige der wichtigsten nennen: die Aufnahme eines „Benachteiligungsverbots" ins Grundgesetz in Artikel 3 Abs. 3 (1994) und den Erlass des Behindertengleichstellungsgesetzes (BGG) im Mai 2002, der Erlass von Landes-Behindertengleichstellungsgesetzen in allen Bundesländern zwischen 1999 und 2008, den Erlass des Sozialgesetzbuches neuntes Buch SGB IX – Rehabilitation und Teilhabe behinderter Menschen 19.6.2001, so wie, nicht zuletzt, die Erarbeitung des „Übereinkommens über die Rechte von Menschen mit Behinderungen" durch eine ad hoc Arbeitsgruppe der Vereinten Nationen 2002–2006.[4] In der ad hoc Arbeitsgruppe waren zahlreiche Menschen mit Behinderungen beteiligt, die aus den verschiedensten Ländern kamen. Diese UN-Behindertenrechtskonvention bildet seit ihrem Inkrafttreten in Deutschland im März 2009 eine höchst bedeutsame Menschenrechts-Grundlage zur Weiterentwicklung der gesetzgeberischen und sozialen Situation der Menschen mit Behinderungen hierzulande.

Warum die Behindertenbewegung noch notwendig ist

Vorneweg und ganz einfach gesagt: wir brauchen die Behindertenbewegung weiter, und zwar so dringend wie eh und je; nur die Aufgaben haben sich verändert, erweitert und verfeinert.

Am Beispiel des Zustandekommens des „Gesetzes zur Stärkung der Teilhabe und Selbstbestimmung von Menschen mit Behinderungen" erkläre ich, was ich meine.

[4] Vgl. Köbsell, Swantje. 2012. Wegweiser Behindertenbewegung, neues (Selbst-) Verständnis von Behinderung, Neu-Ulm: AG-Spak.

Zum Zeitpunkt unseres Gesprächs war die Behindertenbewegung, und mit ihr viele große Verbände, darum bemüht, Vorschläge zur Verbesserung des Referentenentwurfs zum Bundesteilhabegesetz (BTHG), in das Gesetzgebungsverfahren einzubringen. Neu an diesem Gesetzbildungsprozess war, dass vor Beginn der ministeriellen Formulierungsarbeit, ein intensiver, rund dreimonatiger Beteiligungsprozess für Menschen mit Behinderungen vom Bundesministerium für Arbeit und Soziales (BMAS) durchgeführt wurde. Schön! Aber leider war der anschließend vom Ministerium präsentierte Referentenentwurf, milde gesagt, enttäuschend und frustrierend. Viele der wichtigsten Punkte aus dem, ich würde heute sagen: „Schein-Beteiligungsprozess" waren nicht wieder aufzufinden oder zur Unwirksamkeit „umgearbeitet".

Uns wurde zur alsbaldigen Begutachtung und Stellungnahme (innerhalb von 2 bis 3 Wochen) ein 363-seitiges, in feinstem Juristen-Deutsch formuliertes Werk vorgestellt. Ich fand diese Vorgehensweise eine Gemeinheit und Frechheit und ein überdeutliches Zeichen dafür, dass die Mitsprache und Beteiligung der betroffenen Bürger*innen in Wahrheit mitnichten gewünscht war. So war die Behindertenbewegung in sehr großen Teilen damit beschäftigt, Regelungsalternativen einzubringen und durch breit angelegte Protest- und Petitions-Aktionen das Schlimmste zu verhüten. Es wird deutlich, dass der Versuch des Spagats der Regierung, einerseits die Vorgaben der UN-BRK erfüllen zu wollen/zu müssen und gleichzeitig Ausgabenbegrenzungen und Sparpotenziale mit dem Gesetz zu realisieren, nicht funktionieren kann. Er kann nicht funktionieren, ohne die Menschen mit Behinderungen (und sich selbst?) mutwillig oder arglos zu täuschen. Die wohlklingenden Ankündigungen und Absichtserklärungen im Vorfeld der Erarbeitung und Verabschiedung des Gesetzes, führen in die irre. Insofern nämlich, als die gleichwertige zweite Aufgabenstellung für das Ministerium für Arbeit und Soziales: „die Vermeidung einer progressiven Ausgabendynamik", nicht im selben Maße in der Öffentlichkeit präsentiert und diskutiert wurde, wie die angekündigten Verbesserungen und der Paradigmenwechsel im Leistungsrecht für Menschen mit Behinderungen. Ohne jetzt aber noch länger auf die Problematiken dieses oder anderer Gesetze einzugehen, will ich die bereits vorhin getroffene Aussage bekräftigen: ja, wir brauchen die Behindertenbewegung weiterhin und zwar in verstärktem Maße. Wie am eben geschilderten Beispiel zu erkennen ist, wird Politik und Gesetzgebung und die von ihr betriebene Medienarbeit immer „raffinierter". Und für uns Menschen mit Behinderungen, aber nicht nur für uns allein, wird es immer notwendiger, aber auch anspruchsvoller, die tatsächlichen Vorgänge und ihre Folgen zu überschauen. Es ist deutlich zu sehen: Auslese, jetzt nicht mehr aus rassentheoretischen Gründen, wie im Nationalsozialismus, sondern aus praktisch-finanziellen Überlegungen, aus materialistischen Nützlichkeitsgesichtspunkten heraus, wie sie der sogenannte Utilitarismus im philosophischen

Bereich hervorgebracht hat. Die Behindertenbewegung besteht eben aus Menschen, deren Merkmale, geschichtlich und auch aktuell betrachtet, immer wieder an der Grenze stehen, als „nicht in Ordnung", „krank" „bedauernswert", „nicht lustvoll und nicht recht lebenswert" gedacht und empfunden zu werden. Deshalb sind wir als Repräsentanten dieser Merkmalsproblematik besonders prädestiniert, in der Gesellschaft tiefer gehende Fragestellungen zum Menschenbild wach zu halten.

Was die Behindertenbewegung deshalb nicht aus dem Auge verlieren darf ist: durch die Gegenwart von Menschen mit Behinderungen in der Gesellschaft, bleiben lebenswichtige Fragen zum menschlichen Dasein, zu dessen Sinn und Wert, lebendig. Wir sorgen dafür, dass das Ringen um ein menschenwürdiges Welt- und Menschenbild nicht aufhört; dass der Mensch nicht zu einem nützlichen Wirtschaftsobjekt verkommt. Die Gesamt-Gesellschaft (nicht nur die Menschen mit Behinderungen) braucht die Behindertenbewegung.

In zehn Jahren sehe ich unsere Bewegung an der Seite und in guter Zusammenarbeit mit anderen Initiativ- und Menschenrechtsgruppen aus der Zivilgesellschaft. Ein Vorbild hierfür ist der im Verlauf des Jahres 2016 auf der Petitionsplattform Change.org für lange Monate laufende Protest gegen die damals aktuellen Entwürfe des Bundesteilhabegesetzes.

So hoffe ich, und versuche selbst dazu beizutragen, dass der Behindertenbewegung von innen und außen viele gute, neue Kräfte zuwachsen, damit sie ihren wichtigen Beitrag für die Gestaltung der Lebenssituation von Menschen mit Behinderungen und für das soziale Klima in der Gesellschaft überhaupt, weiter und immer besser leisten kann.

Printed by Printforce, the Netherlands